2024年受検用 全国公立中高一貫校
適性検査 問題集

もくじ

※「宮城県立中学校」の2は，学校ごとに問題が異なります。
※「東京都立中学校・中等教育学校」は共同作成問題と自校独自問題を組み合わせた問題になっています。
　各校の問題の組み合わせについては3ページをご覧ください。

公立中高一貫校とは？

　公立中高一貫校とは，「中学校から高校までの６年間を接続し，生徒の個性や創造性を伸ばす」ために設置された学校です。

　中高一貫校では，高校に進学するときに入学試験を受けなくてよいので，中学校からの６年間，ゆとりを持って生活し，各校によって特色のある計画的・継続的な教育を受けることができるなど，色々な良い点があります。

　しかし，多くの学校で，公立中高一貫校に入るために適性検査・作文・面接などの試験があり，「適性検査」は，小学校の学力だけではなく，身近な暮らしの中で起こる色々な問題を解決する力もためされます。

　そのような中で，自分が行きたい学校で過去に出された問題をみて，解いてみることは，自分の力をのばすだけでなく，その学校がどんな学校なのか，どんな生徒に来て欲しいのかを知る１つの手がかりとなります。

　公立中高一貫校を進路の１つと考えてこの問題集を手にした君たちも，実際に問題を解き，しっかりと準備してから入試にのぞめるようがんばりましょう。

本書のしくみと特長

● 　全国の公立中高一貫校の令和５年度入学者選抜で実施された適性検査問題（名称は各校によって異なります）を，68校分のせてあります（県によって複数の学校が同じ問題を使っています）。

　※著作権の関係で，一部掲載されていない問題もあります。

● 　そのままの形でのせてあるので，本番と同じように問題に取り組むことができます。

● 　問題を解くときの「検査時間」は問題の最初に示してあり，解答例のページも示してあります。また，※印のついたものは当社編集部で付け加えたものです。

効果的な学習のしかた

◆ 　問題は本番のつもりで，決められた時間にしたがって，集中して解きましょう。

◆ 　解き終わったら必ず解答例をみて答え合わせをしましょう。また，問題によっては解答例以外にも色々な解答がある場合もあります。そのようなときは，自分の解答を先生や周りの人にみてもらったり，自分で調べたりして必ず解決しましょう。自分の解答が正しいかどうかだけでなく，別の答え，考え方に気づくかもしれません。

◆ 　自分の志望する学校の問題だけでなく，他の学校の問題にもチャレンジしてみましょう。他の学校の問題を解くことで色々なパターンの問題に慣れていきましょう。

東京都立中学校・中等教育学校の入学者選抜について

● 東京都立中学校・中等教育学校では，平成 27 年度入学者選抜より適性検査問題を，各校独自問題と共同作成問題を組み合わせて実施しています。各校の適性検査問題の構成は下の表の通りです。

本書では、共同作成問題とそれ以外の各校の独自問題をわけて掲載していますので，下の表に対応するページを確認しながら問題を解いてください。

また，共同作成問題と独自問題を組み合わせている学校の問題を掲載してある場合，解答用紙は各校ごとに掲載してあります。（共同作成問題と独自問題の解答を，それぞれの解答用紙に書く必要はありません）

東京都立中学校 中等教育学校	白鷗	小石川	両国	桜修館	武蔵	大泉	南多摩	三鷹	富士	立川
適性検査Ⅰ	非掲載	○	○	非掲載	○	○	非掲載	非掲載	○	非掲載
適性検査Ⅱ	1	1	1	独自	1	1	1	独自 非掲載	1	1
	2	独自	2	2	独自	2	2	2	2	2
	3	3	3	3	3	3	3	3	3	3
適性検査Ⅲ	あり 非掲載	あり	あり	なし	あり	あり	なし	なし	あり 非掲載	なし

※表中の「非掲載」は，著作権や紙面の都合により掲載していないことを表しています。本紙非掲載の問題で，学校ホームページ等で掲載されている場合もありますので，そちらもご確認ください。
また，適性検査Ⅲについては学校によって実施している学校としていない学校があります。
※表中「適性検査Ⅰ」の○は，共同作成問題であることを，「適性検査Ⅱ」の1～3の数字は，共同作成問題の1～3の対応する大問番号の問題を実施していることを示しています。

● 宮城県の適性検査問題は，共通問題と学校独自の問題を組み合わせて実施しています。

本書では，宮城県の共通問題は「仙台二華中学校」のページに掲載してあります。また，解答用紙は共通問題のものを前に，学校独自の問題のものを後に掲載してあります。

令和５年度宮城県立中学校入学者選抜適性検査
総合問題（外国語（英語）のリスニング）台本

1　これから英語で自己紹介をします。No.１とNo.２の内容をもっとも適切に表している
　　ものを，次のＡ，Ｂ，Ｃの中から，それぞれ１つずつ選び，記号で答えなさい。英語は
　　２回放送されます。【空白２秒】では，始めます。【空白２秒】

No.1

Hello.　My name is Satoshi.　Nice to meet you.　I like sports.　I sometimes watch
baseball games.
【空白５秒】
くり返します。
Hello.　My name is Satoshi.　Nice to meet you.　I like sports.　I sometimes watch
baseball games.
【空白１０秒】

No.2

Hi!　I'm Aya. Nice to meet you.　My birthday is June fifth.　I want a cap for my
birthday.
【空白５秒】
くり返します。
Hi!　I'm Aya. Nice to meet you.　My birthday is June fifth.　I want a cap for my
birthday.
【空白１５秒】

つぎの問題に移ります。２ページを見てください。

2 アメリカから日本に来たソフィアさんとお母さんはレストランにいます。二人が席に着くと，店員さんがメニューを持ってきました。店員さんとお母さん，ソフィアさんの会話を聞いて，二人が注文したものとして正しい組み合わせを，次のA，B，C，Dの中から１つ選び，記号で答えなさい。会話は２回放送されます。【空白２秒】では，始めます。【空白２秒】

Clerk	: Hello. Welcome to our restaurant. This is our menu today.
Mother	: Thank you.
Clerk	: A spaghetti set is nice. You can eat spaghetti, salad and cake. It's 800 yen. A steak set is good, too. You can eat steak, rice and soup. It's 900 yen.
Mother	: I see.
Clerk	: What would you like?
Mother	: What do you want, Sophia?
Sophia	: I'd like a steak set. How about you, mom?
Mother	: Well, I'd like a spaghetti set.
Clerk	: OK, one steak set and one spaghetti set. Anything else?
Mother	: No, thank you.

【空白１５秒】

くり返します。

Clerk	: Hello. Welcome to our restaurant. This is our menu today.
Mother	: Thank you.
Clerk	: A spaghetti set is nice. You can eat spaghetti, salad and cake. It's 800 yen. A steak set is good, too. You can eat steak, rice and soup. It's 900 yen.
Mother	: I see.
Clerk	: What would you like?
Mother	: What do you want, Sophia?
Sophia	: I'd like a steak set. How about you, mom?
Mother	: Well, I'd like a spaghetti set.
Clerk	: OK, one steak set and one spaghetti set. Anything else?
Mother	: No, thank you.

【空白１５秒】

1 外国語（英語）のリスニング

1 これから英語で自己紹介をします。No. 1 と No. 2 の内容をもっとも適切に表している
ものを，次のA，B，Cの中から，それぞれ1つずつ選び，記号で答えなさい。英語は
2回放送されます。

No. 1

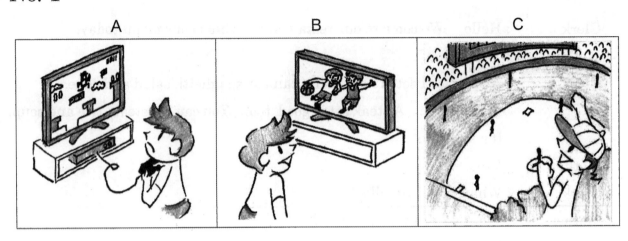

No. 2

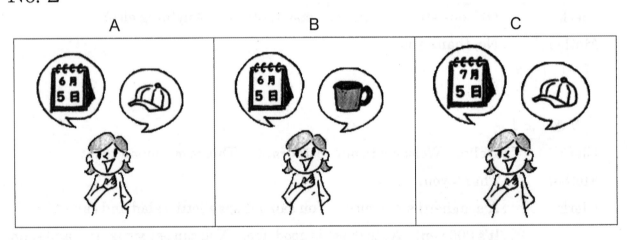

2　アメリカから日本に来たソフィアさんとお母さんはレストランにいます。二人が席に着くと，店員さんがメニューを持ってきました。店員さんとお母さん，ソフィアさんの会話を聞いて，二人が注文したものとして**正しい組み合わせ**を，次の**A，B，C，D**の中から**1つ選び，記号**で答えなさい。会話は**2回**放送されます。

	ソフィア	お母さん
A	800 円	900 円
B	900 円	800 円
C	800 円	900 円
D	900 円	800 円

2 達也さんは，物の選び方や使い方について家族と話をしています。次の1，2の問題に答えなさい。

1 達也さんは，お金を貯めて自転車を買おうと考えています。このことについて，お父さんと話をしています。あとの (1) ～ (3) の問題に答えなさい。

お父さん　最近，おこづかいをあまり使わず，お金を貯めているそうだね。 達也さん　うん。あと1年くらいはお金を貯めて，新しい自転車を買いたいんだ。 お父さん　なるほど。お金といえば，あと1年くらいで⑦お札のデザインが新しいものになることを知っているかい。 達也さん　お札が変わってしまうのか。今までのお札は使えなくなるのかな。 お父さん　大丈夫だよ。今までのお札も使えるから安心していいよ。ところで，お金が貯まったらどのような自転車を買うつもりなんだい。 達也さん　実はまだ決めていないんだ。①どのような自転車がいいのだろう。 お父さん　せっかくお金を貯めて買うのだから，よく考えるといいよ。 達也さん　わかった。ありがとう。

(1) 「⑦お札のデザインが新しいものになる」とありますが，達也さんは，五千円札に描かれる津田梅子について調べ，メモを作りました。また，達也さんは，社会科の授業で用いた資料1をふまえて，津田梅子がアメリカに留学したのは，明治政府の進めた新しい国づくりと関係があったのではないかと考え，ノート1にまとめました。メモと資料1を参考にして，達也さんがまとめたノート1の　あ　に入る適切な言葉を，あとのア～エから1つ選び，記号で答えなさい。

メモ　津田梅子について調べたこと
・明治4年（1871年）11月に満6才でアメリカに向けて出発した。 ・アメリカで11年間新しい知識や文化を学んだ。 ・帰国後は日本の女子教育に力をつくした。

資料1　社会科の授業で用いたプリントの一部
《五箇条の御誓文の一部をわかりやすくしたもの》 　一　みんなが志をかなえられるようにしよう。 　一　新しい知識を世界から学び，国を栄えさせよう。 《日本が欧米に送った使節団の説明》 　明治4年（1871年）11月，大久保利通らは，日本の使節団として，欧米の国々の視察に出発し，約2年間，新しい政治制度や工業などを学んだ。

ノート1
津田梅子のアメリカ留学は，明治政府による新しい国づくりと関係がある。明治政府は，日本を栄えさせるために，欧米の文化を取り入れながら，　あ　を進めようとしたのだろう。

ア　鎖国　　イ　自由民権運動　　ウ　近代化　　エ　情報化

（2）　達也さんは，津田梅子がなぜアメリカへ留学することになったのかということについて調べを進め，社会科の授業で用いた**資料2**と学制公布後の就学率の変化を示した**資料3**をふまえて，**ノート2**にまとめました。**資料2**と**資料3**を参考にして，達也さんがまとめた**ノート2**の　　い　　に入る**適切な言葉**を書きなさい。

資料2　社会科の授業で用いたプリントの一部

《「日本の女子高等教育の歴史」という資料の内容をわかりやすくしたもの》

　北海道を開発する仕事をしていた黒田清隆（のちの内閣総理大臣）は，明治4年（1871年）1月に欧米を訪問した際，アメリカの女性の地位が高いことに心を打たれた。黒田は，日本の将来の女子教育にそなえるために，女子のアメリカ留学を後押しした。

資料3　学制公布後の就学率の変化

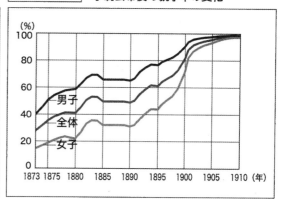

（文部省「学制百年史」より作成）

ノート2

　明治5年（1872年）に公布した学制によって，6才以上の男女が小学校に通うことが定められた。明治6年（1873年）における子供全体の就学率は，30％程度にとどまっており，ほとんどの子供たちが学校に通うまでには，学制公布から約30年かかった。明治6年における就学率について，およそ30％という数字とともに注目すべき点は，　　い　　ということである。

　明治政府は，欧米が行っているような教育を日本に取り入れようとした。津田梅子のアメリカ留学は，明治政府のこうした動きのなかで実現したと考えられる。

（3）　「⑦どのような自転車がいいのだろう」とありますが，達也さんは，購入する自転車の候補として，見た目や機能がよく似ているAとBの自転車を選びました。さらに，家庭科の授業で用いた**資料4**をふまえて**表1**を作成し，よく考えた結果，Aの自転車を買うことにしました。達也さんが**Aの自転車を買うことに決めた理由**として考えられることを，**資料4**と**表1**を参考にして，Aの自転車とBの自転車を比較しながら書きなさい。

資料4　家庭科の授業で用いたプリントの一部

《物を選ぶとは》

　どのような物を選ぶかということは，自分が大事にしている考えを表現することであるといえます。上手な物の選び方を工夫しましょう。

《物を選ぶときの観点の例》
・値段　・機能　・安全性

表1　AとBの自転車を比較したもの

購入する自転車の候補	値段	エスジーマーク Ⓢ
Aの自転車	5万円	あり
Bの自転車	3万円	なし

2 達也さんは，電気式暖房<ruby>器<rt>だんぼう</rt></ruby>具を使って部屋を<ruby>暖<rt>あた</rt></ruby>めることにしました。このことについて，お母さんと話をしています。あとの（1）〜（3）の問題に答えなさい。

> 達也さん　冬は暖房器具を使っても部屋全体を暖めるには時間がかかるよね。
> お母さん　暖房器具と一緒にファンを回すと，足もとまで早く暖かくなるのよ。
> 達也さん　そうなんだね。でも，ファンを回すと本当に足もとまで早く暖かくなるのかな。_⑦実験をして調べてみるよ。それから，_⑨ファンが<ruby>天井<rt>てんじょう</rt></ruby>に付いていることにも意味があるのかな。
> お母さん　それも，実験を通してわかるといいね。

（1）「_⑦実験」とありますが，達也さんが行った次の**2つの実験**を参考に，あとの**ア，イ**の問題に答えなさい。

実験1

[手順]
1　部屋に見立てた<ruby>空<rt>から</rt></ruby>の<ruby>水槽<rt>すいそう</rt></ruby>を準備する。
2　水槽の中に，暖房器具の代わりとして白熱電球を置く。
3　水槽の内側の，上の方と下の方にそれぞれ温度計を取り付け，ふたをする。
4　<ruby>電源装置<rt>でんげんそうち</rt></ruby>と白熱電球をつなぎ，白熱電球をつけ，5分ごとにそれぞれの温度計で温度を測る。
5　手順4で測った温度を**表2**に記録する。

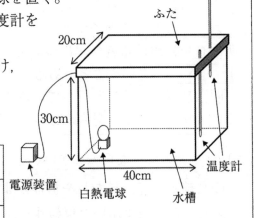

表2

白熱電球をつけてからの時間	0分	5分	10分	15分	20分
上の方の温度（℃）	10	21	28	35	39
下の方の温度（℃）	10	15	20	24	27

実験2

[手順]
1　**実験1**の装置のふたの真ん中付近に，ファンの代わりとして<ruby>乾電池<rt>かんでんち</rt></ruby>で動くプロペラを取り付ける。
2　白熱電球をつけ，プロペラを回し，**実験1**と同じように5分ごとにそれぞれの温度計で温度を測る。
3　手順2で測った温度を**表3**に記録する。

表3

白熱電球をつけてからの時間	0分	5分	10分	15分	20分
上の方の温度（℃）	10	19	25	30	34
下の方の温度（℃）	10	21	27	31	35

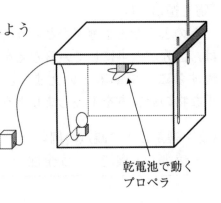

ア　実験1の表2の，0分から5分の間では，水槽の中の下の方の温度は，1分間あたり何度（℃）上がったか，答えなさい。

イ　実験2の表3から，下の方の温度が30℃になったのは，白熱電球をつけてから何分何秒後と考えられるか，適切なものを次のあ～えから1つ選び，記号で答えなさい。ただし，10分から20分の間では，下の方の温度は一定の割合で上がるものとします。

　　　あ　12分40秒　　　い　13分00秒　　　う　13分45秒　　　え　14分15秒

（2）「㊤ファンが天井に付いている」とありますが，達也さんは，表2と表3からファンが天井に取り付けられている理由を，ノート3のようにまとめました。表2，表3の結果をもとにして，暖められた空気の性質と動きにふれながら　う　に入る説明を書きなさい。

（3）　達也さんは，コンピュータを使って，水槽の中が適温になった時に，自動でスイッチが切れるプログラムをつくることにしました。そこで，実験2の装置の2つの温度計を取り外し，新たに温度センサーを取り付け，条件とプログラムの流れを考えました。

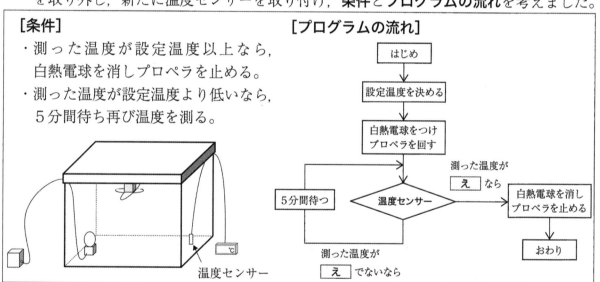

[条件]
・測った温度が設定温度以上なら，白熱電球を消しプロペラを止める。
・測った温度が設定温度より低いなら，5分間待ち再び温度を測る。

[プログラムの流れ]

はじめ → 設定温度を決める → 白熱電球をつけプロペラを回す → 温度センサー

測った温度が　え　なら → 白熱電球を消しプロペラを止める → おわり

測った温度が　え　でないなら → 5分間待つ

温度センサー

　　達也さんは，条件の設定温度を25℃としたいと考えたので，プログラムの流れの　え　を「25℃」として，水槽の中が10℃の状態からプログラムを実行しました。しかし，15分を過ぎても「おわり」に進みませんでした。そこで，プログラムを見直したところ，　え　を「25℃」としたところが誤りだと気づきました。次のア，イの問題に答えなさい。

ア　え　を「25℃」としたところが誤りなのは，プログラムにおいてどのようなことが起こるからか，「測った温度が」の書き出しに続けて書きなさい。

イ　正しくプログラムを動かすには，　え　をどのように修正するとよいか，数字や記号，言葉を用いて書きなさい。

3 弘二さんと華子さんの学校では，研修旅行で大学の研究室を訪問しています。次の1〜3の問題に答えなさい。

1 弘二さんは，研究室で大学生から電磁石の性質について，教えてもらっています。あとの（1），（2）の問題に答えなさい。

> 大 学 生　はじめに，⑦電磁石の性質を確かめる実験をしてみましょう。
> 弘二さん　どんな実験なのか楽しみです。
> 大 学 生　それはよかったです。電磁石の性質に関する実験を行い，その後に，⑦永久磁石と電磁石の性質を利用した乗り物について話をします。
> 弘二さん　ぜひ，そのような乗り物のしくみを知りたいです。

（1）「⑦電磁石の性質」とありますが，弘二さんは，大学生と電磁石の性質に関する実験を行いました。次のア，イの問題に答えなさい。

　ア　次の①〜④は，図1のような電磁石と永久磁石の性質について述べたものです。**電磁石の性質**を述べたものとして**正しい組み合わせ**を，あとの**A〜D**から1つ選び，**記号**で答えなさい。
　　①　常に磁石としてはたらく。
　　②　電流が流れているときだけ，磁石としてはたらく。
　　③　磁石の強さを変えることはできない。
　　④　磁石の強さを変えることができる。

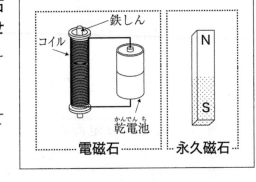

図1　電磁石と永久磁石

電磁石　　　永久磁石

| A | ①・③ | B | ①・④ | C | ②・③ | D | ②・④ |

　イ　コイル，乾電池，鉄しんを使い，コイルの巻き数と直列につなぐ乾電池の個数の条件を変えて実験をしました。図1の電磁石の鉄しんの片側を，くぎをたくさん入れた容器にさし入れて，そっと持ち上げた時に，鉄しんについてきたくぎの本数をそれぞれの条件で調べ，その結果を表にしました。

表

条件＼結果	結果1	結果2	結果3	結果4	結果5	結果6
コイルの巻き数（回）	50	100	100	100	150	200
乾電池の個数（個）	1	1	2	3	1	1
くぎの本数（本）	8	14	22	34	19	23

　コイルの巻き数と**電磁石につく，くぎの本数**の関係を調べるために必要な結果を表の結果1〜結果6から**すべて選び**，解答用紙のグラフ用方眼に■印をかきこみなさい。ただし，**0の点**にはあらかじめ■印が記してあります。

（2）「⑦永久磁石と電磁石の性質を利用した乗り物」とありますが，大学生は，電磁石がつくり出す力を使って最高時速603kmを実現しているリニアモーターカーのしくみについて，簡単なモデルをもとに話をしてくれました。そのしくみについて，次のア，イの問題に答えなさい。

ア 図2のように，リニアモーターカーは，ガイドウェイの側壁にはり付けられている電磁石によって，反発力と引力を発生させて車体を浮上させています。

リニアモーターカーの車体が図3の位置にあるとき，車体を矢印の方向へ進めるためには，車体の あ ～ え の永久磁石は，それぞれ側壁側に何極が向いているか，答えなさい。

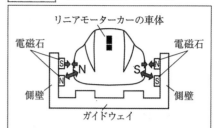

図2 車体が浮上するしくみ

イ 図3において，車体が前進していくためには等間隔に並んでいる側壁上の電磁石のN極とS極を切りかえ続ける必要があります。

時速603kmで進んでいるとき，何秒ごとに極を入れかえていることになりますか。小数第3位を四捨五入して答えなさい。ただし，側壁上の1つの電磁石の中央から，次の電磁石の中央までの距離は1796mmとします。

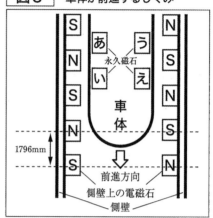

図3 車体が前進するしくみ

2 次の発表資料1～3は，華子さんが日本でとれる金をテーマに，黄金山産金遺跡（現在の宮城県涌谷町）と都市鉱山についてまとめたものを，研究室で発表したものです。あとの（1），（2）の問題に答えなさい。

発表資料1

○ 黄金山産金遺跡について
・黄金山産金遺跡は，日本で初めて金がとれたところとして2019年に*1日本遺産に認定され，今でも砂金の存在が確認されている。
・この地方でとれた金が，東大寺の大仏づくりに使われたとされている。
・天平と記された瓦が発見された。天平は聖武天皇の時代の年号である。
○ 東大寺の大仏がつくられた時代の様子
・病気の流行や貴族の反乱などがおこり，世の中がいっこうによくならなかった。
・聖武天皇は，仏教の力で国を治めようとして，東大寺の大仏をつくることを命じた。大仏づくりでは，日本中から材料が集められ，多くの人がかかわった。
・中国の進んだ政治のしくみや文化を学ぶため，使者や留学生が日本から中国に送られた。
*1日本遺産：地域の歴史的魅力や特色を通じて語られる，わが国の文化・伝統を文化庁が認定したもの

（1） 東大寺の大仏がつくられた時代の説明として，もっとも適切なものを，発表資料1をもとに，次のア～エから1つ選び，記号で答えなさい。

ア 新しい国づくりのために，進んだ制度や文化，学問を取り入れようと，日本から小野妹子らを使者として隋に送った。

イ 大化の改新によって，中国の制度を手本にして，都から全国へ支配を広げていくしくみを整備した。

ウ 病気や自然災害など，人の力がおよばないようなできごとから，国を守るために仏教に救いを求め，国ごとに国分寺がたてられた。

エ 漢字を変形させて，日本語の発音を表せるように工夫したかな文字が作られた。

（2） 華子さんは，都市鉱山について調べていくなかで，使用済みの電子機器から金などの金属が回収できることを知り，その大切さについて発表しました。次の**発表資料２，発表資料３**を参考にして，華子さんが，使用済みの電子機器の**リサイクルが大切だと考えた理由**を，**電子機器**と**資源**の２つの言葉を使って書きなさい。

発表資料２

都市鉱山とは

・使用済みで廃棄される携帯電話などの電子機器には，金，銀，銅などの金属が含まれていることから，都市にある鉱山という意味で，都市鉱山と呼ばれている。

都市鉱山から回収できる金について

・一般的に金山からとれる*²鉱石に含まれている金は，１トンあたり約５gである。

・使用済みの携帯電話１トン（約１万台）から回収できる金は，約280gになる。

・日本の都市鉱山にねむっているとされる金の量は，6800トンにのぼる。

*²鉱石：役に立つ金属などを多く含む鉱物

（環境省広報誌「エコジン2017年10・11月号」より作成）

発表資料３

金の*³埋蔵量が多いとされる上位３ヶ国（2020年）

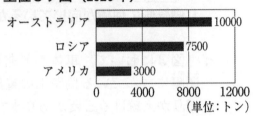

（単位：トン）

・日本の金の埋蔵量は，2009年の調査によれば14.8トンである。

・金の埋蔵量について，日本は2009年以降，調査を行っていない。

*³埋蔵量：天然資源が地中にうまっている量のこと

（資源エネルギー庁「埋蔵鉱量統計調査（2009）」と「アメリカ地質調査所資料（2021）」より作成）

---

3 大学の訪問を終えた弘二さんが，帰りの新幹線の車内で華子さんと先生と話をしています。あとの **（1）～（3）** の問題に答えなさい。

> 弘二さん　もうすぐ東京駅だね。
>
> 華子さん　そういえば，新幹線は東京駅が近くなると，㋒普通列車と並んで走る区間があるよね。
>
> 弘二さん　行きの新幹線では見られなかったので，帰りは見ることができるといいな。それにしても，どうしてこの新幹線の座席は通路をはさんで２人席と３人席に分かれているんだろう。
>
> 先　　生　それはね，このような分かれ方だと，何人の集団であっても，㋓余りを出さずに座ることができるからですよ。

（1） 「㋒普通列車と並んで走る区間」とありますが，華子さんは，時速72kmで走る全長200mの普通列車を，時速126kmで走る全長400mの新幹線が追いぬくのにかかる時間を考えました。

　　次の**華子さんが考えたこと**の　**お**　，　**か**　，　**き**　にあてはまる**数字**を答えなさい。ただし，追いぬくのにかかる時間は，新幹線の先頭が普通列車の最後尾に追いついてから，新幹線の最後尾が普通列車の先頭を追いこすまでを測ることとします。

華子さんが考えたこと

> 普通列車は１秒間に　**お**　m進み，新幹線は１秒間に　**か**　m進むので，新幹線は普通列車より１秒間あたり何m速く進むかがわかる。このことから，追いぬくのにかかる時間は　**き**　秒となる。

（2）「㉘余りを出さずに座ることができる」とありますが，先生は新幹線の座席と余りを出さない座り方について，**ノート1**と**ノート2**をもとに教えてくれました。

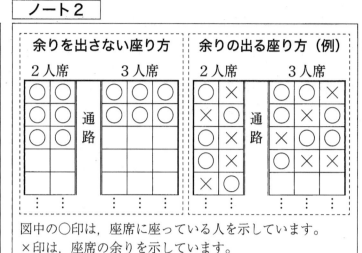

弘二さんが乗車している新幹線の車両には，**ノート1**のような座席が20列100席あります。弘二さんは，学年の90人全員が余りを出さずに座る方法は，2人席15列と3人席20列で座るか，2人席18列と3人席18列で座るか，の2通りあると考えました。

学年の人数が60人のとき，全員がとなりの席を空席にせず，余りを出さずに座る方法は**何通り**あるか，答えなさい。ただし，車両は1両のみを使用することとします。

（3）先生は，この新幹線の座席に余りを出さずに座ることは，2人組と3人組で組をつくることと同じだと教えてくれました。

先生はさらに，3人組と4人組で余りを出さずに組をつくる場合について，**ノート3**をもとに教えてくれました。

そこで説明を聞いた華子さんは，5人組と8人組で組をつくる場合を考えました。

5人組と**8人組**で組をつくる場合，余りを出さないためには**集団の人数**は**何人以上**いればよいか，答えなさい。

ノート3

3人組と4人組で組をつくる場合

4人組の組数＼3人組の組数	0組	1組	2組	3組
0組	0人	3人	6人	9人
1組	4人	7人	10人	13人
2組	8人	11人	14人	17人
3組	12人	15人	18人	21人

6人以上いれば余りを出さずに組をつくることができる。

（解答用紙は別冊4P）（解答例は別冊3P）

※ ①，②は，仙台二華中学校と同じです。

③ 黎さんは，家族と一緒に休日を過ごしています。次の1，2の問題に答えなさい。

1　黎さんは，お母さんと話をしながら，スーパーマーケットの食品売り場で買い物をしています。あとの（1）～（3）の問題に答えなさい。

> 黎　さ　ん　同じピーマンでも，㋐さまざまな産地で収穫されたものが並んでいるね。
>
> お母さん　そうね。いろいろな産地から市場を経由して，このスーパーマーケットに運ばれてくるのね。
>
> 黎　さ　ん　前に買い物にきた時には，今とは違う産地のピーマンが並んでいたよ。
>
> お母さん　よく覚えているわね。細かな違いに気づくなんて偉いわ。
>
> 黎　さ　ん　このお店は商品の見せ方が上手だから，さまざまな産地のピーマンが売られていることに気づいたんだ。
>
> お母さん　このお店は，地域の人に気持ちよく買い物をしてもらうために，利用者の意見を聞いたり，商品を上手に並べたり，㋑さまざまな工夫をしているわね。
>
> 黎　さ　ん　うん，ピーマン以外にも㋒それぞれの商品が目立つように置かれているよ。

（1）「㋐さまざまな産地で収穫されたものが並んでいる」とありますが，次の表1，資料1から読み取れることとして適切なものを，あとのア～エから1つ選び，記号で答えなさい。

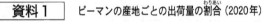

表1	ピーマンの全国合計収穫量と出荷量の変化	
	収穫量（トン）	出荷量（トン）
2016年	144800	127000
2017年	147000	129800
2018年	140300	124500
2019年	145700	129500
2020年	143100	127400

（農林水産省「作況調査」より作成）

資料1　ピーマンの産地ごとの出荷量の割合（2020年）

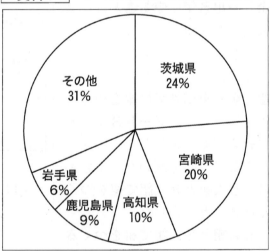

- その他 31%
- 茨城県 24%
- 宮崎県 20%
- 高知県 10%
- 鹿児島県 9%
- 岩手県 6%

（農林水産省「作況調査」より作成）

ア　2016年以降の5年間，全国の農家で収穫されたピーマンは，収穫されたものの9割以上が出荷されている。

イ　全国合計収穫量と出荷量を見ると，2017年以降2020年までの間で，前年に比べ収穫量が増加した年は，出荷量も増加している。

ウ　2020年の宮崎県でのピーマンの出荷量は，3万トン以上であり，高知県でのピーマンの出荷量は，2万トン以上である。

エ　2020年における全国のピーマンの出荷量のうち，九州地方から出荷されたものの割合は，全体の4分の1未満である。

（2）「㋑<u>さまざまな工夫</u>」とありますが，黎さんが行ったスーパーマーケットでは，**資料2**の意見をふまえ，利用者がレジで会計をする際の並び方を工夫しました。次の**図1**，**図2**を比べ，工夫をしたことで，利用者に**どのような良い点があると考えられるか**，説明しなさい。

資料2	利用者からの意見

　　会計を待っている時，私の方が先に並んでいるのに，別の列に後から並んでいる人が早くレジで会計をしていることがあります。どうにかなりませんか。

図1 工夫する前の並び方

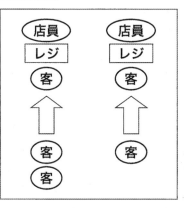

図2 工夫した後の並び方

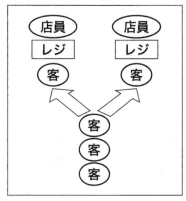

（3）「㋒<u>それぞれの商品が目立つように置かれている</u>」とありますが，缶詰が**図3**のように積み重ねられていました。この缶詰の形はすべて同じ円柱で，底面の半径は4cm，高さは10cmです。**図4**は，積み重ねられた缶詰の2段目と3段目だけを取り出し，上から見て重なっている部分をぬりつぶして表したものです。また，**表2**はそれぞれの段に積み重ねられた缶詰の個数を示したものです。あとの**ア〜エ**の問題に答えなさい。ただし，円周率は3.14とします。

図3

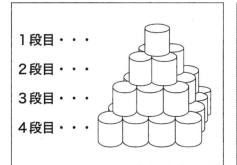

1段目・・・
2段目・・・
3段目・・・
4段目・・・

図4

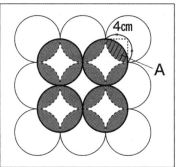

表2

段数	缶詰の個数
1段目	1個
2段目	4個
3段目	9個
4段目	16個

ア　缶詰と同じ，底面の半径が4cm，高さが10cmの円柱があります。円柱の高さは変えずに，**底面の直径が2倍になるとき，円柱の体積は何倍**になるか答えなさい。

イ　**図3**，**図4**のような積み方で段数が8段になるとき，缶詰は合計で**何個**になるか，答えなさい。ただし，すべて同じ大きさの缶詰が積み重ねてあることとします。

ウ　**図4**の斜線部分Aは，缶詰と缶詰が重なってできる図形です。**斜線部分Aの面積は何cm²**になるか答えなさい。

エ　**図3**，**図4**のような積み方で段数が5段になるとき，缶詰と缶詰が重なってできる図形の**面積は合計何cm²**になるか，その**求め方を式と言葉を使って**説明しなさい。ただし，缶詰と缶詰が重なってできる図形は，すべて合同とします。

2 買い物を終えて家に帰って来た黎さんが、夕食の準備をはじめようとしているお父さん、お母さんと話をしています。あとの**（1）、（2）**の問題に答えなさい。

お母さん　いため物をつくるから、もやしとピーマンを持ってきてちょうだい。

黎 さ ん　はい、持ってきたよ。もやしは植物のからだのどの部分なのかな。

お父さん　白い部分はほとんど茎だよ。豆に光を当てないで発芽させたものを「もやし」と言うんだよ。スーパーマーケットで売られている「もやし」は㋘リョクトウの種子を育てたものが多いんだよ。

黎 さ ん　リョクトウの種子に光を当てて育てるとどうなるのかな。

お父さん　光を当てると、光を当てないで育てたときほど長く伸びず、色は緑色になるんだよ。

黎 さ ん　そうなんだ。じゃあ、ピーマンのふだん食べている部分は植物のからだのどの部分かな。

お父さん　葉と同じ緑色だけど、実の部分だよ。中に種が入っているからね。

黎 さ ん　葉と同じで、ピーマンに㋙光を当てたら酸素を出したり二酸化炭素を取りこんだりするのかな。実験して確かめてみるよ。

（1）「㋘リョクトウの種子」とありますが、リョクトウの種子を発芽させ、**図5**のように、子葉2枚のものを**種子A**、子葉の片方を切り取ったものを**種子B**とします。4日目の成長の様子について、**種子A**に光を当てて育てた場合を①、光を当てないで育てた場合を②として**図6**に示しています。また、光を当てて育てた場合と、光を当てないで育てた場合について、発芽した種子が成長した4日目と8日目の植物の高さを**図7**に示しています。あとの**ア、イ**の問題に答えなさい。

図5　発芽させたリョクトウの種子

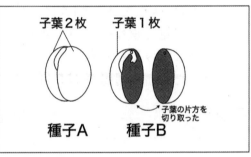

図6　発芽した種子の成長

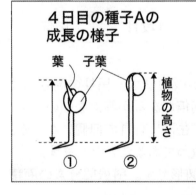

図7　発芽した種子が成長した植物の高さ

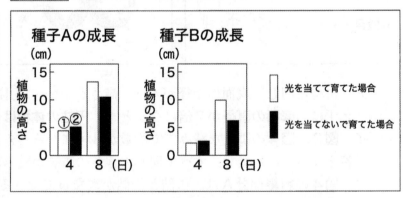

ア　発芽した種子が成長した植物の高さについて、**図7**から考えられることを述べた文として、**もっとも適切なもの**を、次の**あ〜う**から**1つ選び、記号で答えなさい**。

あ　子葉の養分だけを使って成長する。

い　光に当たることでつくられた養分だけを使って成長する。

う　子葉の養分と、光に当たることでつくられた養分を使って成長する。

イ 図6と図7から，発芽した**種子A**の成長について，4日目の時点では，光を当てて育てた①よりも，光を当てないで育てた②のほうが長く伸びていました。その後，8日目では，光を当てて育てた①の方が，②と比べて長く伸びていました。このように，発芽した種子に光を当てないで育てた方が，はじめは長く伸びるという**性質**があります。この性質が，図8のように土の中に埋められた種子が発芽したとき，**成長に有利になる理由**を，図7を参考にして説明しなさい。

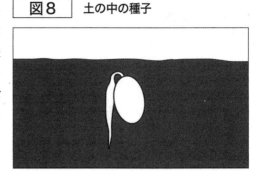

図8　土の中の種子

(2) 「<u>㋔光を当てたら酸素を出したり二酸化炭素を取りこんだりする</u>」とありますが，黎さんは，ピーマンに光を当てたことによる酸素の体積の割合と二酸化炭素の体積の割合の変化を調べる**実験**を行いました。あとの**ア，イ**の問題に答えなさい。

実験

ピーマン4個をポリエチレンの袋に入れた**袋C**と，ピーマン4個をポリエチレンの袋に入れたものを箱に入れて光を当てないようにした**袋D**，空気だけを入れた**袋E**，空気だけを入れたものを箱に入れて光を当てないようにした**袋F**を用意する。それぞれの袋に息を吹きこんだあと，袋の口を輪ゴムでしばり，酸素と二酸化炭素の体積の割合を測ったところ，すべての袋で酸素は約16%，二酸化炭素は約5%だった。その後，照明装置でそれぞれ光を当て，3時間後に袋の中の気体の体積の割合を測った結果を**表3**に記録した。

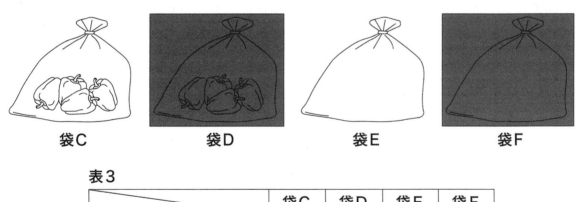

袋C　　　　　袋D　　　　　袋E　　　　　袋F

表3

	袋C	袋D	袋E	袋F
酸素の割合 (%)	16	14	16	16
二酸化酸素の割合 (%)	5	7	5	5

ア ピーマンの呼吸のはたらきで変化した酸素の体積を知るために，どの袋の数値を比べればよいか，**もっとも適切な組み合わせ**を，次の**あ〜え**から1つ選び，**記号で答えなさい**。

あ 袋Cと袋E　　　い 袋Cと袋F　　　う 袋Dと袋E　　　え 袋Dと袋F

イ 表3において，**袋C**で酸素の体積の割合の**数値が変化していない理由**を説明しなさい。ただし，ポリエチレンの袋は酸素や二酸化炭素を通さないものとします。

― 19 ―

（解答用紙は別冊5P）（解答例は別冊4P）

※「放送による問題」の台本です。

（◆電子音　ポン　ポン　ポン　ポン）

　これから第1問の放送による問題を行います。放送を聞いて1〜3の問題に答えなさい。英語はそれぞれ2回放送されます。
　放送中に問題用紙にメモをとってもかまいません。答えはすべて解答用紙に記入しなさい。

（この間約3秒）

　問題1　日本に短期留学中のケビンさんは，自主研修で水族館へ向かっていましたが，道に迷ってしまいました。
　　　　ケビンさんは水族館で待ち合わせているクラスメイトのさくらさんに電話で道順を聞いています。
　　　　2人の会話を聞いて，ケビンさんが今いる場所をあ，い，う，え，おの中から1つ選び記号で答えなさい。
　　　　また，さくらさんが教えてくれた道順のとおり，解答用紙の正しい出発点の黒丸（●）と，水族館の星印（★）を線で結びなさい。それでは，始めます。

（この間約3秒）

【2人の会話】
　Kevin：　Sakura!! Where is the aquarium?
　Sakura：　Are you OK, Kevin? What can you see now?
　Kevin：　I can see a station on my left.
　Sakura：　I see. Can you see an elementary school on your right?
　Kevin：　No, I can see a hospital on my right.
　Sakura：　OK. Go straight and turn right at the second corner. And go straight two blocks and turn left. You can see the aquarium on your left.
　Kevin：　Thank you.
　Sakura：　You're welcome.

（この間約8秒）

　繰り返します。

（この間約3秒）

【2人の会話】
　Kevin：　Sakura!! Where is the aquarium?
　Sakura：　Are you OK, Kevin? What can you see now?
　Kevin：　I can see a station on my left.
　Sakura：　I see. Can you see an elementary school on your right?
　Kevin：　No, I can see a hospital on my right.
　Sakura：　OK. Go straight and turn right at the second corner. And go straight two blocks and turn left. You can see the aquarium on your left.
　Kevin：　Thank you.
　Sakura：　You're welcome.

（この間約8秒：p.2に進む）

次に問題2に移ります。

（この間約3秒）

問題2　水族館に着いたさくらさんとケビンさんは次の館内案内のパンフレットを見ながら，どのように見て回るかを話しています。2人の会話を聞いて，立ち寄ることにした場所の順番として最も当てはまるものを**あ，い，う，え，お，か**の中から1つ選び，記号で答えなさい。それでは，始めます。

（この間約3秒）

【2人の会話】
Kevin:　Sakura, you want to see the dolphin show, right?
Sakura:　That's right. That show is famous at this aquarium. The dolphins can jump high. We can see the dolphins by the pool. What do you want to see, Kevin?
Kevin:　I like whales. So the 3D movie sounds interesting. And at Area C, we can touch penguins. I want to go there, too. But do we have time?
Sakura:　Let's check the show times. Let's see. OK. We can see both. Let's go to the penguin show and the movie.
Kevin:　Great! Wait! What time is it now?
Sakura:　It's 2:15.
Kevin:　Look! The dolphin show starts at 2:30. Let's go there first.
Sakura:　Yes, let's. Well, we have 15 minutes. Can I buy mineral water at this shop now?
Kevin:　Nice idea. That's important. It's very hot outside today.

（この間約8秒）

繰り返します。

（この間約3秒）

【2人の会話】
Kevin:　Sakura, you want to see the dolphin show, right?
Sakura:　That's right. That show is famous at this aquarium. The dolphins can jump high. We can see the dolphins by the pool. What do you want to see, Kevin?
Kevin:　I like whales. So the 3D movie sounds interesting. And at Area C, we can touch penguins. I want to go there, too. But do we have time?
Sakura:　Let's check the show times. Let's see. OK. We can see both. Let's go to the penguin show and the movie.
Kevin:　Great! Wait! What time is it now?
Sakura:　It's 2:15.
Kevin:　Look! The dolphin show starts at 2:30. Let's go there first.
Sakura:　Yes, let's. Well, we have 15 minutes. Can I buy mineral water at this shop now?
Kevin:　Nice idea. That's important. It's very hot outside today.

（この間約8秒：p.3に進む）

次に問題３に移ります。

（この間約３秒）

　問題３　英語の授業で，さくらさんは研修から学んだことについてまとめた資料をもとに発表
　　　をしています。さくらさんが発表に使っている資料として，最も当てはまるものを**あ**，
　　　い，**う**，**え**の中から１つ選び，記号で答えなさい。それでは，始めます。

（この間約３秒）

【さくらさんの発表】
I went to an aquarium on my field trip.
I saw so many colorful fish and sea turtles.
I ate a shark hamburger and jellyfish ice cream for dessert at the aquarium restaurant.
They were delicious.
I saw a movie about whales. Whales live in clean seas. They usually eat a lot of fish and
squid. And fish and squid eat small shrimp.
But whales sometimes eat plastic bags, too. That is sad.
I enjoyed studying about sea animals and nature on my field trip.
Thank you for listening.

（この間約８秒）

繰り返します。

（この間約３秒）

【さくらさんの発表】
I went to an aquarium on my field trip.
I saw so many colorful fish and sea turtles.
I ate a shark hamburger and jellyfish ice cream for dessert at the aquarium restaurant.
They were delicious.
I saw a movie about whales. Whales live in clean seas. They usually eat a lot of fish and
squid. And fish and squid eat small shrimp.
But whales sometimes eat plastic bags, too. That is sad.
I enjoyed studying about sea animals and nature on my field trip.
Thank you for listening.

（この間約８秒）

　これで放送による問題を終わります。次の問題に移ってください。

（◆電子音　ポン ）

1 放送による問題

放送を聞いて**1〜3**の問題に答えなさい。英語はそれぞれ**2回**放送されます。

放送中に問題用紙にメモをとってもかまいません。答えはすべて解答用紙に記入しなさい。

1 日本に短期留学中のケビンさん（🍚）は，自主研修で水族館へ向かっていましたが，道に迷ってしまいました。

ケビンさんは水族館で待ち合わせているクラスメイトのさくらさんに電話で道順を聞いています。

2人の会話を聞いて，ケビンさんが今いる場所を**あ〜お**の中から1つ選び，記号で答えなさい。

また，さくらさんが教えてくれた道順のとおり，解答用紙の正しい出発点の黒丸（●）と，水族館の星印（★）を線で結びなさい。

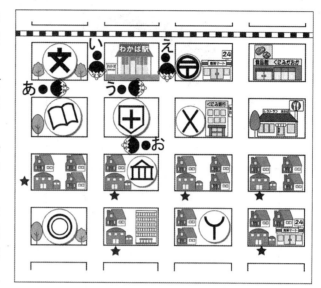

2 水族館に着いたさくらさんとケビンさんは次の館内案内のパンフレットを見ながら，どのように見て回るかを話しています。2人の会話を聞いて，立ち寄ることにした場所の順番として最も当てはまるものを**あ〜か**の中から1つ選び，記号で答えなさい。

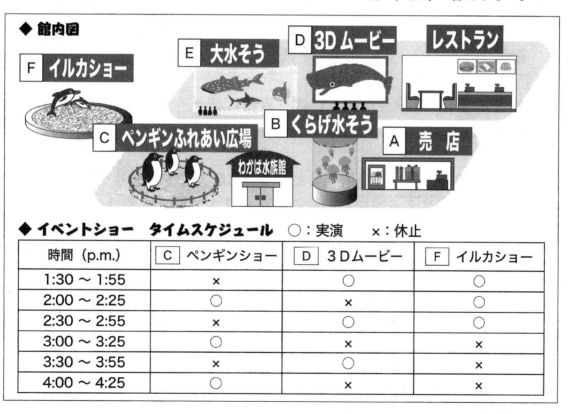

◆ イベントショー　タイムスケジュール　　○：実演　　×：休止

時間 (p.m.)	C ペンギンショー	D 3Dムービー	F イルカショー
1:30 〜 1:55	×	○	○
2:00 〜 2:25	○	×	○
2:30 〜 2:55	×	○	○
3:00 〜 3:25	○	×	×
3:30 〜 3:55	×	○	×
4:00 〜 4:25	○	×	×

【立ち寄る順番】

あ　A → D → C → F　　　　い　A → F → C → D

う　C → D → F → E　　　　え　C → D → A → F

お　F → C → D → A　　　　か　F → D → C → B

3 英語の授業で，さくらさんは研修から学んだことについてまとめた資料をもとに発表をしています。さくらさんが発表に使っている資料として，最も当てはまるものを**あ〜え**の中から1つ選び，記号で答えなさい。

あ

い

う

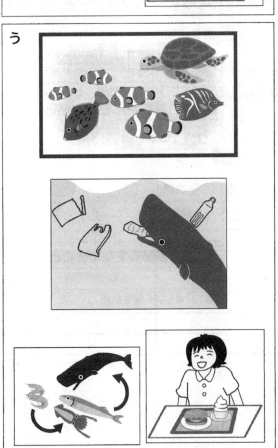

え

2 みのるさんとさなえさんは,石巻市にあるサン・ファン館に校外学習に行きました。次の1～6の問題に答えなさい。

> みのるさん　江戸時代のはじめ,伊達政宗が治めた仙台藩の **ア武士**だった支倉常長たちがサン・ファン・バウティスタ号で太平洋をわたったんだね。
>
> さなえさん　石巻を出航した常長たちは,**イ貿易**を目的に,**ウ約2か月もかけて太平洋をわたって**,アメリカのメンドシノ岬に着いたみたい。その後,メキシコのアカプルコを通って,大西洋をわたってスペインやローマまで行ったんだ。
>
> みのるさん　常長たちは出発から7年後の1620年に仙台に帰ってきたけど,**エ目的は達成できなかった**みたいだよ。

1　下線部**ア**「武士」とあります。この時代には,武士や百姓,町人といった身分のちがいが明確になっていました。そのことと関係する政策を**表1**の**あ～お**から1つ選び,あわせて,その政策と関係の深い人物を**か～こ**から1つ選び,記号で答えなさい。

表1

政策		人物	
あ 大仏を造る	**い** 刀狩	**か** 足利 義満	**き** 織田 信長
う 楽市・楽座	**え** 参勤交代	**く** 豊臣 秀吉	**け** 徳川 家光
お 御成敗式目		**こ** 源 頼朝	

2　下線部**イ**「貿易」とあります。日本のお金「円」と海外のお金を比べたとき,その価値は毎日変わります。**表2**は日本のある会社が,アメリカから製品を輸入した日の日本の「円」とアメリカのお金「ドル」の関係を示したものです。

この会社が,同じ価格のアメリカの製品を同じ量だけ日本に輸入したとするとき,最も安く輸入できたのはどの日になりますか。**あ～え**から1つ選び,記号で答えなさい。

表2　日本の円とアメリカのドルの関係

	輸入した日	円とドルの関係
あ	1月25日	1ドル=114円
い	3月22日	1ドル=120円
う	5月10日	100円=0.77ドル
え	10月21日	100円=0.67ドル

(出典　七十七銀行HP)

図1　常長がたどった航路(行き)

3　下線部**ウ**「約2か月もかけて太平洋をわたって」とあります。みのるさんが石巻からメンドシノ岬までの道のりを調べると,7800kmであることがわかりました。船が常に同じ速さで進んだとすると,サン・ファン・バウティスタ号は時速約何kmで進んだことになりますか。ただし,約2か月は60日とし,答えは小数第二位を四捨五入して,小数第一位まで表すこととします。

4　下線部**エ**「目的は達成できなかった」とあります。支倉常長たちが外国との貿易を達成できなかった理由として考えられることを,**表3**をもとに答えなさい。

表3　当時の主なできごと

年	主なできごと
1612	キリスト教を禁止
1613	支倉常長,ヨーロッパへ出発
1616	ヨーロッパ船の来航を長崎と平戸のみとする
1620	支倉常長が帰国
1624	スペイン船の来航を禁止する
1635	日本人の海外渡航,帰国を禁止する
1639	ポルトガル船の来航を禁止する
1641	オランダ商館を長崎の出島に移す

5 仙台市はメキシコのアカプルコ市と「国際姉妹都市」となっており，交流事業を行っています。みのるさんとさなえさんが，アカプルコ市のことを調べていくと，さまざまなことが分かってきました。あとの**(1)**，**(2)**の問題に答えなさい。

(1) みのるさんはアカプルコ市の気候を調べ，**図2**の雨温図をつくりました。この雨温図からわかる，アカプルコ市の気温と降水量（こうすいりょう）の特徴（とくちょう）をそれぞれ答えなさい。

(2) さなえさんには大学生の兄がいて，アカプルコ市から留学中の友達がいるそうです。
さなえさんは兄の大学の留学生の割合を調べ，**図3**のようにまとめました。アカプルコ市がある中南米地域（ちいき）からの留学生は何人か答えなさい。

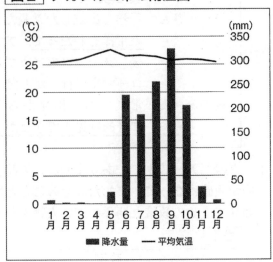

図2 アカプルコ市の雨温図

（出典 気象庁ＨＰを元に作成）

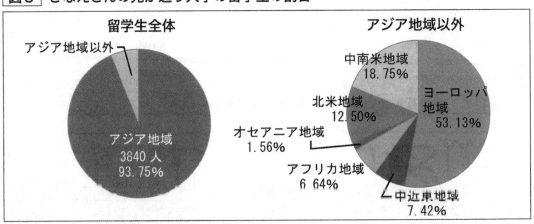

図3 さなえさんの兄が通う大学の留学生の割合

留学生全体

アジア地域以外

アジア地域
3840人
93.75%

中南米地域
18.75%
北米地域
12.50%
オセアニア地域
1.56%
アフリカ地域
6.64%
ヨーロッパ地域
53.13%
中近東地域
7.42%

6 サン・ファン・バウティスタ号は当時の石巻で造られました。建造には大きな太い木材をふくめて，大量の木材が必要でした。そのため，森林が豊富な岩手県南部の内陸部や気仙沼（けせんぬま）地域から材料を切り出したという記録が残っています。
岩手県南部や気仙沼地域の木材を使って船を石巻で建造することができた理由を，**図4**を参考に，「**輸送**」という点から答えなさい。

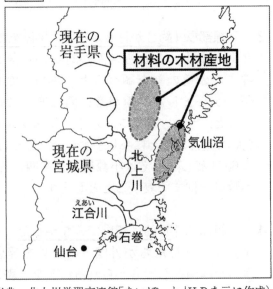

図4 当時の地図

現在の岩手県
材料の木材産地
現在の宮城県
気仙沼
北上川
江合川（えあい）
仙台
石巻

（出典 北上川学習交流館「あいぽーと」ＨＰを元に作成）

3　ほなみさんとお母さんが話をしています。
　　次の**1〜4**の問題に答えなさい。

> ほなみさん　給食で使うランチョンマットを作ってみたいんだ。
>
> お 母 さん　それはいい考えね。それならあなたが小さなころに着た洋服を取ってあるから，それを使ったら？
>
> ほなみさん　着なくなった洋服ってたくさんあるね。どの洋服が良いかな。
>
> お 母 さん　ランチョンマットは毎日使うから，洗たく機で洗えて，アイロンもかけられた方がいいね。**ア**これはどう？
>
> ほなみさん　素敵だけど縦横40cmの正方形を切り取るにはちょっと生地が足りないみたい。
>
> お 母 さん　生地を小さく切って**イ**つなぎあわせて模様を作ったら？
>
> ほなみさん　良いかも。最後に**ウ**名前もししゅうしたいな。
>
> お 母 さん　素敵ね。この中には**エ**ペットボトルから作られた洋服もあるの。使い終わったものをもう一度資源にもどして製品を作ることをリサイクルといって，日本のペットボトルのリサイクル率は8割をこえるのよ。

1　下線部**ア**「これはどう？」とあります。お母さんは綿素材の洋服を用意してくれました。お母さんが選んだ綿素材の洋服の洗たく表示を**図1**の**あ〜う**から1つ選び，記号で答えなさい。

図1	お母さんが選んだ綿素材の洋服の洗たく表示

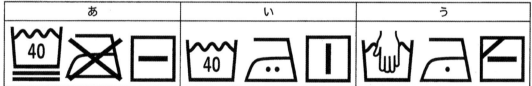

あ	い	う

2　下線部**イ**「つなぎあわせて模様を作ったら？」とあります。ほなみさんは**問題1**で選んだ布を使って**図2**のようなパッチワーク模様を作ろうと思います。

　1マスの一辺が10cmの正方形のとき，**図2**の色のついた部分の面積は何cm²になるか答えなさい。

　ただし，円周率は3.14とします。

図2　**ほなみさんのパッチワーク**

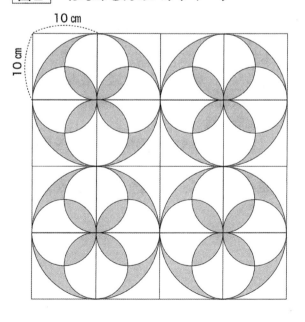

3 下線部**ウ**「名前もししゅうしたい」とあります。ほなみさんは，できあがったランチョンマットに**図3**のように，カタカナで名前をぬい取りました。それぞれの文字は一息でぬい取っています。あとの（**1**）〜（**3**）の問題に答えなさい。

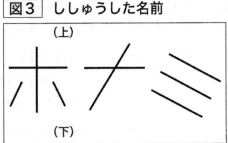

図3 ししゅうした名前

（上）

（下）

（**1**） **図4**は「ホ」の字を裏から見た様子です。

ほなみさんはどのような順番でぬい取りましたか。正しいものを**図5**の**あ〜え**から1つ選び，記号で答えなさい。

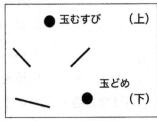

図4 裏から見た「ホ」

● 玉むすび （上）

玉どめ

● （下）

図5 「ホ」のぬい取りの順序

あ	い	う	え
③ ① ④ ②	③ ④ ② ①	④ ② ① ③	① ④ ③ ②

（**2**） 「ナ」の字の上半分の頂点を線で結んだところ，**図6**の三角形ＡＢＣができました。

このとき，角**あ**の大きさは何度になるか答えなさい。

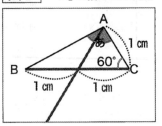

図6 「ナ」を結んだ三角形

A

あ 1cm

60°

B C

1cm 1cm

（**3**） 「ミ」を**図7**の①〜③の順に直線でぬい取りました。

3本の線の長さは全て同じで，線と線の間の長さも全て同じです。図の**あ**と**い**の長さの比が1：3で，使った糸の長さが5.5cmだったとき，線1本の長さは何cmになるか答えなさい。

ただし，布の厚みや糸の太さは考えないこととし，玉むすびや玉どめに必要な糸の長さはふくめないこととします。

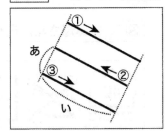

図7 「ミ」のぬい取り順序

あ ①→ ③→ ←② い

4 下線部**エ**「ペットボトルから作られた洋服」とあります。

仙台市はペットボトルのリサイクルとして，**資料**のような取り組みをおこなっています。

ペットボトルから洋服をリサイクルする以外に，ペットボトルをペットボトルとしてリサイクルする，仙台市の取り組みにはどのような利点があるか答えなさい。

資料 仙台市の広告

ボトルは、

ボトルへ。

ペットボトルは資源です。
しっかり分別して、きちんとリサイクル。
一人ひとりのONE ACTIONで
持続可能な杜の都へ。

仙台市

（出典　仙台市ＨＰ）

仙台青陵中等教育学校

（解答用紙は別冊7P）（解答例は別冊5P）

1　えりかさんとさとしさんは，校外学習で科学館まで行きます。
　次の1〜3の問題に答えなさい。

1　校外学習当日（10月2日）のえりかさんとお父さんとの会話文を読んで，あとの**問題**に答えなさい。

> えりかさん　昨日まで，雨が降っていて今日の校外学習の天気が心配だったけど，晴れてよかったよ。
> お　父　さん　台風が上陸して，雨が続いていたからね。ア雲画像を見ると台風は日本を通り過ぎたようだから安心だね。気をつけていってらっしゃい。

問題

下線部ア「雲画像を見ると」とあります。**図1**は，10月2日の雲画像です。これをもとに，**図2**にある**9月28日〜10月1日までの雲画像**を，正しい順番にならびかえ，解答用紙に**あ〜え**の記号で答えなさい。

図1　10月2日の雲画像

図2　9月28日〜10月1日の雲画像

あ　　　　　　　い　　　　　　　う　　　　　　　え

（出典　雲画像は全て日本気象協会HPより引用）

2　さとしさんは，科学館に向かって歩いていると，日時計を見つけました。先生とさとしさんの会話文を読んで，あとの（1），（2）の問題に答えなさい。

> 先　　　生　日時計は，太陽の光でできるかげの位置から時刻を知るものです。太陽は空を1日で1周するように見えるから，イかげは1時間で15度動きます。
> さとしさん　なるほど。そうするとウ現在の時刻は，10時ごろですね。
> 先　　　生　正解です。集合時間におくれるから，急いで科学館に向かいましょう。

（1）　下線部イ「かげは1時間で15度動きます」とあります。1度動くのに何分かかるか答えなさい。

（2）　下線部ウ「現在の時刻は，10時ごろ」とあります。10時のかげの位置を**図3**の**あ〜お**から1つ選び，記号で答えなさい。また，その後のかげはA，Bどちらの方向に動いていくのか，記号で答えなさい。

図3　日時計

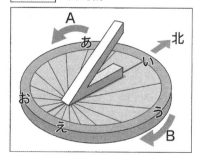

3 科学館では「ヒンヤリグッズの不思議」という，水をふくませるだけで首もとが冷た く感じるスカーフを使った実験教室が行われていました。科学館の先生とえりかさんの 会話文を読んで，あとの**（1）**，**（2）**の問題に答えなさい。

先　　　生	このスカーフの中には水を吸収する物質が入っています。水をふく ませて首に巻くと冷たく感じますよ。
えりかさん	私も使ったことがあります。冷たい感じが長続きしますよね。でも なぜ冷たい感じが長続きするのでしょうね。
先　　　生	暑い夏を過ごす工夫の一つとして，「打ち水」について学んだと思いま す。このスカーフも「打ち水」と同じはたらきを利用しています。ど のようなはたらきなのでしょうか。実験を通して考えてみましょう。

実験

手順1　　水をふくませないスカーフの温度 とそのときの重さを10分おきには かり，記録する。

手順2　　スカーフに水をふくませ，その ときのスカーフの温度と重さをはか り，記録する。その後10分おきにス カーフの温度と重さをはかり，記録 する。なお，スカーフに水をふくま せるのは実験開始のときのみとする。

※手順1，2は室温が25℃で一定の 部屋で行うものとする。

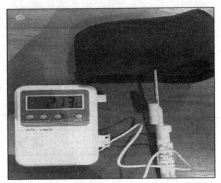

スカーフの温度をはかるときの様子

手順1の結果

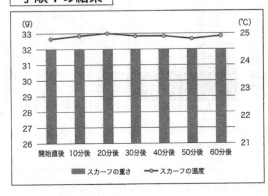

■スカーフの重さ　━○━スカーフの温度

手順2の結果

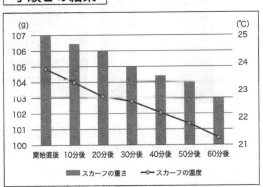

■スカーフの重さ　━○━スカーフの温度

（1）　手順2の結果からスカーフの重さはだんだん軽くなっていることがわかります。 スカーフが軽くなる理由を説明した次の文章の**（あ）～（う）**にあてはまる語句を 答えなさい。

スカーフにふくまれていた（**あ**）が（**い**）して（**う**）になったから。

（2）　夏の暑い日などに「打ち水」をすることで周囲がすず しくなることがあります。 地面に「打ち水」をしたとき，まいた水の様子と地面 の温度はどのように変化すると考えられますか。実験の 結果をもとに答えなさい。

図4　打ち水

- 30 -

2 まさおさんは，みその製造工場を見学し，大豆と米を使ったみその作り方を授業で発表しました。
　　次の**1〜3**の問題に答えなさい。

資料 まさおさんの発表

【スライド①】	みその原料は大豆と米と麹菌と塩です。まず，大豆を水にひたしてやわらかくしてからゆでます。
【スライド②】	ゆでた大豆が冷めたらすりつぶして，米と麹菌を混ぜたものと塩を加えます。
【スライド③】	熟成させている間に，麹菌がゆっくりと大豆の成分を変化させ，うま味や消化・吸収のよい成分に変え，<u>米のでんぷんを分解してあま味成分に変えて</u>いきます。
【スライド④】	半年から1年熟成させるとみそになります。

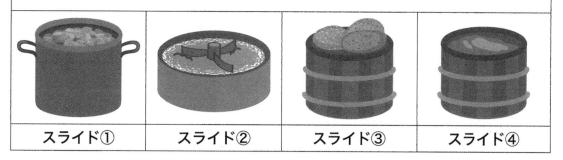

| スライド① | スライド② | スライド③ | スライド④ |

1 下線部「でんぷんを分解してあま味成分に変えて」とあります。まさおさんは，**図1**のように，ある【材料】を使って麹菌が「でんぷんを分解することを確かめる実験」を考えました。あとの**（1）**，**（2）**の問題に答えなさい。

図1 麹菌がでんぷんを分解することを確かめる実験

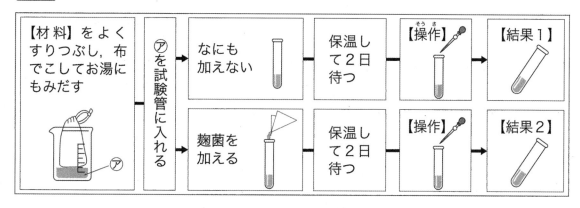

（1） この実験で，どのような【材料】を使うのが適切ですか。次の**あ〜お**から最もふさわしいものを1つ選び，記号で答えなさい。

あ　オレンジ　　い　とり肉　　う　しいたけ　　え　うどん　　お　バター

（2） でんぷんを検出するため，【操作】では試験管に何を加えるか答えなさい。また，【結果1】と【結果2】は，それぞれどのようになるか答えなさい。

2 まさおさんは，みその材料である大豆の育ち方について調べました。すると，植物の種類によって葉の並び方が異なり，**図2**や**図3**のように植物によって規則にしたがって葉をつけることがわかりました。あとの **(1)，(2)** の問題に答えなさい。

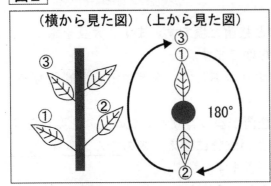

図2 大豆の葉の並び方
（横から見た図）（上から見た図）
180°

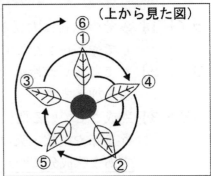

図3 ある植物の葉の並び方
（上から見た図）

※大豆の葉は簡単に示しています。

(1) ある植物は上から見ると**図3**のような葉の並び方をしています。植物の**葉①**から**葉②**の角度は何度になるか答えなさい。ただし，葉の間の角度は全て同じとします。

(2) 植物の葉を下から順番に観察すると，植物は規則的に葉を付けることで，葉が重ならないようなつくりになっていることがわかりました。このようなつくりは植物の成長と養分について考えると，どのような利点があると考えられるか答えなさい。

3 まさおさんは，家でみそづくりをしました。ゆでた大豆をよく冷ますため，モーターでプロペラを回して風を送る装置を考えました。次の条件に合うように，解答用紙の図の中の●を線でつないで回路を完成させなさい。

条件

・プロペラは，**図4**の**スイッチ①**だけを入れたときよりも，**スイッチ②**だけを入れたときの方が速く回ります。
・**スイッチ①**と**スイッチ②**の両方を切るとプロペラは回転しません。
・**スイッチ①**を入れるときは**スイッチ②**を切り，**スイッチ②**を入れるときは**スイッチ①**を切ることとします。
・線どうしは重ならないようにつなぎます。

図4 まさおさんが考えた装置

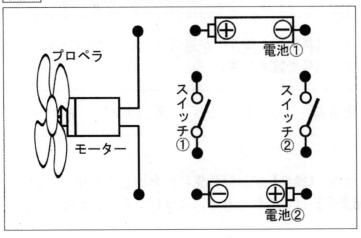

3 ひろとさんとかなえさんが給食について話をしています。
次の1〜4の問題に答えなさい。

かなえさん　給食センターは毎日ア大量の食材を調理しているのね。
ひろとさん　今日のメニューはコッペパン，焼きそば，イコンソメスープ，オレンジ，牛乳（ぎゅうにゅう）だよ。どれもおいしそうだな。
かなえさん　楽しみだね。ところで，給食当番のときに，スープが足りなくなって困（こ ま）ったことがあったよ。全員に同じ量を配ったり，足りなくなったりしないように配るのは難（むずか）しいよね。
ひろとさん　そうだね。一人にどれくらいの量を配ればいいのかが分かると，配るのが簡単（かんたん）だよね。
かなえさん　ウオレンジはすべて同じ大きさに切られているから簡単だね。
ひろとさん　そういえば，パンの袋（ふくろ）がかさばって苦労したことがあるよ。
かなえさん　わたしはエパンの袋は折りたたんで三角形にしているよ。こうするとごみもかさばらないよ。

1　下線部ア「大量の食材」とあります。この給食センターでは，一日に9063食分の給食を作ります。資料1をもとに，この給食センターで9063食分の焼きそばを作るときに，にんじんは何本必要か答え，その理由を言葉や式で説明しなさい。
　ただし，答えは整数で表すこととします。また，にんじんはすべて同じ重さとします。

資料1　焼きそば1人分の材料

めん………1玉
ぶた肉……100g
にんじん…30g（1/4本）
ソース……大さじ2

2　下線部イ「コンソメスープ」とあります。図1の食かんには 長方形ABCDの位置までスープが入っています。スープをおたまですくうと1ぱい分は155mLでした。おたまで15はいスープをすくったところ，水面が長方形EFGHまで下がりました。このとき，初めに入っていたスープの容積は何mLか答えなさい。ただし，おたまは毎回同じ量のスープをすくうものとします。

図1　食かん

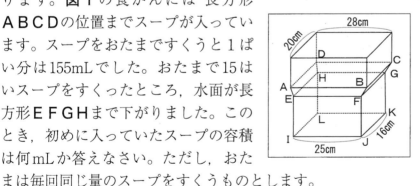

図2　食かんを正面から見た図

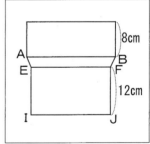

3　下線部ウ「オレンジはすべて同じ大きさに切られている」とあります。給食のオレンジはLサイズとMサイズの2種類を使っています。一人分のオレンジはLサイズを5等分，または，Mサイズを4等分に切り分けた量になります。9063人分のオレンジに切り分けると，Lサイズのオレンジの個数は全体の77％になりました。このとき，LサイズとMサイズのオレンジは合わせて何個必要か答えなさい。

4 下線部エ「パンの袋は折りたたんで三角形にしているよ」とあります。あとの
（1），（2）の問題に答えなさい。

資料2　パンの袋を折りこむ手順

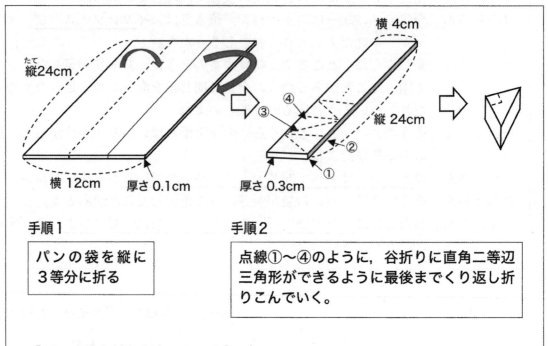

手順1

| パンの袋を縦に |
| 3等分に折る |

手順2

| 点線①〜④のように，谷折りに直角二等辺 |
| 三角形ができるように最後までくり返し折 |
| りこんでいく。 |

【パンの袋を折るときのルール】
・パンの袋は四角柱と考える。
・パンの袋は角柱の厚さに関わらず折ることができる。
・点線は谷折り，実線は山折りに折る。
・四角柱を折ると，折り目が対称の軸となってぴったり図形が重なり，角柱
　ができるものとする。

（1）　資料2の手順2ではパンの袋を何回折ったか答えなさい。

（2）　かなえさんは，パンの袋を切って，教室にけい示するかざりを作ることにしまし
た。手順2において，点線①〜③まで折ったあと，図3のように，点線③の折り目
にそってはさみで切りました。
　切り取ったものを開き，できるかざりの形を，解答用紙にかきなさい。ただし，
折り目はかかなくてよいものとします。

図3

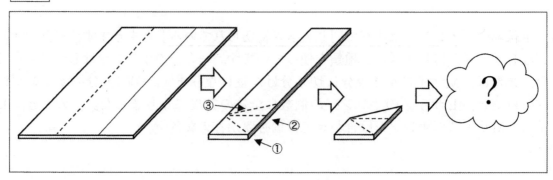

（解答用紙は別冊９Ｐ）（解答例は別冊６Ｐ）

1

　けんたさんの学校では、先日、在校生が６年生のために「６年生を送る会」を開いて
くれました。そのお礼として、在校生に向けて「感謝のつどい」を行うことになり、けんた
さんたちはその看板を作っています。

　けんた：感謝のつどいでかざる看板のデザインを考えてきたから、見てもらえるかな。
　ゆうか：いいよ。どんなデザインにするの。
　けんた：こんなデザイン（**図１**）にしたいんだ。
　ゆうか：長方形の台紙に、文字の書いてある円の形をした紙をはり付けるんだね。
　けんた：そうなんだ。長方形の台紙に10個の円がぴったり収まるようにしたいんだ。
　ゆうか：縦80cm、横200cmの長方形の中に円が５個ずつ、２段に並んでいるね。
　けんた：うん。10個の円はすべて同じ大きさにするつもりなんだ。ぴったり収めるには
　　　　　どのくらいの大きさの円にすればいいかな。

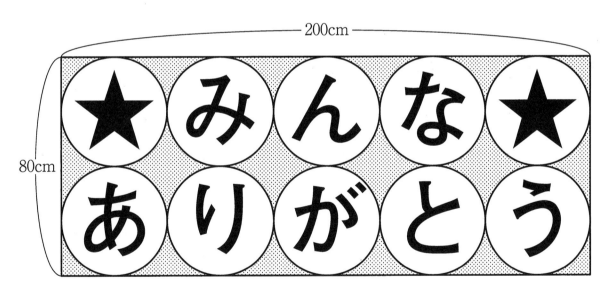

図１　けんたさんが考えた看板のデザイン

問題１　台紙にはり付ける円の半径を求めるための式を書きなさい。また、半径は何cm
　　　　かを求めなさい。

ゆうか：文字だけだとなんだかさびしいね。まわりに花かざりを付けたらどうかな。

けんた：それはいいね。赤と白の2色にして、交互（こうご）にはり付けるのはどうかな。

ゆうか：それなら、直径が12cmの円の形をした白い花かざりと、直径が8cmの円の形をした赤い花かざりがあるよ。

けんた：それを使おう。文字がかくれないようにしないとね。

ゆうか：こんなはり方（図2）にしたらどうかな。四すみは白い花かざりで、$\frac{1}{4}$ が台紙にかかるようにはって、それ以外は半分が台紙にかかるようにはるの。

けんた：それはいいね。それぞれ何個ずつあればいいかな。

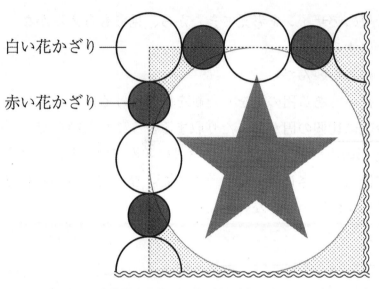

白い花かざり

赤い花かざり

図2　けんたさんとゆうかさんが考えた花かざりのはり方

問題2　白い花かざりと赤い花かざりはそれぞれ何個必要かを求めなさい。

茨城県立中学校・中等教育学校

2

けんたさんの学校では、来月、県外に電車で修学旅行に行く予定になっています。そこで、けんたさんたちはグループ別活動の計画を立てています。グループ別活動の日は、午前中は中央駅東側の見学、午後は中央駅西側の見学をすることになりました。

けんたさんとゆうかさんは、修学旅行のしおりの中の**中央駅東側の見学場所の地図と午前の活動の約束（資料1）**を見ながら見学ルートを考えています。

資料1　中央駅東側の見学場所の地図と午前の活動の約束

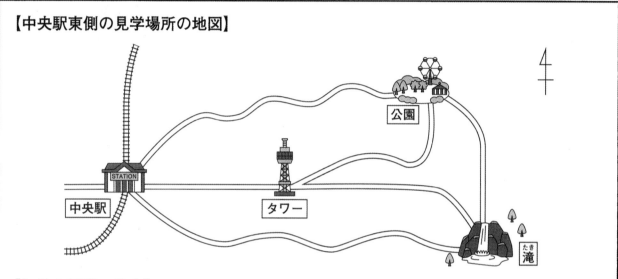

【中央駅東側の見学場所の地図】

【午前の活動の約束】

・中央駅を出発し、徒歩で移動する。

・3つの見学場所（公園、タワー、滝）のうち1つには必ず行く。

・同じ見学場所には1度しか行かない。

・中央駅にもどったら、次の見学場所には行かない。

けんた：しおりに【午前の活動の約束】が書いてあるね。約束を守って見学ルートを考えて
　　　　みよう。

ゆうか：見学する順番を考えると、全部で　　ア　　通りの見学ルートがあるね。

けんた：そうだね。タワーはこの街のシンボルだから、ぜひ行ってみたいな。

ゆうか：そうしよう。タワーに必ず行くような見学ルートは何通りあるかな。

けんた：タワーを入れた見学ルートは全部で　　イ　　通りだね。

問題1　けんたさんとゆうかさんの会話が正しくなるように、　　ア　　、　　イ　　に
　　　　あてはまる数を求めなさい。

茨城県立中学校・中等教育学校

たくやさんとさやかさんは、修学旅行のしおりの中の**中央駅西側の見学場所の地図と午後の活動の約束（資料2）**を見ながら見学ルートを考えています。

資料2　中央駅西側の見学場所の地図と午後の活動の約束

【中央駅西側の見学場所の地図】

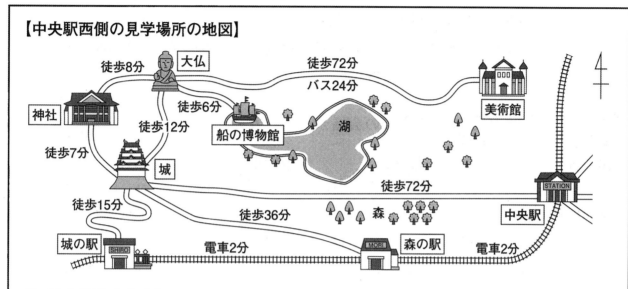

【午後の活動の約束】
・グループ別の活動時間は、13時から15時30分（集合時刻）までとする。
・中央駅を出発し、徒歩、バス、電車のどれかで移動する。
・集合時刻までに美術館に到着する。
・下のバスと電車の行き先と出発時刻・運賃、見学場所の料金と見学時間を見て計画する。
・〈見学場所の料金と見学時間〉にある見学時間を守る。

〈電車の時刻表〉

中央駅発	12：55	13：25	13：55	14：25	14：55
森の駅発	12：57	13：27	13：57	14：27	14：57
城の駅発	12：59	13：29	13：59	14：29	14：59

〈電車の運賃（小学生）〉
　中央駅→森の駅：100円
　中央駅→城の駅：180円

〈バスの時刻表（大仏発）〉

	美術館行き		
時	出発時刻（分）		
13	15	35	55
14	15	35	55
15	15	35	55

〈バスの運賃（小学生）〉
　大仏→美術館：150円

※　13時、13：00は午後1時のことを表す。

〈見学場所の料金と見学時間〉

見学場所	料　　金	見学時間
大仏	無料	15分以上
神社	無料	15分以上
城	入場料　小学生200円	20分以上
船の博物館	入場料　小学生300円	60分以上

さやか：わたしたちのグループでは城、大仏を必ず見学するという意見でまとまったね。

たくや：湖や森をながめながら散歩もしたいね。中央駅から城、大仏の順に徒歩で行って見学しても、大仏から美術館までバスに乗れば集合時刻に間に合うんじゃないかな。

さやか：時刻表できちんと調べてみる必要があるね。

たくや：そうだね。しおりにバスと電車の時刻表がのっているから、きちんと調べたら、こんなふうになったよ（表1）。

表1　たくやさんが作成した予定表

見学ルート 【移動方法】	中央駅 →	城 →	大仏 →	美術館
		【徒歩】	【徒歩】	【バス】
発着時刻	13：00発	14：12着 見学後 すぐに出発	14：44着 15：15発	15：39着

たくや：これだと美術館の到着時刻が15時39分になってしまい、集合時刻に間に合わないね。散歩はあきらめるしかないか。

さやか：残念だけどね。じゃあ、電車を使って行く方法を考えてみようか。

たくや：それなら間に合いそうだね。みんな大仏を見たいと言っていたから、できるだけ長く大仏を見学できるように計画しよう。

さやか：おみやげも買いたいから、バスや電車の運賃と入場料を合わせて500円以内になるようにしよう。

問題2　電車を使ったときに、バスや電車の運賃と入場料を合わせて500円以内にして、集合時刻に間に合うように美術館に行くためには、どのような行き方をすればよいか。

たくやさんが作成した予定表（表1）と同じように、次の予定表（表2）の（ ① ）、（ ② ）にはあてはまる適切な言葉を、（ ③ ）～（ ⑧ ）にはあてはまる適切な時刻を書き、予定表を完成させなさい。ただし、できるだけ長く大仏を見学できる予定とすること。

また、そのときの**バス**や**電車の運賃と入場料の合計**は何円かを求めなさい。

表2　予定表

見学ルート 【移動方法】	中央駅 →	（ ① ） →	城 →	大仏 →	美術館
	【電車】	【徒歩】	【徒歩】	【（ ② ）】	
発着時刻	（ ③ ）発	（ ④ ）着 到着後 すぐに出発	（ ⑤ ）着 見学後 すぐに出発	（ ⑥ ）着 （ ⑦ ）発	（ ⑧ ）着

3

　ゆうかさんは理科の授業で、ミョウバンは、ナスのつけもの
の色が変わるのを防ぐために使われていることを知りました。
そこで、ナスのつけものの作り方を、インターネットで検索
してみました。すると、ナスをつける「つけじる」にミョウバン
が使われていることがわかりました。

　さっそく、ナスをつけるためのつけじるを自宅で作ったところ、
作り方をまちがえてしまいました。ところが、ミョウバン
は残りがなくて、新しく作り直すことができません。そこで、
ゆうかさんはお兄さんに相談しています。

図　つけじるを作る様子

　ゆうか：どうしよう。まちがえちゃった。

　　兄　：どうしたの。

　ゆうか：食塩とまちがえて小麦粉を入れちゃったの。それと、ミョウバンも水250 g
　　　　　に小さじ3ばい（約3〜4g）でいいのに、大さじで3ばい（約9〜12g）
　　　　　入れちゃったの。

　　兄　：それは大変だね。でも、ろ過すれば液体から小麦粉を分けることができると
　　　　　思うよ。

　ゆうか：そうなんだね。でも、理科室みたいにろ過するための道具がないよ。何か
　　　　　代わりのものはあるかな。

　　兄　：**ろ紙**の代わりの道具として（　①　）を、**ろうと**の代わりの道具として（　②　）
　　　　　を使えばいいんじゃないかな。

　ゆうか：ありがとう。本当だ。とうめいな液体が出てきたよ。あとは、入れすぎた
　　　　　ミョウバンはどうすればいいだろう。

　　兄　：水を加えてミョウバンのこさを調整すればいいんじゃないかな。

　ゆうか：でも、ミョウバンが何g入ったか正確にはわからないから、こさの調整は
　　　　　できないよ。

　　兄　：理科の授業で、一定量の水にとける食塩やミョウバンの量が決まっていること
　　　　　や、水溶液のこさはどこも同じだということを学習したよね。ほら、この**表**を
　　　　　見てごらん。

ゆうか：じゃあ、水溶液の温度がわかれば、その温度の時に一定の量の水にとける
　　　　ミョウバンの量を求められそうだね。さっそく水溶液の温度を測ってみるね。

　兄　：温度は、25℃だったよ。　　A　　℃にすると余分なミョウバンが出てくるから、
　　　　それをろ過すればいいね。

ゆうか：そうか。そうすれば、ろ過した水溶液にとけているミョウバンの量が決まる
　　　　から a 加える水の量がわかるよね。

　兄　：そうだね。b 食塩だとこれはできないけど、入れすぎたのがミョウバンで
　　　　よかったね。

ゆうか：なぜ食塩だとできないのかな。

　兄　：　　　　　　　　　　　　　　B　　　　　　　　　　　　からだよ。

ゆうか：なるほど。ありがとう。さっそくつけじるをつくるね。

表　100gの水にとける食塩やミョウバンの量

温度	食塩	ミョウバン
0℃	35.6 g	3.0 g
20℃	35.8 g	5.9 g
40℃	36.3 g	11.70 g
60℃	37.1 g	24.75 g

＊食塩やミョウバンがとけている水溶液は0℃でもこおらない。

(理科年表 2022年版より作成)

問題1　ろ過のときに**ろ紙**と**ろうと**の代わりになる（　①　）、（　②　）にあてはまる道具の
　　　　組み合わせとして最も適切なものを、次の**ア〜シ**から1つ選んで、その記号を
　　　　書きなさい。

	ろ紙の代わり（　①　）	ろうとの代わり（　②　）
ア	食品用ラップ	ボウル
イ	食品用ラップ	まな板
ウ	食品用ラップ	包丁
エ	ビニルぶくろ	ざる
オ	ビニルぶくろ	ボウル
カ	ビニルぶくろ	包丁
キ	アルミホイル	ざる
ク	アルミホイル	まな板
ケ	アルミホイル	ボウル
コ	キッチンペーパー	ざる
サ	キッチンペーパー	包丁
シ	キッチンペーパー	まな板

問題2　会話文の ｜　A　｜ にあてはまる最も適切なものを、次の**ア～エ**から1つ選んで、その記号を書きなさい。

　ア　0　　**イ**　20　　**ウ**　40　　**エ**　60

　　また、下線部**a**（加える水の量がわかるよね）について、ゆうかさんがろ過した水溶液(すいようえき)を、水250 gに対して3 gのミョウバンをとかす作り方と同じつけじるのこさにするためには、**水を何g加えればよいか整数で書きなさい**。ただし、ろ過した後の水の量は250 gのまま減らないものとします。

問題3　下線部**b**（食塩だとこれはできない）について、その理由を**表**を根拠(こんきょ)として、会話文の ｜　B　｜ にあてはまるように、**20字以上、30字以内**で書きなさい。ただし、「、」も1字として数え、文字に誤(あやま)りがないようにしなさい。

4

　台風による被害のニュースをテレビで見て、ゆうかさんとけんたさんは台風について調べることにしました。2人は、ある年の秋に東日本を通過した台風Xについて、下の**図1**と次ページの**図2**、**表**を見ながら話しています。

ゆうか：台風の被害はとても大きいから、備えが必要だよね。

けんた：そうだよね。台風は少し進路が
　　　　ずれただけで雨の降り方や風の強さ
　　　　が変わってしまうからね。だから、
　　　　台風の進み方や天気の変化の特徴を
　　　　知っておくといいよ。たとえば、地上
　　　　付近では台風の風は、**図1**のように
　　　　中心に向かって左まき（時計の針が
　　　　回る向きと反対）にふきこむんだよ。

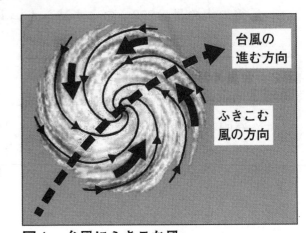

図1　台風にふきこむ風
（大日本図書「たのしい理科5年」より作成）

ゆうか：台風が近づいてきたとき、風の向き
　　　　から台風の中心の位置がわかりそう
　　　　だね。

けんた：そうだね。**表**の気象観測の結果から、台風XがA市に最も近づいた時刻もわかる
　　　　かな。

ゆうか：　Y　　ごろじゃないかな。

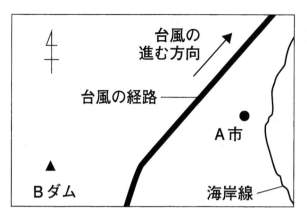

図2　台風Xの経路

（国土地理院および気象庁のWebページより作成）

表　台風Xが通過した日のA市の気象観測結果

時刻	降水量〔mm〕	気温〔℃〕	風速〔m(秒速)〕	風向	天気
3	0.0	21.5	4.6	北東	くもり
4	0.0	21.4	4.9	北東	くもり
5	--	21.7	5.8	北東	くもり
6	0.0	22.3	6.1	北東	雨
7	6.5	21.8	6.8	北東	雨
8	5.0	22.0	6.2	北東	雨
9	2.5	22.2	7.3	北東	雨
10	4.0	22.5	6.6	北東	雨
11	1.5	23.1	6.6	北東	雨
12	2.0	23.6	7.1	北東	雨
13	1.0	24.2	7.0	北東	雨
14	2.0	24.2	7.6	北東	雨
15	16.0	24.0	10.4	北東	雨
16	16.5	24.3	9.3	東	雨
17	9.0	24.4	9.1	東	雨
18	7.0	24.4	8.7	東	雨
19	7.0	24.5	8.3	南東	雨
20	16.5	24.1	9.2	南東	雨
21	9.0	23.8	7.8	南東	雨
22	13.0	23.5	8.7	南東	雨
23	7.0	22.5	10.0	南	雨
24	0.5	21.9	9.4	西	雨

＊--の記号は、「現象なし（降水・雪）」を表している。

（気象庁のWebページより作成）

問題1　台風Xの中心がA市に最も近づいた時刻　　Y　　は何時ごろですか。その時刻と
ゆうかさんがそのように考えた理由の組み合わせとして、最も適切なものを、次の
ア～エから1つ選び、その記号を書きなさい。

記号	時　刻	理　由
ア	7～8時	雨が降り始めたすぐ後だから。
イ	12～13時	気温の変化が小さいから。
ウ	15～16時	風向が北東から東に変わったから。
エ	22～23時	風向が南東から南に変わったから。

けんた：台風は、本当にたくさんの雨を降らせるよね。

ゆうか：台風の雨は多くの被害を出すけど、農業や工業の水資源にもなるよね。

けんた：雨を水資源として利用する方法の１つにダムがあるよね。

ゆうか：ダムについても、くわしく調べてみようよ。

問題2　ゆうかさんとけんたさんは図2のBダムのことを調べ、降った雨の量（降水量）について次のように考えました。

> 　台風Xが東日本を通過したとき、Bダムでは109km²の ※集水域の面積に59000000 t の雨が降ったとすると、１ t の雨の体積は１m³だから、Bダムの集水域には、平均して　　Z　　mmの大雨が降ったことになる。

　上の文章の　　Z　　にあてはまる数字を、小数第１位を四捨五入して整数で書きなさい。ただし、１m²の面積に100kgの雨が降ったとき、降水量は100mmになります。また、１ t を1000kgとします。

※集水域 ////　降った雨がダムに流れこむ範囲。

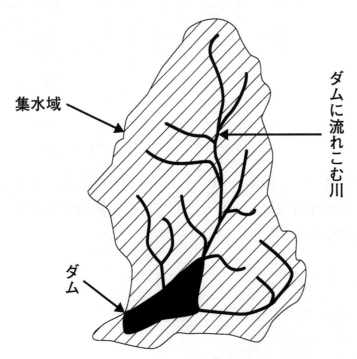

集水域

ダムに流れこむ川

ダム

問題3　図3と図4は、台風Xが東日本を通過した年と過去の平均を比べたもので、図3はBダムの集水域における月ごとの降水量について、図4はBダムの月ごとの貯水量について表しています。次の**ア〜エ**のうち、これらのグラフから読み取れる内容として、正しいものには〇を、誤っているものには✕を書きなさい。

ア　台風Xが東日本を通過した年も過去の平均も、10月から11月にかけて降水量は減少しているが、貯水量は増加している。

イ　台風Xが東日本を通過した年も過去の平均も、6月から7月は梅雨のため降水量が増加し、貯水量も増加している。

ウ　台風Xが東日本を通過した年は、ダムの貯水量が3000万m³以下になった月はない。

エ　台風Xが東日本を通過した年において、過去の平均の2倍以上の降水量だった月は、ダムの貯水量がその年で最も多くなった。

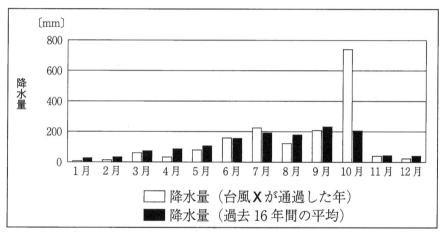

図3　Bダムの集水域の月ごとの降水量

（独立行政法人 水資源機構のWebページより作成）

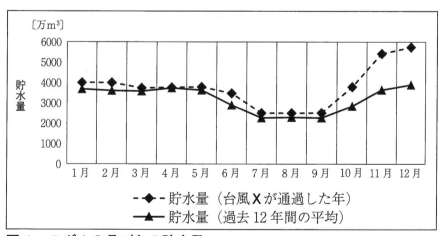

図4　Bダムの月ごとの貯水量

（独立行政法人 水資源機構のWebページより作成）

茨城県立中学校・中等教育学校
（日立第一・太田第一・水戸第一・鉾田第一・鹿島・土浦第一・
竜ケ崎第一・下館第一・下妻第一・水海道第一・勝田・並木・古河）

適性検査Ⅱ （検査時間 45 分）

（解答用紙は別冊 11 Ｐ）（解答例は別冊 8 Ｐ）

1

　なおきさんは、お父さんといっしょに自由研究のテーマを探（さが）すため、ヒントがたくさんありそうな東京（とうきょう）に来ました。歴史好きなお父さんは、現在の東京の地図（**資料1**）と江戸時代（えど）の終わりごろの江戸の地図（**資料2**）を準備してくれました。2人は、**資料1**に太い線で示したルートを歩いています。

なおき：さっき電車を降（お）りた有楽町（ゆうらくちょう）駅のまわりはお店がたくさんあったけど、このあたり（**資料1のあ地点**）は、景色が開けてきたね。

父　　：そうだね。まず、**a最高裁判所（さいばんしょ）**（**資料1のい地点**）まで歩いてみよう。この先右に見えてくる皇居（こうきょ）は、江戸時代には将軍が住む江戸城（えどじょう）があった場所だということは知っているよね。

なおき：授業で調べたことがあるよ。

父　　：左側にある公園が日比谷公園（ひびや）だよ。さらにその先には霞が関（かすみがせき）といって、国の政治を行う省・庁（ちょう）や大きな会社の本社などが集まっている場所があるんだ。このあたりには江戸時代、政治に関わった**b大名（だいみょう）**のやしきがあったんだよ。

なおき：そうなんだ。

父　　：江戸時代の終わりのころの地図（**資料2**）なんだけど、今の日比谷公園には外様（とざま）大名だった長州藩（ちょうしゅうはん）（現在の山口県（やまぐち））の毛利家（もうり）のやしき（**資料2のえ**）があったんだよ。近くには、親藩（しんぱん）や譜代（ふだい）の大名のやしきも並（なら）んでいたよ。

なおき：左側に刑事（けいじ）ドラマでよく映る建物があるよ。

父　　：あれは警視庁（けいしちょう）だよ。その少し先には、**c鎖国（さこく）の状態が終わったころに江戸幕府（ばくふ）の重要な地位（いい）についていた井伊家（いい）の広いやしきがあったんだ。

資料1　現在の東京の地図

（「国土地理院地図」より作成）

資料2　江戸時代の終わりごろの江戸の地図

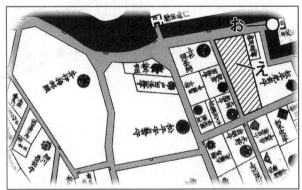

（国立国会図書館デジタルコレクション
「外桜田永田町絵図（そとさくらだながたちょうえず）」より作成）

＊**資料1**の点線で囲んだ部分と**資料2**の地図は、おおよそ同じ範囲（はんい）を表している。

＊**資料1のあ地点**と**資料2のお地点**は、ほぼ同じ場所である。

＊**資料2のえ**は、**資料1**の日比谷公園の範囲にふくまれる。

問題1 下線部 a （最高裁判所<ruby>さいこうさいばんしょ</ruby>）は**資料1**のい地点です。そこから見て、**う**地点の東京駅<ruby>とうきょうえき</ruby>はどの方位にありますか。また、**い**地点と**う**地点の２点間の直線きょりはどのくらいですか。**資料1**から読み取れるおおよその方位とおおよそのきょりの組み合わせとして最も適切なものを、次の**ア～カ**から１つ選んで、その記号を書きなさい。

ア 方位－西　　きょり－約２km　　　**イ** 方位－西　　きょり－約４km
ウ 方位－西　　きょり－約６km　　　**エ** 方位－東　　きょり－約２km
オ 方位－東　　きょり－約４km　　　**カ** 方位－東　　きょり－約６km

問題2 下線部 b （大名<ruby>だいみょう</ruby>）について、江戸幕府が大名や直接の支配地をどのように配置したかを、右の**資料3**をもとに下の①～③のようにまとめたとき、③の　　　　にあてはまる内容を「**外様大名**」という言葉を使い、②にならって**20字以上、30字以内**で書きなさい。ただし、「、」や「。」も１字に数え、文字に誤り<ruby>あやま</ruby>がないようにしなさい。

資料3　大名の配置（1664年）

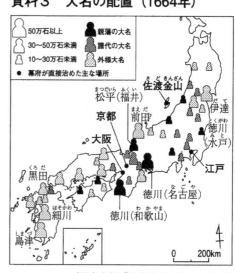

（教育出版「小学社会６」より作成）

> ① 江戸<ruby>えど</ruby>や京都<ruby>きょうと</ruby>、大阪<ruby>おおさか</ruby>など幕府にとって重要な地域は、幕府が直接支配している。
> ② 江戸に近いところには、親藩や譜代<ruby>しんばん ふだい</ruby>の大名を多く配置している。
> ③ 　　　　　　　　　　　　　　　　　　　　　　

問題3 右の**資料A**は、下線部 c （鎖国<ruby>さこく</ruby>の状態が終わったころ）のできごとです。**資料A**の後に起こったできごとに関する**資料B～資料D**について古い順に並べたものを、下の**ア～カ**から１つ選んで、その記号を書きなさい。

資料A
ペリーが開国を求めて浦賀<ruby>うらが</ruby>に上陸した

著作権の都合により非掲載

（東京書籍「新しい社会６歴史編<ruby>しょせき</ruby>」より作成）

資料B
明治政府が新しい政治の方針<ruby>ほうしん</ruby>を発表した

五か条（五箇条）<ruby>ごじょう ごかじょう</ruby>の御誓文<ruby>ごせいもん</ruby>
一、政治は、会議を開いて
　　みんなの意見を聞いて決めよう。
一、国民が心を合わせて、国の勢いを
　　さかんにしよう。
一、国民一人一人の意見がかなう
　　世の中にしよう。
一、これまでのよくないしきたりを
　　改めよう。
一、知識を世界から学んで、
　　天皇<ruby>てんのう</ruby>中心の国家をさかんにしよう。

（教育出版「小学社会６」より作成）

資料C
官営富岡製糸場<ruby>とみおか</ruby>に外国の進んだ技術を取り入れた

著作権の都合により非掲載

（東京書籍「新しい社会６歴史編」より作成）

資料D
長州藩<ruby>ちょうしゅうはん</ruby>が外国と戦って砲台を占領<ruby>ほうだい せんりょう</ruby>された

著作権の都合により非掲載

（教育出版「小学社会６」より作成）

ア ［B→C→D］　　**イ** ［B→D→C］　　**ウ** ［C→B→D］
エ ［C→D→B］　　**オ** ［D→B→C］　　**カ** ［D→C→B］

なおき：お父さん、国会議事堂が見えてきたよ。建物の前の方にいろいろな種類の木が並んでいるね（**資料1**の 🖊 で示した部分）。

父　：各都道府県から送られた木だよ。茨城県の木であるウメもあるよ。ウメはもう1本あって、大分県のブンゴウメというウメなんだよ。

なおき：大分県か。4年前に家族で旅行に行ったね。温泉の数が多いんだよね。あのときは、ホテルに海外から来た人もたくさんいたよね。

父　：自由研究で、**e 大分県の観光**について調べてみるのもいいんじゃないかな。

問題4　下線部 **e**（大分県の観光）について、興味をもったなおきさんは、大分県に2019年に宿泊した客の人数に関する**資料4〜資料6**を集め、これらの資料にもとづいて、わかったことをまとめました。下の**まとめ①〜まとめ③**のうち、**資料4〜資料6**から読み取れる内容として、正しいものには〇を、誤っているものには✕を書きなさい。

資料4　1年間に国内から大分県に宿泊した客の出発地別の人数（2019年）

	出発地	宿泊客数（人）
1	大分県内	581997
2	福岡県	1054368
3	1、2以外の九州・沖縄	681659
4	四国	121022
5	中国	320877
6	近畿	336664
7	中部	166856
8	関東	554784
9	東北・北海道	61803
	国内合計	3880030

資料5　1年間に海外から大分県に宿泊した客の国・地域別の人数（2019年）

	出発地	宿泊客数（人）
1	韓国	344269
2	中国（大陸）	83929
3	香港	89376
4	台湾	140405
5	タイ	18296
6	1〜5以外のアジア	30934
7	1〜6以外の海外	63808
	海外合計	771017

資料6　国内と海外から大分県に宿泊した客の月別の人数（2019年）

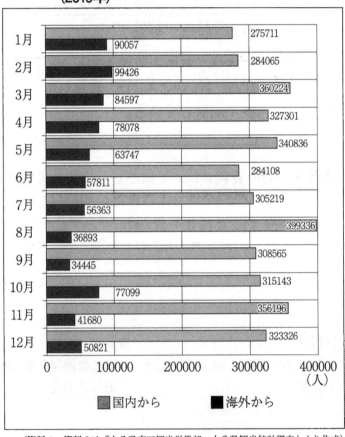

（**資料4〜資料6**は「大分県商工観光労働部　大分県観光統計調査」より作成）

まとめ①

海外から大分県に宿泊した客の月別の人数は、最も少なかった月でも、1年間に東北・北海道から宿泊した客の人数より多い。

まとめ②

1月と2月は、他の月と比べると、国内から大分県に宿泊した客は少なく、海外から大分県に宿泊した客は多い。

まとめ③

1年間に、九州に近い韓国と台湾から大分県に宿泊した客の人数の合計は、1年間に大分県内から宿泊した客の人数より多い。

2

　ひろしさんとけいこさんは、なおきさんの自由研究の話を聞いて、それぞれの自由研究のテーマを何にしようか話し合っています。

　ひろし：なおきさんから東京へ行ったときの話を聞いたんだけど、国会議事堂の前には各都道府県の木が植えられているんだって。都道府県の木といえば、東京オリンピック・パラリンピック会場として建てられた国立競技場には、47都道府県の木材を使用しているそうだよ。

　けいこ：なるほど。茨城県産の木材はどこに使われているのかな。

　ひろし：北側の外周の部分に使われているって聞いたよ。そういえば、「いばらき木づかいチャレンジ」という取り組みがあって、家を建てるとき茨城県産の木材を利用すると、建築費用を助けてもらえるらしいよ。

　けいこ：そういう制度もあるんだね。木材を使った建物は長持ちするのかな。

　ひろし：日本には、古い木造建築が多く残っているね。中には世界遺産になっているものもあるみたいだよ。

資料1　法隆寺

著作権の都合により 非掲載

（教育出版「小学社会6」より）

問題1　右の**資料1**の法隆寺は、現存する世界最古の木造建築です。法隆寺がある都道府県の形を、次の**ア～エ**から1つ選んで、その記号を書きなさい。

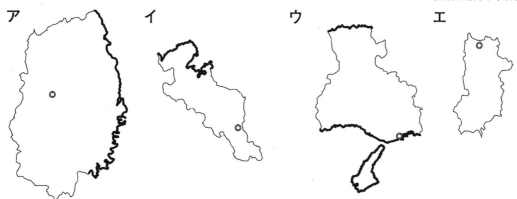

　　＊**ア～エ**は、ほぼ同じ縮尺でかかれている。

　　＊太線は、海岸線を示している。

　　＊○は、都道府県庁所在地を示している。

　ひろし：建物以外にもわたしたちのまわりには、木材を使った製品がたくさんあるよ。

　けいこ：そうだね。日本の森林面積は国土のおよそ3分の2をしめているからね。

　ひろし：木材の原料となる木を育てたり、伐採して売ったりする仕事など、木に関わる仕事はたくさんあるね。

　けいこ：そのような仕事を、林業と呼ぶんだよね。わたしは、日本の森林や林業についてくわしく調べてみることにするよ。

ひろし：学校の授業では、林業で働いている人の数は減っていると学んだよ。

けいこ：そうだね。でも、わたしの調べた資料（資料2）では、国産木材の生産量は
　　　　増えていることがわかったから、他にも資料を集めてみたよ。(資料3〜資料6)

ひろし：これらの資料から、どんなことが読み取れるのかな。

けいこ：2000年から2019年にかけて［　　　　　あ　　　　　］から、国産木材の生産量
　　　　が増えたんじゃないかな。

資料2

国産木材の生産量　　（千m³）

2000年	18022
2019年	23805

資料3

**日本の林業で使われる
機械の台数の変化**　　（台）

機械の種類	2000年	2019年
チェーンソー	300300	110158
プロセッサ	854	2155
ハーベスタ	379	1918

資料4　チェーンソー

人が持って使用し、木を切り倒す・目的に合わせて
切る・枝を切るなどのことができる自動のこぎり。
多くの木を切るためには、多くの人数が必要になる。

資料5　プロセッサ

人が乗って使用し、枝を
つけたまま切り倒されて
きた木の枝を切る・長さ
を測る・使う目的に合わ
せて切ることを連続して
行う機械。少ない人数で
多くの作業ができる。

資料6　ハーベスタ

人が乗って使用する。プロセッサ
のできることに加え、木を切り
倒すこともできる機械。少ない
人数で多くの作業ができる。

（**資料2〜資料6**は林野庁Webページ
より作成）

問題2　　**資料3〜資料6**から読み取れる内容として、会話文の［　あ　］にあてはまる最も
　　　適切なものを、次の**ア〜エ**から1つ選んで、その記号を書きなさい。

　　ア　木を切り倒して目的に合わせて切ったり、木の枝を切ったりできるチェーンソーの
　　　台数が増えた

　　イ　多くの木を切るために多くの人数を必要とするチェーンソーの台数は減り、少ない
　　　人数で多くの作業ができる機械の台数が増えた

　　ウ　少ない人数で多くの木を切り倒すことができるプロセッサの増えた分の台数は、
　　　ハーベスタの増えた分の台数より多い

　　エ　人が持って木を切り倒したり目的に合わせて切ったりするチェーンソーの台数が
　　　増え、人が乗って作業する機械の台数が減った

ひろし：林業がさかんになると、森林を守ることにもつながるよ。

けいこ：森林を守ることで土砂くずれを防ぐことができるね。

ひろし：たしか、森林を守ることは、水の循環とも関係していたよ。茨城県では、森林
　　　　や湖沼、河川などの自然環境のために「森林湖沼環境税」を導入している
　　　　みたいだよ。

けいこ：税金を活用して自然環境保全のための取り組みを行っているんだね。きれいな
　　　　水がわたしたちのところに届くまでの流れをまとめてみよう。

問題3 けいこさんは、水の循環の例を**資料7**のようにまとめました。 A ～ D のそれぞれにあてはまる最も適切なものを、次の**ア～カ**から1つずつ選んで、その記号を書きなさい。ただし、それぞれの記号は1回ずつしか使えません。

資料7　けいこさんがまとめた水の循環の例

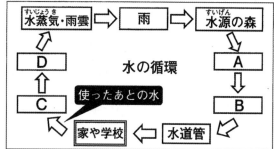

ア　消防署　　　　　　　　　イ　浄水場
ウ　川や海　　　　　　　　　エ　清掃工場
オ　下水処理場（下水処理施設）　カ　ダム

ひろし：常にきれいな水が届くおかげで、わたしたちは飲み水やおふろの水、トイレの水を安心して使うことができるね。

けいこ：そうだね。ところで、トイレといえば前にこんなトイレ（**資料8**）を見たよ。どうしてこのようなトイレを作ることになったんだろう。

ひろし：それは、多機能トイレ（多目的トイレ）だね。すべての人にとって使いやすい形や機能を考えたユニバーサルデザインで作られているんだよ。

けいこ：そういえば、操作が簡単なレバーハンドル（**資料9**）やセンサー付き自動ドア（**資料10**）を見たことがあるけど、これらもユニバーサルデザインだね。

ひろし：ぼくは、ユニバーサルデザインについて調べてみようかな。

けいこ：それは、いいテーマだね。ユニバーサルデザインの考え方は、日本国憲法の基本的人権の尊重と関係していると思うな。

資料8　多機能トイレ（多目的トイレ）

著作権の都合により非掲載

（東京書籍「新しい社会6 政治・国際編」より）

資料9　操作が簡単なレバーハンドル

（茨城県Webページより）

資料10　センサー付き自動ドア

（茨城県Webページより）

問題4 ひろしさんたちは、**資料8**～**資料10**にみられるユニバーサルデザインが日本国憲法の3つの原則の1つである基本的人権の尊重と関係が深いと考えました。基本的人権の尊重の説明として最も適切なものを、次の**ア～エ**から1つ選んで、その記号を書きなさい。

ア　日本人だけでなく、戦争や紛争に苦しんでいる人々が平和に安心してくらしていけるように、日本は積極的に活動しています。

イ　国民が国の政治のあり方を最終的に決定する力をもっていることです。適切な判断をして、自分の意見を政治に反映させていくことが重要です。

ウ　人が生まれながらにもっているおかすことのできないものとして、すべての国民に保障されています。

エ　天皇は、日本国のまとまりの象徴（しるし）であり、政治については権限をもたないとされています。

3

　ひろしさんの学年では、総合的な学習の時間に「10年後のわたし」をテーマに学習することになりました。ひろしさんたちのグループは、2022年4月1日から※成人年齢が20歳から18歳に引き下げられたことに関心をもち、「18歳は大人」という課題を設定し、話し合いを進めています。次の**資料1**～**資料4**は、発表会に向けて集めたものです。
※ 成人年齢　成人に達する年齢。

資料1　「18歳（成人）になったらできることと20歳にならないとできないこと」の一部

18歳（成人）になったらできること	20歳にならないとできないこと
◆親の同意がなくても契約できる 　・携帯電話を契約する 　・1人暮らしの部屋を借りる　など ◆公認会計士や司法書士、行政書士などの 　国家資格を取る	◆飲酒をする ◆喫煙をする ◆中型自動車運転免許を取得する

（「政府広報オンライン　2022年1月7日」より作成）

資料2　なぜ成人年齢が引き下げられたのか

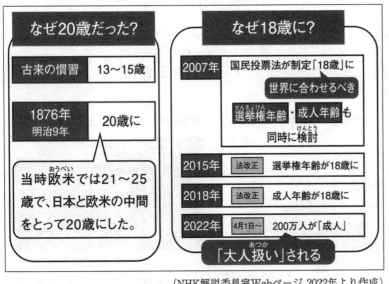

（NHK解説委員室Webページ 2022年より作成）

資料3　世界の成人年齢（2016年）

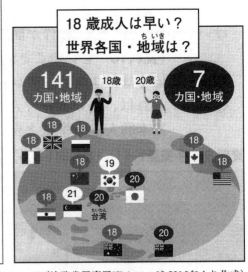

（法務省民事局Webページ 2016年より作成）

資料4　社会現象が変えられるかもしれない

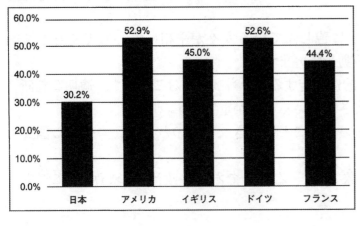

＊調査対象は各国の満13～29歳の若者。

＊「私の参加により、変えてほしい社会現象が少し変えられるかもしれない」という意見について、「そう思う」「どちらかといえばそう思う」と回答した人の割合。

（内閣府「子ども・若者白書2014年」より作成）

ひろし：今日は、発表会に向けて調べたことを出し合おう。

けいこ：わたしは、「どうして成人年齢が20歳から18歳に引き下げられたのか」を調べて
みたよ。 <u>　A　</u> から、多くの国々の成人年齢が18歳ということがわかったの。
別の資料だと、日本は長い間、成人年齢が20歳だったけど、「世界に合わせる
べき」という考えの影響もあって、18歳に引き下げられたみたいだよ。

なおき：ぼくが一番おどろいたのは、若者の意識のちがいだね。**資料4**を見ると、日本
と欧米では、社会に参加しようとする意識がちがうよね。

ひろし：日本に比べて欧米では、自分の参加で <u>　　　　B　　　　</u> ことに
びっくりしたよ。ぼくたちも、もっと世の中の出来事に関心をもたないとね。

さやか：わたしは、 <u>　C　</u> から、18歳になったらできることと、20歳にならないと
できないことがよくわかったよ。

なおき：親の同意がなくてもできることが増えるね。

ひろし：ぼくは、学校の図書館でこんな本（**資料5**）を見つけたよ。今回のテーマに
結びつくと思うんだけど、みんなも読んでみて。

茨城県立中学校・中等教育学校

問題1　ひろしさんたちの会話文と、**資料1〜資料4**を参考に次の (1)、(2) の問題に
答えなさい。

(1)　会話文の <u>　A　</u> 、<u>　C　</u> にあてはまる適切なものを、次の**ア〜エ**からそれぞれ
1つ選んで、その記号を書きなさい。

ア　資料1　　**イ　資料2**　　**ウ　資料3**　　**エ　資料4**

(2)　**資料4**をもとにして、<u>　B　</u> にあてはまる内容を、**25字以上、30字以内**で
書きなさい。ただし、「、」も１字として数え、文字に誤りがないようにしなさい。

資料5　学校の図書館で見つけた本の一部

「知能」は優れた能力だが、それを使いこなすには、それなりの手間を掛けなければならない。 　一年に満たないうちに生涯を終えてしまうような昆虫は、知能を使いこなすことができない。 そのため、昆虫は生まれてすぐに決められた行動をすることができる「本能」を高度に発達させる ほうを選択したのである。 　知能を利用するためには、「経験」が必要である。 　そして、経験とは「成功」と「失敗」を繰り返すことである。 　囲碁や将棋のＡＩは、「こうしたから勝った」「こうしたから負けた」という、経験を蓄積していく。 知能を発達させた※哺乳動物もまったく同じだ。 　成功と失敗を繰り返すことで、どうすれば成功するのか、どうしたら失敗するのかを学んでいく。 そして、判断に必要な経験を積み重ねていくのである。 　しかし、問題がある。 　たとえば、シマウマにとって、「ライオンに襲われたら死んでしまうから、ライオンに追われたら 逃げなければならない」ということは、生存に必要な極めて重要な情報である。しかし、だからと いって、その情報を得るために「ライオンに襲われる」という経験をすれば、そのシマウマは死んで しまう。

－ 55 －

　成功と失敗を繰り返して、経験を積み重ねるためには、「失敗しても命に別状はない」という安全が保障されなければならないのである。

　それでは、哺乳類はどうしているのだろう。

　哺乳類は、「親が子どもを育てる」という特徴がある。

　そのため、生存に必要な情報は親が教えてくれるのである。

　たとえば、何も教わっていないシマウマの赤ちゃんは、どの生き物が危険で、どの生き物が安全かの区別ができない。何も知らない赤ちゃんは、ライオンを恐れるどころか、ライオンに近づいていってしまうこともある。

　一方、ライオンの赤ちゃんも、どの生き物が獲物なのかを知らない。そこで、ライオンの親は、子どもに狩りの仕方を教える。ところがライオンの子どもは、親ライオンが練習用に取ってきた小動物と、仲良く遊んでしまうことさえある。教わらなければ何もわからないのだ。

　シマウマの赤ちゃんも何も知らない。そのため、ライオンが来れば、シマウマの親は「逃げろ」と促して、走り出す。シマウマの子は訳もわからずに、親の後をついて走るだけだ。しかし、この経験を繰り返すことによって、シマウマの子どもはライオンが危険なものであり、ライオンに追いかけられたら逃げなければならないということを認識するのである。

　親の保護があるから、哺乳類の子どもたちはたくさんの経験を積むことができる。

　たとえば、哺乳類の子どもたちは、よく遊ぶ。

　キツネやライオンなど肉食動物の子どもたちは、小動物を追いかけ回して遊ぶ。あるいは、兄弟姉妹でじゃれあったり、けんかしたりする。

　こうした遊びは、「狩り」や「戦い」、「交尾」などの練習になっていると言われている。

　そして、遊びを通して模擬的な成功と失敗を繰り返し、獲物を捕る方法や、仲間との接し方など、生きるために必要な知恵を学んでいくのである。

（稲垣栄洋「生き物が老いるということ」による）

※　哺乳動物　子を母乳で育てる、最も高等な動物。哺乳類に同じ。

ひろし：この文章を読んで、みんなの感想を聞かせてほしいな。

さやか：シマウマやライオンの赤ちゃんは、成功や失敗の　D　を積み重ねることで生きるために必要なちえを学んでいくのね。

けいこ：わたしたち人間も、日常生活で、成功や失敗をたくさん繰り返しながら、ちえを身に付けているよね。

なおき：そうだよね。そういうたくさんの　D　をすることで、正しい判断ができるようになるね。「18歳は大人」という課題とつながっているよ。

さやか：わたしは、この文章中の「親の保護があるから」という言葉が印象に残ったな。さっき、なおきさんは「親の同意がなくてもできる」と話していたけど、見方を変えれば、成人になる前は、それだけ親の保護を受けているということでもあるよね。

けいこ：そうすると、大人になるということは、自分の行動に責任をもたないといけないということだよね。自由にできるようになることが増えるのはうれしいけど、18歳になったら自分で責任をもって判断しなければならないと思うと心配ね。

なおき：そうだね。だからこそ、ぼくたちは将来に向けて、判断に必要な　D　を積んで、きちんと自分で考えて行動できる心構えが大切だね。

ひろし：では、発表会に向けて、これまでの話題をもとに提案していこう。

問題2 ひろしさんたちの会話文と、**資料5**をもとに、次の(1)、(2)の問題に答えなさい。

(1) 会話文の □ D □ にあてはまる最も適切な言葉を、**資料5**からぬき出して書きなさい。

(2) ひろしさんたちは、これまでに集めた資料や話し合ったことから**資料6**の構成メモを作成しました。

この構成メモ（**資料6**）③をもとに、発表原稿（**資料7**）の □ E □ に入る内容を、**30字以上、35字以内**で書いて、原稿を完成させなさい。

ただし、「**成功**」「**失敗**」「**ちえ**」という言葉を必ず使い、「、」も1字として数え、文字に誤りがないようにしなさい。

資料6 ひろしさんのグループの構成メモ

番号	スライド	発表原稿のためのメモ
①	成人年齢 20歳→18歳に！	・成人年齢が引き下げられた理由 ・18歳になったらできること ・20歳にならないとできないこと
②	海外と日本の比較	・世界の成人年齢の実態 ・欧米と日本の若者の意識調査の比較 ・社会の出来事に関心をもつこと
③	わたしたちの提案 大人になる準備	・**自由には責任がともなう** ・**日常生活での成功と失敗から学ぶこと** ・**生きるために必要なちえを身に付けていくこと**

資料7 スライド③の発表原稿

スライド③

　今回、「10年後のわたし」というテーマで学習を進めてきましたが、わたしたちが、6年後に大人になるということを知ることができたのは大きな収穫でした。大人になると自由にできることが増えますが、1つ1つの行動に責任がともないます。

　ですから、わたしたちが自分の行動に責任をもてる大人になるためには、□ E □ ことが大切だと考えます。

　これからは、大人になる準備ができるように心がけて、生活していきましょう。

4

けいこさんの学年では、外国の友好都市Ａ市の小学生とオンラインで交流会を行うことになりました。けいこさんたちは、「日本のよいところ」を紹介するために、集めた資料をもとに話し合っています。

資料1　外国人が日本を訪れる前に期待していたこと
（複数回答）

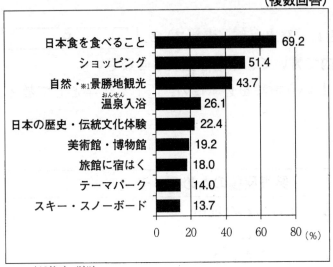

（観光庁「訪日外国人の消費動向報告書2020年1-3月期」より作成）
※1　景勝地　景色が優れている土地。

資料2　外国人にすすめたい日本の文化・芸能
（複数回答）

順位	内容	割合（％）
1位	マンガ・アニメ	44.8
2位	日本食	40.9
3位	温泉	20.1
4位	ゲーム	16.4
5位	お祭り	14.3
6位	伝統玩具（おりがみ・けん玉など）	13.8
7位	和服	11.5
8位	スポーツ（柔道・剣道など）	11.4
9位	書道	10.9
10位	ゆるキャラ	9.6

（バンダイ「子どもたちが考える日本に関する意識調査
2015年」より作成）

先　生：資料1と資料2を使って、「日本のよいところ」について、どのようなことを紹介するか考えてみましょう。

さやか：資料2では、外国人にすすめたいものの第1位がマンガやアニメです。わたしは、マンガを読むことが好きなので、マンガやアニメの魅力を伝えたいと思っています。

ひろし：ぼくは、資料1にも資料2にも関連のある　　Ａ　　について紹介したいです。

けいこ：なるほど。それなら外国人が期待していることでもあるし、日本の子どもたちが外国人にすすめたいものでもありますね。わたしも、2つの資料に共通している食に注目したいと思います。

ひろし：資料1を見ると、約70％の外国人が日本での食事を楽しみにしているのですね。

先　生：そうですね。日本独自の食文化である和食は、※2ユネスコの世界無形文化遺産に登録されています。資料3を見てください。これは和食の特徴について書かれたものです。

けいこ：和食には4つの特徴があるのですね。わたしは、「『和食』は、日本特有の気候・風土の中ではぐくまれてきた『自然の尊重』を土台とした日本人の伝統的な『食文化』である。」というところが印象的でした。和食の特徴がA市の小学生にしっかりと伝わるようにしたいと思います。

※2　ユネスコ　教育、科学、文化を通じて、平和な社会をつくることを目指している国際連合の機関。

資料3 「和食」の特徴(とくちょう)

日本は、周囲を海に囲まれ、国土の75％を山地がしめ、春夏秋冬の変化に富んだ気候風土にめぐまれている。豊かな自然は、海から、里から、山から、川からさまざまなめぐみをわたしたちにもたらしている。

こうした特徴のある環境(かんきょう)の中で、日本人は自然を敬い、そのめぐみに感謝する心をはぐくみ、その心が日本独自の食文化である「和食」のもとになっている。自然を敬う心は、節目(ふしめ)の行事にともなう食事の作法やしきたりを生み、めぐみに感謝する心が食材をむだなく大切に使う加工技術や調理法を生み出している。また、海外からの作物や食事の用具も上手に取り入れ、日本独自の食文化を発展(はってん)させてきた。「和食」とは、自然を敬う日本人の心がはぐくんだ食の知恵(ちえ)、工夫、慣習のすべてを含(ふく)んだものだといえる。

「和食」は、日本特有の気候・風土の中ではぐくまれてきた「自然の尊重(そんちょう)」を土台とした日本人の伝統的な「食文化」である。

〈和食の４つの特徴〉

1	B

日本の国土は南北に長く、海、山、里と表情豊かな自然が広がっているため、各地で地域(ちいき)に根差した多様な食材が用いられている。また、素材の味わいを生かす調理技術・調理道具が発達している。

2	C

一汁三菜(いちじゅうさんさい)を基本とする日本の食事スタイルは、栄養バランスが取りやすいといわれている。また、だしの「うま味」や発酵(はっこう)食品を上手に使うことによって動物性油脂(ゆし)の少ない食生活を実現しており、日本人の長寿(ちょうじゅ)、生活習慣病予防に役立っている。

3	D

食事の場で、自然の美しさや四季の移ろいを表現することも特徴の1つである。季節の花や葉などで料理をかざりつけたり、季節に合った道具や器を利用したりして、季節感を楽しんでいる。

4	E

日本人の食文化は、年中行事と密接(みっせつ)にかかわってはぐくまれてきた。自然のめぐみである食を分け合い、食の時間を共にすることで、家族や地域のきずなを深めてきた。

（農林水産省「『和食』のユネスコ無形文化遺産(いさん)登録2019年」より作成）

問題1 会話文の │ A │ にあてはまる適切な内容を、次の**ア～オ**から２つ選んで、その記号を書きなさい。

ア 日本の子どもが行きたい国

イ 日本の有名なお城や庭園

ウ 日本の子どもに人気のある球技

エ 日本に昔から伝わる玩具(がんぐ)や遊び

オ 日本の有名な温泉(おんせん)や観光地

問題2　**資料3**を読んで、次の(1)、(2)の問題に答えなさい。

(1)　　次の**ア～カ**のうち、**資料3**から読み取れる内容として、正しいものには〇を、誤っているものには✕を書きなさい。

ア　季節に合った道具を利用することで、季節感を楽しんでいる。

イ　動物性油脂の多い食生活を実現し、日本人の生活習慣病予防に役立っている。

ウ　地域に根差した食材を用い、素材の味わいを生かす調理技術などが発達している。

エ　海外の食事の用具を取り入れ、欧米の食文化を発展させている。

オ　一汁三菜を基本とする日本の食事スタイルは、栄養バランスが取りやすい。

カ　年中行事などで食の時間を共にすることにより、家族や地域のきずなを深めている。

(2)　　けいこさんたちは、**資料3**の〈和食の4つの特徴〉に、それぞれ見出しを付けることにしました。　　　B　　　～　　　E　　　にあてはまる最も適切なものを、次の**ア～オ**から1つずつ選んで、その記号を書きない。

ア　季節感を楽しむ心

イ　食が結ぶ人々のつながり

ウ　海外と日本の食文化の比較

エ　豊かな自然が生む多様な食材

オ　健康を支える食事の工夫

栃木県立中学校
（宇都宮東・佐野・矢板東）　　適性検査　（検査時間 50 分）

（解答用紙は別冊 13 P）（解答例は別冊 9 P）

1 休日の朝，しんじさんは，朝食について母と妹と話をしています。

しんじ：　お母さん，今日の朝ごはんは納豆が食べたいな。

妹　　：　私も食べたい。

母　　：　いいわよ。冷蔵庫にあるわよ。

しんじ：　納豆が 2 パックあるね。賞味期限が近いものから食べようね。

妹　　：　どうして。

しんじ：　食品ロスを減らすためだよ。総合的な学習の時間に，先生から食品ロスについての資料（図 1）が配られたんだ。その資料の中に，期限が切れたために，手つかずのまま捨てられる食品があると書いてあったんだよ。

【家庭から出た食品ロスの主な原因】

・　料理を作りすぎて，食べきれないなどの「食べ残し」

・　期限切れ等により，手つかずのままで捨てる「直接はいき」

・　野菜の皮など食べられるところまで厚くむき捨てる「過剰除去」

図 1　食品ロスについての資料

（消費者庁「食品ロス削減ガイドブック（令和 4 年度版）」をもとに作成）

母　　：　食品ロスを減らすために取り組んでいくことは，とても大切なことだね。

しんじ：　授業のあと，食品ロスについてくわしく知りたいと思って，資料をいくつか集めたんだ（図 2）。

母　　：　集めた資料からどんなことがわかったのか，あとで教えてね。

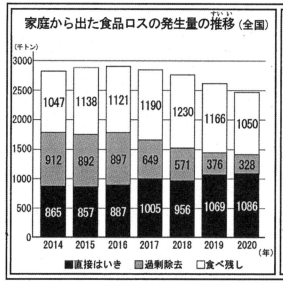

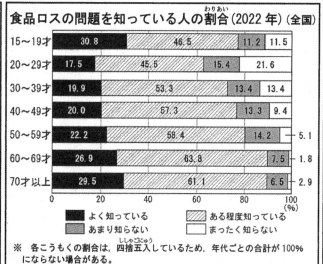

図 2　しんじさんが集めた資料

（環境省「令和 3 年度食品廃棄物等の発生抑制及び再生利用の促進の取組に係る実態調査」，消費者庁「令和 4 年度第 2 回消費生活意識調査」をもとに作成）

[問1]　図2の資料からわかることとして適切なものを，次のアからエの中からすべて選び，記号で答えなさい。

ア　20才から29才は，食品ロスの問題を「まったく知らない」と回答した人の割合が他の年代と比べて最も高い。

イ　2014年と2020年の家庭から出た食品ロス発生量の全体にしめる「食べ残し」の割合は，同じである。

ウ　2016年から2020年の期間において，「直接はいき」と「食べ残し」の発生量は，増えたり減ったりしているが，「過剰除去」の発生量は減っている。

エ　食品ロスの問題を「よく知っている」と回答している人と「ある程度知っている」と回答した人を合わせた割合は，15才から19才が最も高い。

食品ロスについて学んだしんじさんは，材料をむだにしない料理が作れないかと考え，母と話をしています。

しんじ：　お母さん，今度の休みの日に，みそ汁を作っていいかな。材料をむだにしないように作ってみたいんだ。
母　　：　いいわよ。どんなみそ汁にするの。
しんじ：　だいこん，油あげ，ねぎの入ったみそ汁にしたい。それから，だしはにぼしからとってみたいな。家庭科の教科書に，だしをとったあとのにぼしは，取り出さないで具として食べてもよいと書いてあったから，やってみるよ。
母　　：　それはいいわね。
しんじ：　取り除いたにぼしの頭とはらわたはどうしようかな。
母　　：　小皿にまとめておいてくれれば，あとで私が料理に使うわ。
しんじ：　むいただいこんの皮やだいこんの葉も料理に使えるのかな。
母　　：　だいこんの皮は千切りにして，油でいためて味付けすれば，きんぴらができるわ。だいこんの葉は，細かく刻んでみそ汁に入れたらどうかしら。
しんじ：　わかった。じゃあ，きんぴらを作る手順を教えてよ。
母　　：　いいわよ。しんじが一人で作れるようにメモ用紙に書いてあげるわ。

　母は，きんぴらを作る手順を書いたメモ用紙（図3）をしんじさんにわたしました。

・　だいこんの皮を千切りにする。
・　フライパンを火にかけ，温まったら油を全体にいきわたらせる。
・　火を弱火にし，だいこんを入れていためる。
・　だいこんがすき通ってきたら，しょうゆ，みりん，砂糖で味付けをして火を消す。
・　盛りつけて，ごまをふって完成。
※　作り始めてから完成するまでの調理時間は10分間。

図3　きんぴらを作る手順を書いたメモ用紙

しんじ：　ありがとう，お母さん。きんぴらは10分間で作ることができるんだね。
母　　：　そうよ。
しんじ：　じゃあ，みそ汁を作る手順と，手順ごとの調理時間は，学校で習ったことをもとにしながら，ノートに書いてみるよ。

　しんじさんは，みそ汁を作る手順と，手順ごとの調理時間をノートに書き（図4），母に見せました。

---

① にぼしの頭とはらわたを取る。（5分間）
② なべに入れた水に，にぼしを入れて待つ。（25分間）
③ 野菜をよく洗い，だいこん，だいこんの葉，油あげ，ねぎを切る。（10分間）
④ ②のなべに火をかけ，だしをとる。（10分間）
⑤ ④のなべにだいこんを入れてにる。（5分間）
⑥ ⑤のなべに，だいこんの葉，油あげ，ねぎを入れる。そのあとにみそを入れ，ふっとうしたら火を消して完成。（5分間）

図4　みそ汁を作る手順と，手順ごとの調理時間を書いたノート

栃木県立中学校

しんじ：　お母さん，書き終わったよ。みそ汁ときんぴらを作る時間を合わせると７０
　　　　　分間かかるということだよね。

母　　：　ちょっと待って。もっと短い時間で料理が作れるわよ。

しんじ：　じゃあ，こんろを複数同時に使えばいいのかな。

母　　：　そうね。でも，私も別の料理をしたいから，使うこんろは一つだけにしてね。

しんじ：　わかった。でもどうすればいいの。

母　　：　みそ汁を作る手順の中に，手の空いている時間があるでしょ。その時間をう
　　　　　まく使えば，使うこんろは一つでも，時間を短くできるよね。

しんじ：　なるほどね。きんぴらはどうかな。

母　　：　きんぴらも手の空いている時間で，メモ用紙（図３）のとおりに作ればいい
　　　　　わよ。

しんじ：　そうすると，みそ汁ときんぴらを作る時間を合わせて，最短で [　　　] 分間
　　　　　かかるということだね。

[問２]　会話の中の [　　　] にあてはまる数を答えなさい。
　　　　ただし，調理時間は**図３**，**図４**に示されたものとします。

2 さとこさんは，自宅から見えた熱気球を見て，家族と話をしています。

妹　　　：　お姉ちゃん，見て。大きくふくらんだ風船がうかんでいるよ。

さとこ：　あれは熱気球というんだよ。

父　　　：　近くの公園で熱気球をうかばせているみたいだね。

妹　　　：　熱気球って，どうして空中にうかぶことができるのかな。

さとこ：　それはね，熱気球の中であたためられた空気が上へ動くことを利用してうかぶんだよ。

妹　　　：　あたためられた空気って，上へ動くんだね。

さとこ：　そうだよ。例えば ＿＿＿＿＿＿＿ も同じことだよ。

[問1]　さとこさんの発言の ＿＿＿＿＿＿＿ に入る最も適切なものを，次の
　　　　アからエの中から一つ選び，記号で答えなさい。

ア	イ

くもりの日より，晴れた日に干した洗たく物の方が早くかわくこと	夏の暑い日，日なたに置いたうき輪がさらにふくらむこと
ウ	エ
	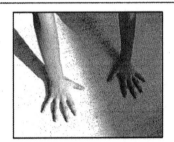
ストーブをつけた部屋全体が，足元より頭の方があたたかいこと	日かげより，日なたの地面の方があたたかいこと

妹　　　：　そうなんだ。熱気球って形もかわいいし，しくみもおもしろいね。

さとこ：　そうだ，一緒に熱気球の模型を作って部屋にかざろうか。

妹　　　：　いいね。作ってみたい。でも熱気球みたいな形をどうやって作ったらいいの。

父　　　：　ためしに画用紙でいろいろな型を作って，セロハンテープでつなぎ合わせてみたらどうかな。

さとこ：　二人で考えてみるね。

二人は，画用紙を使って型を考え，**図1**のように，型と型がすき間なく重ならないように
セロハンテープでつなぎ合わせてみました。

妹　　：　なんだか熱気球の形とちがうね。

さとこ：　そうだね。てっぺんがとがっているし，丸みもな
　　　　　いね。わたしたちが見た熱気球は，てっぺんが平らだ
　　　　　ったし，上半分はもう少し丸みがあったよね。お父さ
　　　　　ん，どうしたらいいかな。

父　　：　少し工夫が必要だね。上半分はビーチボールを参
　　　　　考にするといいよ。もう一度，考えてみようか。

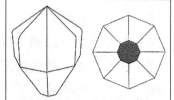

図1　横からみた形（左）
　　と下から見た形（右）

　二人はもう一度型を考えて，作り直してみました（**図2**）。

さとこ：　お父さん，さっきよりもいい形ができたよ。

父　　：　よくできたね。熱気球のイメージに近づいたね。

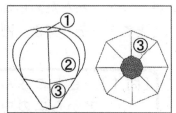

図2　横からみた形（左）
　　と下から見た形（右）

[問2]　二人は下の型の中から，①，②，③の型を選んで熱気球（図2）を作
　　　りました。①，②，③にあてはまるものを，下の**ア**から**サ**からそれぞれ
　　　一つずつ選び，記号で答えなさい。ただし，作成する際は，図1のように，
　　　型と型がすき間なく重ならないようにセロハンテープでつなぎ合わせるものとしま
　　　す。

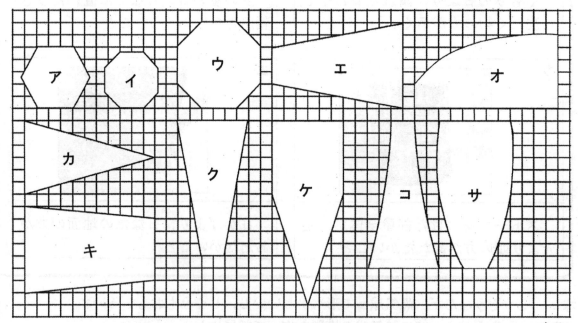

※　マス目は，図形の大きさがわかるように示したもので，どのマスも縦と
　　横の長さは同じです。

3　小学生のりえさんは，体育の授業で，1か月後に行われる新体力テストの目標を考えました。家に帰ったりえさんは，目標を達成するために，自分でできるトレーニングについて中学生の兄に相談しています。

り　え：　今年の新体力テストでは，20mシャトルランの記録をのばしたいな。毎日できそうなトレーニングはないかな。

兄　　：　シャトルランの記録をのばしたいなら，例えば，長いきょりを走ったり，なわとびをしたりすることで必要な体力が高まるらしいよ。

り　え：　せっかくなら楽しく続けられるものがいいな。

兄　　：　中学校の授業でなわとびをしたとき，曲に合わせてとんだら楽しくできたよ。全部で3分21秒間の曲だったから，なかなかいい運動にもなったしね。

り　え：　楽しくとんでいるうちに体力が高まるなら，挑戦（ちょうせん）してみたいわ。曲に合わせてとぶって1拍（いっぱく）に1回とぶということかな。

兄　　：　そうだよ。例えば楽ふに書いてある速度記号が「♩＝60」の曲なら，1分間に4分音ぷを60回打つ速さだから，1秒間に1回とぶことになるね。

り　え：　なるほど，それなら曲に合わせてとべば，一曲終わったときに何回とんだかわかるね。お兄ちゃんが中学校の授業でなわとびをした時の曲は，どんな速さだったの。

兄　　：　調べてみたら，「♩＝120」と書いてあったよ。

り　え：　それなら，最初から最後まで引っかからずにとんだ場合，その曲に合わせてとべば，一曲終わったときに ［　　　］ 回とんだことになるね。それだけとべば体力がつきそうね。がんばって練習してみるよ。

[問1]　会話の中の ［　　　］ にあてはまる数を書きなさい。

1か月後，りえさんは新体力テストを行い，20mシャトルランを除（のぞ）いた種目が終わりました。同じクラスのみさきさんといっしょに，記録を記入したワークシート（図1）と，こうもく別得点表および総合評価表（図2）を見ながら話しています。

	あく力	上体起こし	長座体前くつ	反復横とび	20mシャトルラン	50m走	立ちはばとび	ソフトボール投げ	合計得点	総合評価
昨年の記録	15kg	15回	35cm	42回	34回	9.9秒	134cm	13m	50点	C
今年の記録目標	18kg	18回	41cm	45回	42回	9.5秒	140cm	14m	59点	B
今年の記録	17kg	17回	40cm	47回	回	9.7秒	138cm	15m		
今年の得点	点	点	点	点	点	点	点	点	点	

図1　りえさんが記録を記入したワークシート

●こうもく別得点表●

得点	あく力	上体起こし	長座体前くつ	反復横とび	20mシャトルラン	50m走	立ちはばとび	ソフトボール投げ
10点	25kg以上	23回以上	52cm以上	47点以上	64回以上	8.3秒以下	181cm以上	25m以上
9点	22～24	20～22	46～51	43～46	54～63	8.4～8.7	170～180	21～24
8点	19～21	18～19	41～45	40～42	44～53	8.8～9.1	160～169	17～20
7点	16～18	16～17	37～40	36～39	35～43	9.2～9.6	147～159	14～16
6点	13～15	14～15	33～36	32～35	26～34	9.7～10.2	134～146	11～13
5点	11～12	12～13	29～32	28～31	19～25	10.3～10.9	121～133	8～10
4点	9～10	9～11	25～28	25～27	14～18	11.0～11.6	109～120	6～7
3点	7～8	6～8	21～24	21～24	10～13	11.7～12.4	98～108	5
2点	4～6	3～5	18～20	17～20	8～9	12.5～13.2	85～97	4
1点	3kg以下	2回以下	17cm以下	16点以下	7回以下	13.3秒以上	84cm以下	3m以下

●総合評価表●

段階	小1	小2	小3	小4	小5	小6
A	39以上	47以上	53以上	59以上	65以上	71以上
B	33～38	41～46	46～52	52～58	58～64	63～70
C	27～32	34～40	39～45	45～51	50～57	55～62
D	22～26	27～33	32～38	38～44	42～49	46～54
E	21以下	26以下	31以下	37以下	41以下	45以下

図2　新体力テストのこうもく別得点表および総合評価表

（「令和4（2022）年度版リーフレット　体力向上啓発資料　栃木県教育委員会事務局スポーツ振興課」をもとに作成）

みさき：　残りはシャトルランだけだね。ここまでの結果はどうだったの。

り　え：　二つの種目で目標を達成したよ。今年は，記録目標だけでなく，総合評価も達成したいと思っているんだ。

みさき：　じゃあ，「今年の記録目標」の得点と，「今年の記録」のすでに終わっている種目の得点を，比べてみようよ。

り　え：　すでに終わった種目のうち，「今年の記録目標」の得点と同じだったのは　①　種目で，今の時点の合計得点は　②　点だったよ。

みさき：　総合評価表の合計得点をみると，私たちの学年で，B段階になるための合計得点の最低点は　③　点だね。

り　え：　そうなると，シャトルランで最低でも　④　回走れば，B段階になるんだよね。毎日なわとびのトレーニングをしてきたから，できそうな気がするよ。

みさき：　おたがいにがんばろうね。

> [問2]　会話の中の　①　，　②　，　③　，　④　にあてはまる数をそれぞれ書きなさい。

栃木県立中学校

4 さゆりさんは，音楽の時間に，世界にはさまざまな楽器があることを知りました。その中で興味をもったアンデス地方にある民族楽器について，母と話をしています。

図1 サンポーニャ

さゆり： サンポーニャという楽器があるんだよ。

母　　： どんな楽器なのかしら。

さゆり： サンポーニャは，長さのちがう筒がたくさん並んでいるんだ。それぞれの筒に息を吹きこむと音が出るんだよ。

母　　： 見てみたいわ。インターネットで調べてもらえるかな。

さゆり： これがサンポーニャ（図1）だよ。サンポーニャに似たストロー笛の作り方（図2）ものっているよ。

〔直径8mm，長さ21cmのストローを使ったストロー笛の作り方〕

① 「ド」の音のストローの長さを16cmとする。「ド」の長さを1として，下の表をもとに，ほかの音のストローの長さを求める。

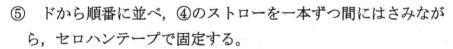
※それぞれの音におけるストローの長さの割合はおおよその値です。

音	ド	レ	ミ	ファ	ソ	ラ	シ	高いド
長さの割合	1	0.9	0.8	0.75	0.65	0.6	0.55	0.5

② 求めた長さに切る。

③ 空気がもれないように，②のストローの下側の先をつぶしてセロハンテープでとめる。

④ となりのストローとの間かくをあけるためのストローを，6cmの長さに7本切る。

⑤ ドから順番に並べ，④のストローを一本ずつ間にはさみながら，セロハンテープで固定する。

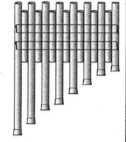

図2 サンポーニャに似たストロー笛の作り方

母　　： おもしろそうね。直径や長さが同じストローなら家にあるから，一緒に作ってみましょう。うまくできたら，私が計画している親子手作り教室で，ストロー笛を作ってみたいわ。一つのストロー笛を作るには，ストローが何本必要なのかしら。

さゆり： 音は八つだからストローは8本，さらに間にはさむストローは7本だから，全部で15本のストローがあればいいよね。

母　　： さゆりの考えで切ると，あまりの部分が多く出て，もったいないと思うわ。できるだけ少ない本数で作れないかしら。

[問1] 家にあるストローを使って，図2の作り方でストロー笛を作るとき，最も少ない本数で一つのストロー笛を完成させるには，何本必要になるか答えなさい。

さゆりさんは，母と一緒（いっしょ）にストロー笛を作ることができました。

さゆり： できたね。音を出すのは少し難（むずか）しいけれど，簡単（かんたん）に作れるから楽しいね。

母　　： これなら親子で楽しく作れるわ。セロハンテープはたくさんあるから，同じ
　　　　サイズのストローだけ買っておけばいいわね。一つのストロー笛に必要な本数
　　　　がわかったから，予備をふくめて４００本買いたいわ。できるだけ安く買いた
　　　　いわね。

　　さゆりと母の会話を聞いていた父と姉が，二人の会話に参加しました。

姉　　： 私（わたし）が買い物に行ったＡ店に，同じサイズのストローがあったわ。１ふくろ
　　　　１００本入りで，税込（ぜいこ）み２８０円で売っていたわ。

さゆり： 今日のＢ店のチラシ（図３）にものっていたよ。

父　　： そのサイズのストローなら，ネットショップでも売っているよ。
　　　　このＣ店のウェブページの画面（図４）を見てごらん。

母　　： ネットショップだと合計金額によっては，配送料がさらにかかることがある
　　　　のよね。

さゆり： どこで買えば一番安いのかな。

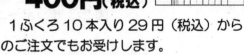

お買い得品！

ストロー（直径8㎜，長さ21㎝）

１ふくろ（50本入り）

通常価格 150円（税込）

5ふくろ以上購入（こうにゅう）すると

１ふくろあたり通常価格の10％引

図３　Ｂ店のチラシの一部

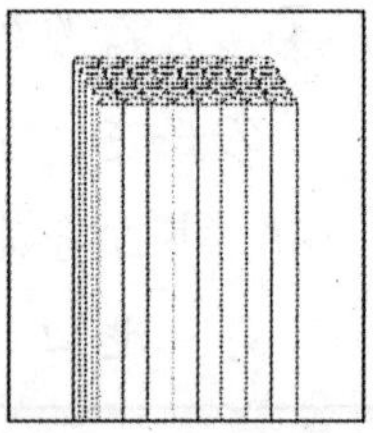

ストロー150本で

400円（税込）

１ふくろ10本入り29円（税込）から
のご注文でもお受けします。

サイズ　直径8㎜，長さ21㎝
配送料　300円（税込）
（購入金額の合計1000円以上で
配送料無料）

図４　Ｃ店のウェブページの画面

［問２］　会話や図３，図４をもとに，ストローを４００本買うとき，Ａ店，Ｂ店，Ｃ店
　　のどの店が一番安いのか，答えなさい。また，それぞれの店における合計金額の
　　求め方を，式と言葉を使って答えなさい。

5　たけるさんのクラスでは，ＡＬＴのアラン先生のお別れ会で，メッセージをテレビ画面に表示することになり，班ごとに考えています。

は　な：　アラン先生へのメッセージはこれでどうかな（**図1**）。

> アラン先生と笑顔で過ごした日々を絶対にわすれません。

図1　はなさんが考えてノートに書いたメッセージ

たける：　アラン先生のために，漢字を少なくした方が読みやすいよね。
ひろき：　そうだね。パソコンでメッセージを作るときに漢字を減らしておくね。

　ひろきさんは，はなさんが考えたメッセージをキーボードで入力しました（**図2**）。

　　　　　　　　　　　　　　　　　　　　　　　　　　　　　　　：カーソル
> アラン先生と笑顔ですごした日々おぜったいにわすれません。|

図2　ひろきさんがキーボードで入力したメッセージ

は　な：　あれ，「お」がちがうよ。
ひろき：　本当だ。
たける：　それに，「先生」以外は，平仮名にしたらどうかな。
ひろき：　そうだね。あれ，どのキーで文字を消すんだっけ。
たける：　キーボード（**図3**）の右上の方にあるバックスペースキーをおせば，文字を消せるよ。カーソルを，「笑顔」と「で」の間にあわせて（**図4**），まず「笑顔」を平仮名にしてみよう。
ひろき：　わかった。<u>バックスペースキーを2回おした後に，Ｅ，Ｇ，Ａ，Ｏの順番でキーをおし，エンターキーをおすんだよね。</u>
たける：　次は，カーソルを「お」と「ぜ」の間にあわせて（**図5**），「日々お」を直そう。

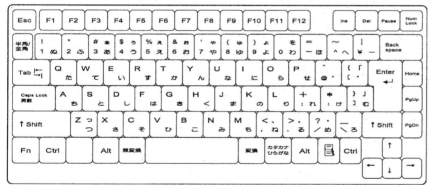

図3　キーボード　　※　Enter：エンターキー　Back space：バックスペースキー

笑顔|ですごした	日々お|ぜったいに
図4	図5

[問1]　**図5**の「日々お」の部分を，**図3**のキーボードを使ってローマ字で入力し直すとき，どのキーをどの順番でおしますか。会話文中の下線部を参考にして説明しなさい。

次に，たけるさんたちは，お別れ会の出し物について話し合っています。

ひろき： アラン先生のために，みんなで歌を歌おうよ。
ちえこ： いいね。あと，歌がない間奏のところでダンスをおどるのはどうかな。
たける： それはいい考えだね。
は な： 前列と後列にして，さらに動きを変えてみようか。
たける： そうだね。さっそく前列と後列の動きを考えてみよう。
ちえこ： わかりやすいように，動きに名前をつけておこうね。

たけるさんたちは，前列と後列に分かれて動きを考え名前をつけました（図6）。

前列の動き	ア　ジャンプ	イ　ふりふり	ウ　げんき	エ　さようなら	オ　足ぶみ
後列の動き	カ　きらきら	キ　指さし	ク　手を上に	ケ　手びょうし	コ　ぐるぐる

図6　前列・後列の動きとその名前

たける： まず，前列の動きの順番を考えてみよう。何か意見のある人はいますか。
ちえこ： 「足ぶみ」の後に「ジャンプ」をすると動きやすいので，続けておどりたいな。
は な： 「げんき」と「さようなら」は動きが似ているので，続けておどらない方がいいと思うよ。
たいき： 「げんき」と「さようなら」は，お別れにふさわしい動きなので，どちらかは最後にした方がいいと思うな。
たける： 後列はどうかな。
かいち： 「きらきら」は，最初がいいよね。
よしお： 前列が「さようなら」をしているときは，後列は「ぐるぐる」の動きにすると一体感が出るから，前列と順番を合わせようよ。
たかこ： 前列が「足ぶみ」をしている後ろで，「手びょうし」をおどると合うと思うわ。
たいき： 前列が「ジャンプ」をしているときは，動きをあまりじゃましない「手を上に」をおどっていた方がいいと思うよ。
たける： あとは，一番最後に「指さし」をおどることにして，話題に出なかった「ふりふり」をあいたところでおどることにすれば，ここまで出た意見で順番を決めることができるね。アラン先生が喜んでくれそうなダンスになりそうだね。

[問2]　たけるさんたちの会話文から，全員の意見を取り入れて決めると，前列と後列は，それぞれどのような順番でおどることになりますか。図6のアからコの記号で答えなさい。ただし，それぞれの動きをおどるのは，一度ずつとします。

栃木県立中学校

【問題1】

次の文章を読んで，(1)から(4)の問いに答えましょう。**答えは，解答用紙（2枚中の1）に記入しましょう。**

6年生の海人さんは，つつじ小学校の保健委員です。保健委員会では，全校児童が安全で楽しい学校生活を送ることができるように，さまざまな活動に取り組んでいます。

(1) 次の**会話文**は，海人さんたち保健委員が，10月の保健委員会で，下の**資料1**を見ながら，話し合っている様子の一部です。

会話文

海　人：	みんなが，安全で楽しい学校生活を送れるようによびかけてきたけれど，**資料1**のけがをした児童の人数を見ると，校舎内でけがをした児童の人数が多くなってきているね。
結　菜：	校舎内でけがをした児童の人数を見ると，4月から7月までは，1か月あたり平均　ア　人なのに，9月は10人もいるよ。
あさみ：	9月のけがの原因を見ると，校舎内で起こったけがの多くは，転んだことが原因だね。
千　秋：	学校には，校舎内を走ってはいけないというきまりがあるけれど，最近，ろうかを走っている人を多く見かけるよ。
弘　樹：	ろうかを走ると，転んでけがをしてしまうかもしれないし，きまりもあるのだから，校舎内を走るのはよくないよね。
結　菜：	それだけでなく，　イ　かもしれないから，校舎内を走ってはいけないと思うな。安全で楽しい学校生活のために，きまりを守るように伝えていこうよ。
海　人：	そうだね。でもその前に，校舎内を走ったことがある人はどのくらいいるのか，アンケートをとって調べてみようよ。

（　―　話し合いは続きます　―　）

資料1　けがをした児童の人数と9月のけがの原因

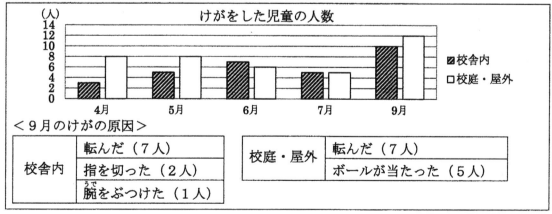

① **会話文**の　ア　に当てはまる数字を書きましょう。

② 校舎内を走ってはいけない理由には，どのようなことがあるでしょうか。結菜さんになったつもりで，**会話文**の　イ　に当てはまるように書きましょう。

(2)　次の**資料2**は，保健委員会が全校児童に対して行ったアンケート調査の結果です。下のメモは，海人さんが**資料2**を見て分かったことについてまとめたものです。メモの ア ， イ に当てはまる数字を書きましょう。

資料2　アンケート調査の結果

全校児童（490人）が回答
○　この1か月の間に，1回でも校舎内を走ってしまったことはありますか。
　　　はい … 343人　　　　　　いいえ … 147人

「はい」と答えた児童（343人）が回答
○　なぜ校舎内を走ってしまったのですか。
　　（主な回答）
　　　・友達と遊んでいて，走ってしまった。
　　　・遊びに夢中になっていて，休み時間が終わったことにチャイムが鳴って気がついたから。
　　　・休み時間になって，早く遊びに行きたかったから。

○　校舎内を走ったときにけがをするかもしれないと考えましたか。
　　　はい … 61人　　　　　　いいえ … 282人

○　学校には校舎内を走ってはいけないというきまりがあることを知っていますか。
　　　はい … 331人　　　　　　いいえ … 12人

メモ

・この1か月の間に，1回でも校舎内を走ってしまったことがある人は，全校児童の ア ％である。
・この1か月の間に，1回でも校舎内を走ってしまったことがある人のうち，校舎内を走ったときにけがをするかもしれないと考えた人で，走ってはいけないというきまりがあることを知っていたのに走ってしまった人は，少なくとも イ 人いる。

(3) アンケート調査の結果を見た海人さんたち保健委員は，校舎内を走らないようによびかけるための掲示物を作ることになり，次のような**掲示物の下書き**を作りました。下の**会話文**は，海人さんたち保健委員が，**掲示物の下書き**を見ながら，話し合っている様子の一部です。

掲示物の下書き

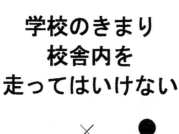

会話文

海　人：校舎内を走ってしまった人のうち，きまりがあることを知っていた人は多かったから，この掲示物だと，走る人は減らないかもしれないね。
あさみ：たしかにそうだね。なぜそのきまりがあるのかを伝えた方がいいよね。
千　秋：そうだね。それと，デザインについては，ろうかや階段などにはるものだから，はなれたところから見ても分かりやすいものにしたいね。
（ ― 話し合いは続きます ― ）

よりよい掲示物を作るために，あなたなら**掲示物の下書き**をどのように直しますか。**会話文**をもとに，言葉とイラストのそれぞれについて，下書きをどのように直すのか，具体的な修正案を言葉で書きましょう。

(4)　完成した掲示物をはってから1か月ほどたった後に，保健委員会は，全校児童に対して1回目と同じ内容で2回目のアンケート調査を行い，12月の保健委員会で，2回のアンケート調査のふり返りをしました。その結果，2回のアンケート調査の内容についての報告と，今後，みんなにしてほしい具体的な行動についてのお願いを，お昼の校内放送で，全校児童に伝えることが決まりました。次の**放送げんこう**は，次のページの**資料3**を見ながら書いたものです。

放送げんこう

> みなさん，こんにちは。保健委員会からのお知らせとお願いです。
>
> 　はじめに，保健委員会が行った2回のアンケート調査の結果をお知らせします。
>
> 　1回目と2回目のアンケート調査の結果を比べると，1か月の間に1回でも校舎内を走ってしまったことがある人の数が，少なくなりました。11月の校舎内でけがをした児童の人数が，9月と比べて減っていることも分かっています。さらに，校舎内を走ってしまったことがあると答えた人の回答で，1回目と2回目の結果を比べてみると，　　**ア**　　が増えました。これは，みなさんの安全な学校生活への意識が高まったからだと思います。
>
> 　次に，みなさんにお願いです。
>
> | **イ** |
> |---|
>
> 保健委員会からのお知らせとお願いでした。（おわり）

①　校舎内を走ってしまったことがあると答えた人の回答で，1回目と2回目を比べると，何が増えていますか。**資料3**の内容をもとに，**放送げんこう**の　**ア**　に当てはまるように書きましょう。

②　校舎内を走る人がさらに減るような具体的な行動について，あなたなら，どのようにお願いしますか。**資料3**の，校舎内を走ってしまった理由をもとに考え，**放送げんこう**の　**イ**　に当てはまるように，100字以上120字以内で書きましょう。

資料3　12月の保健委員会の資料
（9月と11月のけがをした児童の人数と2回のアンケート調査の結果）

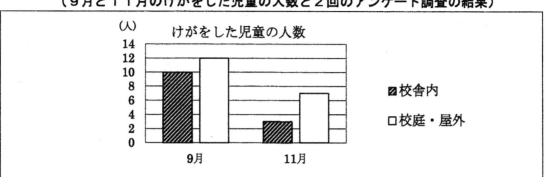

＜2回のアンケート調査の結果＞

○　この1か月の間に，1回でも校舎内を走ってしまったことはありますか。

	はい	いいえ	合計
1回目	343人	147人	490人
2回目	92人	398人	490人

「はい」と答えた児童が回答

○　なぜ校舎内を走ってしまったのですか。
　　（主な回答）

1回目	・友達と遊んでいて，走ってしまった。 ・遊びに夢中になっていて，休み時間が終わったことにチャイムが鳴って気がついたから。 ・休み時間になって，早く遊びに行きたかったから。
2回目	・音楽室に行ったとき，わすれ物をしたことに気がついて，急いで教室にもどったから。 ・昼休みに，次の授業が始まる直前まで図書室で本を読んでいて，授業におくれそうになったから。

○　校舎内を走ったときにけがをするかもしれないと考えましたか。

	はい	いいえ	合計
1回目	61人	282人	343人
2回目	32人	60人	92人

○　学校には校舎内を走ってはいけないというきまりがあることを知っていますか。

	はい	いいえ	合計
1回目	331人	12人	343人
2回目	88人	4人	92人

群馬県立・伊勢崎
太田市立中等教育学校

【問題2】
　次の文章を読んで，(1)から(5)の問いに答えましょう。**答えは，解答用紙（2枚中の2）に記入しましょう。**

　6年生の正人さんが通うさくら小学校では，9月に全校での運動会があり，運動会に向けた準備を6年生が中心となって行っています。

(1)　次の**会話文**は，正人さんたちが，運動会のスローガンについて，話し合っている様子の一部です。

会話文

正　人：ぼくたち6年生にとって最後の運動会になるから，いいスローガンを作りたいね。どんな言葉にしようか。
真　琴：「目指せ優勝」や「栄光をつかめ」といった感じかな。
美　鈴：最後の運動会だから勝ちたい気持ちも分かるけれど，運動が得意な子も苦手な子もみんなではげまし合って，全力で取り組んでいくことが大切だと思うな。
正　人：だれか一人でもつまらなかったと思うような運動会ではだめだよね。
真　琴：そうか。勝つことだけを目指したスローガンにしたら，そういった気持ちになってしまう人も出てきてしまうね。
かえで：「みんなで」を強調するために，全校の児童数603も入れよう。
美　鈴：わたしたちの気持ちが全校のみんなに伝わるような，すてきなスローガンを作ろう。
（　— 話し合いは続きます —　）

　決定したスローガンを，全校集会で紹介することになりました。運動会の成功に向けてスローガンにこめた思いを伝えます。あなたならどのような紹介文にしますか。次の**紹介文**の　　　　に当てはまるように，40字以上60字以内で書きましょう。

紹介文

今年の運動会のスローガンは，「団結！全力！スマイル！見せろ603のきずな」です。603というのは全校の児童数です。
このスローガンには，
（空欄）
みんなで運動会を成功させましょう。（おわり）

群馬県立・伊勢崎・太田市立中等教育学交

- 78 -

(2)　スローガンは，校庭からよく見えるように，校舎2階のベランダに掲示することになりました。次の**図**のように，スローガンの文字が書かれた板を，ベランダに横一列にならべて掲示します。下の**条件**にしたがって掲示するとき，**図**の**あ**の長さは何 m 何 cm になるでしょうか。答えとその理由を，言葉と数字を使って説明しましょう。

図　校舎2階のベランダ（校庭から見た図）

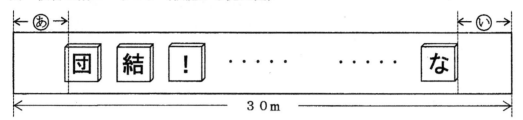

条件

- **団結！全力！スマイル！見せろ603のきずな**の21文字（「**！**」も1文字とする）を，1文字ずつ板に書き，**図**のようにベランダに掲示する。
- 板1枚の文字を書く面は，たて70cm，横70cmの正方形である。
- となり合う板と板の間を，それぞれ50cmずつあけて掲示する。
- 使用するベランダの長さは，30mである。
- **図**の**あ**と**い**の長さが等しくなるように掲示する。

群馬県立・伊勢崎・太田市立中等教育学校

(3) 6年生が玉入れの練習をしていたところ，玉が入りすぎて，入った玉を数えるのに時間がかかってしまい，本番で競技時間がのびてしまう心配が出てきました。そこで，先生がかごを高くしたところ，今度は児童から，玉が入らなくて楽しくないという意見が出ました。そのため，正人さんたちのクラスで，時間内に玉入れが終わり，その中で，できるだけ多くの玉が入るようにするためには，どうすればよいか試してみることにしました。次のノートは，本番の玉入れ1回における時間と，練習中に試した玉入れの結果を書いたものです。練習中に試した玉入れでは，玉を投げる場所からかごまでのきょりと，かごの高さを変えながら，それぞれ2回ずつ玉入れを行いました。

ノート

【本番の玉入れ1回における時間】
・玉を投げる時間と，玉を数える時間を合わせて3分30秒以内とする。
・玉を投げる時間は1分間とする。
・入った玉は1つずつ数え，1つ数えるのに2秒かかる。

【練習中に試した玉入れの結果】
・本番と同じ人数で玉を投げるが，玉を投げる時間は1回20秒間とした。

表　入った玉の個数（それぞれ上段が1回目，下段が2回目）

きょり / 高さ ※2 ※1	1.5m	2.0m	2.5m	3.0m	3.5m
2.2m	60	57	45	31	17
	62	55	45	33	19
2.4m	57	52	39	22	13
	58	50	40	24	14
2.6m	53	43	29	19	11
	55	44	33	21	10
2.8m	48	36	20	8	6
	46	38	18	10	9

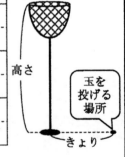

高さ

玉を投げる場所

きょり

※1　きょり…玉を投げる場所からかごまでのきょり
※2　高さ　…かごの高さ

　本番の玉入れ1回において，時間内に玉入れが終わり，できるだけ多くの玉が入るようにするためには，玉を投げる場所からかごまでのきょりと，かごの高さをそれぞれ何mにすればよいでしょうか。ノートの表にある，きょりと高さの中から選び，答えとその理由を，言葉と数字を使って説明しましょう。

(4) 運動会の最後は，1年生から6年生までの児童が，各学年2名ずつ12名で1つのチームを作って，リレーを行います。次の**会話文**は，リレー選手の招集を担当する6年生の直美さんたちが，話し合っている様子の一部です。

会話文

直　美：	わたしたちの仕事は，集合場所に来たリレー選手のかくにんだよね。
ひなの：	去年の運動会で，集合場所に来なかった1年生を，招集係の6年生がさがしに行って，大変だったみたいだよ。
健　太：	今年はだいじょうぶかな。
祐　二：	競技の前に，集合をよびかける放送があるから，だいじょうぶだと思うよ。
ひなの：	でも，リレーの集合場所は，入場門と退場門の2か所あるから，まちがえてしまう子がいるかもしれないよね。
健　太：	学年全員でやる種目なら，周りのみんなといっしょに移動すればよいけれど，リレーの時は選手だけが移動するから，まちがえてしまうかもしれないね。
ひなの：	それに，放送だけだと聞こえないことがあるかもしれないし，係として，どのようなことをすればいいかな。
直　美：	それなら，
	（　－　話し合いは続きます　－　）

会話文の中で，ひなのさんは「係として，どのようなことをすればいいかな」と言っています。直美さんになったつもりで，1年生が正しい集合場所に来ることができるように，係としてできることを，**会話文**の　　　に当てはまるように書きましょう。

(5) 運動会が終わり，正人さんたち6年生は，2年生からお礼の手紙をもらいました。正人さんは，2年生の公太さんが書いた**手紙**を受け取りました。

手紙

> おにいさん　おねえさんへ
>
> 　ぼくは，ときょう走で4ばんになってくやしかったです。ぼくたちの出ばんのときに，どうぐのじゅんびをしてくれて，ありがとうございました。かかりのしごとをするおにいさんやおねえさんは，かっこいいなと思いました。うんどう会はたのしかったので，またやりたいです。
>
> 　　　　　　　　　　　　　　　　　　　　2年　石山　公太

2年生の公太さんにわたす手紙として，どのような返事を書いたらよいでしょうか。正人さんになったつもりで，100字以上120字以内で，返事を書きましょう。

（池上彰『なんのために学ぶのか』より）

【注】

官僚…国の行政を担当する人たち。

愕然…ひどく驚く様子。

風潮…その時代やその社会に見られるものの考え方。

暗黙…分かっていることであるが、わざわざ口に出しては言わないこと。

無粋…人間関係や心理が分からない様子。その場に合わない様子。

滔々と…次から次へと止まることなく。

必須…どんな状況の中でもそれだけは欠かせないこと。

問一　傍線部「ここで決定的な違いが出る」とありますが、これはどういうことでしょうか。本文を踏まえて、三十字以上五十字以内で説明してください。

問二　「リベラルアーツ」とはどのようなものでしょうか。本文を踏まえて、二十字以上三十五字以内で説明してください。

問三　本文を読んで、これからあなたはどのように学んでいきたいと考えますか。これまでのあなたの学びを振り返った上で、本文にふれながら具体的に書いてください。

※適性検査Ⅱは86ページから始まります。

群馬県立中央中等教育学校

【問題Ⅱ】 次の文章を読み、あとの問いに答えなさい。

「日本の英語教育はダメだ」と言っているのはどういう人か。その多くは世界で活躍している官僚や企業経営者たちです。彼らが海外へ行くと、自分が全然英語が話せなくて愕然としたという経験をすることになります。そこで「日本の英語教育はどうなっているんだ」と文句を言うので、小さい頃から英語学習をやるべきだ、もっと英語教育に力を入れるべきだという風潮が高まってきました。

ところが、ひたすら受験勉強に明け暮れてきた日本のエリートたちは、教養なんて大学受験に関係ない、受験に関係ないことはしないという態度が染みついています。大学に入ってからも、教養科目は単位だけ取れればいいと考える学生が多く、教養らしい教養を身につけて社会に出る人は少ないのが現状です。これでは海外のエリートたちと交流しても、まともな会話はできません。英語ができないのではなくて、英語で話すべき内容を持っていない。その方がよほど大きな問題です。

必要に迫られれば、いくらでも英語は話せるようになります。私も決して英語がうまいとは言えませんが、海外に行くと、とにかく取材をしなければいけないので必要に迫られて英語を使います。そんなとき、質問すべき内容や話すべき内容があれば、会話は成立するものです。

あなたもグローバルな世界で活躍しようと思えば、英語は必須です。しかしそれ以上に大事なことは、英語で語るべきものを持っているかどうかです。ここで決定的な違いが出るということを知っておいてください。リベラルアーツを学ぶ意義はそういうところにも

海外に行くと国際会議があります。会議が終わり夜になると必ず立食パーティーが開かれます。出席する人たちはみんな英語で会話しますが、そこでは昼間の仕事の話はしないというのが暗黙のルールです。そういう無粋なことはしてはいけないとされています。仕事とはまったく関係のない、出席者個人の趣味や関心のあることについて自由に語り合う。それが夜の立食パーティーです。

そのときに、多くの日本人は "How do you do? Nice to meet you." と言った後、その後が出てきません。言葉に詰まってしまいます。そんな経験をして「ああ、日本であれだけ英語教育を受けてきたのに、いざとなると話せない。日本の英語教育が問題だ」と怒り出す人がいますが、これは大きな勘違いです。

彼らは海外の国際会議に出るくらいですから、英語はそれなりにできます。それなのに夜の立食パーティーで話ができないのは、英語で話すべき内容を持っていないところに問題があります。話すべき内容がないので、外国人と会話を楽しむことができません。すでに

にお話ししたように、アメリカの大学は4年間、徹底的にリベラルアーツを身につけているので、夜の立食パーティーでは、みんな絵画やオペラ、シェークスピアなどの文学について滔々と語り合っています。海外ではごく普通に見られる光景です。

ところが、ひたすら受験勉強に明け暮れてきた日本のエリートたちは、教養なんて大学受験に関係ない、受験に関係ないことはしないという態度が染みついています。大学に入ってからも、教養科目

- 83 -

【注】 スマートホーム…家庭内の電化製品などをネットワークで
　　　つないで管理し、これらを活用して快適なライフ
　　　スタイルを実現する住まい。

　　　IoT…家電などをインターネットと接続する技術。

　　　識別…事物の種類・性質などを見分けること。

　　　AI…人工知能。

問一　傍線部（1）「どんなセンサがあれば、より快適で安全なホー
　　　ムが実現できるでしょうか？」と筆者は述べていますが、あなた
　　　はどのようなセンサがあったらよいと考えますか。センサの例
　　　と、そのセンサを考えた理由を説明してください。

問二　傍線部（2）「何か違和感はないでしょうか。あるとしたらそ
　　　れはどんなことでしょうか。」と筆者は述べていますが、あなた
　　　はどのような違和感があると考えますか。本文を踏まえて、あな
　　　たの考えをくわしく説明してください。

くい場所で活用されています。「スマートセンシング」と「リモートセンシング」を合わせてセンシング技術といいます。あなたが知っているセンサにはどんなものがありますか。どんなセンサがあれば、より快適で安全なホームが実現できるでしょうか？（1）どんなセンサがあれば、より快適で安全なホームが実現できるでしょう。

二番めの技術は、画像認識技術です。画像の特徴（とくちょう）をつかみ、人、物、場所などを識別する技術です。AIの分野では現在最も研究開発が進んでいるものといえるでしょう。大量の動物の画像を読み込ませ、システムに学習させることで、そこに写っているものが「犬」か「猫（ねこ）」かを判断したりできるようになります。

《中略》

言葉を話し始めたばかりの赤ちゃんは、大人から犬や猫という概念（がいねん）（ある対象を表す言葉）を「わんわん」「にゃんにゃん」として教わります。すると赤ちゃんは、教わったときと異なる場面、異なる犬や猫についても「わんわん」「にゃんにゃん」として認識できるから不思議です。初めて出会った犬に対しても、それを猫と間違（まちが）えることはありません。逆もまたたしかり。不思議ですね。それに対しAIは、大量の犬と猫の写真データを読み込ませていき、徐々にその特徴を、違いを学んでいきます。

三番めは音声認識技術です。人の音声に関する技術で、スマートフォンや家庭電化製品（家電）などの機器に話しかけて、検索（けんさく）など、何か動作をさせるときに使われたり、画像認識と同様に、本人を識別するときにも使われます。人の話している言葉をデジタルデータに変換（へんかん）し、これまでに持っているデータと比較（ひかく）して、文字、文章を特

定し、音声入力として、スマートフォンなどに命令できるようになります。コンピュータのキーボードを使わずに声で入力できるようになることから、テレビのチャンネルの切り替え、車の自動運転などになることから、利用範囲（はんい）は広がります。

既に売り出されているスマートスピーカーでは、インターネットとつながっている家電を音声でコントロールできるようになっています。今後、その範囲はもっと広がっていくことでしょう。現時点では、部屋の照明の明るさをコントロールしたり、エアコンの設定をしたり、お風呂を沸（わ）かしたりするだけです。電子レンジやオーブンなどの調理家電や自動車、家の防犯装置までコントロールできるようになる日はもうすぐそこまで来ています。

センシング、画像認識、音声認識の技術を基にして、スマートホームは開発されています。現在その研究開発は日本では、住宅（じゅうたく）メーカーのほか、関連技術を持っている通信会社、家電や設備機器メーカー、太陽光発電、セキュリティ会社などによって行われています。これらはみなさんが考える未来の家、理想の家に近いでしょうか。（2）何か違和感（いわかん）はないでしょうか。あるとしたらそれはどんなことでしょうか。

（美馬（みま）のゆり『AIの時代を生きる』より）

群馬県立中央中等教育学校　適性検査Ⅱ　（検査時間45分）

（解答用紙は別冊17Ｐ）（解答例は別冊11Ｐ）

【問題Ⅰ】　次の文章を読み、あとの問いに答えなさい。

二〇年後の家は、どんな風になったらうれしいですか？　実際に考えて書き出してみましょう。一緒に住んでいる人の意見も聞いてみましょう。いろいろな意見が出てきそうですね。朝起きるところから始めてみましょうか。

・朝、目覚ましがわりにカーテンが開く
・今日のスケジュールを教えてくれる
・体調に合わせた朝食メニューを提案してくれる
・部屋を掃除してくれる
・使った食器やテーブルをきれいにしてくれる
・シーツや枕カバー、タオルなどの洗濯時期を教えてくれる
・留守中、泥棒が入らないように見張ってくれる
・玄関に誰か来たときに、その人が誰かを教えてくれる
・帰宅時間に合わせ、お風呂を準備してくれる
・夕食のメニューを提案したり、買い物リストを知らせてくれる
・家の中を一年中、快適な温度、湿度に保ってくれる
・お腹が空いたなと思ったら、好きな料理を作ってくれる
・好きな映画、興味ありそうな動画や音楽、ニュースを予想して、提案してくれる
・本を読みあげてくれる
・宿題を一緒に考えてくれる
・ゲームするのを、そろそろ終わりにした方が良いと言ってくれる
・寝るモードに移行するために、部屋の明かりを徐々に暗くしてくれる

たくさん出てきましたね。既に、実現しているものもありそうです。

《中略》

さてここからさらに進めて、スマートホームを実現するには、どんな技術が必要かを考えてみましょう。そのなかでも三つの技術に注目して、見ていきます。

一番めは、センサ（sensor）です。センサは日本語では感知器、検出器といいます。sense は感覚や気持ち、意識を意味し、sensor は「sense するもの」というところから来ています。検知するのは、温度や音量、明るさ、動き、圧力などです。センサはそれらを検出、測定、記録する装置です。味覚センサは、味物質特有の情報から、甘味、塩味、酸味、うま味、苦味の基本五味のほか、渋味、辛味など計測します。これらセンサは様々なものに埋め込まれ、先ほど出てきたＩｏＴの技術と組み合わさり、大量のデータを得ていくことが可能になります。この計測する技術を「スマートセンシング」といいます。

これに対し、離れた場所にあるものを遠隔で操作したり、計測したりすることを「リモートセンシング」といいます。リモート（remote）は遠隔という意味です。防災や宇宙開発など、人間が実際に行きに

－ 86 －

〔問題1〕 ⑦古くさく感じない とありますが、なぜそのように言えるのでしょうか。解答らんに当てはまるように二十字以上三十字以内で 文章1 からぬき出しなさい。

　新しい命を感じさせるから。

┌─────────────────────┐
│　　　　　　　　　　　ことを思わせる隙間（すきま）や傷（きず）のある家具などが、│
└─────────────────────┘

〔問題2〕 ⑦行間を読む とありますが、本を読むことにおいては、何をどうすることですか。「真実」「事実」という語を用いて説明しなさい。

〔問題3〕 あなたは、これからの学校生活でどのように学んでいこうと思いますか。あなたの考えを四百字以上四百四十字以内で書きなさい。ただし、次の条件と下の 〔きまり〕 にしたがうこと。

条件
① あなたが、 文章1 ・ 文章2 から読み取った、共通していると思う考え方をまとめ、それをはっきり示すこと。
② ①の内容と、自分はどのように学んでいくつもりかを関連させて書くこと。
③ 適切に段落（だんらく）分けをして書くこと。

〔きまり〕
○題名は書きません。
○最初の行（だんらく）から書き始めます。
○各段落の最初の字は一字下げて書きます。
○行をかえるのは、段落をかえるときだけとします。
○、や。などもそれぞれ字数に数えます。これらの記号が行の先頭に来るときには、前の行の最後の字と同じますめに書きます（ますめの下に書いてもかまいません）。
○。と」が続く場合には、同じますめに書いてもかまいません。この場合、。」で一字と数えます。
○段落をかえたときの残りのますめは、字数として数えます。
○最後の段落の残りのますめは、字数として数えません。

※適性検査Ⅰは91ページから始まります。

その出来事を見た人の目を通して、見てみたい現実を見たものを伝えているのであって、それが「事実」であるということとは違います。

正反対の立場に立つ人が、ある「事実」を見たとしましょう。それぞれが、まったく違う「真実」を語るという場に出合ったことがありませんか。その人の主観、それをどのように汲み取るのか、そこからどのように「事実」を見つけるのか。

本の中の行間は、真実と真実の間という場所です。本も自分ではない誰かが書いています。しかし、書き手の主観の間にあるその空間は、読者のための居場所です。そこで、自分の在り方に沿って物事を考えながら読み進めることで、情報社会で生き抜くために必要な武器を手に入れることができるのです。若い時に読書することで、自然と見極める力が身につき、自分をデザインするための基礎をつくることができるのです。

若い時にこそ、文字を追い、頭の中でその意味を考え、行間に事実を探す作業を試みることで、それを自分のものにしてほしいと思っています。

本との出合いは、人との出会いに似ています。皆さんはこれから、高校生、大学生、社会人と進んでいくにつれ、日本の多様な地域の人と出会い、また海外の人との出会い、あるいは年齢も多様な人との出会いが待っています。生まれた地域や年齢による考え方の違いというのはよくあることです。それは、自分の考えを伝えなければいけない場面の連続です。10代に本を読むことで、培った他人の声に耳を傾ける力は、きっと未来の自分の可能性を広げてくれるでしょう。

（田口幹人「なぜ若い時に本を読むことが必要なのだろう」による）

〈注〉

希薄————少なくてうすいようす。

蓄積————物や力がたまること。

闇雲に————むやみやたらに。

価値観————ものごとを評価するときに基準とする判断や考え方。

汲み取る————人の気持ちをおしはかる。

培った————やしない育てた。

文章2

若い時に本を読む意味、効用はいろいろ考えることができます。

まずは、その一例を挙げながら、読書について考えてみましょう。

本を読むということは、現在からしたら過去という時間軸のなかで、今と未来に触れる機会と言えます。現在・過去・未来という時間軸のなかで、今と未来は繋がっていますが、その前にあった過去との繋がりが、どんどん希薄になっていることを年々強く感じます。若い皆さんは、年長者に比べると、過ごした日々が少ない分、経験した過去の蓄積が少ないですよね。

若い皆さんがもっている過去は短くて浅いのです。それを補うものとして、読書という行為が役に立ちます。

年長者が、闇雲に本を読みなさいという行為は、まずは、過去というものを多く持っていない皆さんに、過去を突きつけているようなものなのかもしれないと反省すべきなのです。

現在は、未来から見たら、過去です。言い換えると、未来は過去の蓄積で成り立っています。過去の積み重ねが年をとるということになります。その過去は、自分自身の過去で成り立っています。

その経験値は、未来に備える武器と言い換えることができます。歳を重ねるということは、その分だけ経験値としての過去を持っています。その分だけ経験値としての過去を捨ててしまった私たちは、壁未来に備える経験値となるような過去を捨ててしまった現在の先にある未来を考える力を持ち合わせているでしょうか。

ここに、本を読む意味と未来に備える経験値としての読書の必要性

があるのではないかと私は考えています。

本を読むということは、書き手の言うことをそのまま受け入れて従うということではありません。書かれていることを読み、そこに書かれていないことを考える作業とも言えます。

難しい表現をすると ⑦ 行間を読むと言います。なぜ、本に書かれていないことが存在するのかというと、書き手と読み手の視点が必ずしも一致しない点にあります。書き手が込めた想いや考えが、読み手である自分にとってはどうなのだろうか?というズレが必ず生まれます。

書かれていることが真実だとすれば、行間には事実があると言える かもしれませんね。本を読むことで真実と事実を見極める力という、生きていく上ですごく大切な力を身につけることができます。

一般的に、

「真実」 嘘のないこと、本当のこと

「事実」 現実に起きたこと

と解釈されています。

同じような使われ方をしている「真実」と「事実」の二つの違い。

この違いは非常に大きいものです。

「真実」とは、見た人が見たい現実を見ているものであり、それを発する人の価値観を切り離すことができません。

「真実」は一つではなく、人の数ほどあります。

しかし、「事実」は一つなのです。

新聞・テレビ・ラジオ・インターネットなどから受け取る情報は、

つくり出せない。時間を超えたコミュニケーションだ。ぼくらの社会や生活が変化していくなかで、ものの形も変化している。

木製の道具や家具は、骨董のように過去のものと思われる場合もあるが、スウェーデンでは、ひとつの手法として現代に生きていた。ナイフのけずりあとがあるような、荒けずりな木材のもつ表情が、古くさくなるのではなく、現代的ですらある。なぜ⑦古くさく感じないのかという問いの答えは、それが古くないからだ。それを人びとが受けつぎ、「もの」が新しい命、新しい生活をもらう。ぼくは、木工を始めたころ、技術が上がれば工業生産品のように美しいものをつくれると単純に思っていた。正確な機械のようにつくるにはどうしたらよいかと考えていたぼくが、今では、時が経ってできた隙間や傷すら味があるのだと思うようになった。左右対称、正確な円。それだけがすべてではない。ぼくらの生活は、そんなにかたくなくていい。木材はやさしい。もっと自由で良い。

（遠藤敏明　『〈自然と生きる〉　木でつくろう　手でつくろう』による）

（一部改変）

注

工芸──生活に役立つ品物を美しくつくるわざ。

骨董──古い美術品や古道具で、ねうちのあるもの。

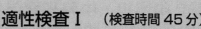
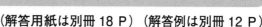
1

次の 文章1 と 文章2 とを読み、あとの問題に答えなさい。
（＊印のついている言葉には、本文のあとに（注）があります。）

文章1

何かをつくり出すには、技術や素材についての知識が必要だ。これらは見ることができるし、言葉で伝えることができるかもしれない。木工なら、木の切り方やけずり方、木と木を組み合わせる方法や組み立て方、使いやすい形や大きさ、重さなど、実際にものをつくるなかで生まれてきたたくさんの技術や知識がある。

しかし、頭の中にものづくりの知識があっても、「つくる」ことはできない。そこには、技術と実際の経験が必要だ。わかっていてもできないと言うのは、本当の意味で「わかっていない」のだ。

ものをつくり出すのに必要なことは、技術や知識だけではない。何をつくるのか思いつくことを、アイデアが浮かぶと言う。アイデアは実際のところ、ぽっかりと浮かんでくるものではない。アイデアが浮かぶのは一瞬だけれども、その背後に長い時間が横たわっている。そういう時間に敬意をはらうことが、ものづくりの基本だ。

ぼくらの生命そして生活は、自然の中で育った食物や材料によってささえられ、人間はそれらに手を加えて利用し、豊かになってきた。

＊
工芸の役割は、自然環境とのかかわりの中で、人びとの生活の質を高めること、つまり生活を豊かにすることだ。日常品は生活をささえ、

生活にささえられてつくり出される。ものたちは、どんな形でもよいのではなくて、それぞれがそこに住む人びとの考え方を反映している。

よく考えたものもあれば、思いつきだけではないかと思われるものもある。さまざまな思いや考えが、ものたちをつくっている。車やカメラやラジオなどの機械もそうだけれど、スプーンやフォークやナイフや家具も、同じように人びとの考えや思いの結晶だ。

つくることができるには、長い道のり、時間が必要な場合もある。ようやくつくりあげることができて、人は本当の意味で、「もの」を理解する。「知っている」から「できる」に変化するのだ。おそらく、そこには、人びとの歴史、考え方、自然環境などが影響するだろう。

とくに、生活で使われるものは、そこに住んでいる人たちの生活が形をつくる。そこでの人びとの生き方が、ものの形をつくるのだ。

工芸は、人から人へ、世代から世代へ伝えるということが大切だ。そして工芸で使う材料もまた、伝え育てることで存在している。今、家具をつくろうと木を植えて育て始めたら、使えるようになるまでに100年以上かかる。材料によっては、200年以上もかかって生み出される。かかった月日の長さを思うとき、人びとのつながりや環境をささえあうということの大切さが見えてくる。

ぼくは、古い道具やすり減った家具を見て、きれいだなと思うことがある。あれは、長い時間のなかで、たくさんの人たちがかかわり、考えてつくり、伝えてきたから美しくなったのだろう。何世代にもわたって伝えながらつくり出されてきたものは、一人の人間の力では

- 91 -

東京都立中学校・中等教育学校 共同作成問題　適性検査Ⅱ　（検査時間45分）

（解答用紙は別冊 19 P）（解答例は別冊 12 P）

1 放課後、太郎さんと花子さんは、教室で話をしています。

太　郎：今日の総合的な学習の時間に、花子さんの班は何をしていたのかな。

花　子：私はプログラミングを学んで、タブレットの画面上でロボットを動かしてブロックを運ぶゲームを作ったよ。

太　郎：おもしろそうだね。やってみたいな。

花子さんは画面に映し出された図（**図1**）を、太郎さんに見せました。

花　子：この画面で道順を設定すると、ロボットは黒い点から黒い点まで、線の上だけを動くことができるんだ。黒い点のところにブロックを置いておくと、ロボットがその黒い点を通ったときにブロックを運んでくれるんだ。運んだブロックをおろす場所も設定できるよ。設定できることをまとめてみるね。

図1　映し出された図

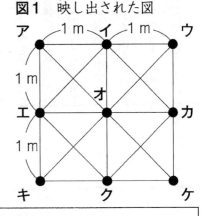

〔設定できること〕

ロボットがスタートする位置

　ブロックを置いていない黒い点から、スタートする。

ブロックを置く位置

　ブロックは黒い点の上に、1個置くことができる。ロボットは、ブロックが置いてある黒い点を通ると、そこに置いてあるブロックを運びながら、設定した次の黒い点に進む。

倉庫（ロボットがブロックをおろす場所）の位置

　ロボットが倉庫に行くと、そのとき運んでいるブロックを全て倉庫におろす。

太　郎：9個の黒い点のある位置は、それぞれ**ア**から**ケ**というんだね。

花　子：そうだよ。**ア**から**オ**に行く場合は**ア→オ**や、**ア→エ→オ**や、**ア→イ→ウ→オ**のように設定できるんだよ。

太　郎：四角形**アエオイ**、四角形**イオカウ**、四角形**エキクオ**、四角形**オクケカ**は正方形なのかな。

花　子：全て正方形だよ。**ア**から**イ**までや、**ア**から**エ**までは1mの長さに設定してあるよ。

太　郎：では、ブロックを置く位置と倉庫の位置を設定してみよう。

花　子：**図2**のように**イ**と**カ**と**キ**にブロックをそれぞれ1個ずつ置いて、**ケ**に倉庫の位置を設定してみたよ。それらの黒い点の上に、ブロックを置く位置と倉庫の位置が表示されるんだ。

太　郎：この3個のブロックを倉庫に運ぶために、どのようにロボットを動かせばよいかを考えよう。

花　子：ロボットの速さは分速12mなのだけど、ブロックを運んでいるときはおそくなるよ。

太　郎：どのくらいおそくなるのかな。

東京都立中学校・中等教育学校共同作成問題

花　子：運んでいるブロックの数によって、何も運んでいない
　　　　ときよりも、1m進むのにかかる時間が増えるんだ。
　　　　でも、運んでいるブロックの数が変わらない限り、
　　　　ロボットは一定の速さで動くよ。**表1**にまとめてみるね。

太　郎：ブロックを3個運んでいるときは、かなりおそくな
　　　　るね。

花　子：とちゅうで倉庫に寄ると、そのとき運んでいる
　　　　ブロックを全て倉庫におろすことができるよ。

太　郎：最も短い時間で全てのブロックを運ぼう。スタート
　　　　する位置も考えないとね。

花　子：まず、計算をして、全てのブロックを倉庫まで運ぶ
　　　　時間を求めてみよう。

太　郎：1辺の長さが1mの正方形の対角線の長さ
　　　　は1.4mとして計算しよう。

花　子：私が考えたスタートする位置からロボット
　　　　が動いて全てのブロックを倉庫に運ぶまで
　　　　の時間を求めると、48.8秒になったよ。

太　郎：私の計算でも48.8秒だったよ。けれど
　　　　も、スタートする位置も道順も**花子**さんの
　　　　考えたものとは、別のものだったよ。

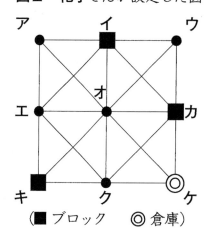

図2　**花子**さんが設定した図

（■ ブロック　　◎ 倉庫）

表1　何も運んでいないときよりも、
　　　1m進むのにかかる時間の増え方

運んでいる ブロックの数	増える時間
1個	2秒増える
2個	5秒増える
3個	8秒増える

〔問題1〕　**図2**のように**太郎**さんと**花子**さんは**イ**と**カ**と**キ**にブロックを置く位置を、**ケ**に倉庫の
　　　　位置を設定しました。48.8秒で全てのブロックを倉庫まで運ぶとき、スタートする
　　　　位置と道順はどのようになっていますか。いくつか考えられるもののうちの一つを、
　　　　ア〜**ケ**の文字と→を使って答えなさい。また、48.8秒になることを式と文章で
　　　　説明しなさい。ただし、ロボットは3個のブロックを倉庫に運び終えるまで止まること
　　　　はありません。また、ブロックを集める時間や倉庫におろす時間、ロボットが向きを
　　　　変える時間は考えないものとします。

花　子：**太郎**さんの班はプログラミングを学んで、何をしていたのかな。

太　郎：私はスイッチをおして、電球の明かりをつけたり消したりするプログラムを作ったよ。
　　　　画面の中に電球とスイッチが映し出されて（**図3**）、1個のスイッチで1個以上
　　　　の電球の明かりをつけることや消すことができ
　　　　るんだ。

花　子：おもしろそうだね。

太　郎：そうなんだよ。それでクイズを作っていたけれど、
　　　　まだ完成していないんだ。手伝ってくれるかな。

花　子：いいよ、見せてくれるかな。

図3　映し出された図

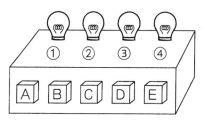

〔**太郎**さんが作っているクイズ〕

①～④の4個の電球と、A～Eの5個のスイッチがあります。**全ての電球の明かりが消えている状態**で、Aのスイッチをおすと、②と③の電球の明かりがつきました。次のヒントを読んで、全ての電球の明かりが消えている状態で、B～Eのスイッチはそれぞれどの電球の明かりをつけるかを答えなさい。

ヒント（あ）：全ての電球の明かりが消えている状態で、AとBとCのスイッチをおしたあと、明かりがついていたのは①と③の電球であった。

ヒント（い）：全ての電球の明かりが消えている状態で、BとCとDのスイッチをおしたあと、明かりがついていたのは①と②と④の電球であった。

ヒント（う）：全ての電球の明かりが消えている状態で、AとDとEのスイッチをおしたあと、明かりがついていたのは①と④の電球であった。

花 子：Aのスイッチは、②と③の電球の明かりをつけるスイッチなんだね。

太 郎：Aのスイッチは、②と③の電球の明かりを消すこともあるよ。②と③の電球の明かりがついている状態で、Aのスイッチをおすと、②と③の電球の明かりは消えるんだ。

花 子：①と④の電球の明かりがついている状態で、Aのスイッチをおしても、①と④の電球の明かりはついたままなのかな。

太 郎：そうだよ。Aのスイッチをおしても、①と④の電球の明かりは何も変化しないんだ。

花 子：A以外にも、②の電球の明かりをつけたり消したりするスイッチがあるのかな。

太 郎：あるよ。だから、Aのスイッチをおして②の電球の明かりがついたのに、ほかのスイッチをおすと②の電球の明かりを消してしまうこともあるんだ。

花 子：ヒントでは3個のスイッチをおしているけれど、おす順番によって結果は変わるのかな。

太 郎：どの順番でスイッチをおしても、結果は同じだよ。だから、順番は考えなくていいよ。

花 子：ここまで分かれば、クイズの答えが出そうだよ。

太 郎：ちょっと待って。このままではクイズの答えが全ては出せないと思うんだ。ヒントがあと1個必要ではないかな。

花 子：これまで分かったことを、表を使って考えてみるね。スイッチをおしたときに、電球の明かりがつく場合や消える場合には〇、何も変化しない場合には×と書くよ。（**表2**）

表2 花子さんが書きこんだ表

	①の電球	②の電球	③の電球	④の電球
Aのスイッチ	×	〇	〇	×
Bのスイッチ				
Cのスイッチ				
Dのスイッチ				
Eのスイッチ				

太 郎：Aのスイッチのらんは全て書きこめたね。それでは、**ヒント（あ）**から考えてみようか。

花 子：**ヒント（あ）**を見ると、①の電球の明かりがついたね。でも①の電球のらんを見ると、Aのスイッチは×だから、BとCのスイッチのどちらか一方が〇でもう一方が×になるね。

太　郎：つまり、AとBとCのスイッチの①の電球のらんは、次の**表3**のようになるね。

表3　①の電球について**太郎**さんが示した表

	①の電球
Aのスイッチ	×
Bのスイッチ	○
Cのスイッチ	×

または

	①の電球
Aのスイッチ	×
Bのスイッチ	×
Cのスイッチ	○

花　子：次は、③の電球を考えてみよう。**ヒント（あ）**では、③の電球の明かりもついたね。

太　郎：③の電球のらんを見ると、Aのスイッチは○だから、BとCのスイッチは、次の**表4**のようになるね。

表4　③の電球について**太郎**さんが示した表

	③の電球
Aのスイッチ	○
Bのスイッチ	○
Cのスイッチ	○

または

	③の電球
Aのスイッチ	○
Bのスイッチ	×
Cのスイッチ	×

花　子：次は、**ヒント（い）**を見ると、①の電球の明かりがついたね。

太　郎：**ヒント（あ）**で、①の電球はBとCのスイッチのどちらか一方が○でもう一方が×になると分かったね。だから、Dのスイッチの①の電球のらんには×と書けるんだ。

花　子：さらに、**ヒント（う）**を見ると、①の電球の明かりがついたね。AとDのスイッチの①の電球のらんは×なので、Eのスイッチの①の電球のらんには○が書けるよ。（**表5**）

表5　**太郎**さんと**花子**さんがさらに書きこんだ表

	①の電球	②の電球	③の電球	④の電球
Aのスイッチ	×	○	○	×
Bのスイッチ				
Cのスイッチ				
Dのスイッチ	×			
Eのスイッチ	○			

太　郎：ほかの電球についても考えていくと、DとEのスイッチの②から④の電球のらんの○と×が全て書きこめるね。

花　子：でも、BとCのスイッチについては、○と×の組み合わせが何通りかできてしまうよ。

太　郎：やはり、ヒントがあと1個必要なんだ。**ヒント（え）**を次のようにしたら、○と×が一通りに決まって、表の全てのらんに○と×が書きこめたよ。

ヒント（え）：全ての電球の明かりが消えている状態で、□と□と□のスイッチをおしたあと、明かりがついていたのは①と②の電球であった。

〔問題2〕　表5の全てのらんに○か×を書きこむための**ヒント（え）**として、どのようなものが考えられますか。解答用紙の**ヒント（え）**の□に、A〜Eの中から異なる3個のアルファベットを書きなさい。また、**ヒント（あ）**〜**ヒント（う）**と、あなたが考えた**ヒント（え）**をもとにして、解答用紙の**表5**の空いているらんに○か×を書きなさい。

東京都立中学校・中等教育学校共同作成問題

2　花子さんと太郎さんは、社会科の時間に産業について、先生と話をしています。

花　子：これまでの社会科の授業で、工業には、自動車工業、機械工業、食料品工業など、多様な種類があることを学びました。

太　郎：私たちの生活は、さまざまな種類の工業と結び付いていましたね。

先　生：私たちの生活に結び付いているのは、工業だけではありませんよ。多くの産業と結び付いています。

花　子：工業のほかにどのような産業があるのでしょうか。

太　郎：たしかに気になりますね。おもしろそうなので、調べてみましょう。

　花子さんと太郎さんは、産業について調べた後、先生と話をしています。

花　子：工業のほかにも、農業や小売業など、たくさんの産業があることが分かりました。同じ産業でも、農業と小売業では特徴が異なりますが、何か分け方があるのでしょうか。

先　生：産業は大きく分けると、第1次産業、第2次産業、第3次産業の3種類に分類することができます。

太　郎：それらは、どのように分類されているのですか。

先　生：第1次産業は、自然に直接働きかけて食料などを得る産業で、農業、林業、漁業のことをいいます。第2次産業は、第1次産業で得られた原材料を使用して、生活に役立つように商品を製造したり、加工したりする産業で、工業などのことをいいます。第3次産業は、第1次産業や第2次産業に分類されない産業のことで、主に仕入れた商品を販売する小売業などの商業や、物を直接生産するのではなく、人の役に立つサービス業などのことをいいます。

花　子：大きく区分すると、三つの産業に分類されるのですね。では、日本の産業全体でどれくらいの人が働いているのでしょうか。

太　郎：働いている人のことを就業者といいます。日本の産業全体の就業者数を調べてみましょう。

　花子さんと太郎さんは、日本の産業全体の就業者数について調べました。

花　子：産業全体の就業者数を30年ごとに調べてみると、1960年は約4370万人、1990年は約6137万人、2020年は約5589万人でした。

太　郎：就業者数は1960年、1990年、2020年と変化しているのですね。それぞれの産業別では、どれくらいの人が働いているのでしょうか。

花　子：私は、第1次産業、第2次産業、第3次産業、それぞれの産業で働いている人の年齢がどのように構成されているのかを知りたいです。

太　郎：では、今、三つに分類した産業別の就業者数を年齢層ごとに調べ、一つの図にまとめてみましょう。

　花子さんと太郎さんは、1960年、1990年、2020年における年齢層ごとの産業別の就業者数を調べ、年ごとにグラフ（図1）を作成しました。

図1 1960年、1990年、2020年における年齢層ごとの産業別の就業者数

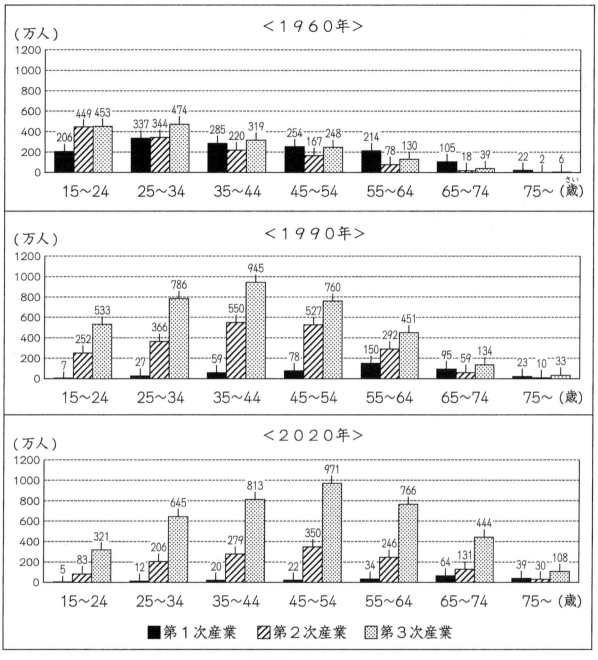

（国勢調査より作成）

花 子：図1から、1960年、1990年、2020年で産業別の就業者数と就業者数の
　　　最も多い年齢層が変化していることが分かりますね。

太 郎：では、<u>1960年、1990年、2020年を比べて、産業別の就業者数と就業者数
　　　の最も多い年齢層の変化の様子を読み取りましょう。</u>

〔問題1〕　**太郎**さんは「1960年、1990年、2020年を比べて、産業別の就業者数
　　　と就業者数の最も多い年齢層の変化の様子を読み取りましょう。」と言っています。
　　　第2次産業、第3次産業のいずれか一つを選び、1960年、1990年、2020年
　　　における、産業別の就業者数と就業者数の最も多い年齢層がそれぞれどのように変化
　　　しているか、**図1**を参考にして説明しなさい。

太　郎：グラフを読み取ると、約６０年間の産業別の就業者数と年齢層ごとの就業者数の変化の様子がよく分かりましたね。

花　子：そうですね。ところで、第１次産業に就業している人が、自然に直接働きかけて食料などを得ること以外にも、取り組んでいる場合がありますよね。

太　郎：どういうことですか。

花　子：夏休みにりんご農園へ行ったとき、アップルパイの製造工場があったので見学しました。りんごの生産者がアップルパイを作ることに関わるだけでなく、完成したアップルパイを農園内のお店で販売していました。

先　生：たしかに、りんごを生産する第１次産業、そのりんごを原材料としたアップルパイの製造をする第２次産業、アップルパイの販売をする第３次産業と、同じ場所でそれぞれの産業の取り組みが全て見られますね。二人は、「６次産業化」という言葉を聞いたことはありますか。

太　郎：初めて聞きました。「６次産業化」とは何ですか。

先　生：「６次産業化」とは、第１次産業の生産者が、第２次産業である生産物の加工と、第３次産業である流通、販売、サービスに関わることによって、生産物の価値をさらに高めることを目指す取り組みです。「６次産業化」という言葉の「６」の数字は、第１次産業の「１」と第２次産業の「２」、そして第３次産業の「３」の全てを足し合わせたことが始まりです。

花　子：そうなのですね。生産物の価値を高めるのは、売り上げを増加させることが目的ですか。

先　生：第１次産業の生産者の売り上げを増加させ、収入を向上させることが目的です。

太　郎：つまり、「６次産業化」によって、売り上げが増加し、第１次産業の生産者の収入向上につながっているのですね。

先　生：農林水産省のアンケート調査では、「６次産業化」を始める前と後を比べて、「６次産業化」に取り組んだ農家の約７割が、年間の売り上げが増えたと答えています。

花　子：どのような取り組みを行って、売り上げは増加したのでしょうか。私は夏休みにりんご農園へ行ったので、農業における「６次産業化」の取り組みをもっとくわしく調べてみたいです。

太　郎：では、「６次産業化」によって売り上げが増加した農家の事例について、調べてみましょう。

　　太郎さんと花子さんは農業における「６次産業化」の取り組み事例について調べて、先生に報告しました。

花　子：ゆず農家の取り組み事例がありました。

先　生：「６次産業化」の取り組みとして、ゆずの生産以外に、どのようなことをしているのですか。

太　郎：ゆずを加工して、ゆずポン酢などを生産し、販売しています。

先　生：売り上げを増加させるために、具体的にどのような取り組みを行っていましたか。

花　子：インターネットを用いて販売先を広げました。その結果、遠くに住んでいる人が、商品を購入（こうにゅう）することができるようになっています。また、地域（ちいき）の使われなくなっていた農地を活用することで、ゆずの生産を増加させています。使われなくなっていた農地を活用した結果、土地が荒（あ）れるのを防ぐことができ、地域の防災にも役立っています。

太　郎：農家の人たちだけでなく、消費者や地域の人たちなどの農家以外の人たちにとっても利点があるということが分かりました。他の農家の取り組みも調べてみたいです。

花　子：では、他の農家ではどのような取り組みをしているのか、調べてみましょう。

図2　花子さんが調べた「*養鶏（ようけい）農家」の取り組み事例

（生産部門） 卵（たまご）	（加工部門） プリン、オムライスなど	（販売部門）（はんばい） カフェとレストランでの提供（ていきょう）やインターネットを用いた通信販売
<具体的な取り組み> ①カフェ事業を始めた結果、来客数が増加した。 ②宿泊施設（しゅくはくしせつ）で宿泊者に対して、卵や地元の食材を活用した料理を提供している。 ③飼育体験・お菓子（かし）作り体験・カフェ店員体験などを実施（じっし）している。		

＊養鶏（ようけい）：卵（たまご）や肉をとるためにニワトリを飼うこと。

（農林水産省（のうりんすいさんしょう）ホームページなどより作成）

図3　太郎（たろう）さんが調べた「しいたけ農家」の取り組み事例

（生産部門） しいたけ	（加工部門） しいたけスープなど	（販売部門）（はんばい） レストランでの提供（ていきょう）やインターネットを用いた通信販売
<具体的な取り組み> ④色や形が不揃（ふぞろ）いで出荷（しゅっか）できず、捨（す）てていたしいたけを加工し、新たな商品やレストランのメニューなどを開発し、提供している。 ⑤しいたけの加工工場見学などの新しい観光ルートを提案した結果、旅行客が増えた。 ⑥地元の会社と協力して加工商品を開発し、販売している。		

（農林水産省（のうりんすいさんしょう）ホームページなどより作成）

太　郎：さまざまな「6次産業化」の取り組みが、行われていることが分かりました。

花　子：「6次産業化」には、さまざまな利点があるのですね。

太　郎：そうですね。「6次産業化」は、これからの第1次産業を発展（はってん）させていく上で、参考になるかもしれませんね。

〔問題2〕　花子さんは「「6次産業化」には、さまざまな利点があるのですね。」と言っています。図2の①〜③、図3の④〜⑥の<具体的な取り組み>の中から一つずつ取り組みを選び、それらに共通する利点を答えなさい。なお、農家の人たちの立場と農家以外の人たちの立場から考え、それぞれ説明すること。

3 花子さんと太郎さんが水滴について話をしています。

花　子：雨が降った後、いろいろな種類の植物の葉に水滴がついていたよ。

太　郎：植物の種類によって、葉の上についていた水滴の形がちがったよ。なぜなのかな。

花　子：葉の形や面積と関係があるのかな。調べてみよう。

　　二人は、次のような実験1を行いました。

実験1

手順1　次のア〜オの5種類の葉を、それぞれ1枚ずつ用意し、葉の形の写真をとる。

　　　ア　アジサイ　イ　キンモクセイ　ウ　イチョウ　エ　ツバキ　オ　ブルーベリー

手順2　1枚の葉の面積を、図1のように方眼用紙を用いて求める。

手順3　それぞれの葉の表側に、約5cmの高さからスポイトで水を4滴分たらす。そして、葉についた水滴を横から写真にとる。

図1　方眼用紙と葉

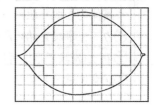

　　実験1の記録は、表1のようになりました。

表1　実験1の記録

	ア	イ	ウ	エ	オ
葉の形					
葉の面積（cm²）	111	22	36	18	17
水滴の写真					

太　郎：ア〜オの中に、葉を少しかたむけると、水滴が転がりやすい葉と水滴が転がりにくい葉があったよ。

花　子：葉の上で水滴が転がりやすいと、葉から水が落ちやすいのかな。

太　郎：それを調べるために、葉の表側を水につけてから引き上げ、どれだけの量の水が葉についたままなのか調べてみよう。

花　子：葉についたままの水の量が分かりやすいように、葉は10枚使うことにしましょう。

二人は、次のような**実験2**を行いました。

実験2

手順1　**実験1**の**ア〜オ**の葉を、新しく１０枚ずつ用意し、１０枚の
　　　葉の重さをはかる。

手順2　**図2**のように、手順1で用意した葉の表側を１枚ずつ、容器に
　　　入った水につけてから引き上げ、水につけた後の１０枚の葉の
　　　重さをはかる。

手順3　手順1と手順2ではかった重さから、１０枚の葉についたままの
　　　水の量を求める。

図2　葉と水

１０枚の葉についたままの水の量は、**表2**のようになりました。

表2　１０枚（まい）の葉についたままの水の量

	ア	イ	ウ	エ	オ
１０枚の葉についた ままの水の量（g）	11.6	2.1	0.6	1.8	0.4

太　郎：**表2**の１０枚の葉についたままの水の量を、少ないものから並（なら）べると、**オ**、**ウ**、**エ**、
　　　イ、**ア**の順になるね。だから、この順番で水滴が転がりやすいのかな。

花　子：**表1**の葉の面積についても考える必要があると思うよ。<u>**表2**の１０枚の葉についたま
　　　まの水の量を**表1**の葉の面積で割（わ）った値（あたい）は、**ア**と**イ**と**エ**では約０.１になり、**ウ**と**オ**</u>
　　　<u>では約０.０２になったよ。</u>

太　郎：**表1**の水滴の写真から分かることもあるかもしれないね。

〔問題1〕　（1）　**表1**と**表2**と会話文をもとに、水滴（すいてき）が転がりやすい葉１枚（まい）と水滴が転がり
　　　　　　　　にくい葉１枚を選びます。もし**ア**の葉を選んだとすると、もう１枚はどの葉を
　　　　　　　　選ぶとよいですか。**イ**、**ウ**、**エ**、**オ**の中から一つ記号で答えなさい。

　　　　　（2）　**花子**さんは、「**表2**の１０枚の葉についたままの水の量を**表1**の葉の面積で
　　　　　　　割（わ）った値（あたい）は、**ア**と**イ**と**エ**では約０.１になり、**ウ**と**オ**では約０.０２になった
　　　　　　　よ。」と言いました。この発言と**表1**の水滴の写真をふまえて、水滴が転がり
　　　　　　　やすい葉か転がりにくい葉か、そのちがいをあなたはどのように判断したか
　　　　　　　説明しなさい。

太　郎：葉についた水滴について調べたけれど、汗が水滴のようになることもあるね。

花　子：汗をかいた後、しばらくたつと、汗の水分はどこへいくのかな。

太　郎：服に吸収されると思うよ。ここにある木綿でできたＴシャツとポリエステルでできたＴシャツを使って、それぞれの布について調べてみよう。

　二人は、次のような**実験3**を行いました。

実験3

手順1　木綿でできたＴシャツとポリエステルでできたＴシャツから、同じ面積にした木綿の布30枚とポリエステルの布30枚を用意し、重さをはかる。水の中に入れ、引き上げてからそれぞれ重さをはかり、増えた重さを求める。

手順2　新たに手順1の布を用意し、スタンプ台の上に布を押しあてて黒色のインクをつける。次に、インクをつけた布を紙の上に押しあてて、その紙を観察する。

手順3　新たに手順1の木綿の布30枚とポリエステルの布30枚を用意し、それぞれ平らに積み重ねて横から写真をとる。次に、それぞれに2kgのおもりをのせて、横から写真をとる。

　実験3は、**表3**と**図3**、**図4**のようになりました。

表3　手順1の結果

	木綿の布	ポリエステルの布
増えた重さ（g）	14.1	24.9

図3　手順2で観察した紙

木綿の布	ポリエステルの布
	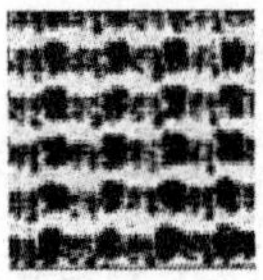

図4　手順3で布を積み重ねて横からとった写真

木綿の布		ポリエステルの布	
おもりなし 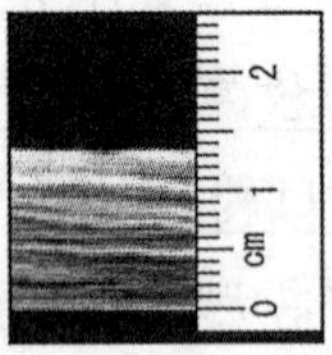	おもりあり 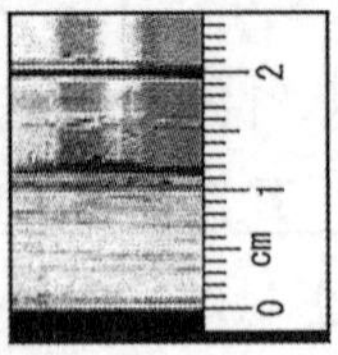	おもりなし 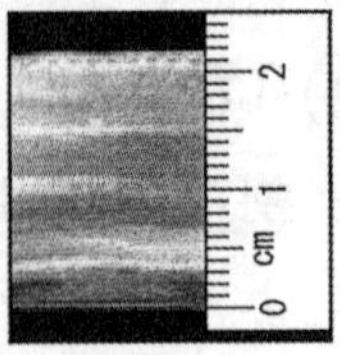	おもりあり 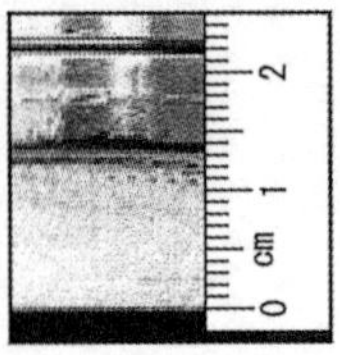

花　子：汗の水分は服に吸収されるだけではなく、蒸発もすると思うよ。

太　郎：水を通さないプラスチックの箱を使って、調べてみよう。

　二人は、次のような**実験4**を行いました。

実験4

手順1　同じ布でできたシャツを3枚用意し、それぞれ水150gを吸収させ、プラスチックの箱の上にかぶせる。そして、箱とシャツの合計の重さをそれぞれはかる。

手順2　手順1のシャツとは別に、木綿でできたTシャツとポリエステルでできたTシャツを用意し、それぞれ重さをはかる。そして、**図5**のように、次の**カとキとク**の状態をつくる。

図5　カとキとクの状態

- **カ**　箱とシャツの上に、木綿のTシャツをかぶせた状態
- **キ**　箱とシャツの上に、ポリエステルのTシャツをかぶせた状態
- **ク**　箱とシャツの上に何もかぶせない状態

手順3　手順2の**カとキ**については、60分後にそれぞれのTシャツだけを取って、箱とシャツの合計の重さとTシャツの重さをそれぞれはかる。手順2の**ク**については、60分後に箱とシャツの合計の重さをはかる。

実験4の結果は、**表4**のようになりました。

表4　箱とシャツの合計の重さとTシャツの重さ

	カ		キ		ク
	箱とシャツ	Tシャツ	箱とシャツ	Tシャツ	箱とシャツ
はじめの重さ　（g）	1648.3	177.4	1648.3	131.5	1648.3
60分後の重さ（g）	1611	189.8	1602.4	150.3	1625.2

花　子：**表4**から、60分たつと、箱とシャツの合計の重さは、**カ**では37.3g、**キ**では45.9g、**ク**では23.1g、それぞれ変化しているね。

太　郎：Tシャツの重さは、**カ**では12.4g、**キ**では18.8g、それぞれ変化しているよ。

〔問題2〕　（1）　**実験3**で用いたポリエステルの布の方が**実験3**で用いた木綿の布に比べて水をより多く吸収するのはなぜですか。**図3**から考えられることと**図4**から考えられることをふまえて、説明しなさい。

　　　　　（2）　**実験4**の手順2の**カとキとク**の中で、はじめから60分後までの間に、箱とシャツの合計の重さが最も変化しているのは、**表4**から**キ**であると分かります。蒸発した水の量の求め方を説明し、**キ**が最も変化する理由を答えなさい。

（解答用紙は別冊22 P）（解答例は別冊13 P）

※ 1, 3 は「東京都立中学校・中等教育学校共同作成問題」の 1, 3 と同じです。

2　**あさこ**さんと**けんじ**さんは、資料をたくさん持っている**おじいさん**の家に来ています。

あ　さ　こ：**おじいさん**の家には、たくさんの本があるね。

け　ん　じ：ずいぶんと書店に通ったんだろうね。

おじいさん：そうだよ。でも、最近は書店の様子が昔とは変わっているね。書店の数と、書店の面積の合計の移り変わりを示した**資料1**を見てごらん。

け　ん　じ：ほぼ10年ごとだけれど、1991年と2020年は10年ごとではないね。

おじいさん：統計を取っていない年もあるので、1991年と2020年の数値になってしまっているね。でも、大きな流れを知ることはできるよ。

あ　さ　こ：数字のままではなく、グラフにした方が分かりやすくなりそうだね。

おじいさん：それぞれの年の数値が、2002年の数値の何倍になるかを計算して、その数値でグラフを作ってみてはどうかな。

資料1　書店の数と書店の面積の合計の移り変わり

年	書店の数	書店の面積の合計 (m²)
1972	16949	798423
1982	25630	1545189
1991	27804	2416942
2002	22688	3681311
2012	16371	4314852
2020	12343	3881929

（経済産業省「商業統計」、出版科学研究所「出版指標年報」より作成）

〔問題1〕（1）　**資料1**から、それぞれの年の書店の数と書店の面積の合計が、2002年の何倍になっているかを計算し、解答用紙の表を完成させなさい。答えは、表に書かれている数値と同じように、小数第三位を四捨五入した小数第二位までの数値で書きなさい。

（2）　（1）の結果を使って、解答用紙に折れ線グラフを作りなさい。なお、どの線が、書店の数、書店の面積の合計を表しているかが分かるような工夫をしなさい。

（3）　（2）で作ったグラフの変化の様子を比かくして、1972年から2020年までを三つの時期に分け、それぞれの時期の移り変わりの特ちょうを書きなさい。また、書店の状きょうがどのようであったから、そのような特ちょうとなったと考えられるか、あなたの考えを書きなさい。

　　　時期は、「1972年から（ア）年まで」「（ア）年から（イ）年まで」「（イ）年から2020年まで」のように分け、（ア）と（イ）に当てはまる年の数字を書きなさい。

けんじ：はん売されている本の冊数や金額に変化はあるのかな。

おじいさん：紙の書せき、雑誌と電子出版のはん売額の移り変わりを示した**資料2**を見て
ごらん。電子出版を冊数で数えることはできないので、はん売額で比べているよ。

あさこ：紙の書せきとは本のことだね。紙の雑誌はかなり減っているね。紙の書せきも
減っているけれど、紙の雑誌ほどではないね。ところで、最近増えている電子
出版とはどういうものなのかな。

おじいさん：紙の書せきや雑誌と同じ内容を、パソコンやスマートフォンなどで読むことが
できるようにしたものだよ。

あさこ：教科書もパソコンで見るようになると聞いたことがあるよ。

けんじ：これからは、どの分野の紙の書せきや雑誌も電子出版になるのかな。

おじいさん：電子出版のはん売額の内訳の移り変わりを示した**資料3**を見てごらん。

けんじ：ほとんどがコミック、つまりマンガだね。なぜ電子出版で増えている分野がマンガ
なのかを調べてみるとおもしろそうだね。

おじいさん：それでは、マンガが増えている理由を考えてごらん。そして、思いついた理由が
正しいかどうかを確かめるためにはどうしたらよいかを考えるといいね。

あさこ：マンガの分野では、電子出版が増えたために、紙の書せきや雑誌が減っているの
かな。

おじいさん：紙の書せきは、それほどではないけれど、紙の雑誌は、はん売額が減っているよ。

資料2 紙の書せき、雑誌と電子出版の
はん売額の移り変わり

（出版科学研究所「出版指標年報」より作成）

資料3 電子出版のはん売額の
内訳の移り変わり

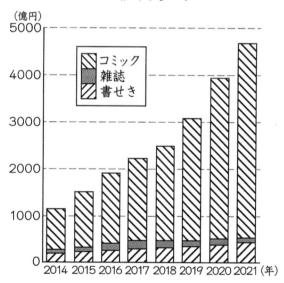

（出版科学研究所「出版指標年報」より作成）

あさこ：変化があった分野は、他にはないのかな。

おじいさん：事典や辞典の分野が変化しているよ。紙の「事典・辞典」のはん売冊数と「電子
辞書」のはん売台数の移り変わりを示した**資料4**を見てごらん。紙の「事典・
辞典」のはん売冊数を左の目盛りで、「電子辞書」のはん売台数を右の目盛りで
表しているよ。

けんじ：「電子辞書」1台には、紙の事典や辞典にすると何冊分もの内容が入っているね。

あさこ：インターネットでいろいろなことが調べられることを学校で体験したよ。
　　　　インターネットの利用は、紙の事典や辞典のはん売冊数と関係してはいないのかな。

けんじ：スマートフォンもインターネットにつながるから、スマートフォンでもいろいろ
　　　　なことを調べることができるよね。

おじいさん：なるほど、おもしろいところに気が付いたね。それでは、インターネットの利用
　　　　率とスマートフォンのふきゅう率の移り変わりを示した資料5も見てごらん。
　　　　インターネットの利用率とは、アンケートで、「過去1年間にインターネットを
　　　　利用したことがあるか」という問いに、「利用したことがある」と答えた人の割合
　　　　だよ。スマートフォンのふきゅう率とは、スマートフォンを持っている人数の、
　　　　全人口に対する割合だよ。

あさこ：資料4と資料5との間には、何か関係がありそうだね。

資料4　紙の「事典・辞典」のはん売冊数と「電子辞書」のはん売台数の移り変わり

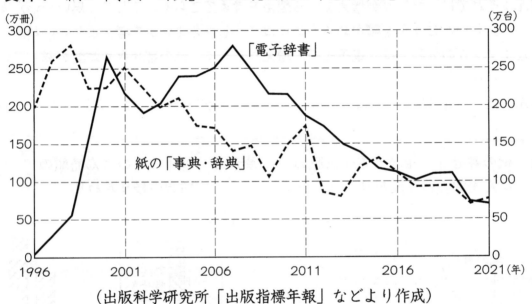

（出版科学研究所「出版指標年報」などより作成）

資料5　インターネットの利用率とスマートフォンのふきゅう率の移り変わり

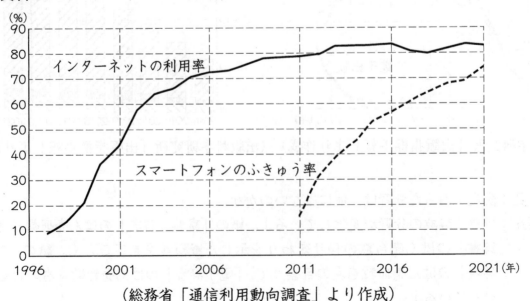

（総務省「通信利用動向調査」より作成）

〔問題2〕（1）　電子出版のなかでも、特にコミックのはん売額が増えている理由について、
　　　　　　　あなたが思いついた理由を書き、それが正しいかどうかを確かめるための方法
　　　　　　　を書きなさい。
　　　　　（2）　紙の「事典・辞典」のはん売冊数が減っている理由について、会話文や資料
　　　　　　　をふまえて、あなたの考えを書きなさい。

け　ん　じ：出版は、紙の書せきや雑誌を作ることだと思っていたけれど、いろいろと広がり
　　　　　　をもっていることが分かったね。
あ　さ　こ：でも、紙の書せきや雑誌が減ってしまうのは、少しさびしい気がするね。
おじいさん：確かに、紙の雑誌のはん売額は減っているし、紙の書せきの中では「事典・辞典」
　　　　　　のはん売冊数は減っているね。けれども、たとえば「図鑑」のように、はん売
　　　　　　冊数が増えている分野もあるよ。
け　ん　じ：分野によってちがいがあるんだね。紙の書せきや雑誌、電子出版のそれぞれに、
　　　　　　得意な分野がありそうだね。
あ　さ　こ：紙や電子出版など、方法はちがっていても、知識や情報を社会に広めたり、次の
　　　　　　時代へ伝えたりすることの大切さは同じだね。
おじいさん：文字を使って先人の知識や経験を共有することで、人類は進歩してきたといえる
　　　　　　よ。これまで出版は、人類の進歩に対してとても大きな役割を果たしてきたと
　　　　　　言ってよいね。
け　ん　じ：今までの出版にありがとうと言わなければいけないね。
あ　さ　こ：これからもよろしくお願いしますとも言わないといけないね。

〔問題3〕　知識や情報を社会へ広めたり、次の時代へ伝えたりするために、紙を使った出版
　　　　　と電子出版をどのように使い分けることが、将来の出版にとってよいと考えますか。
　　　　　これまでの会話や資料、解答を参考にして、あなたが考える具体的な方法を書きなさい。
　　　　　なお、解答らんには、１５１字以上１８０字以内で段落を変えずに書きなさい。
　　　　「、」や「。」もそれぞれ字数に数えます。

小石川中等教育学校

（解答用紙は別冊24P）（解答例は別冊14P）

1　同じクラスの**みらい**さんと**はるか**さんが話をしています。

みらい：今日の放課後、飼育係の当番があって、メダカにえさをやって水そうのそうじをするんだ。

はるか：生き物を飼うためには、世話が欠かせないね。

みらい：そういえば、近所のホームセンターに、ボトルアクアリウムのコーナーがあって、「えさやり、そうじはほとんど必要ありません」と書いてあったよ。ボトルアクアリウムは、ふたを閉めた容器の中で生き物を飼う水そうのことなんだ。長い期間、人の手入れや世話をせずに、その状態のままかん境を保つことができるそうだよ。その容器には、さまざまな水草や土が入っていて、ヤマトヌマエビという3〜4cmくらいの大きさのエビがいたよ。

はるか：なぜ、ボトルアクアリウムは、世話をしなくてもだいじょうぶなのだろう。そういえば学校には、中に魚がいて水草が生えている池があるけれど、だれもそうじをしなくても、魚は生きているし、水草もかれないね。それに、水もそんなによごれているようには見えないね。

みらい：観察池のことだね。観察池のかん境にヒントがあるかもしれないね。まず、**先生**にお願いをして、観察池を調べてみようか。

図1　学校にある観察池

図2　ボトルアクアリウムとその中のヤマトヌマエビ

〔問題1〕　観察池で生き物が生き続けるためには、どのようなかん境が必要だと思いますか。あなたの考えを一つ書きなさい。説明には図を用いてもかまいません。

観察池からもどった**みらい**さんと**はるか**さんは、**先生**と話をしています。

みらい：魚やエビなどが生き続けるためには、酸素が必要だよね。植物の葉は日光が当たると、
　　　　　でんぷんと酸素を作るのだったね。そもそも、何のためにでんぷんと酸素を作るの
　　　　　かな。

はるか：ウサギやウマは草を食べることで、植物が作ったでんぷんを栄養として取り入れて
　　　　　いると学んだね。

先　生：授業で、植物がでんぷんを作ることを確かめる実験をしましたね。その実験の続き
　　　　　をしてみましょうか。

みらい：どのような実験をするのですか。

先　生：でんぷんができたことを確かめた後、そのでんぷんがどうなったかを調べる**実験1**
　　　　　をやってみましょう。

実験1
　手順1　日光によく当てた植物から葉を1枚とり、
　　　　　ヨウ素液を用いてでんぷんができている
　　　　　ことを確かめる。
　手順2　その植物をしばらく日かげに置いておき、
　　　　　葉を1枚とってヨウ素液を用いてでんぷん
　　　　　がどうなっているかを確かめる。

図3　実験1の結果
　左：手順1（青むらさき色）
　右：手順2（黄色）

はるか：先生、葉にあったはずのでんぷんが、なくなっていますね。

みらい：葉から空気中にぬけてしまったわけではないですよね。

先　生：植物は、日光が当たると二酸化炭素を取り入れて酸素を出すことや、酸素を吸って
　　　　　二酸化炭素を出すことも学びましたね。それをもとに考えてみましょう。

〔問題2〕　（1）　植物は何のために酸素を吸って二酸化炭素を出すのだと思いますか。あなた
　　　　　　　　の考えを一つ書きなさい。
　　　　　（2）　植物がでんぷんを作るときに、日光はどのような役割をしていると思います
　　　　　　　　か。あなたの考えを一つ書きなさい。
　　　　　（3）　植物は何のためにでんぷんを作ると思いますか。**実験1**の結果をふまえて
　　　　　　　　あなたの考えを書きなさい。

小石川中等教育学校

みらい：ボトルアクアリウムの中のかん境を長く保つためには、どうしたらよいのだろう。

先　生：実験2を表1のような条件でしてみてはどうでしょう。観察池の水底にたまっていた土も入れてみてください。

みらい：水草の成長の様子を調べるのですね。水草は何を使おうかな。

はるか：オオカナダモ（図4）はじょうぶで成長が早いからよいと思うよ。

実験2

　三つのボトルを用意する。そのボトルA〜Cを表1の条件にし、ボトルの中のオオカナダモの長さを毎日測る。

表1　実験2における各ボトルアクアリウムの条件

	ヤマトヌマエビ	観察池の水底にたまっていた土
ボトルA	5ひき	入れる
ボトルB	5ひき	入れない
ボトルC	なし	入れる

図4　オオカナダモ

図5　実験2の結果をグラフにしたもの

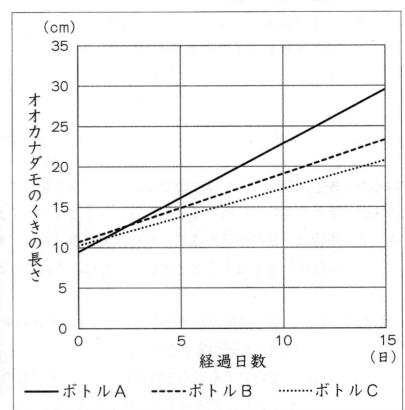

〔問題3〕（1） ボトルアクアリウムに入れた土は、どのような役割をしていると思います<ruby>役割<rt>やくわり</rt></ruby>ますか。**図5**のグラフを読み取って、あなたの考えを一つ書き、そう考える理由を説明しなさい。

（2） ヤマトヌマエビの役割は、どのようなものだと思いますか。**図5**のボトルBとボトルCの結果から、あなたの考えを一つ書き、そう考える理由を説明しなさい。

（3） ボトルA〜Cの実験だけでは、（2）で考えたことを確かめたことにはなりません。他にどのような実験が必要だと思いますか。また、その実験の結果は、どのようになると思いますか。あなたの予想を書きなさい。

はるかさんと**みらい**さんは、**先生**といっしょに観察池で話をしています。

はるか：この観察池には、オオカナダモとずいぶん形がちがう水草がありますね。

先　生：これはホテイアオイという水草です。

みらい：ホテイアオイは水にういているのに、なぜ育つのだろう。

図6　ホテイアオイ

〔問題4〕 **みらい**さんは「ホテイアオイは水にういているのに、なぜ育つのだろう。」と言っています。ホテイアオイが水にういていても育つ理由について、「日光」以外のことで、あなたの考えを書きなさい。

放課後の算数クラブの時間に**たかし**さんと**まゆみ**さんと**先生**が話をしています。

たかし：先生、今日の算数クラブはどのような問題に取り組みますか。

まゆみ：先生が何か持ってきてくださっていますね。

先　生：これは表面の色が白と黒の、1辺が1cmの正方形のタイルです。このタイル
を何枚か使ってできる図形について考えてみましょう。まず、白と黒のタイル
を合計4枚選び、同じ色のタイルがとなり合わないように辺と辺をくっつけて、
図1のように並べてみましょう。

図1 表面の色が白と黒の正方形のタイルを4枚並べた図形の例

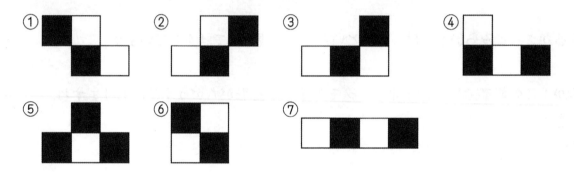

まゆみ：4枚のタイルを使ってできる図形は、**図1**の①と②や③と④のように、裏返すと
同じ形になってしまう図形を別のものとして考えます。すると図形の形は7種類に
なりますね。

たかし：**図1**の⑥と⑦以外は、白と黒のタイルの並べ方は2通りずつありますね。この7種類
の図形を並べて、何か大きな図形を作ってみよう。

まゆみ：**図1**の7種類の図形を1回ずつ全て使用して、表面の色が同じタイルがとなり
合わないように並んでいる、縦4cm、横7cmの**図2**のような長方形を作れない
かな。

図2 表面の色が同じタイルがとなり合わないように
並んでいる、縦4cm、横7cmの長方形

たかし：いろいろ試してみたけれど、どうしても作ることができないな。

先　生：そうですね。**図1**の7種類の図形を1回ずつ全て使用するとき、①〜⑤の白と黒の
タイルを入れかえても、**図2**のような長方形を作ることができません。

〔問題1〕 **先生**は「**図1**の7種類の図形を1回ずつ全て使用するとき、①～⑤の白と黒のタイルを入れかえても、**図2**のような長方形を作ることができません。」と言っています。その理由を表面の色に注目して説明しなさい。

まゆみ：**図1**では4枚のタイルを使ってみたけれど、枚数を増やしたらどうなるのかな。

たかし：今度は5枚の白いタイルを並べてできた図形を考えてみよう。

まゆみ：5枚だと何種類の図形ができるかな。

先　生：では**図3**のタイルの並べ方にしたがって並べてみましょう。

図3 タイルの並べ方

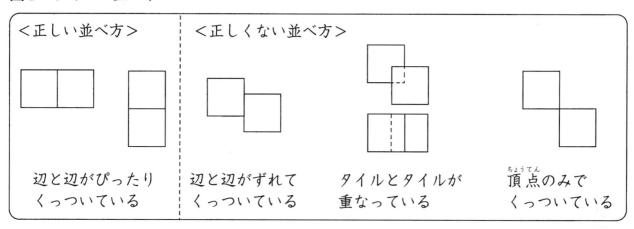

＜正しい並べ方＞	＜正しくない並べ方＞		
辺と辺がぴったりくっついている	辺と辺がずれてくっついている	タイルとタイルが重なっている	頂点のみでくっついている

〔問題2〕 **図3**のタイルの並べ方にしたがって、5枚のタイルを正しく並べてできる図形は何種類になるか答え、その求め方を説明しなさい。説明には図を使ってもかまいません。裏返すと同じ形になってしまう図形は別のものとして考えます。ただし、裏返した図形の向きを変えると、もとの図形と同じ形になる図形は同じものとして考えます。

小石川中等教育学校

たかし：正方形のタイルを使って平面図形を考えてきたけれど、立体図形についても考えてみたいね。

まゆみ：立方体を使って、何かおもしろいことはできないかな。

先　生：1辺が1cmの白い立方体と、同じ大きさの黒い立方体もたくさん持ってきました。この白い立方体と黒い立方体を両方使って作る1辺が4cmの立方体を考えてみましょう。1マスが1cmの方眼紙に、**図4**のように数字を書いたAとBの紙を用意します。Bの紙を机（つくえ）の上に置きます。Aの紙のアとBの紙のア、Aの紙のイとBの紙のイをくっつけ、**図5**のように辺アエと辺アカが垂直（すいちょく）になるようにします。

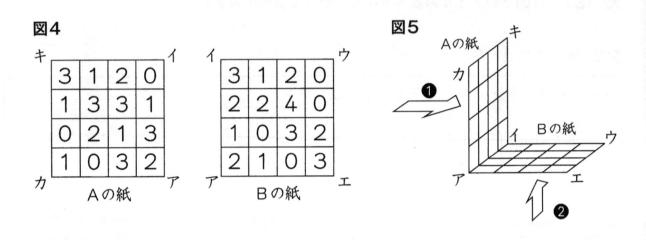

たかし：1辺が4cmの立方体を作るためには、白い立方体と黒い立方体をどのように並べればよいのですか。

先　生：紙に書かれた数字は、**図5**のようにAの紙を❶の矢印、Bの紙を❷の矢印の方向から見たときの黒い立方体の数をそれぞれ表しています。

まゆみ：なんとか並べることができました。

たかし：できあがった立方体を外側から見ただけだと、内側の黒い立方体がどこにあるのか分かりませんね。

先　生：では、**図6**のようにア、クと辺イキの真ん中、辺エケの真ん中の点を通るように切り分けたらどうなるか考えてみましょう。

図6　1辺が4cmの立方体の切り分け方

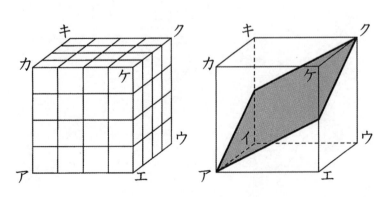

〔問題3〕 **まゆみ**さんが作った1辺が4cmの立方体を**図6**のように切り分けたとき、何個の黒い立方体を切ることになりますか。また、その求め方も説明しなさい。説明には式や図を使ってもかまいません。

（解答用紙は別冊28P）（解答例は別冊15P）

> 問題を解くときに、問題用紙や解答用紙、ティッシュペーパーなどを実際に折ったり
> 切ったりしてはいけません。

1　**おじいさんとみさきさんとりょうさんは、いっしょに動物園に来ています。**

おじいさん：動物園に入園するためにチケットを買いましょう。

み　さ　き：今日は子供料金の割引と、自分たちでさつえいした写真を使ってアルバムを作る
　　　　　　　イベントがあるみたいだよ。

り　ょ　う：この前来たときは、3人で1500円だったけれど、今回は1350円だったね。

おじいさん：私はおとな料金で、**みさき**さんと**りょう**さんは子供料金ですね。

み　さ　き：ということは、おとな料金がＡ円で、割引前の子供料金がＢ円、子供料金の
　　　　　　　割引はＣ％っていうことだね。

〔問題1〕　おとな料金がＡ円で、割引前の子供料金がＢ円、子供料金の割引はＣ％っていう
　　　　　ことだね。とありますが、Ａ、Ｂ、Ｃに当てはまる整数を一組答えなさい。ただし、
　　　　　ＡはＢよりも大きく、Ｃは1以上40以下とする。

　3人は動物園に入園しました。

おじいさん：受付でカメラを借りてきました。

り　ょ　う：このカメラで写真をさつえいし、最後にアルバムを作るんですね。

み　さ　き：そうみたいだね。

り　ょ　う：では、さっそくどの動物から見てまわろうか。

おじいさん：二人で案内図を確認してきてごらん。

み　さ　き：確認してきました。

り　ょ　う：このエリアは**図1**のあ～くの8か所の展示スペースにゴリラ、トラ、ゾウ、クマ、
　　　　　　　バク、カワウソ、テナガザル、キジの8種類の動物が1種類ずついるみたいです。

図1

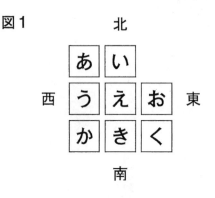

おじいさん：その8種類の動物の位置関係を教えてください。

み　さ　き：バクの北どなりにはゴリラがいて、東どなりにはカワウソがいます。

り　ょ　う：ゾウの東どなりにはキジがいます。

み　さ　き：クマの南どなりにはテナガザルがいます。

おじいさん：その情報だけだと、まだどこにどの動物がいるか分からないな。**おの展示スペー**
　　　　　　スにはどの動物がいるだろう。

〔問題2〕　**おの展示スペースにはどの動物がいるだろう。**とありますが、おの展示スペースに
　　　　　　いる可能性のある動物を全て答えなさい。

おじいさん：トラの展示スペースの前に来ました。

み　さ　き：看板にこのトラの解説が書いてあるよ。

り　ょ　う：トラは速く走るけれど、体重も結構あるんだね。

み　さ　き：**親トラの体重は　ア　イ　ウ　kgで、子トラの体重は　エ　オ　kgみたいだよ。親ト**
　　　　　　ラの体重は子トラの体重のちょうど　カ　倍だね。

〔問題3〕　**親トラの体重は　ア　イ　ウ　kgで、子トラの体重は　エ　オ　kgみたいだよ。親トラ**
　　　　　　の体重は子トラの体重のちょうど　カ　倍だね。とありますが、　ア　〜　カ　には1から6
　　　　　　までの数が一つずつ入ります。解答らんに合うようにそれぞれに入る数を答えなさい。

りょう：たくさんさつえいした写真をもとに、最後にアルバム作りをしよう。

おじいさん：ここでアルバム作りができるみたいですよ。

み さ き：どのようなアルバムを作ることができるのですか。

おじいさん：２種類作ることができるようです。一つは**図2**のような２０個の正方形のマスに１枚ずつ写真を入れる平面のアルバムです。もう一つは、それをもとに作る立方体になっているアルバムです。

図2

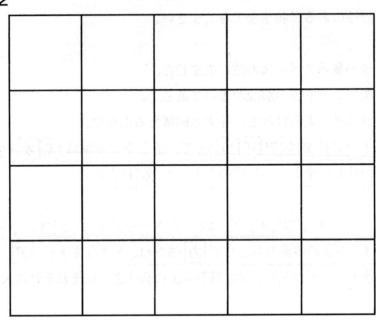

りょう：立方体のアルバムなんておもしろいですね。

み さ き：まずは平面のアルバムを作ろう。

りょう：8種類の動物を見てきたけれど、うまく写真がとれたのは5種類の動物だったね。

み さ き：トラ、ゾウ、クマ、バク、キジだね。同じ動物でもいろいろな角度からとったから、２０個の正方形のマスに写真を入れていこう。

りょう：**図3**のように動物の写真を入れることにしたよ。

図3

トラ	トラ	キジ	バク	キジ
ゾウ	クマ	トラ	トラ	バク
トラ	ゾウ	クマ	ゾウ	クマ
トラ	ゾウ	キジ	ゾウ	バク

みんさんき：立方体のアルバムはどのように作ったらいいのだろう。

おじいさん：図3をもとに展開図を切り取って立方体のアルバムを作ります。

り　ょ　う：いろいろな切り取り方がありそうだね。

み　さ　き：部屋のすみにかざりたいから、頂点をつくる三つの面は常にちがう動物が見えるようにしたいな。

り　ょ　う：あと5種類全ての動物を入れたいね。

〔問題4〕 部屋のすみにかざりたいから、頂点をつくる三つの面は常にちがう動物が見えるようにしたいな。とありますが、図3を切り取ってできる立方体の展開図を一つ答えなさい。解答らんにある図の切り取る立方体の展開図を斜線でぬりなさい。ただし、5種類全ての動物の写真を使うこと。

2 りょうさん、みさきさんは工場見学でミルクレープを作る工場に来ました。

工場長：ようこそ、いらっしゃいました。見学時間は３０分ほどですが、楽しんでいってください。ミルクレープというケーキは知っていますか。

りょう：ミルクレープは、クレープ生地にクリームをぬって何枚も重ねたケーキですね。（図1）

図1

工場長：そうです。この工場で作っているミルクレープはクレープ生地に生クリームをぬって１３枚重ねています。１３枚重ねたものを１ホールと数えます。

みさき：１ホールの一番上のクレープ生地には生クリームをぬらないのですね。

工場長：はい、ぬりません。

りょう：図2は何をしているところですか。

工場長：ベルトコンベアに置かれているクレープ生地に機械Ａが生クリームをぬっているところです。それでは、この機械Ａやベルトコンベアの性能、クレープ生地の大きさと間隔について説明します。

図2　移動しながら2回転しクリームをぬる

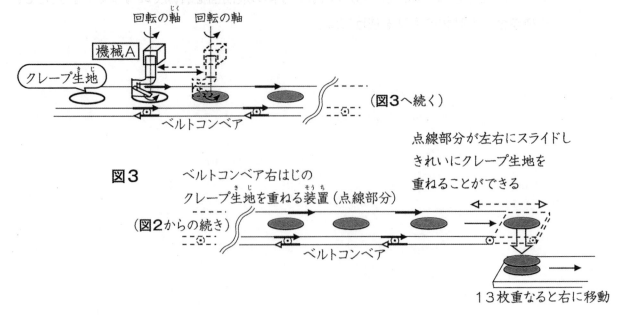

両国高等学校附属中学校

機械 A の説明
① クレープ生地に生クリームをすばやくぬることができる。
② ベルトコンベアと同じ速さで右にスライドし、機械 A の回転の軸とクレープ生地の中心を合わせて、０．８秒で２回転しながら生クリームをぬることができる。
③ 右にスライドした後、０．２秒で元の位置にもどる。ただし、スライド時間の０．８秒と０．２秒は変えることはできない。
④ 機械 A の横はば（ベルトコンベアと平行な方向）は、回転部分もふくめて最大２４ｃｍである。

ベルトコンベアの性能
① ベルトコンベアの動く速さは通常、秒速５０ｃｍである。
② この動く速さは最大で秒速１２５ｃｍまで自由に変えることができる。

クレープ生地の大きさと間隔
① クレープ生地１枚は直径２４ｃｍの円形である。
② クレープ生地は、ベルトコンベアの上に等間隔になるように置かれている。

工場長： 図３のように、ベルトコンベアの右はじには、クレープを重ねる装置があります。点線部分が左にタイミングよくスライドすることで、次々とクレープ生地を重ねて、１ホールを作ります。みなさんが見学する約３０分の間に１４０ホール作ることができます。

りょう： この機械 A を使った場合、最も効率よく生クリームをぬるためには、ベルトコンベア上に置くクレープ生地の間隔は何ｃｍにすればいいのかな。

みさき： 機械 A が生クリームをぬり始めてから元の位置に戻るまでの時間が決まっているので、ベルトコンベアの動く速さを考えればすぐ分かります。

〔問題１〕 機械 A が生クリームをぬり始めてから元の位置に戻るまでの時間が決まっているので、ベルトコンベアの動く速さを考えればすぐ分かります。とありますが、１枚目と２枚目のクレープ生地の中心と中心の間隔を何ｃｍはなしてベルトコンベア上に置けばよいか答えなさい。ただし、このときのベルトコンベアの動く速さは、秒速５０ｃｍとします。

みさき：ところで、この機械Aは全部で何台あるのですか。

工場長：機械Aと同じ性能のものが他に4台あります。それぞれ機械B、C、D、Eとしています。

りょう：もし一つのベルトコンベアに沿って5台を並べて同時に動かすことができれば、一定時間内に5倍の量のミルクレープを作ることができそうです。でも、すでに生クリームがぬられたクレープ生地を、別の機械でまたぬってしまうこともあるのかな。

みさき：<u>ちょっと工夫が必要だね。まずは機械Aと機械Bの2台を同時に動かす場合を考えてみよう。</u>

〔問題2〕　ちょっと工夫が必要だね。まずは機械Aと機械Bの2台を同時に動かす場合を考えてみよう。とありますが、最も効率よくクレープ生地に生クリームをぬるためには、等間隔に置かれているクレープ生地の中心と中心の間隔と機械Aと機械Bとの回転の軸の間隔をそれぞれ何cmにすればよいかを答えなさい。また、その理由を文章で説明しなさい。ただし、このときのベルトコンベアの動く速さは、秒速50cmとします。

りょう：次は５台の機械を同時に動かした場合を考えてみよう。まずは、ベルトコンベアの
　　　　動く速さを最大にしておく必要があるね。

みさき：１ホールの１３枚目のクレープ生地には生クリームをぬってはいけないわけだから、
　　　　どの機械をどのタイミングで生クリームをぬらないまま回転させるかを計算しておく
　　　　必要があると思います。

りょう：なるほど、事前準備が大事ですね。

みさき：生クリームだけでなく、１ホールの中にチョコレートクリームやストロベリークリー
　　　　ムをぬることはできないかな。

工場長：Ａ～Ｅのそれぞれの機械が３種類のクリームをぬることができ、しかもその順番を
　　　　自由に変えることができるように改良すれば、何とかなるかもしれないですね。

りょう：改良できたとして、どのクリームをどういう順番でぬるようにすれば、ミルクレープ
　　　　ができるかな。

みさき：こういうルールで作るのはどうかな。

みさきさんが考えたルール
①　クリームをぬる機械は左からＡ、Ｂ、Ｃ、Ｄ、Ｅと並んでいる。
②　最初のクリームをぬった１秒後の状態は、ＡとＥはストロベリークリーム、
　　ＢとＤは生クリーム、Ｃはチョコレートクリームとする。
③　それぞれの機械がぬるクリームは、直前に左どなりの機械がぬったものと同じもの
　　とする。ただし、左どなりに機械がないＡについては、Ｅと同じクリームをぬる。
④　１ホールの一番上にあたるクレープ生地にはクリームはぬらない。
⑤　クレープ生地の重ね方は、ベルトコンベアの流れに沿って、機械Ｅ、Ｄ、Ｃ、Ｂ、Ａ、
　　Ｅ、……でぬられたクレープ生地の順とする。

りょう：例えば、機械Ｄが④によってクリームをぬらなかった場合、その１秒後の機械Ｅは
　　　　何をぬるのですか。

工場長：本来、機械Ｄがぬる予定だったクリームと同じものをぬるものとしましょう。また、
　　　　次のホールの一番下は機械Ｃでぬられたクレープ生地になります。

りょう：複雑なルールだから、本当に正しくぬられているか確認する方法はないかな。

みさき：図をかいてみるのはどうだろう。

みさきさんが考えた図のかき方

① これまでどのクリームがどのようにぬられたかを図4に表す。

図4

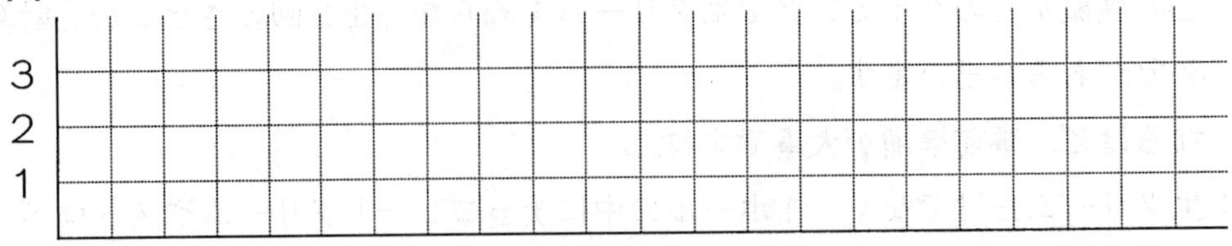

② ストロベリークリームをぬった場合は「1」、生クリームをぬった場合は「2」、チョコクリームをぬった場合は「3」の目盛りに点をかく。また、それぞれの機械はアルファベットで示す。

③ となり合う点を直線で結ぶ。

④ ＜1秒後までの状態を表す図＞は図5になる。

図5

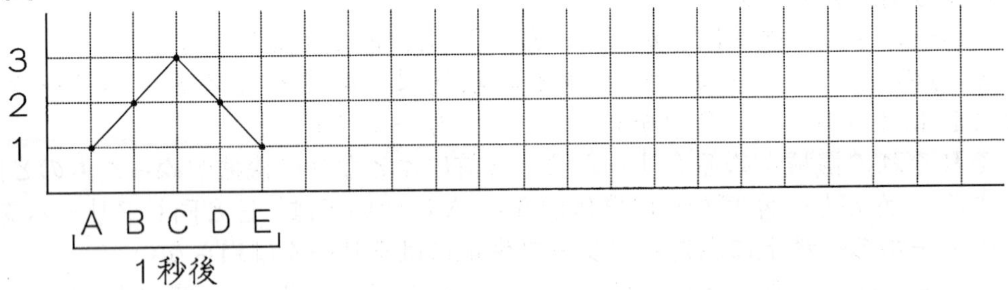

⑤ クリームをぬらないところに当たる点を〇印で囲む。

みさき：このように図をかけば、それぞれの機械がどのクリームをぬったかがすぐに確認できます。

〔問題3〕 こういうルールで作るのはどうかな。とありますが、みさきさんが考えたルールにしたがって次の問いに答えなさい。

（1） ＜3秒後までの状態を表す図＞をみさきさんが考えた図のかき方にしたがって、解答らんに記入しなさい。

（2） 30分後に機械A〜機械Eのそれぞれの機械がぬったクリームは、3種類のうち何か。「1」、「2」、「3」を用いて解答らんに合うようにかきなさい。また、もし13枚目に当たるものがあれば、数字に〇印をつけなさい。

みさき：これで、3種類のクリームを使ったミルクレープを作れるね。

（解答用紙は別冊 31 P）（解答例は別冊 16 P）

※ ②, ③ は「東京都立中学校・中等教育学校共同作成問題」の ②, ③ と同じです。

1　さくらさんは、さくらさんの親せきの八雲さんといっしょに、さまざまな体験活動ができる大きな公園に行くことになりました。また、さくらさんの友人のおさむさん、ひとしさんもいっしょに行き、夏休みの自由研究をすることになっています。

さくら：公園に行く当日の行動を決めておきたいな。

八　雲：当日は8時30分にAエリアを出発して、さくらさん、おさむさん、ひとしさんの3人でいっしょに体験活動を行い、11時30分までにAエリアにもどって体験活動を終え、昼食をとります。その後、ふん水を見に行く予定です。〔公園のパンフレット〕を見て、計画を立ててみましょう。

〔公園のパンフレット〕
《体験活動一覧》

エリア	分野	番号	内容	活動時間	一人当たりの料金	備考
Aエリア	工作	1	木のコースター	40分間	1000円	・開始時刻 第1回：9時 第2回：10時 第3回：11時
		2	ビーズアクセサリー	40分間	800円	
		3	キーホルダー	40分間	700円	
		4	折り紙	40分間	600円	
Bエリア	自然観察	5	こん虫観察	30分間	400円	・着いてすぐに 開始できます
		6	植物観察	30分間	300円	
		7	バードウォッチング	30分間	200円	
Cエリア	運動	8	アスレチック	10分単位 で利用	200円／10分	・着いてすぐに 開始できます

※活動時間は、体験活動を行うエリアに着いてからそのエリアを出るまでの時間
※工作の活動時間は、開始時刻から終了時刻までの時間

《40周年キャンペーン》
※《体験活動一覧》に示された料金から、40％割引
※割引後の料金が1500円以上のとき、記念品をプレゼント

《エリア間の移動時間マップ》

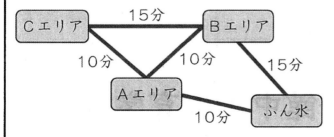

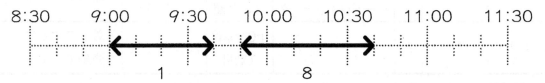

さくら：それぞれのエリアで、少なくとも一つの体験活動を行いたいな。

おさむ：そうだね。そして、アスレチックをできるだけ長い時間体験したいな。

ひとし：よいね。せっかくの《40周年キャンペーン》だから、記念品をもらいたいな。ただ、おみやげも買いたいから、体験活動の料金はできるだけ少なくしたいな。

さくら：計画を立てる条件と**おさむ**さん、**ひとし**さん、私の希望を、〔メモ〕にまとめたよ。この〔メモ〕の内容をすべて満たす体験活動の計画を立てようよ。

〔メモ〕

│計画を立てる条件│

・8時30分にＡエリアを出発して、11時30分までにＡエリアにもどってくる。

・**おさむ**さん、**ひとし**さん、私の3人でいっしょに体験活動を行う。

│**おさむ**さん、**ひとし**さん、私の希望│

・それぞれのエリアで、少なくとも一つの体験活動を行いたい。

・アスレチックをできるだけ長い時間体験したい。

・記念品をもらいたい。

・おみやげも買いたいので、体験活動の料金はできるだけ少なくしたい。

おさむ：計画はノートにまとめてかこうよ。例えば、**図1**のようにかけるね。体験活動の内容を《体験活動一覧》の番号で、体験活動の時間を矢印で示しているよ。そして、矢印のない時間は、移動や準備をしているということだよ。

図1 かき方の例

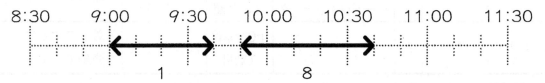

ひとし：計画のかき方は分かったよ。

さくら：体験活動の時間をより多く取りたいので、体験活動と移動時間以外は考えないことにしよう。

ひとし：最初に、開始時刻が決まっている工作の時間を決めるとよさそうだね。

おさむ：これで体験活動の計画が立てられるね。

〔問題1〕 **おさむ**さんは「これで体験活動の計画が立てられるね。」と言っています。**図1**にならって解答用紙の**図**の中に、体験活動の内容を番号で、時間を矢印でかきこみなさい。このとき、開始時刻と終了時刻がはっきりと分かるように、矢印で示しなさい。ただし、答えは一つではありません。考えられるもののうちの一つを答えなさい。また、そのときの体験活動にかかる割引前の料金について、一人当たりの料金の合計を答えなさい。

当日昼食後に、**さくら**さん、**おさむ**さん、**ひとし**さん、**八雲**さんは、ふん水の前に来ました。

さくら：ふん水の前で写真をとりましょう。ふん水は**図2**のように「大」、「中」、「小」の3種類あるみたいだね。「大」は1か所、「中」は3か所、「小」は6か所から水が出ているね。そして、「中」と「小」のふん水は、それぞれ同時に水が出始めて、同時に止まっているね。

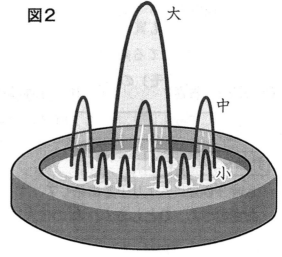

図2

おさむ：今は1種類のふん水からしか水が出ていないよ。

ひとし：ふん水から水が出始める時刻と次に水が出始める時刻の間かくが「大」、「中」、「小」それぞれちがうみたいだね。

さくら：せっかくだから、3種類とも水が出ている時に写真をとりたいな。

おさむ：ふん水から水が出ている時間はどれも10秒間だったよ。だから、「大」、「中」、「小」それぞれのふん水から水が出始める時刻を調べたらよいと思うよ。

ひとし：ふん水から水が出ている時間や、水が出始める時刻と次に水が出始める時刻の間かくは事前に設定されていて、「大」、「中」、「小」それぞれ一定になっているよ。

おさむ：13時からは、特別プログラムのふん水ショーが始まるよ。このふん水ショーが始まる前の12時50分までに写真をとろうよ。

さくら：わかった。では、私は「大」のふん水から水が出始める時刻を確認するよ。

おさむ：私は「中」のふん水にしよう。

ひとし：では、私は「小」にしよう。

さくらさんたちは、ふん水から水が出始める時刻を確かめました。

さくら：結果は**表1**のようになったよ。

表1

ふん水の種類	水が出始めた時刻		
大	12時30分00秒	12時31分30秒	12時33分00秒
中	12時30分00秒	12時30分24秒	12時30分48秒
小	12時30分00秒	12時30分36秒	12時31分12秒

おさむ： さっき、３種類のふん水から水が同時に出始めた時刻は１２時３０分だったよ。そして、今の時刻は１２時３４分だよ。これで３種類のふん水から水が同時に出始める時刻が分かるね。

〔問題２〕 **おさむ**さんは「これで３種類のふん水から水が同時に出始める時刻が分かるね。」と言っています。１２時３４分から１２時５０分までの間で、３種類のふん水から水が同時に出始める時刻を答えなさい。ただし、答えは一つではありません。考えられるもののうちの一つを答えなさい。

ひとし：１３時に始まるふん水ショーの情報と動画が公園のホームページにのっているよ。

さくら：公園のホームページの動画を見てみたら、水がたくさん出ていることに気づいたよ。
　　　　「大」のふん水は１か所から５秒間に３６Ｌ、「中」は３か所から５秒間にそれぞれ８Ｌ、
　　　　「小」は６か所から５秒間にそれぞれ１．５Ｌの水が出るよ。

おさむ：「中」と「小」のふん水は、それぞれ同時に水が出始めて、同時に止まるのだったね。

ひとし：写真とは別に、ふん水から水が出ている様子の動画もとろうよ。

おさむ：よいね。ふん水から出ている水の量の合計が最も多い１０秒間の動画をとろう。

八　　雲：ふん水ショーは１３時から１３時２０分までなので、この間に動画をとることができる
　　　　ように考えてくださいね。

さくら：公園のホームページによると、ふん水から水が出始める時刻は、「大」が１３時００分００秒、
　　　　「中」は１３時００分１０秒、「小」は１３時００分１５秒だよ。

おさむ：「大」のふん水は１分１５秒ごと、「中」は４０秒ごと、「小」は３０秒ごとに水が出始
　　　　めるよ。それと、水が出ている時間は、「大」と「中」がそれぞれ１０秒間、「小」が
　　　　１５秒間だよ。また、水が出ている時間や、水が出始める時刻と次に水が出始める時刻
　　　　の間かくは一定だね。

ひとし：水が出ている時間帯を、図3のようにまとめると見やすいと思うよ。

図3

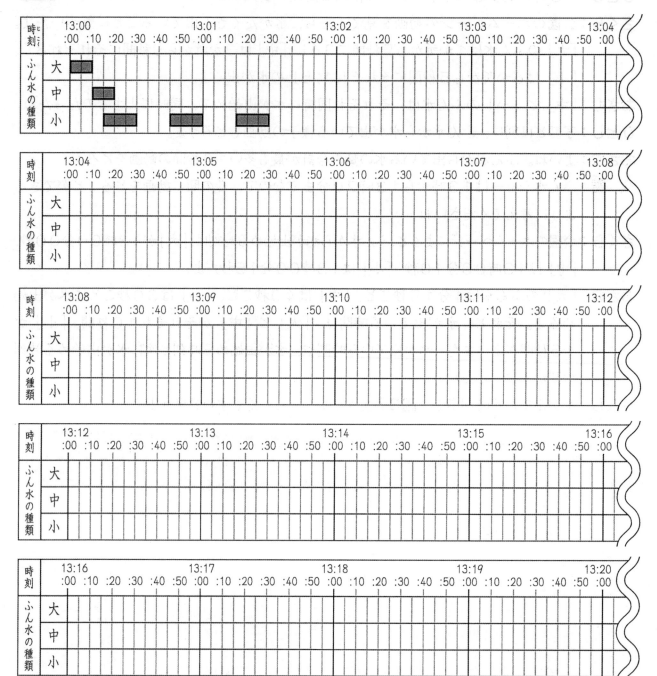

おさむ：これで、最も多くの水が出ている10秒間が分かるね。

さくら：動画だけでは水の量が伝わらないかもしれないから、実際に最も多くの水が出ている10秒間における水の総量を調べてみよう。

〔問題3〕　おさむさんは「最も多くの水が出ている10秒間が分かるね。」と言っています。また、さくらさんは「最も多くの水が出ている10秒間における水の総量を調べてみよう。」と言っています。13時から13時20分までの間で、最も多くの水が出ている10秒間の始まる時刻と、その10秒間における水の総量について、言葉や計算式を使って説明しなさい。ただし、最も多くの水が出ている10秒間の始まる時刻は一つではありません。考えられるもののうちの一つを答えなさい。

※ 1, 3 は「東京都立中学校・中等教育学校共同作成問題」と同じです。

2　　武蔵さんとたま美さんは授業の自由研究で「江戸・東京の水道」について調べています。

武　蔵：江戸の町の上水は徳川家康が徳川家で働く人々に命じてつくらせたのが始まりです。
　　　　上水というのは人々の暮らしに欠かせない飲み水や生活用水を配る水道のことです。

たま美：上水をつくらせた理由は何ですか。

先　生：家康が江戸に幕府を開いたころ、江戸城下の多くの町が遠浅の海をうめたてた土地だっ
　　　　たので、当時の人々は、しょっぱい感じの井戸水に苦労しており、水売りの水を飲ん
　　　　でいました。水売りというのは、江戸の高台にあたる地域にわく水を売りに来る人の
　　　　ことです。さらに、それだけでは日常生活で必要な水が十分にまかなえなかったため
　　　　に、ため池の水も使われていました。

武　蔵：暮らしを支える水をまかなうのは、なかなか大変なんですね。

先　生：江戸の町の周辺の水源から引きこまれた上水は、石や木でつくられた水路を使って
　　　　江戸の町を通り、上水井戸につながれました。

たま美：江戸の城下町で暮らす人々は、上水井戸の水をくんで、いつでも水が使えるように
　　　　なったのですね。

先　生：そうですね。その後、江戸の町が発展するとともに人口も増え、必要な水の量も急増
　　　　したことから、江戸の周辺を水源とする上水が次々に開設されていきました。

武　蔵：江戸の町の上水について調べたことをもとにして図1をかいてみました。

図1　武蔵さんのかいた江戸の町の水道（上水）の模式図

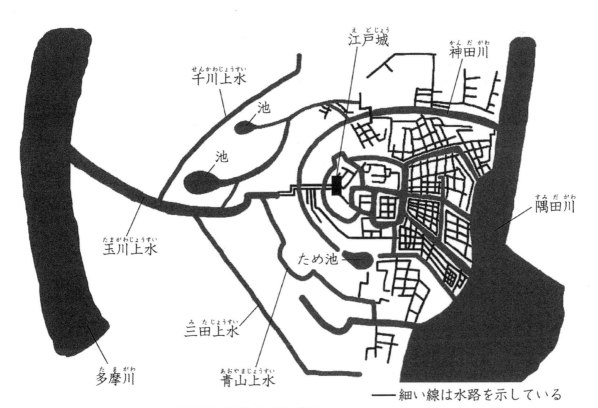

（国土交通省関東地方整備局の資料などより作成）

〔問題1〕 江戸の町づくりのために水道（上水）が必要だった理由と江戸の町の水道（上水）
　　　　　の特長について、会話文や**図1**を使って説明しなさい。

先　生：明治時代になると西洋の技術を導入して近代水道が整備されました。

武　蔵：江戸の上水をそのまま利用することはできなかったのですか。

先　生：江戸の上水は、河川やわき水をそのまま飲み水として使用していました。そのため
　　　　長く使っているうちに、木の管がくさるなどの原因で安全な水ではなくなって
　　　　きました。このように衛生的な観点から近代水道を整備する動きが盛んになりました。

たま美：その後、どうなったのですか。

先　生：**表1**を見てください。1888年に近代水道に向けての調査や設計が開始されました。
　　　　多摩川の水を淀橋浄水場に導き、ポンプにより鉄の管で市内に給水するものです。
　　　　浄水場とは河川などの水を良質にするためのしせつです。浄水場が整備されたことで、
　　　　人々は清潔で安全な水を水道の蛇口を開くだけで飲めるようになりました。

武　蔵：水源林経営にも着手していますね。水源林を確保することで水をたくわえ、雨水など
　　　　が森の中を移動することで水をきれいにします。また森林を保全することで、土しゃ
　　　　流出や山くずれを防ぐ役割も果たしているようです。

先　生：大正時代から昭和時代前半にかけて東京の人口が増え、水をためておくための貯水池
　　　　や浄水場などのしせつも拡大していきました。昭和時代後半になると、東京が急速に
　　　　発展したことにより、一人当たりの使う水量が増えたことなどで、ますます多くの
　　　　水が必要になりました。そこで、1957年には小河内貯水池（奥多摩湖）を建設
　　　　しました。この貯水池は東京ドーム約150はい分の水をためることができる大きさ
　　　　でした。

たま美：貯水池の周辺は今では自然公園などが整備されていますね。

先　生：昭和時代後半の高度経済成長期になると人口の増加に加え、たくさんの工場ができた
　　　　ために工場などで使用する水の量も増え、毎年のように水不足が問題になってきます。
　　　　特に東京オリンピックの開さいがせまった1964年の夏は、とても大変な水不足に
　　　　なり、小河内貯水池の水もほとんどなくなってしまいました。

武　蔵：この問題をどのように解決したのですか。

先　生：図2を見てください。水量が豊かな利根川を広域的に利用する事業を開始しました。従来、東京都は主として多摩川の水源にたよっていましたが、集める水域がせまいため水を送る量が少なく、荒川も水量の変化がはげしいことから、人口の急げきな増加には不十分な状きょうとなっていました。そこで建設されたのが、利根川と荒川を結ぶ武蔵水路です。

表1　水道の近代化にかかわる主な出来事

時代区分	年代	主な出来事
ア	1888年	上水改良の設計調査開始
	1898年	淀橋浄水場の通水開始
	1901年	東京府が水源林経営に着手
イ	1924年	村山上貯水池（多摩湖）の完成・境浄水場の通水を開始
	1927年	村山下貯水池（多摩湖）の完成
	1934年	山口貯水池（狭山湖）の完成
ウ	1957年	小河内貯水池（奥多摩湖）の完成
	1960年	東村山浄水場の通水開始
	1964年	多摩川水系の水不足
	1965年	武蔵水路の通水開始・淀橋浄水場のはい止（東村山浄水場への移転）、のちにあと地に東京都庁建設
時代区分：ア……明治時代（1868〜1912年） イ……大正時代〜昭和時代前半（1912〜1955年） ウ……昭和時代後半（1955〜1989年）		

（東京都水道局の資料より作成）

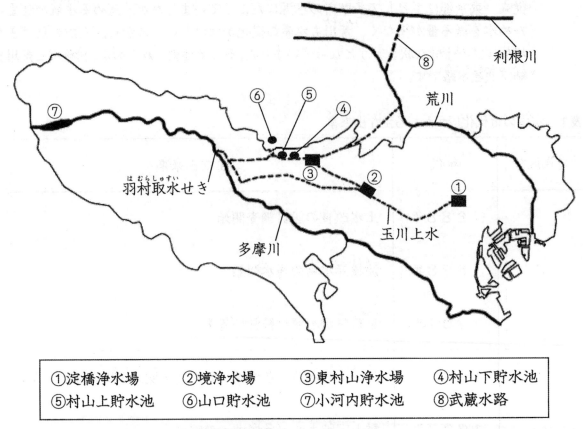

図2 広域的な河川の利用と貯水池、浄水場を表す模式図

利根川

荒川

⑧武蔵水路

⑦

⑥ ⑤

④

③

②

①

羽村取水せき

多摩川

玉川上水

①淀橋浄水場　　②境浄水場　　③東村山浄水場　　④村山下貯水池
⑤村山上貯水池　⑥山口貯水池　⑦小河内貯水池　　⑧武蔵水路

（東京都水道局の資料より作成）

〔問題2〕　会話文や**表1**、**図2**を参考にしながら、明治時代から昭和時代においての東京の水道がどのように整備されたのかを説明しなさい。その際、**表1**の時代区分ア・イ・ウのうち二つを取り上げて、解答用紙の時代区分のらんに記し、それぞれについて説明すること。

先　生：水道が整備された現在、その安全を確保して信らい性を高めるための管理をすることが大きな課題となっています。**図3**のグラフは1m³あたりの水道水を配給するために必要な費用（値段）の内訳を示しています。蛇口に水道水を届ける費用141円のうち、水道管を整備して持続させるための費用が119円、給水所の費用が22円となっています。東京都水道局によれば、2006年以降、水道管から水もれをする割合を3％前後に保ち続けて高い水準で水もれを防いでいるそうです。

武蔵高等学校附属中学校

たま美：海外では水道管などが古くなったことにより、設備を管理するためにとても多くの費用がかかるようになり、大きな問題となっているそうです。日本でも、今後同じような問題が起きることが予想されますね。

先　生：水道水を作る費用３１円のうち、浄水場の費用が２４円、高度浄水処理の費用が７円となっています。高度浄水処理をすることにより、かびのにおいのもととなる原因を取りのぞくことができます。

たま美：水道水の元になる水を調達する費用１７円は、主に水源林やダムにかかる費用のことです。それ以外にも、河川などの水源において定期的な水質調査パトロールなども行っています。

武　蔵：東京都では１９９０年代以降、毎日４００万m³以上の水を配給しています。世界の水道事情と比かくすると、水道の蛇口を開けば手軽に安全でおいしい水を得られることは貴重なことですね。

図3　1m³あたりの水道水を配給するために必要な費用（値段）の内訳

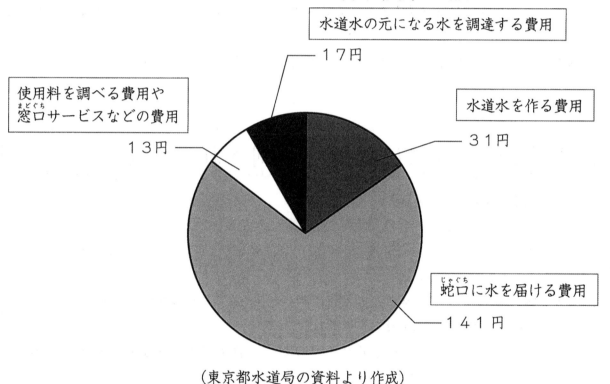

（東京都水道局の資料より作成）

〔問題3〕　**武蔵**さんは水道の蛇口を開けば手軽に安全でおいしい水を得られることは貴重なことですねと言っていますが、これからも安全でおいしい水を得られるようにしていくためには、どうしたらよいでしょうか。会話文や**図3**をもとに、あなたの考えを述べなさい。その際、会話文や**図3**に示されている費用（値段）を一つ以上選び、何の費用（値段）をどのように使うのかを具体的に説明すること。

東京都立武蔵高等学校附属中学校　　　適性検査Ⅲ　（検査時間45分）

（解答用紙は別冊33Ｐ）（解答例は別冊17Ｐ）

1 　　はるきさん、なつよさん、あきおさん、ふゆみさんの4人は、休み時間に先週行った地域の子供フェスティバルの話をしています。

はるき：子供フェスティバルでは、いろいろなゲームがあって楽しかったね。

なつよ：私は算数ビンゴゲームが一番楽しかったな。

あきお：どんなゲームだったかな。

ふゆみ：カードの縦3マス、横3マスの9マスに数字が入っていて、サイコロをふって出た数字と同じ数字に○をつけたね。縦、横、ななめに○の列をそろえるゲームだったね。

はるき：カードには、同じ数字が二つまでかかれていたね。

なつよ：そうだね。1列を早くそろえた人が勝ちで、私は残念ながらそろえることができなかったよ。

あきお：ぐう然ではなくて、できるだけ早く○の列をそろえられるカードはできるのかな。考えてみようよ。

　　ルール

1．カードは縦3マス、横3マスの9マスがあり、各マスに1〜8までの好きな数字を2回までかくことができる。

2．1〜8までの数字のうち、使わない数字があってもよい。

3．カードのとなり合っているマスには同じ数字をかくことはできない（ななめはとなりにふくまない）。

4．縦、横、ななめのいずれかの1列を早くそろえることができた人が勝ち。

5．○のつけ方は以下の通り。

　ア．1〜6までの数字が出るサイコロと1〜8までの数字が出るサイコロの二つのサイコロがある。

　イ．二つのサイコロをふって、大きい方の数字に○をつける。ただし、同じ数字が2マスかいてある場合は、好きな方の数字一つに○をつける。

はるき：6と7が出たら、7に○をつけられるということだね。

なつよ：そうだね。8は一番数が大きいから有利なのかな。考えてみよう。

はるき：とちゅうまで考えてみたけれど、続きをいっしょに考えてほしいな（**図1**）。

図1　はるきさんのカード

	7	6

〔問題1〕　**図1**のカードに最も早く○の列をそろえられるように、全てのマスに1～8の数字を選んでかく。どのような考え方で数字をかくのかを説明し、解答らんの図を完成させなさい。

なつよ：算数ビンゴゲームのサイコロはお祭り用の大きいサイズで、サイコロの数字の背景には、直線でえがかれた格子状の模様があったね。

あきお：その模様にぬってあった色は赤、青、緑の3色だったよね。それぞれの面には同じように模様があったけど、色のぬり方はさまざまで、お店の人の手作りみたいだね（**図2**）。

ふゆみ：はじめに模様をかいて、次に色をぬり、最後に1～6の数字をかいて完成させたんだね。

はるき：各面の模様にぬってある色は、となりとちがう色になるようにぬってあるね。他の模様でも考えてみよう。今回は、赤を「あ」、青を「い」、緑を「う」として考えよう（**図3**）。

図2　実際のサイコロ

図3　色を「あ」「い」「う」で表したもの

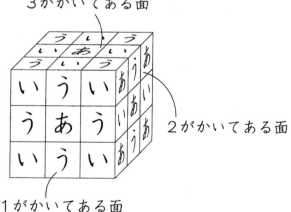

3がかいてある面

2がかいてある面

1がかいてある面

なつよ：サイコロを展開図にすると分かりやすいね（**図4**）。これは、どんな模様でも3色が
　　　　必要なのかな。

図4　図3の展開図

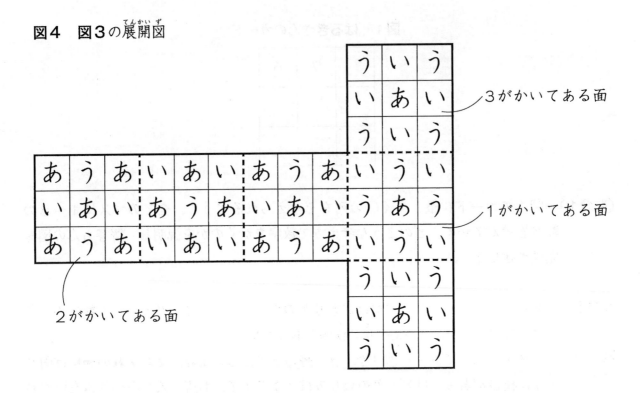

2がかいてある面

3がかいてある面

1がかいてある面

あきお：そうかな。いろいろな直線の引き方をすると2色で作られる模様がありそうだね。

〔問題2〕　**あきお**さんは「2色で作られる模様がありそうだね。」と言っています。サイコロ
　　　　の各面に、どのように直線をかけば2色でぬることができますか。以下の**ルール**に
　　　　従い、解答らんには直線を記入すること。なお、色や数字の記入はしなくてよい。

ルール

1．6面全て同じ模様にすること。
2．**図3**と同じように、使う直線は各面4本で長さは自由とする。
3．それぞれの直線は交わってもよい。
4．色をぬるときは、となりとちがう色をぬる。

あきお：子供フェスティバルでは、いろいろなゲームがあったね。景品をもらえたゲームもあったよ。

はるき：いいね。景品は何だったのかな。

あきお：立体パズルだよ。２７個のブロックが入っていて、それを組み立てるパズルだよ。一つひとつのブロックの面に赤、青、緑の色がぬってあったね（**図5**）。

なつよ：２７個のブロックを一つの大きな立方体にするにはどうしたらいいかな。これも赤を「あ」、青を「い」、緑を「う」として考えてみよう（**図6**）。それぞれの向かい合う面には同じ色がぬられているものとするよ。

図5 景品のブロックの一つ

図6 色を「あ」「い」「う」で表したもの

〔問題3〕 **図6**の２７個のブロックを組み立てて、**図7**のような縦3個、横3個、高さ3個の一つの大きな立方体にしたい。ブロックを積み上げるとき、となり合う面はちがう色になるように置き、また、接している面もちがう色になるように置く。このとき、解答らんにある3面の２７マスに色を表す「あ」、「い」、「う」をかきこみなさい。ただし、解答する面はどの角度から見える面でもよい。

図7 ２７個のブロックを組み立てた様子

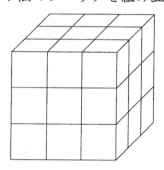

武蔵高等学校附属中学校

2 　はるきさん、なつよさん、あきおさん、ふゆみさんの4人は駅のホームにいます。

はるき：次の電車は何分後に来るのかな。電光けい示板を見て確かめよう。

あきお：電光けい示板の中で文章が右から左に流れていくよ。

ふゆみ：一つひとつの電球が動いているわけではないのに、文字が流れるように動いて見えるね。

はるき：いつもはなんとなく見ていたけれど、よく見たらそうだね。

あきお：空港や美容室でも見たことがあるよ。縦型のけい示板で、文字が下から上に進むものもあるよね。

ふゆみ：電球以外で電光けい示板のように文字や模様が動いて見えるようにできるかな。

はるき：自分たちで作ってみたいね。学校で先生に相談してみよう。

4人は学校で先生に相談してみました。

先　生：電光けい示板を作ることは大変なので、ここにある、両面のそれぞれを、白と黒でぬり分けた平たい円ばん状になっているこま（図1）を使って表現するのはどうでしょうか。

図1　両面のそれぞれを、白と黒でぬり分けた平たい円ばん状になっているこま

あきお：電球では「ついている」か「消えている」かの二つの状態しか表せないけれど、こまなら「白い面」、「黒い面」、「置かない」の三つの状態が表せるね。

ふゆみ：こまを置く9マスを横1行に並べて、右から左に「白」→「黒」→「置かない」という変化を伝えてみよう。

はるき：マスの位置には左から順に、アルファベットをマスの上に書いておこう。

なつよ：最初の何も置いていない状態から、1回変化を加えたものを「1回目」、次に変化を加えたものを「2回目」として、くり返し変化を伝えてみよう（図2）。

図2 横1行、右から左にこまが移動していく様子

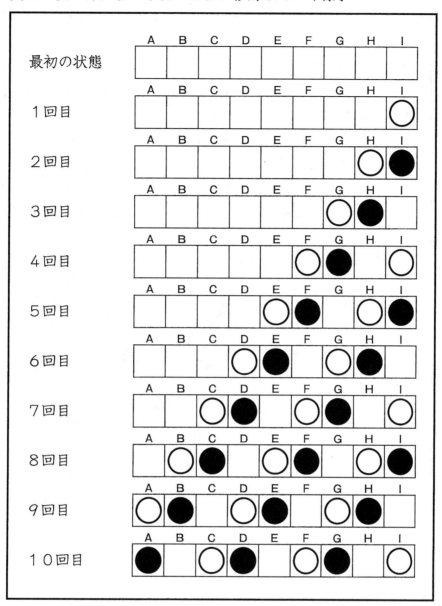

なつよ：右から左に変化が伝わっているのが分かるね。

あきお：１１回目は８回目と同じにもどり、この後は８回目、９回目、１０回目をずっと
くり返していくのですね。

ふゆみ：片方からだけの動きは分かったので左からも同じように変化を伝えてみて、両側から
それぞれ反対向きに同時に変化を伝えたらどうなるのかな。

はるき：こまが重なったらどうしようか。

先　生：同じ色で重なった場合は２枚重ねて、ちがう色で重なった場合は何も置かない、
というルールではどうでしょうか。

なつよ：分かりました。そのルールでやってみましょう（**図3**）。

図3 両側から変化が反対側に向かって進む様子

※こまに書かれた「2」という数字は2枚の同じ色のこまが重なっていることを示す。

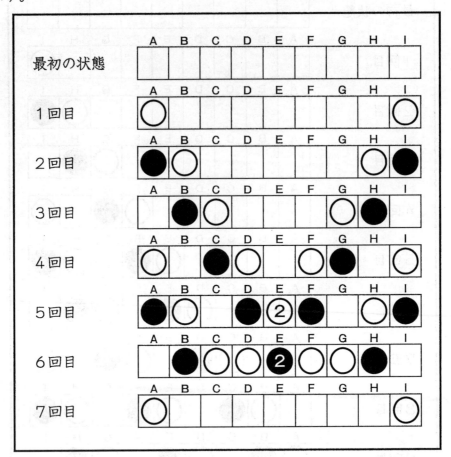

〔問題1〕 **図3**のように両側から「白」→「黒」→「置かない」という変化を伝え続けた場合、1328回目の配置はどのような配置になるか、こまの配置を解答用紙に図で表し、その理由を文章で説明しなさい。

なつよ：もっといろいろな変化を表すことはできるかな。

あきお：１行ではなく９行にして、正方形の中で表すというのはどうかな。

ふゆみ：白い紙に９行９列のマスを書いてやってみよう。縦には数字をふっておこう。

はるき：中心であるＥの５のマスから外側に広がっていくというのはおもしろそうだね。

先　生：まずは、「置かない→白→黒→白→置かない→白→黒→白→置かない→…」と中心を変化させ、それが周りに伝わっていく様子を表してみましょう（図４）。

図４　「置かない→白→黒→白→置かない→白→黒→白→置かない→…」の順でこまを置いたときの様子

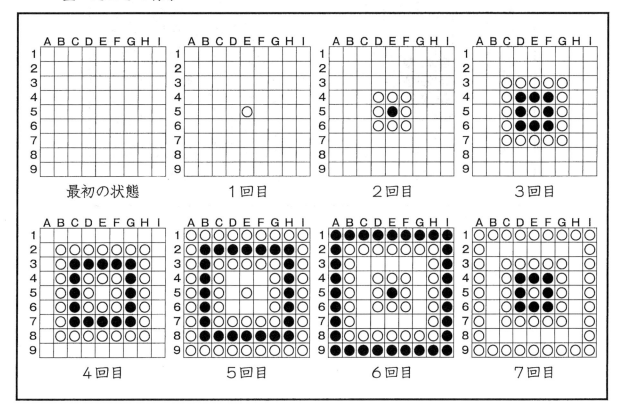

なつよ：きれいに変化が広がっていくのが分かるね。

先　生：自分で順番をかえて模様を作ってもいいのではないでしょうか。最初の状態から始めて、もう一度中心にこまが置かれていない状態から次のセットが始まるとして、同じセットをくり返していきましょう。

ふゆみ：図４だと、最初の状態から３回目までが１セット目、４回目から７回目までが２セット目ということですね。

先　生：そうですね。

あきお：分かりました。作ってみましょう。

〔問題2〕 ４人が新しい順番で、**図1**のこまを使って模様を作ったら３回目と９回目は**図5**の
ようになりました。**図5**から変化を読み取り、最初の状態から９回目までの中心の
マスのこまを解答用紙に図で表しなさい。なお、**図5**から読み取れない部分は
「置かない・白・黒」のうちどれかを自分で考えて書き、そのように考えた理由も
書きなさい。

図5 新しい順番でこまを置いていったときの３回目と９回目の様子

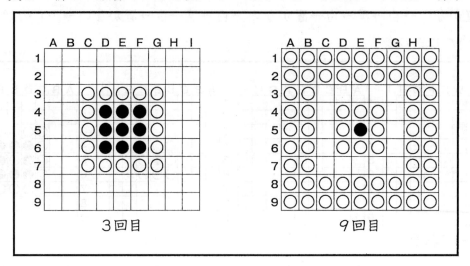

なつよ：動いていないのに伝わるものって他にはあるかな。

ふゆみ：伝言ゲームやバケツリレーなどもそうかな。

はるき：料理をする時になべが温まるのもそうかな。

なつよ：そうだね。金属は動いていないけれど、熱が伝わっていくものだね。

あきお：金属にもいろいろな種類があるよね。

ふゆみ：金属の種類によって、熱の伝わりやすさはちがうのかな。

先　生：おもしろいことに気が付きましたね。ここに**実験に使用できる道具**があるので、みんなで調べてみましょう。

実験に使用できる道具とその内容

「**金属板**」……縦、横、厚さが全て同じ長方形の鉄、アルミニウム、銅の３種類の板。

「**お湯**」………水の温度を６０℃のままに設定して水そうに入れたもの。

「**温度計**」……金属板につけて温度を測ることができるもの。

「**スタンド**」…金属板をはさんで固定できるもの。

「**時計**」………時間を計ることができるもの。

「**ものさし**」…長さを測ることができるもの。

〔問題３〕　金属の種類による熱の伝わりやすさのちがいを調べるには、どのような方法で実験をすればよいか、**実験に使用できる道具**を全て用いて述べなさい。説明するときには、実験を行っていく順番が分かるように「　」の中の単語を用いて説明すること。

（解答用紙は別冊35P）（解答例は別冊19P）

1 やすひろさんとまさとさんと**先生**が学校で話をしています。

やすひろ：学校にある池の水が、とう明から緑色に変わったね。何が原因なのかな。

ま　さ　と：水の中に緑色の何かが混ざっているのではないかな。

やすひろ：近くで見ても、分からないね。緑色の何かとは、生き物なのかな。

ま　さ　と：池の水をビーカーに入れて理科室で調べてみよう。

先　　　生：理科室にある観察や実験の器具を使って、緑色の正体を調べてみましょう。

〔問題1〕　池の水の緑色の正体を調べるにはどのような方法がありますか。以下の三つの
器具から一つだけ選び、それを使った方法を解答らんに合うように書きなさい。

器具	虫めがね	ろ紙	アルコールランプ

ま　さ　と：もっとよく調べるために、けんび鏡を使ってみたいな。

先　　　生：けんび鏡を使うのなら、ホールスライドガラス（**図1**）を使ってみてはどうで
しょうか。まず、少量の池の水をピペットで吸い取り、ホールスライドガラスの
くぼみの部分に垂らします。吸い取った水は、くぼみの部分がちょうどいっぱいに
なる量を入れるようにします。その上に、カバーガラスをかけて観察します。

図1

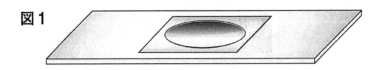

やすひろ：けんび鏡で観察すると、緑色の動いている粒が見えるよ（**図2**）。

先　　　生：動いているものはミドリムシという小さな生物です。

図2　ミドリムシを拡大した写真

やすひろ：ミドリムシの数を数えることはできるのかな。けんび鏡の倍率を１００倍にして観察してみよう。

まさと：けんび鏡をのぞくと、一度に見えるはん囲は円の形をしていて、その中にミドリムシが８匹いるのが見えました。

先　生：生物では「匹」だけではなく、「個体」という数え方もありますよ。

やすひろ：それでは個体という数え方を使ってみます。８匹だったら８個体ですね。

まさと：くぼみの部分には何個体くらいいるのかな。

先　生：図３に、ホールスライドガラスを横から見た断面を示します。ホールスライドガラスのくぼみの部分の直径は１４mm、深さは一番深い所で０.６mmです。くぼみの部分全体の体積は０.０４５mLです。けんび鏡で一度に見えるはん囲を拡大したものを図４に示します。

図３

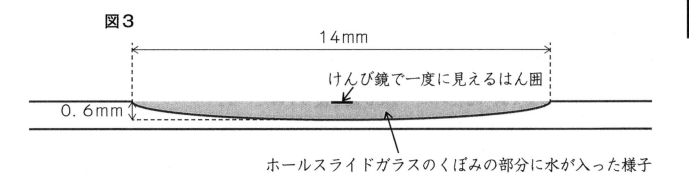

ホールスライドガラスのくぼみの部分に水が入った様子

図４

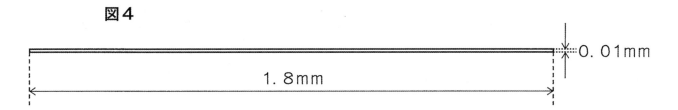

まさと：使用するけんび鏡の倍率を１００倍にした場合、一度に見えるはん囲の円の直径は１.８mmで、ピントが合って見えている部分の水の深さは０.０１mmになるのですね。

〔問題２〕　ホールスライドガラスのくぼみの部分全体の中に存在するミドリムシの個体数を求めるための式を書き、その計算結果に一番近い数値を、以下のア～オの中から一つ選び、記号で答えなさい。ただし、水の中でミドリムシは均一に広がって存在しているものとする。計算では、本文中の数値を使い、円周率は３.１４とする。

ア．１４０００００　　イ．１４０００　　ウ．１４００　　エ．１４０　　オ．１４

やすひろ：ミドリムシが増えたから、池の水が緑色に見えるようになったのかな。

まさと：池の水を試験管に入れて、ミドリムシの観察実験をしてみようよ。

やすひろ：どのくらい増えていくのか、分かる方法はあるかな。

まさと：期間を決めて、試験管の中のミドリムシの個体数の変化を見ていこうよ。けんび鏡を使えば、個体数の変化が確認できるね。

やすひろ：ところで、外にある池の水には何か変化が起こっているのかな。

まさと：雨が降ったときには雨水が入ったはずだよ。

先　　生：外に雨水のたまったバケツがあります。その雨水を加えて１０日間、観察してはどうですか。

やすひろ：雨水の量をいろいろ変えてみれば、何か分かるかもしれませんね。

まさと：そうだね。**観察実験の手順**は次のようにしよう。

観察実験の手順

「ミドリムシがいる池の水」と、「雨水」を用意する。

① 試験管Aには、池の水１０mLを入れる。

② 試験管Bには、池の水８mLと、雨水２mLを混ぜ、１０mLの液体にして入れる。

③ 試験管Cには、池の水５mLと、雨水５mLを混ぜ、１０mLの液体にして入れる。

④ 試験管Dには、池の水２mLと、雨水８mLを混ぜ、１０mLの液体にして入れる。

　試験管A、B、C、Dを、数日間、理科室の風通しのよい明るい場所においた。１日１回、けんび鏡の倍率を１００倍にして観察し、一度に見えるはん囲の中にいた個体数を数える。

やすひろ：では、やってみよう。

大泉高等学校附属中学校

やすひろ：１０日目の結果を見ると、試験管によって、けんび鏡で一度に見えるはん囲に
いたミドリムシの個体数が変化していることが分かるね（**図5**）。

図5　１０日目のミドリムシの個体数

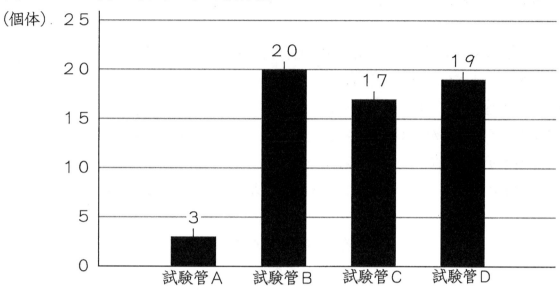

先　　生：この結果からどういうことが分かりますか。

ま さ と：試験管によってミドリムシの個体数が増えたり減ったりしたということですよね。

やすひろ：一番増えたのは試験管Bかな。

ま さ と：　（ア）　がちがうから、そうともいえないのではないかな。

先　　生：池の水や試験管ではミドリムシは均一に広がっているとします。試験管A、B、C、D
で、ミドリムシが最も増えたものはどれか、今回の観察の結果で分かりますか。

やすひろ：計算をしたら分かると思います。

〔問題3〕　（ア）　に当てはまる言葉を１０文字以上、１５文字以内で答えよ。また、
観察実験の手順と**図5**から、１０日間でミドリムシが最も増えたといえる試験管を
試験管A〜Dの中から一つ選んで記入し、選んだ理由も答えなさい。

問題を解くときに、問題用紙や解答用紙、ティッシュペーパーなどを実際に折ったり切ったりしてはいけません。

2 　**ゆい**さんと**さき**さんは家族でキャンプ場に来ています。

　父　：今日はキャンプで必要なものを、自分たちで作ってみようか。

ゆ　い：楽しそうだね。何から作るの。

　母　：まず座るものを作ってみよう。

さ　き：向こうに丸太がたくさんあるよ。

ゆ　い：何本かまとめて、いすを作れないかな。

さ　き：図1とおおよそ同じ形、同じ大きさの丸太を何本か集めてくるね。

図1　集めてくる丸太

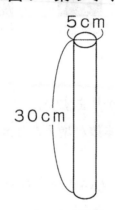

　母　：丸太を3本まとめてみよう。

ゆ　い：まとめるにはロープが必要だね。

　父　：長さが1mのロープを何本か持って来てあるから、それでまとめてみよう（**図2**）。

図2

ゆ　い：座るところが小さくて座りにくいね。もっと丸太を増やしてまとめたいな。

さ　き：同じ形、同じ大きさの丸太を6本まとめたらこのようになったよ（**図3**）。

図3

ゆ　い：これなら座ることができそうだね。

父　：でももっと座るところが広い方が座りやすくなるよ。

さ　き：同じ形、同じ大きさの丸太はたくさんあるから、使う丸太を増やそう。

母　：でもロープの長さは1mであることを忘れないでね。

父　：丸太をまとめるために、ロープを結ぶには、ロープのはしをそれぞれ10cm以上残す必要があるよ。

〔問題1〕　**図1**と同じ形、同じ大きさの丸太を何本かまとめて、いすを作る。**図1**から**図2**、**図3**のように、丸太の数を1列ずつ増やし、ロープでまとめ、いすの座るところを広くしたい。6本より多く丸太を使う場合は、何本の丸太をまとめることができるか、会話文を参考にして、例を一つ答えなさい。そのとき、丸太をまとめるために必要なロープの長さは、最短で何mになるか求めなさい。ただし、ロープのはしを結んだ結び目と、その余りの長さは考えないものとする。また、計算で円周率を用いる場合は、3.14とする。

さ　き：いすができあがったね。

ゆ　い：それではみんなのいすも作ろう。

さ　き：日差しが強くなってきたよ。

　母　：日よけのために持ってきた布を張ろうか。

　父　：それには2m以上の長さのロープが何本か必要なんだ。だけど持ってきたロープは、長さが1mしかないんだ。

ゆ　い：それなら、ロープどうしを結んで、長いものを作らないといけないね。

さ　き：3本を結べば2m以上の長さができるよ。

ゆ　い：ロープどうしのはしを結ぶから、3mよりも何cmかは短くなるね。

　母　：結ぶために必要な長さは、結び方によってちがってくるよ。

ゆ　い：布を張る力にたえられるくらいの強さも、結び方には必要だよね。

　父　：結び方は調べてまとめてきたから見てみよう（表1）。

表1

結び方の図	結び方の名前	特ちょう
	本結び	・結び目が固い ・太さ、材質の異なるロープで結んだ場合はほどけやすい
	縦結び	・縦結びで結ぶためには、本結びで結ぶのと同じ長さが必要 ・力がかかるとほどけやすい ・同じ太さのロープを結ぶのに適している
	テグス結び	・テグス結びで結ぶためには、本結びで結ぶより1.4倍の長さが必要 ・結び目が固い ・ほどきやすい
	二重テグス結び	・二重テグス結びで結ぶためには、本結びで結ぶより1.8倍の長さが必要 ・結び目が非常に固い ・ほどきにくい

さ　き：3本のロープを使って、すべて本結びで結んだよ。

　父　：巻尺で測ったら、結んだロープのはしからはしまでの長さは、2.7mになっているね。

ゆ　い：これを参考にして、長さが2m以上のものをもっと作ればいいね。

　母　：あとでほどいて持ち帰ることも考えてね。

〔問題2〕 **表1**にある本結び以外の結び方で3本のロープを結び、2m以上の長さにする。会話文と**表1**を参考にして、目的に合った結び方を**表1**の中から一つ選び、結んだロープの、はしからはしまでの長さを、mの単位で求めなさい。また、その結び方を選んだ理由も答えなさい。ただし、結ぶときは、全て同じ結び方とする。

さ　き：これで、2m以上の長さのロープが準備できたよ。

ゆ　い：さっそく布を張って、日差しをよけよう。

父 ：次は子供用のテントを作ってみるよ。

さ き：どうやって作るの。

父 ：図4の子供用のテントの作り方を見てみよう。

図4　子供用のテントの作り方

① 200cm×400cmの布を1枚用意する。布の横の一辺に色をぬっておく。

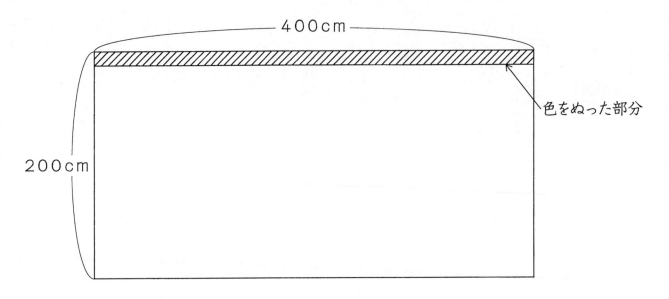

② 布を重ねて半分に折る。さらに図のように折っていく。

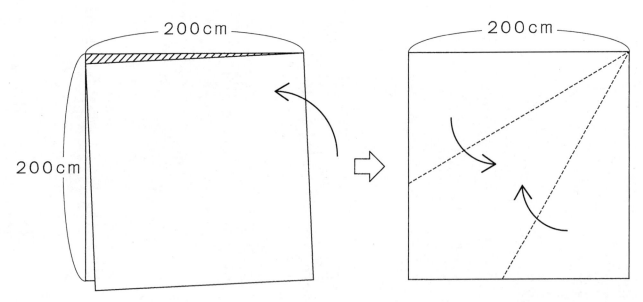

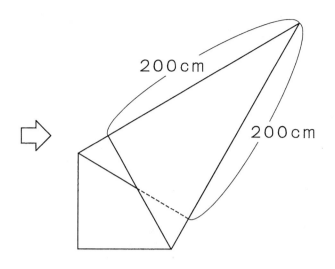

200cm

200cm

③ 図のように布を2回切る。

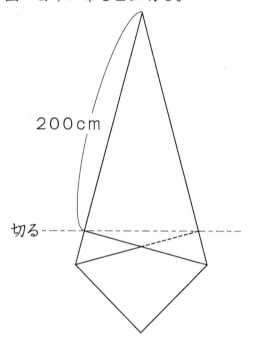

200cm

切る - - -

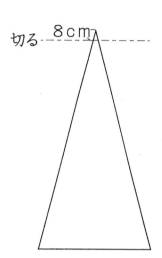

切る - - - 8cm - - - - -

④ 布を広げる前の状態。

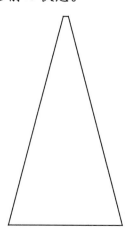

⑤ ④の布を広げ、色がぬられている側の辺どうしを、はしからはしまでくっつける。上部にできた穴(あな)に棒(ぼう)を通して高さを調節し、布をつり下げる。

⑥ 布のすそを広げ、重しを置いて押(お)さえれば、子供用のテントのできあがり。

ゆ い：穴をあけたところに1本の棒を通して、上下を固定することで、テントができるのだね。

　母：作るために必要な布を持ってきたよ。

さ き：子供用のテントの作り方を参考にして、さっそくやってみよう。

さ き：すごい。完成したね。

ゆ い：テントの中は少しせまいけれど、居心地はよいし快適で、荷物も置けそうだよ。

　母：工夫すれば、簡単な材料で必要なものがいろいろ作れるね。

　父：そろそろ、たき火を始めよう。

さ き：楽しい思い出になるといいね。

〔問題3〕　さきさん達が作った子供用のテントはどのようなものか。子供用のテントの布を広げたおおよその図を、解答らんにかきなさい。ただし、解答らんにある直線の長さを200cmとし、直線をかく場合は定規を使ってかくこと。

　　　また、下の図5は、図4の④における、布を広げる前の状態である。図5に示された「○」のついた辺と、等しい長さのすべての辺には、「○」をかくこと。できあがった布には色がぬられているが、解答らんの図に記入する必要はない。

図5　図4の④における、布を広げる前の状態

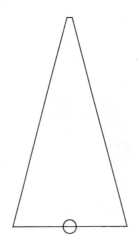

（解答用紙は別冊37 P）（解答例は別冊19 P）

問１　　かなこさんとたろうさんは，総合的な学習の時間に取り組んでいます。次の
　　　　（１），（２）の各問いに答えましょう。

（１）かなこさんとたろうさんは，総合的な学習の時間で，神奈川県の水力発電につい
　　　て話しています。次の〔会話文１〕，〔会話文２〕の内容として，あてはまるものを
　　　あとの①〜⑥の中からすべて選び，その番号を書きましょう。

〔会話文１〕

かなこ	「神奈川県の水力発電を調べていたら，発電のために〔写真１〕の城山湖（しろやま）が〔写真２〕の津久井湖（つくい）より高い場所につくられたことがわかりました。」
たろう	「城山湖をつくったことで，どのような発電ができるのですか。」
かなこ	「〔図〕で説明します。まず，津久井湖から城山湖に水をくみあげます。次に，城山湖から津久井湖へ水を流し，流れる水の力で水車を回します。水車と発電機はつながっているので，発電機も回り発電ができます。このように，くみあげた水を利用する水力発電を揚水式発電（ようすいしき）といいます。」
たろう	「水は高い所から低い所に流れるので，城山湖から津久井湖に流れるしくみはわかりますが，水をくみあげるしくみはどうなっているのですか。」
かなこ	「発電機は，電気を流すとモーターとなってはたらき，水をくみあげる向きで水車を回します。このしくみにより，水がくみあげられます。」
たろう	「水をくみあげたり，その水を使って発電したりするのは，いつですか。」
かなこ	「夜に水をくみあげます。昼と比べ，夜は電気の使用量が減るのですが，火力発電所や原子力発電所は発電を簡単に止められないため，夜は電気が余ります。この余る電気を利用して，水をくみあげています。そして，くみあげた水を電気の使用量が多いときに流して発電します。」

〔写真１〕城山湖

〔写真２〕津久井湖

〔図〕城山湖と津久井湖を利用した水力発電のしくみ

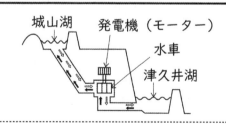

○　水の流れ
　　⇒：発電するとき　　➡：くみあげるとき
○　流れる水の量
　　発電するときは，津久井湖へ最大で１秒あたり
　192㎥，くみあげるときは，城山湖へ最大で１秒
　あたり180㎥の水が流れます。

（神奈川県企業庁（きぎょうちょう）「城山発電所（しろやま）」より作成）

神奈川県立中等教育学校

[会話文2]

> たろう 「わたしは，水力発電だけでなく，そのほかの発電も合わせた全国の電力
> 会社10社の年間の発電電力量を〔表〕に，その発電電力量に対する水
> 力発電の割合を〔グラフ〕にしました。〔表〕にあるkWhは，キロワッ
> トアワーという単位で，ここでは，発電電力量を表しています。」
> かなこ 「〔表〕と〔グラフ〕を見ると，水力発電による発電電力量を求めること
> ができます。」

〔表〕年間の発電電力量

年度	1980	1985	1990	1995	2000	2005	2010	2015
発電電力量（億kWh）	4850	5840	7376	8557	9396	9889	10064	8850

（電気事業連合会「電気事業のデータベース」より作成）

〔グラフ〕

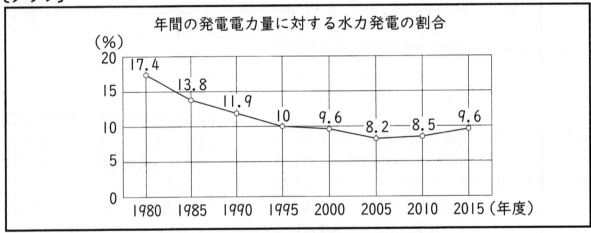

（電気事業連合会「電気事業のデータベース」より作成）

① 津久井湖よりも城山湖の方が高い場所にある。

② 城山湖から津久井湖へ1秒あたり192㎥の水を1時間流し続けたときの水の量
を，津久井湖から城山湖へくみあげるには，1秒あたり180㎥ずつくみあげると
1時間4分かかる。

③ 城山湖と津久井湖を利用した水力発電では，発電機に電気を流して，モーター
として動かすときに発電している。

④ 電気が余る夜に津久井湖から城山湖に水をくみあげておき，電気の使用量が多
いときに，その水を城山湖から津久井湖に流して発電している。

⑤ 水力発電による発電電力量は，2010年度より1980年度の方が多い。

⑥ 年間の発電電力量を比べると，2015年度は2000年度より少ないにもかかわら
ず，年間の発電電力量に対する水力発電の割合が2015年度と2000年度で同じな
のは，水力発電による発電電力量が2000年度より2015年度の方が多いからであ
る。

（2）かなこさんとたろうさんは，総合的な学習の時間で，これからどのように学んでいくかについて話しています。次の〔会話文3〕を読み，あなたは，**社会がかかえているどのような問題を解決したいと考えます**か。また，問題の解決方法を考えるための**思考力を，どのような方法で身に付けます**か。これら2つのことについて，60字以上80字以内で書きましょう。

〔会話文3〕

かなこ	「わたしたちは，神奈川県の水力発電のことや，全国の電力会社10社の年間の発電電力量などを調べ，おたがいに話し合いましたね。」
たろう	「興味や関心をもったことについて調べる学習や，調べたことを発表し，そのことについて話し合う学習では，どのような力が身に付くのか，〔資料〕を読んで確かめましょう。」
かなこ	「〔資料〕には，思考力が生まれたり，思考力を育てたりすることについて書かれていますね。」
たろう	「そうですね。〔資料〕には，知識・技能に加えて未来の変化を想定して未知の状況にも対応できる能力が重視され，思考力が問われていることも書かれています。」
かなこ	「わたしは，日常生活のさまざまな出来事に興味・関心をもち，社会がかかえている問題の解決方法を考えるための思考力を身に付けたいと思います。」

〔資料〕

　社会から必要とされる力は，時代とともに移り変わる。これまでは「働くために（生きていくために）必要な知識・技能」の習得が主に重視されてきた。しかし，注1)グローバル化や注2)IT化が進み，変化のスピードが以前よりも高速化している現代においては，知識・技能に加えて「（未来の変化を想定して）未知の状況にも対応できる能力」が，特に重視される方向に変わってきている。社会がかかえている問題点は何かを分析し，その解決方法を注3)模索できる「思考力」が問われている。（中略）

　感性はリアルな体験によって磨かれる。体験が感性を育て，感性が豊かになると，生活の中で出合う「なぜ？」を調べるようになる。このくり返しこそが思考力を育てる。（中略）日々出合うさまざまな出来事に対して興味・関心をもち，「これは何なのか？」「なぜそうなっているのか？」と自分自身に問いかけ，「なるほど，そういうことなのか」と納得がいくまで調べよう。知的好奇心を高め，考える日々を送ること。思考力はそこから生まれる。（中略）

　会話することは思考することでもあり，思考力を育てる立派なトレーニングになることを知っておこう。（中略）自分の考えだけを一方的に述べるのではなく，友だちや家族の意見を聞いてから，自分の意見を相手に説明する。「何を」「どの順番で」「どういう風に」話をしたら，相手の人にきちんと伝わるのかを考えることで，思考力は育つ。（中略）

神奈川県立中等教育学校

考えたことを整理するために，思考の内容を紙に書いたり，パソコンにまとめよう。頭の中で考えたことは^{注4)}アウトプットする。この習慣が大事だ。書くことで考えがより明確になり，そこから次の新しい発想が生まれてくることもある。

（『これからの新しい勉強法』吉川厚監修　小林実編集協力より　※一部表記を改めたところがある。）
^{注1)}グローバル化：世界的な規模に広がること。
^{注2)}IT化：インターネットなどの情報通信技術の活用が暮らしの中で広がること。
^{注3)}模索：手がかりがないまま，いろいろとためすこと。
^{注4)}アウトプット：考えを文字にしたり，言葉にしたりして表現すること。

問2　たろうさんとかなこさんは，算数の学習で自分たちが考えた問題に取り組んでいます。次の（1），（2）の各問いに答えましょう。

（1）次の〔会話文1〕を読んで，あとのア，イの各問いに答えましょう。

〔会話文1〕

たろう 「わたしの問題は，〔枠〕の内側に，〔板〕を〔しきつめ方〕に従ってしきつめて作る模様について考える問題です。1問めは，最も多く ■ の板を使って作る模様では，■ の板を何枚使うかを考えます。」 かなこ 「最も多く ■ の板を使って作る模様には，■ の板を あ 枚使いますね。」 たろう 「そうです。2問めは，1問めの模様も含めて，全部で何種類の模様を作ることができるかを考えます。」 かなこ 「できた模様の中には，それぞれちがうように見えても，〔枠〕ごと回転させると同じ模様になるものがありますね。その模様は，同じ模様と考え，1種類として数えると，い 種類の模様ができますね。」

〔枠〕真上から見たとき

12 cm　　〔枠〕の内側は1辺が12 cmの正方形です。

〔板〕

■ と ▦ の2種類の板があり，どちらも1辺が4 cmの正方形です。模様を作るときに使い，必要な分だけあります。

〔しきつめ方〕

○ 〔枠〕の内側に〔板〕を9枚しきつめて模様を作ります。ただし，■ と ▦ の，どちらも，必ず1枚以上使うこととします。また，〔板〕を重ねてはいけません。

○ 〔図〕の☆の線（--------）と，★の線（-----）のそれぞれで線対称となるよう，模様を作ります。

〔図〕

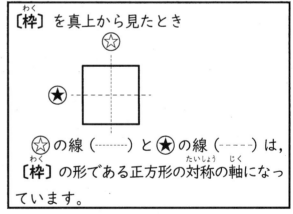

〔枠〕を真上から見たとき

☆の線（--------）と★の線（-----）は，〔枠〕の形である正方形の対称の軸になっています。

ア 〔会話文1〕の あ にあてはまる数を，次の①～⑦の中から1つ選び，その番号を答えましょう。

①　3　　②　4　　③　5　　④　6　　⑤　7　　⑥　8　　⑦　9

イ 〔会話文1〕の い にあてはまる数を，次の①～⑦の中から1つ選び，その番号を答えましょう。

①　4　　②　6　　③　8　　④　10　　⑤　12　　⑥　14　　⑦　16

（2）次の〔会話文２〕を読んで，あとのア，イの各問いに答えましょう。

〔会話文２〕

> かなこ 「わたしの問題は，〔展開図〕を組み立ててできるさいころを２個使います。２個のさいころを，〔並べ方〕に従って〔図１〕の直方体となるように並べます。その直方体の面にある，さいころの目の数がいくつになるかや，条件を満たす並べ方は何通りあるかを考える問題です。」
>
> たろう 「１問めは，〔図２〕のように並べたときについて考えるのですか。」
>
> かなこ 「そうです。Ａの面の目の数とＢの面の目の数がいくつになるか考え，その２つの数の和を求めます。２問めは，⚁が〔図３〕の位置となる並べ方は，〔図２〕の並べ方も含めて，全部で何通りあるかを考えます。」

〔展開図〕

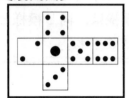

〔並べ方〕

> ○ 〔展開図〕を組み立ててできるさいころ２個を〔図１〕のように，ぴったりと合わせて直方体となるように並べます。このように並べると，〔図１〕の直方体には，正方形の面▨が２つ，正方形が２つ並んで長方形となる面▨が４つできます。
>
> ○ 面▨は，どちらも目の数が奇数となるようにします。
>
> ○ 面▨は，４つの面それぞれで，２個のさいころの面の目の数をたし，その和が奇数となるようにします。

〔図１〕さいころ２個を合わせた直方体

正方形が２つ並んで長方形となる面
正方形の面
正方形が２つ並んで長方形となる面

〔図２〕

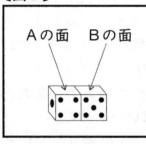

Ａの面　Ｂの面

〔図３〕

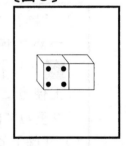

ア 〔展開図〕を組み立ててできるさいころ２個を〔並べ方〕に従い，〔図２〕のように並べたとき，Ａの面の目の数とＢの面の目の数の和はいくつになるか，次の①〜⑤の中から１つ選び，その番号を答えましょう。

① 3　　　　② 5　　　　③ 7　　　　④ 9　　　　⑤ 11

イ 〔展開図〕を組み立ててできるさいころ２個を〔並べ方〕に従い，⚁が〔図３〕の位置となるように並べるとき，〔図２〕の並べ方も含めて，並べ方は何通りあるか，次の①〜⑨の中から１つ選び，その番号を答えましょう。

① 4 通り　　② 5 通り　　③ 6 通り　　④ 7 通り　　⑤ 8 通り
⑥ 9 通り　　⑦ 12 通り　　⑧ 15 通り　　⑨ 18 通り

神奈川県立中等教育学校

問3 かなこさんたちは，社会科の授業で，地球温暖化について調べたことを話し合っています。次の〔会話文〕を読んで，あとの（１），（２）の各問いに答えましょう。

〔会話文〕

かなこ	「地球温暖化の原因の１つとして，温室効果ガスの問題があります。わたしは，日本の温室効果ガス総排出量を調べ，〔表１〕にしました。」
たろう	「温室効果ガスの大部分は二酸化炭素で，2019年の世界の二酸化炭素排出量は，約335億トンです。〔表２〕は，その排出量における日本，アメリカ，中国の排出割合などをまとめたものです。年間１人あたりの排出量は，各国の排出量をそれぞれの国の人口でわって求めました。」
ひかり	「2020年度の日本の家庭１世帯あたりの二酸化炭素排出量は，約3.9トンです。わたしは，2020年度の日本の家庭で，どんなときに二酸化炭素を排出しているかを調べ，その割合を〔表３〕にしました。」
たろう	「照明をこまめに消したり，暖房や冷房の設定温度に気を付けたりして，二酸化炭素排出量を減らしていきたいですね。」
かなこ	「日本は，目標とする温室効果ガス総排出量を，〔表１〕の2013年度の温室効果ガス総排出量から46％減らした量としています。目標を達成するには，2019年度の温室効果ガス総排出量と比べて，あと約 **あ** トン減らす必要があります。」

〔表１〕日本の温室効果ガス総排出量の推移

年度	2013	2014	2015	2016	2017	2018	2019
温室効果ガス総排出量（トン）	14億900万	13億6000万	13億2200万	13億500万	12億9200万	12億4800万	12億1200万

（国立環境研究所「日本国温室効果ガスインベントリ報告書」より作成）

〔表２〕世界の二酸化炭素排出量における国別排出割合と年間１人あたりの二酸化炭素排出量（2019年）

国名	日本	アメリカ	中国
排出割合（％）	3.2	14.1	29.5
１人あたりの排出量（トン）	8.4	14.5	7.1

（JCCCA「地球温暖化防止ハンドブック」より作成）

〔表３〕日本の家庭１世帯あたりの二酸化炭素排出量における注)用途別排出割合

用途	照明・家電製品	暖房	給湯	ごみ	冷房	その他
排出割合（％）	32.4	15.9	15	3.8	2.6	30.3

（JCCCAホームページより作成）

注)用途：使いみち。

（1）〔会話文〕，〔表１〕～〔表３〕から読み取れる内容として，あてはまるものを次の
A～Eからすべて選ぶとき，その組み合わせとして適切なものを，あとの①～⑧の
中から１つ選び，その番号を答えましょう。

A　日本の温室効果ガス総排出量は，2013年度から2019年度まで減少し続けている。

B　2019年の日本，アメリカ，中国の二酸化炭素排出量を合わせると，世界全体の5割以上になる。

C　日本とアメリカの2019年の年間１人あたりの二酸化炭素排出量を比べると，アメリカは日本の2倍以上である。

D　2019年の年間１人あたりの二酸化炭素排出量は日本の方が中国より多いが，国全体の二酸化炭素排出量は日本の方が中国より少ない。

E　2020年度の日本の家庭１世帯における照明・家電製品，暖房，冷房による二酸化炭素排出量の合計は，1.5トン以上である。

①　A，B　　　　②　A，D　　　　③　A，E　　　　④　C，E
⑤　A，B，E　　⑥　A，C，D　　⑦　A，D，E　　⑧　B，D，E

（2）次のア，イの各問いに答えましょう。

ア　2019年の日本の二酸化炭素排出量は，日本の温室効果ガス総排出量の約何％にあたるか，あてはまるものを，次の①～⑧の中から１つ選び，その番号を答えましょう。なお，〔表１〕の2019年度の日本の温室効果ガス総排出量を2019年のものと考えて計算するものとします。また，計算中の割合が小数になる場合は，小数第３位を四捨五入し，小数第２位までのがい数にしてから百分率で表すものとします。

①　62%　　　　②　65%　　　　③　70%　　　　④　77%
⑤　81%　　　　⑥　88%　　　　⑦　93%　　　　⑧　98%

イ　〔会話文〕の　あ　にあてはまる数を，次の①～⑧の中から１つ選び，その番号を答えましょう。なお，　あ　にあてはまる数は，百万の位で四捨五入して千万の位までのがい数で表すものとします。

①　2億6000万　　②　3億1000万　　③　4億1000万　　④　4億5000万
⑤　5億3000万　　⑥　5億6000万　　⑦　6億8000万　　⑧　7億1000万

問4 たろうさんの班では，校外学習の計画について話し合っています。次の〔**会話文**〕を読んで，あとの（１），（２）の各問いに答えましょう。

〔**会話文**〕

たろう	「わたしたちが校外学習に行く日は，〔**表１**〕を見ると，どの施設も見学でき，すべての施設で花が見られる日ですね。」
かなこ	「どの施設へ行くのにも電車を使うので，調べて〔**路線情報**〕にしました。」
じろう	「わたしは，施設に近い駅と，移動にかかる時間を〔**表２**〕にしました。」
ひかり	「では，話し合って決めた〔**計画の立て方**〕に従って，考えましょう。」
たろう	「見学する施設の選び方ですが，昼食場所のスイレン庭園以外の１か所だけを選ぶのは あ 通り，２か所を選ぶのは い 通り，３か所すべてを選ぶのは１通りなので，全部で う 通りが考えられます。」
かなこ	「施設に行く順番をうまく考えれば，すべての施設に行けますね。」
じろう	「見学にかかる時間を〔**表１**〕のとおりにとって，それぞれの施設の開園時間にも気を付けて計画を立てましょう。」

〔**表１**〕見学できる施設

施設名	休業日	開園時間	見学にかかる時間	花が見られる期間
バラガーデン	月曜日	10時～16時	50分	5月1日～6月20日
アジサイ広場	水曜日	10時～17時	15分	5月21日～7月10日
サツキ公園	なし	9時～17時	30分	5月21日～6月10日
スイレン庭園	月曜日	9時～17時	20分	5月11日～7月31日

〔**路線情報**〕

○ 〔**路線図**〕は，A駅からH駅までを結ぶ路線を表しています。A駅を出発してH駅に向かう下り電車と，H駅を出発してA駅に向かう上り電車があり，いずれもすべての駅に停車します。下り電車は，H駅に到着した5分後に上り電車として，上り電車は，A駅に到着した5分後に下り電車として，それぞれ出発します。

○ 下り電車は，7時から16時までのすべての時間帯で，A駅を0分，12分，24分，36分，48分に出発します。

　　例　8時台はA駅を8時，8時12分，8時24分，8時36分，8時48分に出発

〔**路線図**〕

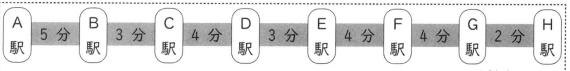

○ 駅と駅の間に書いてある時間は，電車が駅を出発し，次の駅に到着するまでの時間です。電車は駅に到着した1分後に次の駅に向けて出発します。

　　例　A駅を8時に出発⇒B駅に8時5分に到着⇒B駅を8時6分に出発

〔表2〕 施設に最も近い駅

施設名	施設に最も近い駅	施設と駅の間の移動方法とかかる時間
バラガーデン	B駅	徒歩で10分
アジサイ広場	D駅	徒歩で9分
サツキ公園	F駅	徒歩で7分
スイレン庭園	H駅	徒歩で11分

〔計画の立て方〕

○ 9時に学校を出発し，学校には15時15分までにもどる。

○ 〔路線情報〕の電車を使って移動し，駅と施設，駅と学校の間は徒歩で移動する。学校に最も近い駅はA駅で，学校とA駅の間は徒歩で10分かかる。

○ スイレン庭園には，11時30分から12時30分までの間に到着するように計画し，先に昼食時間を40分とってから，庭園を見学する。

○ 〔表1〕の中から，昼食場所のスイレン庭園以外に，行きたい施設を1か所以上選ぶ。

（1）次のア，イの各問いに答えましょう。

ア　たろうさんの班が校外学習に行く日を，次の①～⑥の中から1つ選び，その番号を答えましょう。

① 5月16日（火）　　② 5月26日（金）　　③ 6月7日（水）
④ 6月22日（木）　　⑤ 7月3日（月）　　⑥ 7月11日（火）

イ　〔会話文〕の あ ～ う のうち， う にあてはまる数を，次の①～⑥の中から1つ選び，その番号を答えましょう。

① 7　　② 8　　③ 9　　④ 10　　⑤ 11　　⑥ 12

（2）次のア，イの各問いに答えましょう。

ア　A駅を9時48分に出発した下り電車がH駅に到着する予定時刻を，次の①～④の中から1つ選び，その番号を答えましょう。

① 10時13分　　② 10時14分　　③ 10時19分　　④ 10時20分

イ　すべての施設を見学し，最も早く学校へもどる計画を立てるとき，学校へもどる予定時刻を，次の①～⑧の中から1つ選び，その番号を答えましょう。

① 14時24分　　② 14時29分　　③ 14時36分　　④ 14時41分
⑤ 14時48分　　⑥ 14時53分　　⑦ 15時　　⑧ 15時5分

※問題は，これで終わりです。

（解答用紙は別冊39 P）（解答例は別冊21 P）

問 1　たろうさんとかなこさんは，国語の授業で学習した漢字の成り立ちについて話しています。次の〔**会話文**〕を読んで，あとの（1），（2）の各問いに答えましょう。

〔会話文〕

たろう	「国語の授業で，漢字の成り立ちについて学びましたね。」
かなこ	「〔**資料1**〕では，六書という漢字の成り立ちを6つに分類したもののうち，象形文字，指事文字，会意文字，形声文字の4つを学習しました。」
たろう	「日，月という漢字は象形文字，上，下という漢字は指事文字，林，森という漢字は会意文字，持，時という漢字は形声文字に分類されます。」
かなこ	「〔**資料2**〕では，日本でつくられた漢字について学びましたね。」
たろう	「畑，働という漢字は国字でしたね。日本でつくられた漢字と中国でつくられた漢字のちがいについては，〔**資料3**〕を読み，くわしく知ることができました。」
かなこ	「これらの資料をもとに，日本でつくられた国字について考えましょう。」

〔資料1〕

漢字の成り立ちを示す「六書」（中略）

・象形文字‥‥‥物の形をかたどることで，それを指し表す。（中略）

・指事文字‥‥‥図や記号を用いたり文字を変形させたりして(注)抽象性の高い概念を表現する。（中略）

・会意文字‥‥‥象形文字や指事文字などを意味に着目して組み合わせ，別の新たな意味を表す。（中略）

・形声文字‥‥‥象形文字や指事文字などを意味と発音に着目し組み合わせ，別の新たな意味を表す。

（『漢字の歴史』笹原宏之著より　※一部表記を改めたところがある。）

(注)抽象性の高い概念：具体的な形に表しにくい事がら。

〔資料2〕

　漢字は中国で生まれた文字です。中国の暮らしの中で，中国にあるものごとを表すためにつくられました。

　日本は，その漢字を受け入れましたが，中国と日本では，気候や(注)風土，暮らしや文化がちがいます。そのため，中国にないものごとや，中国とはとらえ方のちがうものごとが，日本にはたくさんありました。

　それらの日本特有のものごとは，中国生まれの漢字では書き表すことができません。そこで日本人は，それらを表す新しい漢字を，中国の漢字にならってつくりだしました。こうして日本で独自につくられた漢字を，「国字」といいます。

（『漢字が日本にやってきた！』阿辻哲次　髙木まさき　棚橋尚子監修
青山由紀　岸田薫　鈴木一史編集より　※一部表記を改めたところがある。）

(注)風土：その土地の地形などの自然の様子。

　国字は，漢字とどのようなちがいがあるのでしょう。

　漢字は中国語を表す文字だったので，中国語つまり音読みしかもっていませんでした。音読みを示すためには，成り立ちを分類した六書_{りくしょ}の中では，形声文字が有利でした。（中略）そのため，漢字の八割ほどが形声文字でつくられています。そうすると，偏_{へん}が意味の範囲をおおまかに示し，旁_{つくり}の部分がその単語の発音を示す，ということになります。（中略）

　韓国_{かんこく}や^{注1)}ベトナムでも，日本に^{注2)}相前後_しして漢字にならって漢字をつくったのですが，やはり形声文字が大半を占めています。^{注3)}漢字文化圏_{ぶんかけん}においては，漢字は旁_{つくり}が音_{おん}を表すというのが^{注4)}大原則なのです。それに対して国字は，基本的に漢字で書けない固有の^{注5)}大和言葉_{やまと}を書き表そうとしてつくられたものでした。そこには音読みは原則として必要がなかったので，意味を表せば十分でした。そのためには，六書_{りくしょ}でいえば会意文字の方法がふさわしく，たくさんの^{注6)}造字に際して会意の方法が選ばれたのです。

（『「国字」字典』世界文化社発行より　※一部表記を改めたところがある。）

^{注1)}ベトナム：中国のとなりにある，アジアの国。
^{注2)}相前後_{かけん}して：続いて，もしくは少し前の時期に。
^{注3)}漢字文化圏_{ぶんかけん}：漢字を使う地域。
^{注4)}大原則：ここでは，最も多くの漢字に共通する原則。
^{注5)}大和言葉_{やまと}：漢語や外来語ではない，日本人が昔から使ってきた言葉。
^{注6)}造字：ここでは，国字をつくること。

（１）〔資料１〕〜〔資料３〕から読み取れる内容として，あてはまるものを次の①〜⑤の中からすべて選び，その番号を書きましょう。

①　物の形をかたどることにより，その物を表した文字は，形声文字である。
②　図や記号を用いたり，文字を変形させたりして表現した文字は，指事文字である。
③　中国で生まれた漢字は，日本に受け入れられた。
④　中国と日本以外の国で，漢字がつくられることはなかった。
⑤　漢字を成り立ちで分類すると，形声文字が最も多い。

（２）次の２つのことについて，〔資料１〕〜〔資料３〕の内容をふまえ，全体で40字以上60字以内で書きましょう。

・　日本の国字の多くは，**どのようなこと**を表した漢字ですか。**ものごと**という言葉を使い，書きましょう。

・　日本の国字の多くは，組み合わせる文字の**何**に着目してつくられたか書きましょう。

神奈川県立中等教育学校

問2 かなこさんたちは，運動会にむけた準備について話しています。次の（１），（２）の各問いに答えましょう。

（１）次の〔会話文１〕を読んで，あとの**ア**，**イ**の各問いに答えましょう。

〔会話文１〕

> かなこ 「先生からもらった〔**図**〕にある，点Ａ，点Ｂ，点Ｃ，点Ｄを結んでできる四角形ＡＢＣＤは正方形，点Ｅ，点Ｆ，点Ｇ，点Ｈを結んでできる四角形ＥＦＧＨは長方形ですね。」
>
> たろう 「はい。正方形ＡＢＣＤ，長方形ＥＦＧＨの左側と右側には，円をちょうど半分にした形をそれぞれあわせてあります。それでは，〔**図**〕をもとに，実際のグラウンドにひく線の長さを考えましょう。」
>
> かなこ 「実際のグラウンドにひく線の長さは，点Ａから点Ｂまでの直線が あ m，点Ｅを通る最も内側の線（───）１周が約 い mですね。」
>
> たろう 「そのとおりですね。」

〔図〕運動会のグラウンドの線

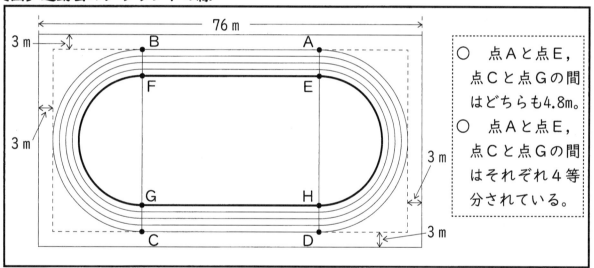

○ 点Ａと点Ｅ，点Ｃと点Ｇの間はどちらも4.8m。

○ 点Ａと点Ｅ，点Ｃと点Ｇの間はそれぞれ４等分されている。

ア 〔**会話文１**〕の あ にあてはまる数を，次の①～⑥の中から１つ選び，その番号を答えましょう。

① 35 　 ② 35.5 　 ③ 36 　 ④ 36.5 　 ⑤ 38 　 ⑥ 38.5

イ 〔**会話文１**〕の い にあてはまる数を，次の①～⑥の中から１つ選び，その番号を答えましょう。ただし，円周率は3.14として計算し，線の幅は考えないものとします。また，計算して求めた数は，小数第１位で四捨五入して整数で表すものとします。

① 145 　 ② 150 　 ③ 157 　 ④ 165 　 ⑤ 173 　 ⑥ 180

（2）次の〔会話文2〕を読んで、あとのア、イの各問いに答えましょう。

〔会話文2〕

たろう	「つな引きは、4・5・6年生が参加し、赤組と白組をそれぞれ2チームに分けて行いますね。赤組は4年生46人、5年生36人、6年生50人、白組は4年生45人、5年生38人、6年生49人ですが、〔チームの分け方〕に従い、各組はどのようにチーム分けをしましたか。」
かなこ	「赤組は〔表1〕、白組は〔表2〕のようにチーム分けをしました。」
じろう	「赤組は、AチームとBチームの人数が同じになるようにチーム分けをしました。AチームとBチームの〔チームポイント〕の差は あ です。」
ひかり	「白組は、5年生全員をCチームに入れる作戦を立ててから、チーム分けをしました。その結果、Cチームが、4年生 い 人、5年生38人、6年生 う 人で合計70人、Dチームが、4年生 え 人、5年生0人、6年生 お 人で合計62人となりました。」
たろう	「なるほど。CチームとDチームの合計人数はちがいますが、CチームとDチームの〔チームポイント〕は同じになっていますね。」

〔チームの分け方〕

○　赤組をAチームとBチーム、白組をCチームとDチームに分ける。ただし、チームの力ができるだけ同じになるように、〔チームポイント〕の差がAチームとBチームの間、CチームとDチームの間で、それぞれ2以下となるようにする。

〔チームポイント〕

チームの4年生の人数を2倍、5年生の人数を2.5倍、6年生の人数を3倍した数をそれぞれ求め、さらに、求めた3つの数をすべてたした数のこと。

〔表1〕赤組のチーム分け

学年	Aチーム	Bチーム
4年生	24人	22人
5年生	17人	19人
6年生	25人	25人
合計	66人	66人

〔表2〕白組のチーム分け

学年	Cチーム	Dチーム
4年生	い 人	え 人
5年生	38人	0人
6年生	う 人	お 人
合計	70人	62人

ア　〔会話文2〕の あ にあてはまる数を、次の①〜⑤の中から1つ選び、その番号を答えましょう。

①　0　　　　②　0.5　　　　③　1　　　　④　1.5　　　　⑤　2

イ　〔会話文2〕の い 〜 お のうち、 い にあてはまる数を書きましょう。

問3 たろうさんの班では、学校行事で作る迷路について話しています。次の〔会話文1〕、〔会話文2〕を読んで、あとの（1）、（2）の各問いに答えましょう。

〔会話文1〕

たろう	「迷路の中は暗いので、電球で照らすことにしましたね。そこで、わたしは、電球が照らす範囲を調べました。調べたことを〔図1〕～〔図3〕で説明し、電球が照らす範囲のちがいを〔図4〕で考えます。〔図1〕～〔図4〕では、電球の光はどの方向にもまっすぐ進み、遠くまで届くということ、それぞれの図形のまわりの辺を壁として考え、電球の光は壁を通りぬけず、壁で反射しないということを条件とします。また、〔図1〕～〔図3〕の▨は、電球の光が照らす範囲を示しています。」
かなこ	「条件はわかりました。〔図1〕の説明からお願いします。」
たろう	「〔図1〕は、正方形の頂点Aに置いた電球が照らす範囲を示しています。照らす範囲を調べるためには、電球を置いた頂点Aと頂点B、頂点C、頂点Dをそれぞれ結ぶ直線をひきます。そうすると〔図1〕の図形の中に、三角形ABCと三角形ACDの2つの三角形ができます。この頂点Aを含む三角形2つが、頂点Aに置いた電球が照らす範囲です。」
かなこ	「わかりました。次に、〔図2〕の説明をお願いします。」
たろう	「〔図2〕の図形は、〔図1〕の正方形を重ねずに3つ組み合わせた図形です。その図形の頂点Jに置いた電球が照らす範囲を説明します。〔図1〕のときと同じように、頂点Jと他の頂点をそれぞれ結ぶ直線をひきます。ただし、頂点Jと結ぶ直線が図形の外側を通る頂点Hと頂点Gには、ひきません。また、光はまっすぐ進み、遠くまで照らすので、頂点Jと頂点Iを結ぶ直線は、頂点Iを通過し、壁と接するまでひきます。」
かなこ	「そのように線をひいて三角形をつくり、調べたのですね。続いて、〔図3〕の説明をお願いします。」
たろう	「〔図3〕と〔図2〕の図形は同じで、〔図3〕は、図形の頂点Iに置いた電球が照らす範囲を示しています。また、〔図3〕と〔図2〕を比べると、電球を置く頂点によって照らす範囲がちがうことがわかります。それでは、〔図1〕の正方形を重ねずに4つ組み合わせた〔図4〕の図形で、電球を置く頂点によって照らす範囲がどのくらいちがうかを考えます。〔図4〕の図形は、辺KLと辺NOの長さが等しい図形なので、そのことに気を付けて、照らす範囲を面積として考えてください。」
かなこ	「なるほど。照らす範囲を面積としてとらえ、面積で比べるのですね。」

〔図1〕
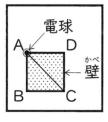

〔図2〕
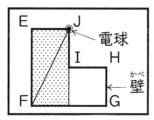

〔図3〕
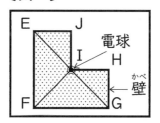

〔図4〕
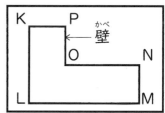

〔会話文2〕

たろう 「〔図5〕は，方眼紙にかいた迷路の設計図です。〔図6〕は，〔図5〕に
電球を置く場所をかき加えた図で，必ず電球を置く場所を ●，迷路の
中を照らすために電球を置くことができる場所を ○ で表しています。」

かなこ 「〔図6〕を使い，迷路のどこに電球を置けば，入り口から出口までの迷
路の中すべてを照らせるか，たろうさんが〔図1〕～〔図3〕の説明を
したときの条件と同じ条件で考えてみましょう。」

たろう 「51か所ある ○ のうち， あ か所に電球を置くと，迷路の中すべてを
照らすことができ，電球の数が最も少なくてすみますね。」

〔図5〕迷路の設計図

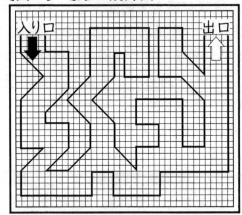

〔図6〕

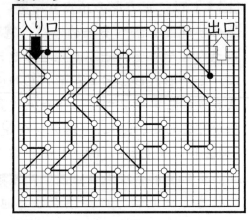

（1）〔図4〕の図形について，次のア，イの各問いに答えましょう。

ア 頂点K，頂点L，頂点M，頂点N，頂点O，頂点Pの6つの頂点の中から，1つ
の頂点を選んで電球を置くとき，図形全体を照らすことができる頂点はいくつあ
るか，次の①～⑥の中から1つ選び，その番号を答えましょう。

① 1つ ② 2つ ③ 3つ ④ 4つ ⑤ 5つ ⑥ 6つ

イ 頂点Oに置いた電球が照らす範囲の面積は，頂点Kに置いた電球が照らす範囲
の面積の何倍になっているか，次の①～⑥の中から1つ選び，その番号を答えま
しょう。

① 1.5倍 ② 1.6倍 ③ 1.7倍 ④ 1.8倍 ⑤ 1.9倍 ⑥ 2倍

（2）〔会話文2〕の あ にあてはまる数を，次の①～⑥の中から1つ選び，その番号
を答えましょう。

① 4 ② 5 ③ 6 ④ 7 ⑤ 8 ⑥ 9

問4　かなこさんとたろうさんは，算数の授業でゲームをしています。次の〔**会話文 1**〕，〔**会話文2**〕を読んで，あとの（1），（2）の各問いに答えましょう。

〔**会話文1**〕

> かなこ　「今日の算数の授業では，計算をしながら〔**ゲーム**〕をしますね。」
> たろう　「こまをシートの上で，どのように動かすか，考えましょう。」

〔**ゲーム**〕

> ○　〔**使うもの**〕は，シート1枚，こま1つ，1～6の目が出るさいころ1つです。
> ○　こまは，シートのマス（□，■）の上を動かします。そのとき，さいころをふって出た目の数と，こまを動かすマスの個数が必ず同じになるようにします。
> ○　さいころは，3回ふります。さいころを1回ふるたびに，こまを〔**こまの動かし方**〕に従って動かします。こまを動かし終えたら，再びさいころをふります。
> ○　こまを S に置き，そこから1回めを始めます。動かし終えたこまは，マスの上に置いたままにし，2回め，3回めは，前の回で動かし終えたマスから始めます。
> ○　こまが通ったマスや，それぞれの回でこまを動かし終えたマスにかいてある数字や記号をもとに〔**得点の計算**〕をしながら，最後の得点を求めます。

〔**使うもの**〕

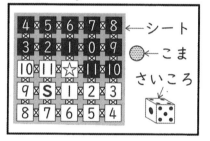

←シート
←こま
さいころ

〔**こまの動かし方**〕

> ○　通路（▨▨▨）を通って動かします。
> ○　S には動かせません。S 以外のマスは，何度も通ったり，置いたりすることができます。
> ○　〔**動かすときの注意**〕に従い動かします。〔**動かすことができなくなるとき**〕は，ゲーム終了です。

〔**動かすときの注意**〕

> ○　〔**もどる方向**〕には動かせません。
> 　〔**もどる方向**〕の例
>
> > ・11 から 2 へ動かしたときのもどる方向は 11 がある方向です。そのあと，2 から 1 へ動かすと，もどる方向は 2 がある方向となります。
> > ・2回めを始めるときのもどる方向，3回めを始めるときのもどる方向は，それぞれこまが置いてあるマスの直前に通ったマスがある方向です。
>
> ○　さいころの1の目が出たときは，1マスだけ動かします。2～6の目が出たときは，〔**例**〕のように，動かす途中で1度だけ進む方向を曲げます。
> 　〔**例**〕1回めにさいころの3の目が出て，こまを S から 11 方向に動かしたいとき
>
> > できる動き
> > 　例　S⇒11⇒☆⇒11，S⇒11⇒2⇒1，S⇒11⇒2⇒3
> > できない動き
> > 　例　S⇒11⇒2⇒5（1度も曲げていない），S⇒11⇒10⇒3（2度曲げている）

〔動かすことができなくなるとき〕

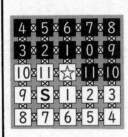
さいころをふって出た目の数とこまを動かすマスの個数は必ず同じでなければいけませんが，例えば，こまが☆に置いてあるときに，さいころの5や6の目が出ると，どの方向に動かしても4マスまでしか動かすことができません。このようなときは，そこでゲーム終了とし，その前の回が終わったときの得点を最後の得点とします。

〔得点の計算〕

○　1回めを始めるときの得点は100点です。

○　3，3，6，6，9，9では，得点からマスにかかれている数をひきます。

○　3，3，6，6，9，9，☆以外では，得点にマスにかかれている数をたします。

○　☆でこまを動かし終わるときは12をたし，通るだけのときは12をひきます。

　　例　さいころの2の目が出てSから11⇒☆と動かすとき 100 + 11 + 12

　　例　さいころの3の目が出てSから11⇒☆⇒11と動かすとき 100 + 11 − 12 + 11

○　2回め，3回めは，その前の回までの得点を始めるときの得点とし計算します。

　　例　1回めの得点が114点で2回めに11から10⇒3と動かすとき 114 + 10 − 3

〔会話文2〕

かなこ　「1回めにさいころの2の目が出てSから11，☆の順でこまを動かし，2回めのさいころをふると，3の目が出ました。今から3マス動かします。」

たろう　「2回め終了後の得点が最も高くなる動かし方は何通りかあります。この中の，どの動かし方が，最後の得点も最も高くなるか考えましょう。」

かなこ　「まず，2回め終了後の得点が最も高くなる動かし方の中で，　あ　のマスへ動かす動かし方を選びます。そして，3回めでさいころの　い　の目が出れば，最後の得点は　う　点となり，最も高い得点になります。」

（1）次の**ア**，**イ**の各問いに答えましょう。

　ア　〔こまの動かし方〕に従って，こまをSから4マス動かす動かし方は何通りあるか，次の①〜⑤の中から1つ選び，その番号を答えましょう。

　　①　8通り　　②　9通り　　③　10通り　　④　12通り　　⑤　16通り

　イ　この〔ゲーム〕には，2回めを始めることができるマスが20マスあります。そのうち，2回めにさいころの6の目が出たとき，そこから6マスこまを動かすことができるマスは何マスあるか，次の①〜⑤の中から1つ選び，その番号を答えましょう。

　　①　13マス　　②　14マス　　③　15マス　　④　16マス　　⑤　17マス

（2）〔会話文2〕の　あ　〜　う　のうち，　う　にあてはまる数を書きましょう。

※問題は，これで終わりです。

課題1　太郎さんと花子さんは，○△クリーンセンターへ見学に行ったときの取材メモをもとに，ごみの処理について話し合っています。取材メモ1と取材メモ2を見て，次の（1）～（3）に答えましょう。

太郎：○△市では，リサイクルがさかんであると言われていたね。
花子：令和4年度は，岡山県のリサイクル率の目標を達成したいとも言われていたね。

（1）　○△市の令和3年度のリサイクル率は30％でした。○△市が，岡山県のリサイクル率の目標と等しくなるには，1人あたり1日あと何gのごみをリサイクルすればよかったでしょうか。

1人あたり1日あと　　　　　　　　　　　g

花子：たくさんのごみを焼きゃくするのは大変な作業だよね。
太郎：効率よく焼きゃくするためには，どんなことが必要だったかな。

（2）　ふたのない空き缶の中に木を入れて燃やします。図1のように，側面の穴の位置だけがちがう2種類の空き缶を用意し，空き缶に入れる木の入れ方を変えるとき，木が最も勢いよく燃える組み合わせになるように，図1の①，②と，図2のア，イからそれぞれ1つずつ選びましょう。また，その組み合わせが最も勢いよく燃えると考えた理由を，「空気」という言葉を使って説明しましょう。

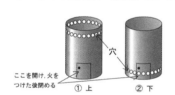

図1　穴を開ける位置

図2　木の入れ方

最も勢いよく燃える組み合わせ　　　と
説明

太郎：積み上げられたすべてのベールには，おし固められた空のペットボトルが約8万本ふくまれているって言われていたけれど，そんなにあるようには見えなかったよ。
花子：メモにある情報をもとに，どのくらいの本数があるか確かめられないかな。

右のメモ欄：

取材メモ1　10月20日　　　太郎

〈○△クリーンセンターの特ちょう〉
・ごみの焼きゃく処理能力は，1日39トン。
・えんとつの高さは100 m。ごみをよく燃やす働きがある。
・○△市は，岡山県内でもリサイクルがさかんである。たくさんの資源ごみ（ペットボトル，ビン類など）を回収している。

〈ごみの量について〉
・令和3年度に○△市で回収された1人あたりの1日のごみの量は960 g。
・リサイクル率は，回収された全体のごみの量に対するリサイクルされた量の割合で計算できる。
・岡山県のリサイクル率の目標は33％。令和元年度の岡山県のリサイクル率は47都道府県中1位。

取材メモ2　10月20日　　　花子

〈ペットボトルのリサイクルについて〉
・回収された空のペットボトルは，運びやすいように「ベール」という直方体の形におし固められる。
・○△クリーンセンターでは，ベールはくずれないようにぴったり重ねて積み上げている。
・ベール1つの重さは約190 kg。
・空の500 mLのペットボトル1本の重さは30 g。
・空の2Lのペットボトル1本の重さは50 g。
・○△クリーンセンターに持ちこまれる500 mLのペットボトルの本数は，2Lのペットボトルの本数の5倍。
・ベールは細かくくだかれて，製品の原料になる。

1つのベール

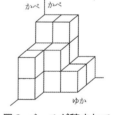

図3　ベールが積まれている様子

花子：大量のペットボトルが資源ごみとして運びこまれていたね。

（3）　取材メモ2の図3は，ベールが積まれている様子をスケッチしたもので，1つの直方体が1つのベールを表しています。ベール1つの重さをすべて190 kgとしたとき，図3のすべてのベールには，空の500 mLと2Lのペットボトルがあわせて何本おし固められているか答えましょう。また，どのようにして求めたのかも説明しましょう。

説明
空の500 mLと2Lのペットボトルがあわせて　　　　　　本

右端縦書き：岡山県立中学校・中等教育学校

課題2　次の（1）～（3）に答えましょう。

（1）　図1は，ある日の夕方，西の空に見えた月の形です。また，図2は，教室の中で電灯の光をボールに当てて，その見え方から月の満ち欠けについて実験しているときの様子を天井から見たものです。観察する人から見てボールが図1の月の形に見えるのは，ボールを図2のア～クのどこにおいたときに近いか記号で答えましょう。

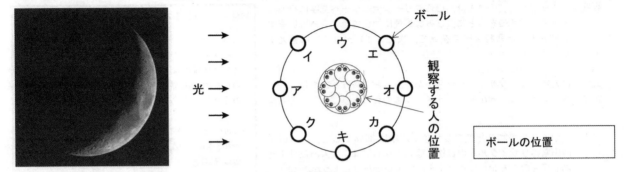

図1　西の空に見えた月の形　　　　　図2　実験の様子

ボールの位置

（2）　図3のような，ふりこAとふりこBをつくりました。ふれはばを同じにして，2つのふりこをそれぞれふるとき，1往復する時間はどのようになりますか。次のア～ウから選び，記号で答えましょう。また，そのようになる理由を具体的な数値を使って説明しましょう。
　　ア　ふりこAの方が1往復する時間は短い。
　　イ　ふりこBの方が1往復する時間は短い。
　　ウ　どちらのふりこも1往復する時間は同じになる。

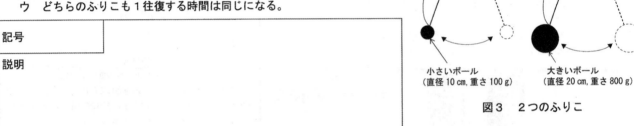

図3　2つのふりこ

記号	
説明	

（3）　ジュースの入ったコップに氷を入れ重さをはかると，はかりの表示は500gでした。そのまま室内にしばらく置いておくと，はかりの表示が変化していました。不思議に思った太郎さんは，時間とともに重さがどのように変化するかを調べるために氷水で実験することにしました。気温27℃の室内で，5分ごとに図4のはかり方で変化した重さを記録し，グラフにまとめました。図5は，はかり始めてからの時間と変化した重さの関係を表したグラフです。変化した重さが図5のグラフのようになった理由を答えなさい。ただし，氷はとけて水になってもその重さは変わりません。

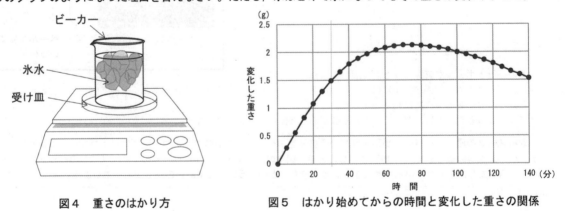

図4　重さのはかり方　　　　図5　はかり始めてからの時間と変化した重さの関係

説明	

課題3　次の（1）～（3）に答えましょう。

（1）　次のような計算プログラムがあります。計算結果が 20 となるとき元の数にあてはまる整数を1つ答えましょう。

計算プログラム

| 元の数 | 3をかける | | 4をたす | | 一の位の数字を四捨五入する | 20 |

元の数にあてはまる整数

（2）　図1のような，一部が欠けている木材があります。この木材を何枚かに切り分け，その中の5枚を使って，容積が 44 cm³ 以上になるふたのない直方体の容器をつくろうと思います。このとき，できる容器について，【かき方の例】にしたがって切り分け方とその容積を1つ答えましょう。ただし，木材を切り分けるときには点線にそってしか切れず，木材の厚みは考えないものとします。

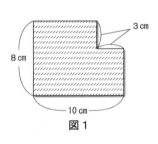

図1

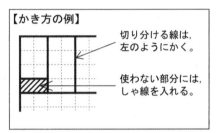

【かき方の例】

切り分ける線は，左のようにかく。

使わない部分には，しゃ線を入れる。

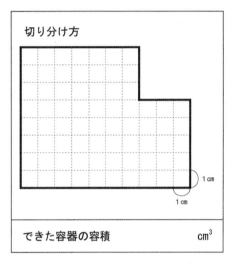

切り分け方

できた容器の容積　　　　　　cm³

（3）　太郎さんと花子さんは，4月から12月までの毎月の図書館を利用した人数を調べ，4月から8月までをグラフ1に表しました。次に，図書館を利用した人数の月ごとの割合を前の月をもとにして計算し，グラフ2とグラフ3を作成したところ，グラフ2にまちがいがあることに気づきました。グラフ2の点ア～エの中からまちがっている点をすべて選び，記号で答えましょう。また，その記号を選んだ理由を，言葉や式を使って説明しましょう。さらに，12月に図書館を利用した人数を答えましょう。

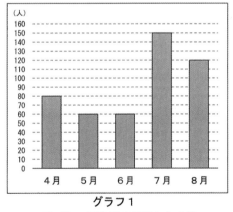

グラフ1
月ごとの図書館を利用した人数

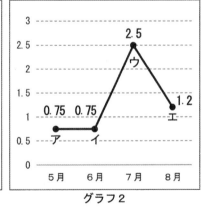

グラフ2
前の月をもとにした図書館を利用した人数の割合（5月から8月）

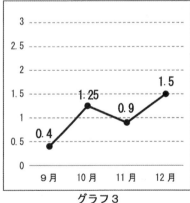

グラフ3
前の月をもとにした図書館を利用した人数の割合（9月から12月）

記号

説明

12 月に図書館を利用した人数　　　　　　人

課題１　次の文章は、文学作品（詩・物語）を読む意味について書かれている『国語をめぐる冒険』の一部です。この文章を読んで、(1)から(3)に答えましょう。

コンフォート・ゾーン（comfort zone）という概念があります。心理学の用語で、コンフォートは快適、ゾーンは領域。自分にとって快適で、慣れた環境をさします。そこにいるとストレスが少なく楽ですが、でも成長もない、そんな状況をさします。自分を広げ、がんばって人が成長するためには、少しだけ背伸びが必要です。その領域はストレッチ・ゾーンと呼ばれています。自分を広げ、がんばってみる経験を繰り返して、少しずつ成長していくのです。

これは言葉にも当てはまります。使い慣れた言いかたで満足していると、伝える力は伸びない。言葉の奥にある感情や思考に気づくことも、はじめての表現手触りを確かめたり、あたりまえの言葉の底をのぞいたりしなければ、隠された宝物には出会えないということです。

そんなふうに言葉と四つに組んで格闘するうち、しっくりくるものが思いがけず腑に落ちたり、もっとふさわしい言いかたを見つけたりできるでしょう。その瞬間から、言葉がもぞもぞと動き出し、あなたの一部になるのです。

最後にもう一つだけ大切なことをお伝えします。言葉を通して出会うのは、自分のだけではありません。より、自分をより大きく、より深く、より豊かにするためには、他者の心を体験することも欠かせません。

それについて、詩人の荒川洋治さんの『読むので思う』の一節を紹介させてください。

　　本を読むと、何かを思う。本など読まなくても、思えることはいくらでもある。だが本を読まなかったら思わないことはたくさんある。人が書いた作品のことがらやできごとは、ほかには知らない色やかたち、空気、波長をもつ。そのこと自分には、思いをそそう。読まないと思わない。思いの種類の少ない人になり、そのままに。

（荒川洋治『読むので思う』）

ほかの人が書いたものを読むと、自分にはなかった思いが誘発されるということです。

荒川さんは「すぐれた文学作品は、想像と思考の力を授けてくれる。人の心をつくる。人間の現実にはたらきかける。『文学は実学である』とぼくは思う」（同書「文学談義」）とも言っています。（中略）

文学作品の登場人物は、時に驚くべき体験をします。自分の身などやろう冒険です。東国へと旅をする『伊勢物語』の男メロスの行動に打たれて改心する王、虎になる苦悩する李徴など、登場人物に自分というがわが重なり、ほかの人はこう考えるのかと目を開かされます。文学を読むと、現実では遭遇できないことを深く体験できるのです。

「文学は実学である」、たしかにそう思います。長く読みつがれてきた名作は、表からも裏からも、広くも深くも読みこめる。読むたびに新しい発見がある。

冒険の勇者が旅をするのは、変化し続ける先の見えない世界。正解が一つではこの場所で、自分を知り、その時々の状況にふさわしい答えを探しながら進んでいきます。

そこで味方になるのは、身を守ったり、謎を解いたり、壁を壊したり、情報を得たり、現実を変えたり、七変化する言葉です。その武器として、携えて、自分を鍛えあげていく。そうすれば、目の前に広がる世界がどんなにでも乗り越えていけるでしょう。

（渡部泰明・平野多恵・出口智之・田中洋美・仲島ひとみ 著『国語をめぐる冒険』から）

＊１　概念・・・考え方
＊２　四つに組んで・・・正面から向き合って
＊３　腑に落ちたり・・・納得できたり
＊４　誘発・・・あることがきっかけとなって、ほかのことを引き起こすこと
＊５　『伊勢物語』の男・・・平安時代の古典『伊勢物語』の主人公
＊６　メロス・・・太宰治などの小説『走れメロス』の主人公
＊７　李徴・・・中島敦などの小説『山月記』の主人公
＊８　遭遇・・・思いがけず出会うこと

(1)　――「七変化」は三字熟語の上に一字の語を加えた漢字三字の熟語です。これと同じ構成の熟語のうち、一字の語に漢数字を使わない漢字三字の熟語を二つ書きましょう。ただし、「小学校」と「小道具」や、「小学校」と「中学校」のように、同じ語を二回使ってはいけません。また、「漢」「数字」「小」「学校」「道具」「中」も使ってはいけません。

(2)　――線部ア「でも成長もない」とありますが、「コンフォート・ゾーン」で人が成長しないのはなぜですか。書き出しの言葉に続けて、十五字以内で説明しましょう。（「、」や「。」や「」なども一字に数えます。）

快適で慣れた環境では、															15字

（3） この文章を読んだ太郎さんたちは、グループで話し合っています。次は、そのときの【話し合いの様子の一部】です。これを読んで、あなたが花子さんならどのように話しますか。空らんA、B、Cにその内容を書きましょう。ただし、空らんAは二十字以内、空らんBは二十五字以内、空らんCは四十字以内で書きましょう。（、や。や「」なども一字に数えます。）

【話し合いの様子の一部】

太郎	―――線部イ「隠された宝物に出会えない」とあるけど、実際にはどうすれば、出会うことができるのかな。
次郎	「はじめての表現の手触りを確かめたり」や、「あたりまえの言葉の底をのぞいたり」と書かれているけれど、どういうことなのかな。
花子	今まで使ったことのない言葉を使ってみたりすることが、 A ことだと思うよ。
太郎	そうだね。さらに、―――線部ウ「文学は実学である」と書いてあるけど、「実学」ってどういう意味かな。
次郎	辞書を引いてみると、実学とは「社会生活で実際に役立つ学問」と書いてあるよ。
太郎	なぜ、文学は社会生活の中で役に立つのかな。
花子	その理由は、文章から読み取れるよ。文学作品を読むことで B に気づかされて、現実では出会えないことを深く体験できるよ。そして、 C ことで、先の見えない世界を乗り越えていけるのだと思うよ。
太郎	そういうことか。だから、ぼくたちはこれからも色々な文学作品を読んでいく必要があるね。

A 二十字

（20字）

B 二十五字

（25字）

C 四十字

（40字）

課題2　あなたがこれまでに受けた教科の授業の中で、実際の生活場面で役立った学習内容は何ですか。また、それはどのように役立ちましたか。生活場面を一つ取り上げ、次の条件に合わせて具体的に書きましょう。

〈条件〉
○　ここでいう教科とは、国語・社会・算数・理科・音楽・図画工作・家庭・体育・外国語・道徳を指します。全ての教科を取り上げる必要はありません。
○　二百字以内で書きましょう。（、や。や「」なども一字に数えます。）
○　一マス目から書き、とちゅうで行を変えないで、続けて書きましょう。

（100字）

（200字）

岡山県立中学校・中等教育学校

課題3　太郎さんたちは，食料生産や工業生産について学んだことから，国内における貨物の輸送について調べ学習を行っています。あとの会話文を読んで，（1）～（3）に答えましょう。

資料1　貨物の輸送手段別の割合（令和元年度）

輸送トン数			
トラック	鉄道	船	飛行機
91.8%	0.9%	7.2%	0.0%

輸送トンキロ			
トラック	鉄道	船	飛行機
52.9%	4.9%	42.0%	0.2%

（国土交通省資料から作成）

太郎：貨物の輸送手段別の割合を示している資料1を見つけたよ。輸送トン数は，輸送した貨物の重量を表しているよ。でも，輸送トンキロとは何だろう。

花子：調べてみると，輸送トンキロは，貨物の輸送の規模を表す目安として使われていて，資料2に示した式で計算したものだよ。

次郎：輸送トン数と輸送トンキロの割合を比かくすると，ちがいがあるね。

資料2　輸送トンキロの計算式

輸送した貨物の重量（t）× 輸送したきょり（km）

（1）　輸送トン数と輸送トンキロの割合を比かくすると，トラックと船の割合が大きくちがうのはなぜですか。その理由として考えられることを船による輸送に注目して書きましょう。

次郎：日本の1年間の平均気温が100年前より1℃以上高くなっているというニュースを見たよ。未来のために，地球温暖化対策の1つとして貨物の輸送を工夫できないかな。

太郎：貨物の輸送手段別の二酸化炭素はい出量を示した資料3から，二酸化炭素のはい出量を減らすことが考えられそうだね。

花子：資料3に加えて，トラックのハイブリッド車の台数の変化がわかる資料4も使って考えてみようよ。

資料3　貨物の輸送手段別の二酸化炭素はい出量（令和2年度）

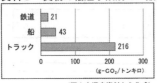

※g-CO₂/トンキロは，貨物1tを1km輸送するときにはい出する二酸化炭素の量。

（国土交通省資料から作成）

資料4　トラックのハイブリッド車の台数

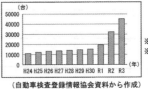

※H：平成　R：令和
※トラックのハイブリッド車は，主に軽油で動くエンジンと電力で動くモーターを組み合わせて走行する。

（自動車検査登録情報協会資料から作成）

（2）　二酸化炭素のはい出量を減らすためには，貨物の輸送についてどのような工夫が考えられますか。資料3，4のそれぞれから読み取ったことを取り上げながら，あなたの考えを書きましょう。

太郎：身近な宅配便には，トラックが多く使われているね。

花子：宅配便は，家まで届けてもらえるから便利だけれど，トラックの走行きょりは長くなるね。

次郎：過そ化が進むE地区では，利用者が減少した路線バスの座席の一部を荷台にして，宅配便の荷物を輸送する計画があると聞いたよ。

太郎：トラックの走行きょりを減らすには，よい考えだね。

資料5　E地区一帯の宅配便にかかわる情報をまとめたもの

【現在の配達方法など】
午前 9:00　配送センターを出発し，午前便の配達を開始する
午後12:30　午前便の配達を終えて，配送センターにもどる
　　　　　※午後便の荷物が，正午に配送センターに届くため
午後 2:00　荷物をのせて，午後便の配達を開始する
午後 5:10　午後便の配達を終えて，配送センターにもどる
○配達地域　E地区までの道中にある家やE地区の家
○配達に使うトラックの台数　1台

バス停E行き 路線バス時刻表

バス停A発	バス停E着
午前10:30	午前11:00
午後 1:20	午後 1:50
午後 6:10	午後 6:40

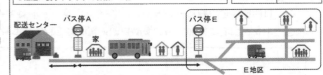

（3）　資料5は，E地区一帯の宅配便にかかわる情報をまとめたものです。現在，トラックは配送センターとE地区の間を1日に2往復して配達を行っていますが，午後便の荷物の輸送に路線バスを活用してトラックの走行きょりを減らすには，どうしたらよいと考えますか。資料5をもとに，次の条件をふまえて，具体的な配達方法を書きましょう。

〈条件〉○　路線バスは，バス停Aを始発，バス停Eを終着とし，バス停の位置とバスの出発時刻は変えられないものとします。
　　　　○　トラックが荷物を届ける時間帯は，午前便（9:00～12:00），または午後便（2:00～5:00）のどちらかに指定されているものとします。
　　　　○　配送センターからバス停Aの間は，E地区一帯の配達に使うトラックとは別のトラックで運ぶことができます。

岡山県立中学校・中等教育学校

広島県立広島中学校　適性検査1　（検査時間50分）

（解答用紙は別冊46 P）（解答例は別冊24 P）

1　高志さんは，光さん，美希さん，広子さんと一緒に4人でお楽しみ会をすることになりました。高志さんと光さんは，お楽しみ会に持っていくおかしの準備をしています。次の会話は，そのときに高志さんと光さんが話したものです。

> 高志「お楽しみ会に持っていくチョコレート，あめ，クッキーを買ってきたよ。」
>
> 光　「参加する4人で同じ金額を出し合ったから，同じ種類のおかしを同じ数ずつ4人で分ければいいよね。」
>
> 高志「確かにそうだね。でも，みんな好きなおかしや苦手なおかしが違っていて，その希望をかなえてあげたいんだ。みんなで買ったおかしだから，個数は同じにして，1人分の合計金額があまり変わらないように分けたくて悩んでいるんだ。」
>
> 光　「難しいけど，みんなが喜んでくれるように分けたいね。」
>
> 高志「そうなんだ。考えてみるよ。」

　高志さんと光さんは話をした後，お楽しみ会に参加する4人の希望と，買ってきたおかしを分ける条件を次のメモにまとめました。あなたが高志さんなら，メモをもとに4人分のおかしをどのように分けますか。解答用紙の表に，それぞれのおかしの個数と合計金額を書き入れなさい。

（高志さんと光さんがまとめたメモ）

> 【4人の希望】
>
> ○　光さんと美希さんはおかしが好きなので，3種類のおかしがすべて1個以上あるようにする。
>
> ○　高志さんはクッキーが好きなので，他のおかしよりクッキーが多くなるようにする。
>
> ○　光さんはチョコレートが好きなので，他のおかしよりチョコレートが多くなるようにする。
>
> ○　広子さんはクッキーが苦手なので，あめとチョコレートのみにする。
>
> 【買ってきたおかし】
>
> ○　チョコレート　1袋に12個入りで216円の商品を1袋
>
> ○　あめ　　　　　1袋に16個入りで192円の商品を1袋
>
> ○　クッキー　　　1袋に6個入りで120円の商品を2袋
>
> 【おかしを分ける条件】
>
> ○　4人の希望をかなえるように，買ってきたおかしのすべてを分ける。
>
> ○　4人ともおかしの個数が同じになるように分ける。
>
> ○　1人分のおかしの合計金額について，一番大きい金額と一番小さい金額の差を20円以下にする。

2　　6年生の愛さんと健さんは，理科の授業で空気と植物との関わりについて学びました。次の会話は，その授業の後に，愛さんと健さんが話したものです。

愛「この前の理科の授業で，空気と植物との関わりについて学んだね。」

健「私は，1日の中でも時間によって空気中の二酸化炭素の割合が変化するんじゃないのかなと思って，授業の後に図書館の本で調べたんだ。そうしたら，昼に減って夜に増えることがわかったよ。」

愛「私は，1年の中でも時期によって空気中の二酸化炭素の割合が変化するんじゃないのかなって考えたの。」

健「それはおもしろい予想だね。確かに，登校するときに学校の周りに生えている草や木の様子を見ていると，きっと1年の中でも時期によって空気中の二酸化炭素の割合は変化していると思うな。」

愛「気になったから，気象庁のホームページで調べてみたよ。」

健「どうだったの。」

愛「説明文を読むと，日本では空気中の二酸化炭素の割合は夏の時期に減って冬の時期に増える，と書いてあったわ。」

健「愛さんの予想通り，1年の中でも時期によって空気中の二酸化炭素の割合は変化していたんだね。なぜだろう。」

愛「やっぱり植物が影響しているのかな。一緒に考えてみましょう。」

　1年の中でも空気中の二酸化炭素の割合が夏の時期に減って冬の時期に増えるのは，なぜだと考えますか。あなたの考えを，植物と関連づけて書きなさい。

広島中学校

3 俊樹さんと有紀さんは，地域の子ども会で行う節分の豆まきのために，図1のようなフタの付いた箱を作ろうと考えています。子ども会の班は全部で8班あり，箱を8個作るために，俊樹さんのお母さんから長方形の工作用紙（1枚の大きさは縦40cm，横60cm，方眼の1めもりは1cm）を8枚と，テープ（長さは350cm）を1本もらいました。なお，工作用紙1枚につき箱を1個作り，方眼のめもりに沿って工作用紙を切ることとします。

2人は最初に，縦，横の長さと高さがすべて12cmの立方体の箱を考えました。図2はその展開図で，○がかかれた面が箱のフタです。また，展開図には，のりしろはつけません。

図3は，図2の展開図を組み立てて作った立方体の箱です。図2，図3ともに，箱を組み立てるときに面と面をテープでつなぎとめる部分は太線で示しています。

（図1　フタの付いた箱）　　（図2　最初に考えた立方体の箱の展開図）　　（図3　立方体の箱）

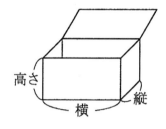
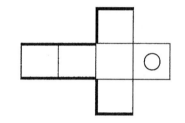

次の会話は，俊樹さんと有紀さんが話したものです。

俊樹「最初に考えた立方体の箱は，箱1個を組み立てるのに48cmのテープを使うね。箱を8個作るとテープは384cm必要だよ。だけど，お母さんからもらったテープは350cmしかないから，これでは足りないね。」

有紀「じゃあ，箱の形を立方体ではなく直方体で考えてみてはどうかな。縦，横の長さや高さが変わるから必要なテープの長さも変わるし，もしかしたら，今より短くできるかもしれないよ。」

俊樹「それはいい考えだね。最初に考えた立方体の箱の展開図と同じ開き方の展開図で，箱のフタになる面の位置も変えずに考えることにしよう。」

有紀「わかったよ。それに加えて，最初に考えた立方体の箱はちょうどいい量の豆が入りそうだったから，これから考える直方体の箱も立方体の箱と容積は変えないで考えたいな。」

俊樹「さらに提案なんだけど，持ちやすい箱になるように，縦，横，高さの中でもっとも長い辺ともっとも短い辺を比べたときに，その差が10cm以下になるような箱を考えようよ。」

あなたが俊樹さんたちなら，どのような直方体の箱を作りますか。解答用紙の（　　）に，あなたが考えた箱の縦の長さ，横の長さ，高さ，箱1個を組み立てるのに使うテープの長さをそれぞれ書き入れなさい。また，そのように決めた考え方を，式をふくめて書きなさい。

4 望さんは理科の授業で，2個のかん電池とモーターのつなぎ方をいろいろと変えて車を走らせる実験を行いました。その結果，車の進み方は「ゆっくり前に進む」「ゆっくり後ろに進む」「速く前に進む」「速く後ろに進む」の4通りに分けられることがわかりました。

そこで望さんは，スイッチの切りかえで車の進み方を変えることができないか考えました。先生にスイッチの切りかえで進み方が変わる車の作り方を教えてもらい，試しにいろいろな回路の車を作り，進み方を調べてみました。その後，望さんはそれまでの内容を次のとおりメモにまとめました。

(望さんがまとめたメモ)

【スイッチを使った回路の例】

右の図のように，スイッチを右にたおして切りかえた場合，真ん中のたんしと右のたんしがつながり，豆電球Bの明かりがつき豆電球Aの明かりはつかない。また，スイッチを左にたおして切りかえた場合，豆電球Aの明かりがつき豆電球Bの明かりはつかない。スイッチを左右どちらにも切りかえない場合，豆電球はA，B両方つかない。

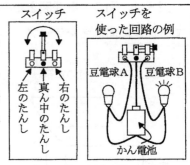

【スイッチの切りかえで進み方が変わる車の作り方】

① 2個のスイッチを車に固定し，モーターから出ている2本の導線をそれぞれ別々のスイッチの真ん中のたんしにつなぐ。

② 2個のスイッチの左右のたんしと2個のかん電池を5本の導線で自由につなぐ。

【車の進み方を調べた結果】

○ 右の試しに作った車の回路の図のような導線のつなぎ方にしたとき，2個のスイッチをそれぞれ切りかえた場合の進み方を調べた結果は，右の表のようになった。

○ 他の導線のつなぎ方も試したが，4通りのうち2通りの進み方しか見つからなかった。

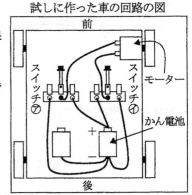

試しに作った車の回路の図

スイッチを切りかえる向き		車の進み方
スイッチ㋐	スイッチ㋑	
左	左	ゆっくり前に進む
左	右	車は進まない
右	左	車は進まない
右	右	ゆっくり後ろに進む

先生に相談すると，この車の作り方なら導線のつなぎ方によっては，4通りのうち最大で3通りの進み方が実現できることを教えてくれました。あなたが望さんなら，4通りのうち3通りの進み方を実現させるために，2個のスイッチの左右のたんしと2個のかん電池を導線でどのようにつなぎますか。解答用紙の車の回路の図に，導線を表す線を5本かきなさい。また，その導線のつなぎ方で，2個のスイッチをそれぞれ切りかえた場合の進み方を，A「ゆっくり前に進む」，B「ゆっくり後ろに進む」，C「速く前に進む」，D「速く後ろに進む」の中からそれぞれ1つ選び，その記号を（　）に書き入れなさい。なお，車が進まない場合は（　）に×を書き入れなさい。

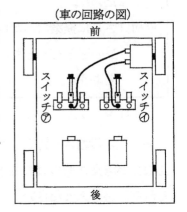

(車の回路の図)

5　理子さんと直人さんは，さいころを使ったゲームを考えています。トランプのカードの数の合計得点が 21 点を目指すゲームを参考にしたゲームを考え，実際に 2 人でやってみることにしました。次のメモは，理子さんと直人さんがさいころを使ったゲームのルールについてまとめたメモです。

（さいころを使ったゲームのルールについてまとめたメモ）

○　図1のように，49 個の正方形のマスがかかれた紙がある。アのマスの位置に，図2のようにさいころを置く。このさいころをマスに沿って，図3のように前後左右に動かす。

○　さいころは，1 つの面の大きさがマスの大きさと同じものとし，向かい合う面の目の数の和が 7 になるものとする。

○　さいころは，1 度通ったマスを再び通らないものとする。

○　マスと接するさいころの面の目の数の和が 21 になるようにさいころを動かす。この和は，アのマスの位置にさいころを置いたときに接する面の 5 の目の数もふくめて考える。

○　ゲームの勝敗は，さいころをより少ない回数で動かして，さいころの目の数の和を 21 にした人の勝ちとする。

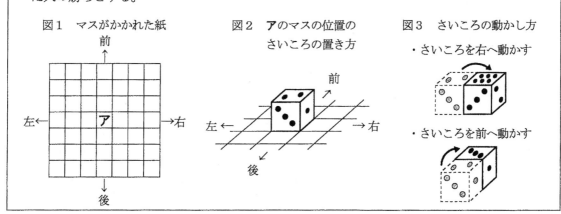

図1　マスがかかれた紙　　　　図2　アのマスの位置の　　　　図3　さいころの動かし方
　　　　　　　　　　　　　　　　　　　さいころの置き方

このゲームの結果は，理子さんが直人さんに勝ちました。2 人が考えたさいころの動かし方は，最後のマスに接するさいころの面が 2 人とも 5 の目になりました。直人さんが図4のように，「前・前・右・後・右」の順にさいころを動かしたとき，理子さんのさいころの動かし方はどのような動かし方が考えられますか。図4のように，解答用紙の理子さんのさいころの動かし方を表す図に，さいころを動かす方向を表す矢印と，マスと接するさいころの面の目の数をそれぞれかきなさい。また，そのように決めた考え方を書きなさい。

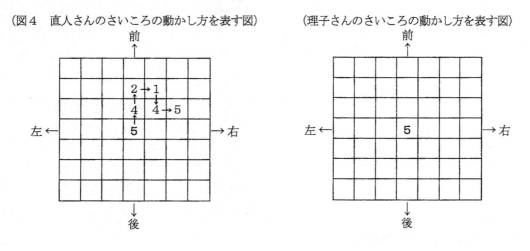

（図4　直人さんのさいころの動かし方を表す図）　　　（理子さんのさいころの動かし方を表す図）

（解答用紙は別冊 47 P）（解答例は別冊 26 P）

1　広志さんの小学校では，6年生になると，卒業式前にお世話になった学校や地域への「お礼清掃」を行うことを目指して，1年を通して資料の「清掃プロジェクト」に取り組んでいます。そこで，広志さんたちの学級では，資料のステップ②「自分たちの清掃活動を充実させよう」に向けて，黒板に，6年生に対して行った清掃活動についてのアンケート結果とその理由，6年生の校内清掃における現状調べで出た意見をまとめて，話し合いを行っています。

　広志さんは，資料や黒板にまとめられたことと話し合いの様子の一部をふまえて，資料のステップ②「自分たちの清掃活動を充実させよう」に向け，毎日の清掃活動の充実のために，6年生全体でどのような取り組みを行うのかを，10月に行われる学級委員会で提案するつもりです。あなたが広志さんなら，どのような取り組みを提案しますか。その原稿を250字以内で書きなさい。

資料　「清掃プロジェクト」の内容

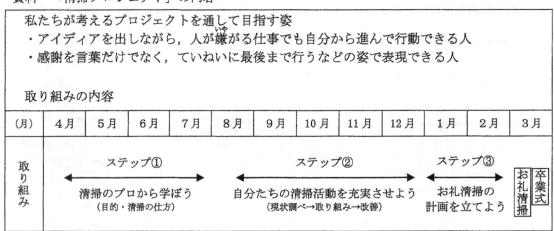

（黒板にまとめられたこと）

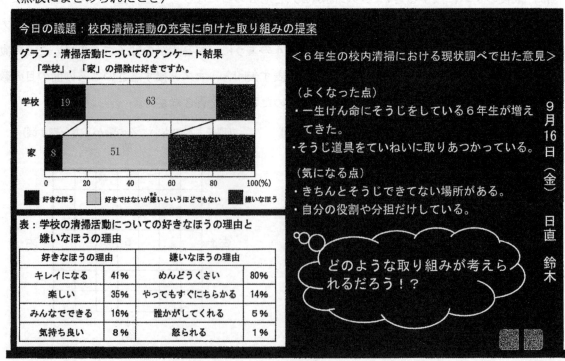

（話し合いの様子の一部）

広志さん

「清掃プロジェクト」もステップ②にうつり，校内清掃活動の充実に向けて，黒板にまとめられたことをもとにどんな取り組みを提案したらいいのかな。

はい。黒板にまとめられたことのグラフと表をみると，やっぱりみんなで楽しくできる取り組みにしたほうがいいと思います。みんなで協力してきれいになれば，楽しさも増し，そうじも活発になるのではないかな。

のぞみ
希 さん

ゆたか
豊 さん

私は，黒板にまとめられたことの（気になる点）に目を向けるべきだと思うな。きちんとそうじするためにも，無言清掃に取り組むのはどうかな。

なるほどね。私は，「清掃プロジェクト」の目指す姿に近づいていくことも大切なのではないかと思うよ。目指す姿をふまえて考えると，お礼清掃にもつながる提案ができると思うんだけどね。

み き
未来さん

広島中学校

2 小学校の社会科の授業で，「日本の農業」について学習した夢子さんは，パイナップルが沖縄県以外ではほとんど作られていないことを知ったことをきっかけに沖縄県の農業に興味をもちました。そこで，夢子さんは，「沖縄県の農業の特色とその変化」をテーマにして，新聞にまとめることにしました。次の資料1〜3は夢子さんが作成した資料です。

あなたが夢子さんなら，資料1〜3をふまえて，どのようなことをまとめますか。新聞の中の[　　　]に入る続きの文章を書きなさい。

資料1　沖縄県のパイナップルときくの
　　　　出荷された量の変化

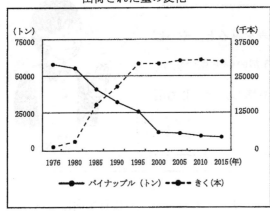

（農林水産省ホームページをもとに作成。）

資料2　沖縄県と沖縄県以外の都道府県で出荷された
　　　　冬と夏のきくの割合

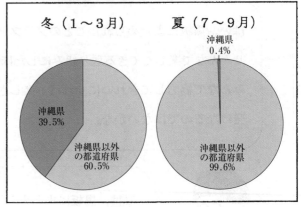

（東京都中央卸売市場の統計をもとに作成。）

資料3　沖縄県の農業について夢子さんが調べたことの一部

【パイナップルについて】
・1945年以降，沖縄県ではパイナップルの栽培に力をいれ，生産量が増えた。
・1971年から，冷凍パイナップルの輸入自由化がはじまった。
・1990年から，パイナップルの缶詰の輸入自由化がはじまった。
・現在まで，パイナップルの生産量や消費量を増やすための工夫が，「米づくり」や「水産業」で学習した工夫と共通したものであった。
【きくについて】
・1945年以降，アメリカ軍基地のまわりで花の栽培が行われるようになった。
・アメリカから沖縄が日本に返された1972年には，植物防疫法による規制がなくなり，花の県外出荷が可能になった。
・1970年代には，さとうきびよりきくのほうが多く収入が得られるため，きくの栽培に変更する人もいた。
・1990年代後半から，国内の生産量が減少し，輸入量は増加し続けている。

（注）植物防疫法 ＝ 輸出入などで日本国内に流通する植物が安全なのかどうかを検査することで，他の植物に悪い影響を与えることを防止し，農業生産の安全を図ることを目的とした法律。

（夢子さんが作成した新聞）

沖縄県の農業の特色とその変化

● 沖縄の農作物を知っていますか？

社会科の授業で「日本の農業」について学習してきました。今回は、それぞれの都道府県や地域にあった農作物があり、パイナップルは国内生産の99％以上が沖縄県で作られていることを知りました。それをきっかけに、沖縄県の農業についてまとめることにしました。その中で、家の近くのスーパーマーケットでは、沖縄県産のパイナップルはほとんど売られていないことに気がつきました。

どうして沖縄県で生産されたパイナップルは売られていないのか、その理由を調べていくと、生産量が全国一位でも、その量はわずかでしかないとわかりました。沖縄県には他にも、さとうきびやきくなど様々な農作物の生産がさかんだと知ったので、沖縄県の農業についてもっと深く調べてみました。

● 農作物からみえてきた
　沖縄の農業の特色と変化について

まず、さとうきびは、沖縄県の主な農作物としてさかんに作られてきましたが、農作業が大変なことや、その大変さに比べて収入が少ないことなどから、少しずつ畑の面積や生産量が減ってきています。しかし、2000年以降は機械化が進められたことで、畑の面積や生産量に変化はみられなくなりました。機械化のような工夫をすることで生産量が減らないようにしています。

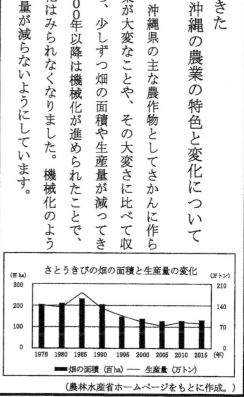

さとうきびの畑の面積と生産量の変化

■ 畑の面積（百ha）　―― 生産量（万トン）

（農林水産省ホームページをもとに作成。）

広島中学校

　次の文章は，日本経済新聞の社説「世界遺産の意義見つめ直そう」（2022年8月21日掲載）です。これを読んで，あとの１・２に答えなさい。

世界遺産条約が国連教育科学文化機関（ユネスコ）で採択されて今年で50年。世界で1100件超、日本でも法隆寺や原爆ドームなど25件が登録され、認知度も飛躍的に上がった。一方で維持管理などの課題も目立ってきている。

半世紀の節目に、世界遺産の意義を見つめ直したい。

条約の本来の理念は、人類共通の価値ある遺産を守り、保存していくための国際協力体制をつくることだ。①その意味で世界遺産登録は、あくまではじめの一歩といえる。だが誘客効果が大きいだけに、登録自体をゴールと位置づけるような風潮が依然目立つ。

登録までは地元自治体や経済界が熱心に取り組む一方、登録が決まった後は関連予算が削られるといった例が指摘されている。遺産の適切な保全には専門人材が不可欠なのに、人員が足りていないとの声も根強い。

改めて維持管理体制の点検と補強が必要だろう。

観光ラッシュのひずみも各地でみられる。屋久島では登山客の急増が植生の傷みやゴミ放置を招いた。知床の観光船沈没事故は、観光客を当て込んだずさんな業者の存在を浮き彫りにした。

開発と景観の両立も課題だ。福岡県の沖ノ島は2017年の登録時、世界遺産委員会から周辺での風力発電の全面禁止を勧告されたが、近隣には洋上風力の好適地がある。遺産付近での高層マンションやホテルの増加に悩む地域も多い。政府や自治体はこうした諸問題に連携して対応すべきだ。

もともと世界遺産は国際政治と無縁ではないものの、協調が主眼の舞台での衝突は好ましくない。日本として主張すべきはしつつ、冷静な議論を目指したい。

15年登録の「明治日本の産業革命遺産」や、今後の登録を目指す「佐渡島の金山」では、歴史認識を巡る日韓のあつれきが表面化した。

世界遺産条約は、遺産を将来世代に伝承することを締約国の義務と定める。単に②「我が町の見どころ」ではなく、未来に引き継ぐ宝としてとらえ直すときだ。

（注）
採択＝意見や案などを選んで決めること。
誘客効果＝多くの人に観光などの目的で行ってみたいと思わせる効果。
風潮＝変化していく世の中の動きや人々の考え方。
ずさん＝まちがいが多くいいかげんなさま。
あつれき＝仲たがいすること。
理念＝物事や人がどうあるのが最も正しいのか、そのもとになる考え方。
植生＝ある地域に集合して育っている植物の集団及び状態。
勧告＝人や団体に、そうしたほうが良いと物事をすすめること。
主眼＝ねらいどころ。
締約国＝条約を結んでいる国。

１　①その意味　とありますが，どのような意味ですか。書きなさい。

２　②「我が町の見どころ」ではなく，未来に引き継ぐ宝としてとらえ直すときだ　とありますが，どのようなことを伝えようとしていますか。また，あなたは，この伝えようとしていることに対してどのように考えますか。次の条件にしたがって書きなさい。

（条件）
・二段落で書くこと。
・第一段落には，②「我が町の見どころ」ではなく，未来に引き継ぐ宝としてとらえ直すときだ　とは，どのようなことを伝えようとしているのかを書くこと。
・第二段落には，第一段落に対するあなたの考えを，これまでの経験や学習内容などをふまえて書くこと。
・200字以上250字以内にまとめて書くこと。

広島中学校

（解答用紙は別冊48 P）（解答例は別冊26 P）

【問題1】
　次の〈A〉,〈B〉の文章を読んで, あとの問いに答えなさい。

〈A〉

著作権の都合上掲載しておりません。

著作権の都合上掲載しておりません。

〈B〉

著作権の都合上掲載しておりません。

広島中等教育学校

〔問1〕

　文章〈A〉の下線部①に「競争の順位付けの賛否について述べたい」とありますが,〈A〉の筆者は「競争の順位付け」について反対の立場を取っています。

(1) 反対の立場をとっている理由について,「競争の順位付け」の持つ悪い点に注目して,40字以内で説明しなさい。

(2) 〈A〉の筆者が児童・生徒に良い影響を与えると考えていることとして適切なものはどれですか。次のア～カの中から全て選び,記号で答えなさい。

　　ア　運動会の徒競走で,みんな一斉にゴールテープを切ること。

　　イ　賞や順位を付けずに,絵や習字などの作品を展示すること。

　　ウ　他人に勝つためではなく,親を喜ばせるために頑張ること。

　　エ　自分らしい目標を立てて,それを達成する努力をすること。

　　オ　親や教師が,子どもに対して好ましい言葉で励ますこと。

　　カ　運動会で個人競技を減らし,集団競技を増やすこと。

〔問2〕

　文章〈B〉の下線部②に「子どものマイナスにならなければ,比べることはいくらでもやればいい」とあるように,〈B〉の筆者は「競争の順位付け」について賛成の立場を取っています。

(1) 〈B〉の筆者は「比べること」にどのようなメリットがあると考えていますか。30字以内で答えなさい。

(2) 〈B〉の筆者は「子どものマイナス」をどのようなものとして考えていますか。次のア～ウについて,その例として適当なものには○,不適当なものには×を解答欄に書きなさい。

ア 他人と比べることによって，客観的に物事をとらえて，うまくやっている人のやり方をぬすもうとすること。

イ 競争し負けることによって，「自分はできない子だ」と考えるようになり，やる気を失ってしまうこと。

ウ 競争していく中で，自身に向いていないものがあることに気づき，その方面の努力に向ける力を減らすこと。

〔問3〕

　資料〈A〉，〈B〉を読んで，あなたは「競争の順位付け」についてどのように考えますか。次の条件にしたがって書きなさい。

条件1　3段落構成で書くこと。
条件2　1段落目では，「賛成」，「反対」のどちらの立場であるかを示すこと。
条件3　2段落目では，自分がその立場に立った理由をあげること。
条件4　3段落目では，理由に説得力を持たせるために具体例を示すこと。
条件5　240字以上300字以内で書くこと。

【問題2】

　近年，わたしたちの食生活は大きく変わってきています。そのことについて，考えて
みましょう。

〈資料1〉国民1人あたりの消費量（kg）

年度	米	小麦	野菜	果実	肉類	魚介類
1965年	112	29	108	29	9	28
2020年	51	32	89	34	34	24

出典：農林水産省「食料需給表」より作成

（https://www.maff.go.jp/j/zyukyu/fbs/）

〈資料2〉※1 食料自給率（%）

年度	品 目 別 自 給 率						※2 総合食料自給率
	米	小麦	野菜	果実	肉類	魚介類	
1965年	95	28	100	90	42	100	73
2020年	97	15	80	38	7	55	37

出典：農林水産省「食料需給表」より作成

（https://www.maff.go.jp/j/zyukyu/fbs/）

※1　食料自給率…ある国で消費される食料のうち国内で生産される食料の割合の指標。

※2　総合食料自給率…食料の量を重さで比較することが難しいため，栄養価であるエネルギー
　　　に着目して，国内で消費される食料の総エネルギーのうち国内で生産される食料の総エネル
　　　ギーの割合の指標。

〔問1〕

　下線部「わたしたちの食生活は大きく変わってきています。」とあります。その変化
を表した〈資料1〉と〈資料2〉をふまえて，なぜ日本の総合食料自給率が低下したの
か，考えられる理由を40字以内で答えなさい。

〈資料3〉国別の農業に関する比較

```
┌─────────────────────────────────────────┐
│                                         │
│                                         │
│       著作権上の都合により、資料を省略してあります。      │
│                                         │
│                                         │
└─────────────────────────────────────────┘
```

出典:国際統計格付センター「世界ランキング」より作成

　　　(http://top10.sakura.ne.jp/index.html)

※3　農業従事者数…農業にたずさわる人々のこと。

〔問2〕

　日本の農作物よりも海外の農作物の方が安いと言われています。〈資料3〉をふまえて,なぜ海外の農作物の方が安いのか,考えられる理由を40字以内で答えなさい。ただし,4つの国の農業従事者1人あたりの平均収入のちがいは考えないものとします。

広島中等教育学校

- 197 -

〈資料4〉稲作の農作業ごよみ

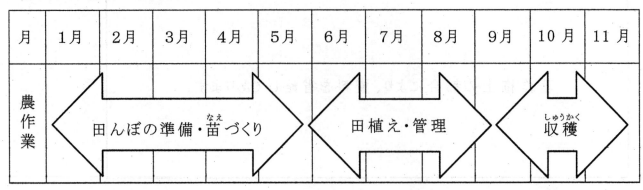

月	1月	2月	3月	4月	5月	6月	7月	8月	9月	10月	11月
農作業		田んぼの準備・苗づくり				田植え・管理				収穫	

〈資料5〉広島の月別降水量(mm)

年	4月	5月	6月	7月	8月	9月	10月
1991年	192	109	245	463	46	107	23
1993年	61	158	362	646	462	202	96
1995年	137	270	118	452	43	115	97
1997年	145	292	181	458	131	243	28

出典:気象庁「過去の気象データ検索」より作成

(https://www.data.jma.go.jp/obd/stats/etrn/index.php)

〈資料6〉広島の※4月別日照時間(時間)

年	4月	5月	6月	7月	8月	9月	10月
1991年	175	138	88	134	183	161	155
1993年	214	179	126	122	120	131	176
1995年	160	205	168	172	266	152	195
1997年	195	191	177	162	198	151	243

出典:気象庁「過去の気象データ検索」より作成

(https://www.data.jma.go.jp/obd/stats/etrn/index.php)

※4 月別日照時間…1ヶ月ごとの直射日光が地表を照らした時間の合計

〔問3〕

　1991年，1993年，1995年，1997年の中で，日本の米の食料自給率が非常に低かった年があります。〈資料4〉と，当時の気候について広島を例として取り上げた〈資料5〉および〈資料6〉をふまえて，あてはまる年を1つ選び，答えなさい。

　また，その選んだ年に，なぜ日本の米の食料自給率が低下したのか，考えられる理由を60字以内で答えなさい。

〔問4〕

　ロボットが人間のかわりに収穫を行ったり，温度や湿度を管理して自動でスプリンクラーを作動させたりするなど，ロボット技術や情報通信技術などを活用する農業を「スマート農業」と言います。「スマート農業」の効果の1つとして，日本の総合食料自給率を向上させることが期待されます。なぜ「スマート農業」の活用により日本の総合食料自給率の向上が期待できるのか，考えられる理由を80字以内で答えなさい。ただし，〈資料1〉〜〈資料6〉のうち，2つ以上をふまえて考えなさい。

広島中等教育学校

（解答用紙は別冊 50 P）（解答例は別冊 27 P）

【問題1】

　ひろしさんとまちこさんのクラスで，プランターを並べて花壇を作ることになりました。

ひろしさん「まず，プランターを3つだけ並べてみようと思うのだけど，どんな並べ方があるかな？」

まちこさん「プランターの形は同じものをそろえたよ。短い方を1とすると，長い方は2になる長方形のものばかりだね。3つ並べたとき，長方形になるようにしたいなぁ。そうすると右の図の1〜4のような並べ方があるね。図3と図4は向きが違うだけだから同じ並べ方と考えようね。」

ひろしさん「ということは，プランター3つであれば3通りの並べ方があるということか。では，プランターが4つあったら何通りの並べ方があるのかな。」

まちこさん「3つのときより多くなりそうだね。考えてみるよ。」

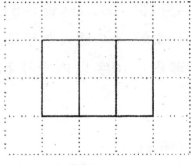

図1

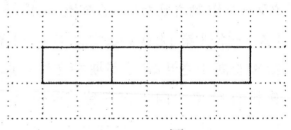

図2

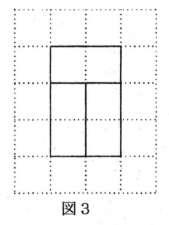

図3

〔問1〕

　長方形になるように4つのプランターを並べるとき，並べ方は何通りあるか答えなさい。ただし，図3と図4のように，向きを変えただけであれば同じ並べ方とします。

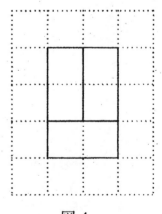

図4

ひろしさん　「プランターの側面に図5のようなフェンスがはめ
　　　　　　　られるみたい。これで長方形に並べたプランター
　　　　　　　の周りを囲もうと思うのだけど。」
まちこさん　「それはいいかも。このフェンスの幅はちょうどプラ
　　　　　　　ンターの短い方の長さ1と同じだね。ということは，
　　　　　　　1つのプランターを囲むとき，図6のようにフェンス
　　　　　　　は6個いるということだね。」
ひろしさん　「図1のように並べたプランターを囲む
　　　　　　　と10個，図2のように並べたプランター
　　　　　　　を囲むと14個，図3のように並べたプラ
　　　　　　　ンターを囲むと10個いるね。」
まちこさん　「ということは，3つのプランターを囲む
　　　　　　　のにフェンスは10個か14個いるとい
　　　　　　　うことだね。〔問1〕で考えたことを使えば，
　　　　　　　4つのプランターを囲むときに必要となるフェンスの個数が分かりそう
　　　　　　　ね。」

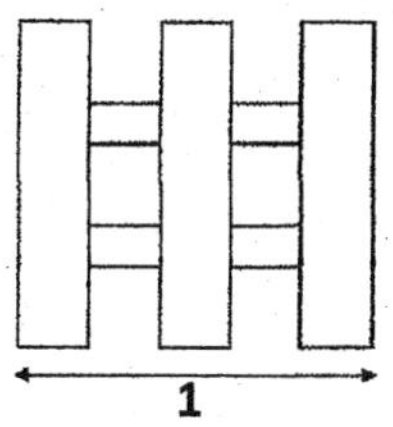

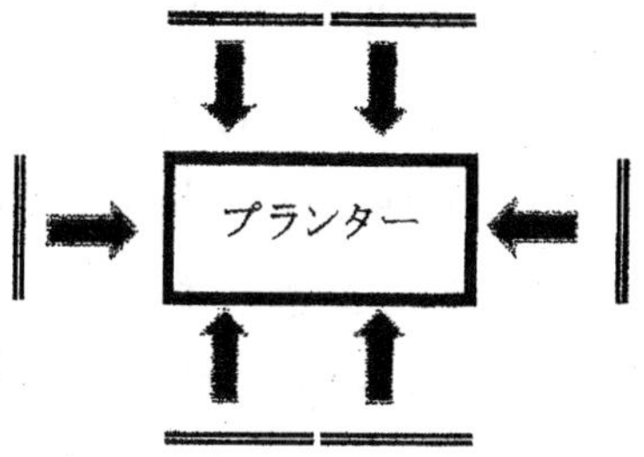

図5

図6

〔問2〕

　　長方形になるように4つのプランターを並べるとき，フェンスは何個必要になるのか
答えなさい。ただし，答えは1つではないので考えられるすべての答えを書きなさい。

ひろしさん　「倉庫の中を見てみると，フェンスは14個しかないみたい。」
まちこさん　「えっ，そうなんだ。フェンス14個を全部使って囲むとすると，いくつの
　　　　　　　プランターを長方形に並べることができるのかしら。答えは1つではなさ
　　　　　　　そうだよね。全部考えてみようね。」

〔問3〕

　　フェンス14個を全部使って長方形に並べたプランターを囲むとき，プランターはい
くつ並べることができるのかを答えなさい。ただし，答えは1つではないので考えられる
すべての答えを書きなさい。

広島中等教育学校

【問題2】

　小学6年生のいちとさんとひろこさんが話をしています。

いちとさん「ひろこさんはお小遣いをもらってる？今，私はお小遣いをもらっていない
　　　　　のだけど，中学生になったら欲しいな。」

ひろこさん「私は月に1000円もらってるよ。欲しい本があるとその中から買って，残
　　　　　りは貯金してるよ。」

いちとさん「私は必要な時にお母さんに言って，必要な分だけもらってるんだ。でも，
　　　　　中学生になったらお小遣いが欲しいなあってお母さんに頼んでいるところ
　　　　　なんだ。ひろこさんと同じ1000円欲しいとお願いしてみよう。」

ひろこさん「みんなはどうしてるのかなあ？」

いちとさん「お母さんを説得するために
　　　　　調べたら図1のようなことが
　　　　　分かったよ。小学6年生
　　　　　200人に調査して
　　　　　割合を円グラフに
　　　　　したものらしい。」

ひろこさん「もらっている人
　　　　　の方が多いね。」

いちとさん「お小遣いをもら
　　　　　っている人は何人
　　　　　なのか，具体的な
　　　　　人数を求めてみよ
　　　　　うと思うんだ。200人
　　　　　に調査をしていることが
　　　　　わかっているのだから，もら
　　　　　っている人ともらっていない人の
　　　　　人数は求めることができそうだね。」

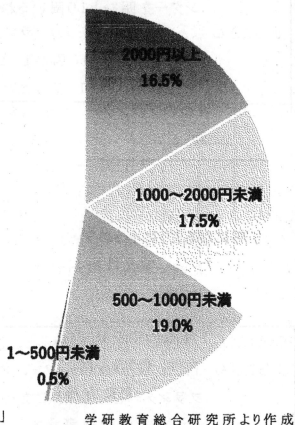

学研教育総合研究所より作成

図1

〔問1〕

　200人に調査をした円グラフの割合を利用して，お小遣いをもらっている人ともらっていない人の人数を答えなさい。

いちとさん「人数だけでは説得できないから，お小遣いの金額の平均を求めて
　　　　　みようかな。〔問1〕のように考えるとそれぞれの人数は求められそうだ
　　　　　よね。」
ひろこさん「でも金額はどう考えるといいかな。例えば，1〜500円未満のときは
　　　　　真ん中の250円と考えてみようかな。500〜1000円未満，1000円
　　　　　〜2000円未満も同じように考えるとして，2000円以上のところは，
　　　　　3000円と仮に考えてみるといいかもしれない。」
いちとさん「そうだね。真ん中の数を仮の金額として考えるのが一番いいかも
　　　　　ね。」
ひろこさん「表を作って平均を計算してみよう。」

〔問2〕
　図1をもとに表の空欄をうめ，仮の金額を使って平均を答えなさい。ただし，小数
第一位を四捨五入しなさい。

ひろこさん「1000円超えなかったね。これでは説得できないよ。」
いちとさん「2000円以上のところの仮の金額を3000円にしたのがいけなかったの
　　　　　かも。その金額を増やして平均が1000円になるようにしよう。」
ひろこさん「小数第一位を四捨五入するのだから，答えは1つではなさそうだね。」
いちとさん「お母さんを説得するのが目的だから，いくつかある答えのうち1つだけ
　　　　　考えてみよう。」

〔問3〕
　小数第一位を四捨五入してお小遣いの平均を計算するとき，仮の金額3000円
としているところを何円に変更すれば平均が1000円になるのか答えなさい。ただし，
解答は1つではないので，そのうち1つを答えなさい。

【問題3】

　次のいちとさんとひろこさんの会話を読んで，あとの問いに答えなさい。

いちとさん「昨日，買い物していたらとても不思議なものを見つけて，思わず買ってしまったんだ。」

ひろこさん「どのようなものだったの？」

いちとさん「図1の写真のように，糸でつるすと，なぜかいい具合にバランスがとれる飾りなんだ。」

ひろこさん「それは，長方形のモビールが階段状につながったステップモビールという飾りだよ。」

いちとさん「そういう名前なんだね。でも，いまだになぜこれでバランスがとれるのか分からないんだ。つながっている糸の位置もよく見ると違っているし。」

ひろこさん「糸の位置には何か規則性がありそうね。図2を1段目から順に見ていくと，糸の位置がだんだん右端に近づいているね。糸からモビールの右端までの距離を測ってみましょう。」

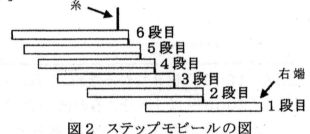

図1　ステップモビールの写真　　　図2　ステップモビールの図

いちとさん「右端までの距離を測ってみたら次の表のようになったよ。ちなみに，モビールの長さは全て48cmだったよ。」

表1　ステップモビールの段数と糸から右端までの距離

モビールの段数	1段目	2段目	3段目
糸からモビールの右端までの距離[cm]	24	12	8

ひろこさん「1段目はちょうど真ん中だから24cmなのね。つまり，全体に対して右端までの距離が2分の1ということね。2段目は12cmだから，全体に対して4分の1ということが分かるわね。3段目は8cmだから…。これは規則性がありそうね。」

いちとさん「そうだね。ステップモビールのバランスがとれているのは，棒が水平につり合うことと同じだから，『てこのきまり』で説明できそうだね。」

広島中等教育学校

〔問1〕

　まず，いちとさんは，『てこのきまり』を
確認（かくにん）する実験を行いました。糸でつるした
長さが48cm のとても軽い棒に20g と40g
のおもりをつり下げると，図3のようにつり合
いました。糸からこの棒の右端までの距離
は何 cm あるか答えなさい。

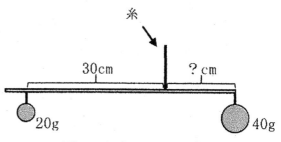

図3　おもりのつり合い

いちとさん「『てこのきまり』は思い出したけど，この長方形のモビールにはおもりがつ
　　　　　いてないね。モビールには厚みがあるから，モビール自体の重さが関係し
　　　　　ているのかな？」

ひろこさん「そうね。たくさんのモビールがつながっていると考えるのが難（むずか）しいから，1
　　　　　段目と2段目だけに注目して考えてみましょうか。」

いちとさん「2段目は糸から12cm，全体に対して4分の1の位置でつり合うんだった
　　　　　ね。」

ひろこさん「1段目と2段目をそれぞ
　　　　　れ4個の部分に分けて考
　　　　　えると，図4のようになるね。
　　　　　『てこのきまり』で考えると，
　　　　　③の部分の重さと④の部
　　　　　分の重さはつり合うことに
　　　　　なるね。」

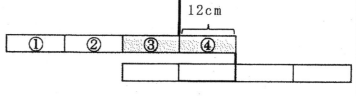

図4　1・2段目の考え方 A

いちとさん「そうすると，図5のように，
　　　　　① と②の2個分の重さと，
　　　　　1段目の4個分の重さがつ
　　　　　り合うことになるから，図6
　　　　　のようにおもりに例えて考
　　　　　えることができそうだね。」

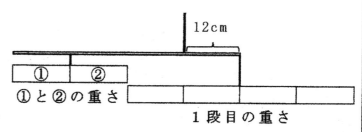

図5　1・2段目の考え方 B

ひろこさん「2段目の2個分の重さは
　　　　　糸から左側へ24cm，1段
　　　　　目の4個分の重さは右端
　　　　　まで12cmの距離にあるか
　　　　　ら，たしかに，『てこのきまり』
　　　　　が成り立っているね。」

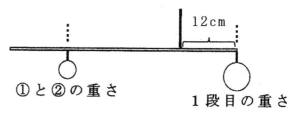

図6　おもりに例えた場合

いちとさん「すごい！この考え方なら何段目でも説明できそうだ。3段目のモビールは右端まで8cmだったけど，モビールをまた4個に分けて考えたらいいのかな。」

ひろこさん「いいえ。3段目を考えるときには，モビールを6個に分ければ同じように考えられるわ。」

いちとさん「そうか。だから上の段にいくほど糸の位置が右へ変わっているんだね。」

ひろこさん「ステップモビールのしくみが分かってきたわね。」

〔問2〕

　上の会話文での図4の③と④と同じように考えると，図7の3段目のモビールのうち，つり合う部分はどれとどれですか。⑤～⑩の中から番号で選んで答えなさい。

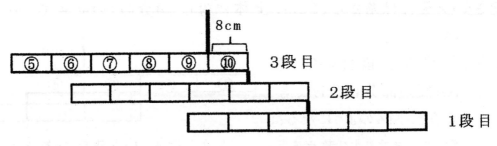

図7　1段目から3段目までのモビール

〔問3〕

　図7の3段目のモビールのうち，1・2段目のモビールとつり合う部分はどこですか。解答欄の3段目のモビールのあてはまる部分を黒く塗りつぶしなさい。

〔問4〕

　図7の3段目のモビールは，右端まで8cmの距離でつり合います。これを，上の会話文の下線部と同様の考え方で説明する文を，解答欄の言葉につながるようにして完成させなさい。

広島中等教育学校

【問題4】

　次のいちとさんとひろこさんの会話を読んで，あとの問いに答えなさい。

ひろこさん「この前の授業で，植物は日光を使って，でんぷんなどの養分を作ることを勉強したわよね。」

いちとさん「うん，光合成って言うんだよね。植物は，図1のように，二酸化炭素と水を材料にして，でんぷんなどの養分を作って成長するんだ。そして，そのとき，酸素も放出されるんだよね。」

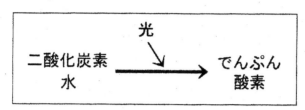

図1　光合成

ひろこさん「そのとき，私，不思議に思ったの。植物も私たちと同じように呼吸（こきゅう）をするじゃない。」

いちとさん「そうだね。呼吸は生きるために必要なエネルギーを作るんだけど，植物では図2のように，でんぷんと酸素を使うんだよね。そして，二酸化炭素を放出するんだ。」

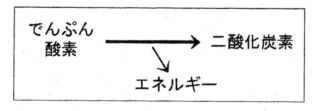

図2　呼吸

ひろこさん「そうしたら，植物は，光合成で作ったでんぷんを呼吸で使っているのだから，でんぷんを成長するために使えないのじゃないかしら。」

いちとさん「うーん，そんなはずはないよね。実際に，植物は，成長して花を咲（さ）かせるしね。植物が枯（か）れてしまうか，成長するかどうかは，1日あたりの【　　　ア　　　】の量と【　　　イ　　　】の量を比べればわかるのではないかなぁ。」

ひろこさん「植物がどれくらい光合成や呼吸をするか，調べる方法ってあるのかしら。」

いちとさん「ぼくが，その方法を調べてみるよ。」

（数日後・・・）

広島中等教育学校

いちとさん「教科書に，植木鉢に植えた植物を袋に入れて光を当てて，1時間後に袋の中の二酸化炭素の量がどのくらい変化したのかを測定する実験がのっているよ。」

ひろこさん「でもこれだと，でんぷんの量の変化はわからないわ。」

いちとさん「どうも，光合成で作られるでんぷんの量や，呼吸で使われるでんぷんの量は，二酸化炭素の吸収量や放出量に置き換えて考えてみればいいみたいなんだ。」

ひろこさん「なるほど！二酸化炭素が減少すれば，それだけでんぷんが作られた，二酸化炭素が増加すれば，それだけでんぷんが使われた，と考えるんだね。」

いちとさん「光の強さを変えて，1時間あたりの二酸化炭素の変化量を測定すれば，どれくらい光合成や呼吸をするか，調べることができるんだ。」

ひろこさん「光の強さを変えて，さっそくやってみましょうよ。光が強ければ光合成はさかんになるだろうし，光がないと光合成は起きないからね。」

　　二人で実験したところ，下の表の結果が得られました。

表　光の強さを変えたときの袋の中の二酸化炭素の変化量

光の強さ	0	10	20	30	40	50	60	70	80	90	100	110	120
二酸化炭素の変化量	4.0 増加	2.5 増加	1.2 増加	0	1.6 減少	3.0 減少	4.4 減少	5.8 減少	7.1 減少	8.0 減少	10.0 減少	10.0 減少	10.0 減少

　※　光の強さは，二酸化炭素の減少量が最初に最大になるときを100としています。

　※　二酸化炭素の変化量は，減少量がそれ以上大きくならないときの最大の減少量を10.0とし，1時間あたりの量を示しています。

ひろこさん「表をみると，光の強さが30のとき，二酸化炭素は増えても減ってもいなくて0になっているわね。植物には，ちゃんと光を当てているのにどうしてかしら。」

いちとさん「それはね，この光の強さだと，【　　　　　　ウ　　　　　　】と【　　　　　エ　　　　　】が等しいからだ思うな。」

ひろこさん「呼吸によって1時間あたりに使われるでんぷんの量を知りたければ，どの光の強さのときの二酸化炭素の変化量を読み取ればいいのかな。」

いちとさん「光の強さが【　オ　】のときを読み取ればいいんだよ。」

ひろこさん「そうか。この表を使えば，1日あたりの【　ア　】の量と【　イ　】の量を計算して，その量を比べることで，どのような光の強さのときに植物が枯れずに成長できるかどうかを判断できそうだね。」

〔問1〕

会話文中の【　ア　】と【　イ　】にあてはまる内容を答えなさい。

〔問2〕

会話文中の【　ウ　】と【　エ　】にあてはまる内容を答えなさい。ただし，両方とも「二酸化炭素」という語を使って書きなさい。

〔問3〕

会話文中の【　オ　】にあてはまる表中の数値を答えなさい。

〔問4〕

会話文中の下線部について考えます。

この植物を，光の強さ90の光を何時間か当てて育てることにします。でんぷんが不足して枯れることを防ぐためには，1日最低何時間，この光を当てる必要があるかを説明しなさい。解答は，次の1～3の段階の順に進めなさい。

ただし，光の強さは光合成のはたらきのみに影響し，呼吸のはたらきには影響しないものとします。また，その他の条件は表の実験を行った時と同じになっており，でんぷんは「呼吸」と「成長」にしか使われないものとします。

　　段階1：呼吸によって1日（24時間）に使われるでんぷんの量を，二酸化炭素の
　　　　　 量の数値に置き換えて計算しなさい。
　　段階2：光合成によって1時間あたりに作られるでんぷんの量を，二酸化炭素の
　　　　　 量の数値に置き換えて計算しなさい。
　　段階3：植物を枯らさないためには，1日最低何時間，光を当てる必要があるか
　　　　　 説明しなさい。

広島中等教育学校

（解答用紙は別冊 52 P）（解答例は別冊 28 P）

だいちさんとみどりさんは，サイコロをたおして進んだ時の，目の変わり方について話をしています。

マス目の上でサイコロをたおして進んでいくと，たおす回数が同じでも，進む道すじによって，サイコロの上の目が変わるよ（図1）。

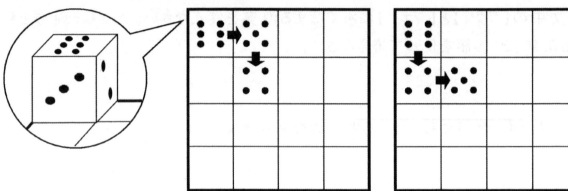

図1　進む道すじとサイコロの上の目の関係

左上のマス目をスタートにし，右下のマス目をゴールにしたよ。スタートからサイコロを6回たおして，ゴールした時，その道すじを記録したら，図2のようになったよ。

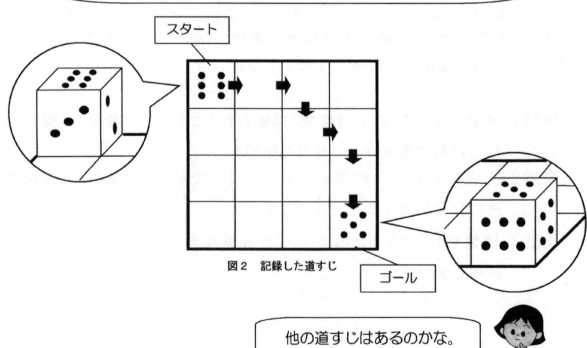

図2　記録した道すじ

他の道すじはあるのかな。

問題1　スタートからサイコロを6回たおしてゴールした時，上の目が 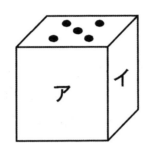 になる道すじを，矢印で表しなさい。ただし，図2で示した道すじは除くこととする。

問題2　問題1で答えた道すじでゴールしたサイコロの面ア，イの目を，正確にかきなさい。

だいちさんとみどりさんは，使いすてカイロの性質について話をしています。

寒くなると使いすてカイロがとても便利だね。ところで，使いすてカイロは，どうして温かくなるのだろう。

使いすてカイロがどんなものでつくられているのか，ふくろのうらの説明（図1）に，書いてあるよ。原材料名は，たくさん使われているものから順に書かれていると聞いたよ。

【品　名】使いすてカイロ
【原材料名】鉄粉，水，活性炭※1，バーミキュライト※2，
　　　　　　吸水性樹脂※3，食塩
【使用方法】①使用直前にふくろから使いすてカイロを取り出す。
　　　　　　②温度が下がった時は軽くふる。

※1　小さな穴がたくさんあいた炭。
※2　すき間がたくさんあいた土。
※3　水を保つことができるもの。

図1：ふくろのうらの説明

鉄粉が一番多く使われているね。使いすてカイロが温かくなる理由は，ろうそくが燃えて熱が出る時と同じかな。

ろうそくが燃える時は，酸素を使って，二酸化炭素を出していたね。実験をして調べてみよう。

福山中学校

実験

①使いすてカイロと温度計を密閉式ビニールぶくろに入れる。
②空気を入れた状態で密閉し，4時間置いておく。
③実験後の密閉式ビニールぶくろの中の酸素と二酸化炭素のそれぞれの割合を気体検知管で調べる。

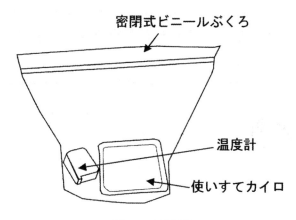

図2：実験用具

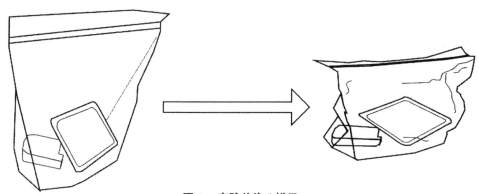

図3：実験前後の様子

	実験前	実験後
酸素	21%	6％以下 （検出限界※以下）
二酸化炭素	0.04%	0.04%

※使用した気体検知管が測定できる最小の値

表1：酸素と二酸化炭素の割合

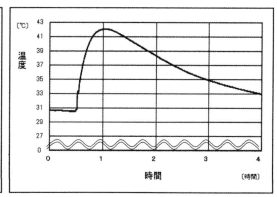

図4：時間と温度変化のグラフ

問題3　二人は，使いすてカイロが温かくなる理由は，ろうそくが燃える時とはちがうと判断しました。その理由を答えなさい。

問題4　二人は，使いすてカイロについてさらに疑問をもちました。どのような疑問だったのかを予想し，その疑問をどのように解決すればよいかを答えなさい。

だいちさんとみどりさんは，おかしの箱を入れる紙ぶくろについて話をしています。

おかしの箱（図1）が2つ入る紙ぶくろを探しているけど，ないかな。

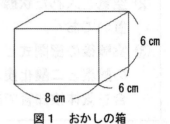

6 cm

8 cm　　6 cm

図1　おかしの箱

持っていないわ。でも，紙（図2）があるよ。この紙で，おかしの箱がはみださないような紙ぶくろを作ってみたらどうかな。

紙ぶくろの底面は，2つの箱がすきまなくおさまるようにしたいな。

紙を使って，図3のように紙の一部をはさみで切り取るよ。図3の太線にそって折り，テープでとめると図4のような紙ぶくろができるよ。

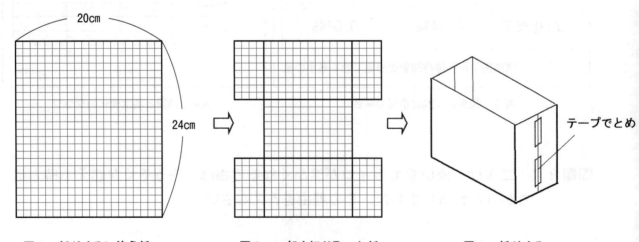

20cm

24cm

テープでとめ

図2　紙ぶくろに使う紙　　　図3　一部を切り取った紙　　　図4　紙ぶくろ

福山中学校

はさみで紙を切り取らなくても，作ることはできるかな。

折るだけで，紙ぶくろを作ってみよう。

問題5 あなたが作る紙ぶくろの折れ目となる線を，解答用紙にかきなさい。折り目となる線で山折りは ─── 線，谷折りは ------ 線でかくこと。ただし，1目もりは1cmとする。

だいちさんとみどりさんは，木材について話をしています。

学校のいすに，こんな
シールがついていたよ。

ひろしまの森づくり県民税を
活用して広島県の木材で製作
しています。

ほかに広島県の木材で作られているものはないのかな。

資料1　広島県の木材が使われた保育所の部屋

・宮島口旅客ターミナル（廿日市市）
・保育所（神石高原町）
・道の駅たかの（庄原市）
・広島県庁舎の机
・工事用かん板
・しゃもじ，まな板　　　　など

資料2　広島県の木材が使われている施設やもの

いろいろな施設やものでたくさん使われていたよ。
広島県の木材の生産量は，どうなっているのかな。

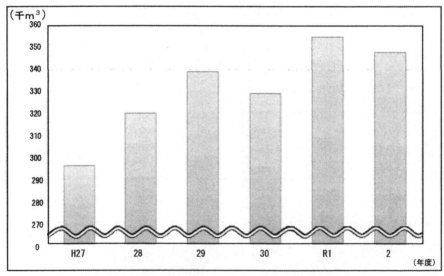

資料3　広島県の木材（すぎ・ひのき）生産量の推移

生産量は，増えたり減ったりしているね。

福山中学校

今後，広島県の木材の生産量はどうなっていくのかな。

いろいろな資料を集めてみたよ。いっしょに
考えてみよう。

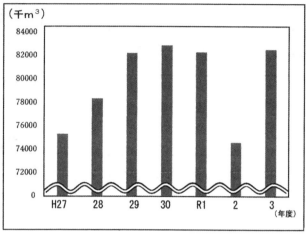

資料4　日本の木材消費量の推移

資料5　日本の木材自給率

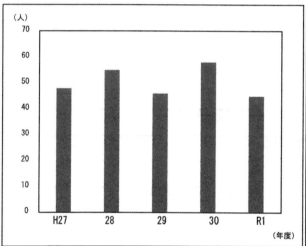

資料6　広島県で新しく林業の仕事についた人の推移

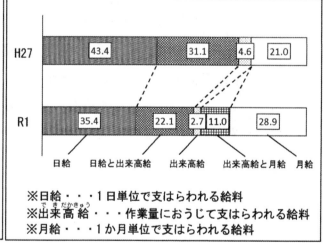

※日給・・・1日単位で支はらわれる給料
※出来高給・・・作業量におうじて支はらわれる給料
※月給・・・1か月単位で支はらわれる給料

資料7　広島県で林業の仕事についている人の
　　　　給料の支はらい方法の割合

・心身の健康づくりのための森林浴やウォーキング

・森林の中でのランニングや自転車走行

・森林の中での音楽鑑賞及び芸術鑑賞などの文化的活動

・森林の中で自然を活用した保育・幼児教育　　　　など

資料8　人々が森林空間に求めているもの

問題6　　あなたは，今後の広島県の木材の生産量はどうなっていくと考えますか。
　　　　複数の資料を使い，理由とともに説明しなさい。

だいちさんとみどりさんは，分数のカードゲームについて話をしています。

友だちが分数の勉強をしていて，「難しい。」と言っていたよ。分数について楽しみながら学ぶ方法はないかな。

分数をカードゲームにして，学習するのはどうかな。

どんなふうにするの。

ルールは次の通りよ。

【カードゲームのルール】

- 1 ～ 12 までの「数字カード」12 枚と，＋，－，×，÷ の「演算※カード」4 枚をそれぞれ用意し，裏返しにする。
- 1番目の人が，①・②を行う。
  ① 「数字カード」4 枚と「演算カード」1 枚をひく。
  ② ひいた 4 枚の「数字カード」で分数を 2 つつくり，「演算カード」を用いて計算式をつくって答えを求める。
- 2番目，3番目の人が，残りのカードを用いて①・②を行う。
- 求めた答えの数の大きい人が勝ち。

※ 演算…たし算，ひき算，かけ算，わり算の計算のこと

4	11	7	2
12	3	10	6
5	9	1	8

数字カード

×	－
÷	＋

演算カード

福山中学校

このゲームなら楽しく学習ができそうだね。試しにやってみよう。

私は、3，6，9，11 と × のカードをひいたよ。ひいたカードで、$\frac{6}{11} \times \frac{9}{3}$ の式をつくったら、答えは $\frac{18}{11}$ になったわ。

ぼくは、1，5，8，10 と ÷ のカードをひいたよ。$\frac{5}{1} \div \frac{10}{8}$ の式をつくったら、答えは4になったよ。

最後までやってみよう。残りのカードで式をつくるよ。

問題7　　残りのカードで式をつくると、求めた答えが3つの数のうち2番目に大きい数になりました。つくった可能性のある計算式と答えを求めなさい。また、なぜ答えの数が2番目に大きい数だといえるか説明しなさい。

※このページに問題はありません。

（問1）　【資料】の ―― 部「消化」の意味として最も適切なものを、ア～エの中から一つ選び、記号を書きなさい。

ア　食べ物を、体のためになるものに変えること。

イ　仕事を、残さないようにかたづけてしまうこと。

ウ　知識などを、よく理解して自分のものにすること。

エ　商品などを、なくなるまで売りさばくこと。

（問2）　 あ 　に入る最も適切な言葉を、【資料】より、十字で書きぬきなさい。

（問3）　 い 　に入る言葉として最も適切なものを、ア～エの中から一つ選び、記号を書きなさい。

ア　本質が何かなんて、なかなかわからないものだから、だれかに確かめるとよい

イ　今は本質がわかったと思っていても、後になると奥深い意味があることに必ず気づくものだ

ウ　本質にたどり着くために、本質が何かという問いを繰り返していくことが大事だ

エ　自分なりに本質にたどり着いて、それを他の人に広く伝えなくてはならない

（問4）　 う 　に入る最も適切な段落番号を、 1 ～ 14 の中から一つ選び、番号を書きなさい。

（問5）　 え 　に入る言葉を、「本質」、「言葉」の二語を使って、三十字以上、四十字以内で書きなさい。（「、」や「。」も一字に数えます。）

（問6）　【資料】の 11 ～ 14 段落における説明の仕方には、どのような特ちょうがありますか。その特ちょうとして、最も適切なものを、ア～エの中から一つ選び、記号を書きなさい。

ア　 11 で話題を変えた上で、 12 ～ 14 でくわしく説明している。

イ　 11 で 10 の問いに答え、 12 ～ 14 で考えを示しまとめている。

ウ　 11 で 10 に反論した上で、 12 ～ 14 でその根きょを述べている。

エ　 11 の内容に加え、 12 ～ 14 でその具体例を挙げている。

（問7）　たけしさんは、見つけた【新聞記事】を、朝の会で紹介することにしました。「 □ について書かれた新聞記事です。」と言ってから新聞記事を読みます。 □ には、【資料】から学んだことを生かして、この新聞記事の本質（大事なところ）と考えた言葉を入れます。あなたがたけしさんなら、どのように発言しますか。十五字以上、二十字以内で書きなさい。（「、」や「。」も一字に数えます。）

【新聞記事】

　私の祖母は、折に触れ、新しい言葉に出会わせ、言葉のみりょくに気づかせてくれる。

　祖母は、図書館で本を読むことを日課としている。先日、図書館で体調が悪くなったとき、見ず知らずの人が、親切にしてくれたそうだ。しかし、その人は、名を告げずに立ち去ったので、改めてお礼を言うことができない。そこで、祖母は、その親切に対して「恩送り」をしたいと言っていた。

　「恩送り」とは、「だれかから受けた恩を別の人に送る」ことらしい。美しい言葉との出会いは、私の心をいつも豊かにしてくれる。

（さとみ）

※課題1は223ページから、課題2は224ページから始まります。

8 そうして自分なりにものごとを理解したあとで、他の人にそれを伝えなくてはならない機会も出てくるかもしれない。聞くことよりも、話すほうが得意だという人もいると思う。ぼくは子どものころから、人前で話すことが大の苦手だったし、今でも話すより聞いているほうがはるかに心地いい。今でも話すことはとても難しいと思う。

9 自分が理解したこと、考えていることを、相手にどう伝えるか。日常会話、学校のクラスのみんなに何かを提案する場面、さらに会社員として仕事を取るためのプレゼンテーション。実にさまざまな機会で相手に伝えることを求められるだろう。

10 難しいのは複雑なものごとを伝えなければならないケースだ。複雑なことを複雑なまま伝えたのでは、相手は納得してくれない。じゃあ、どうするか。

11 そう、わかりやすく伝えることだ。

12 そんなの当たり前だよと言うかもしれない。でもこれがなかなか難しい。

13 心構えとして、ひとつ覚えておいたほうがいいと思うのは、単純化とは違うということだ。単純化では大事なところを捨てることになり、本質が伝わらなくなってしまう。わかりやすく伝えるというのは、複雑なものごとの本質はきちんと残しながら、かみくだいて伝えることだ。考えぬいて、伝わる言葉を必死でさがさなければならない。

14 そのためにも自分がまずはしっかり理解すること、そうすれば自分の言葉で伝えることができる。自分がしっかり理解せずに、相手にわかりやすく伝えることなどできない。話がわかりにくい人はおうおうにして、自分が理解していないことが多いのだ。

（松原　耕二　「本質をつかむ聞く力　ニュースの現場から」より。一部省略等がある。）

※1　能動的…自分から進んで取り組むようす
※2　断片的…まとまりがなく、とぎれとぎれなようす
※3　文脈…文章のすじみち

ももこ　[資料]の中で、筆者は、本質について、[い]と考えていましたね。

ともや　なるほど。それを意識して、自分なりに整理し直してみます。

さくら　[う]段落からは、調べてきたことについて書いています。そこには、調べてきたことをよりよく伝えるためのヒントがあると思います。

ももこ　私は、これまでは、調べてきたことを整理しないで、そのまま伝えていました。それでは、よりよく伝わっていたとはいえませんね。

たけし　筆者は、[資料]の中で、相手が納得してくれるためには、わかりやすく伝えることだと述べています。そして、わかりやすく伝えることは、[え]ことだと説明していますね。

さくら　本質を相手に伝えることができると、相手は納得してくれるということですね。

ももこ　そのためには、まずは自分がしっかり理解することが大事だとわかりました。

しおり　私も、集めた情報をもう一度読み直して、大事なことが何なのか、考えてみようと思います。そうすることで、今まで見のがしてきたような町のみりょくに気づくかもしれません。

さくら　大事なことをしっかり理解して伝えることが大切ですね。今日学んだことを、総合的な学習の時間の発表に生かしていきましょう。

徳島県立中学校・中等教育学校

（解答用紙は別冊54P）（解答例は別冊29P）

【課題1】　さくらさんの班は、国語の時間に、「伝えること」について、【資料】を参考に話し合っています。【資料】、【話し合いの一部】を読んで、4ページの問いに答えなさい。（1～14は、段落の番号を表します。）

【資料】

1　確かにインターネットは便利だけれど危険性もはらむ。同時にテレビのニュースや新聞に触れなければ、世の中で起きていることについての知識はとても限られたものになってしまうだろう。しかもネットは見出しが強いものについて飛びついてしまう傾向がある。

2　自分の興味のあるものだけにアクセスするのではなく、そうでないものにも触れる機会を作る。そのうえで情報には出来るだけ、能動的に、主体的に接するように心がけるといいと思う。ぼんやり読んだり、聞いたりしていてもなかなか頭に入ってこない。どうしてなんだろう、なぜそんなことになるんだろうといった問いが頭に浮かんでくれば、こっちのものだ。

3　そんな風に情報に接しながら、ぼく自身は二つのことを心がけている。

4　全体像をつかむこと。

5　断片的な情報が耳に入っても、それが何を意味するのか理解するのは難しい。全体像をつかんでおけば、断片をどんな文脈で理解すればいいのかがわかるようになる。もちろん全体像をつかむのは簡単なことではないけれど、それを意識しているだけで、ものごとの輪郭が浮き上がってくるものだ。

6　もうひとつは、本質は何かを常に考えること。

7　ものごとにはさまざまな見方がある。あれもある、これもあるでは、なかなか自分の中で消化できない。この出来事の本質は何か、この情報が意味することの本質は何か。その問いを自分のなかでいつも繰り返すことにしている。本質が何かなんてなかなかわからない。わかったつもりになっても、後にもっと奥深い意味が含まれていたと気づくこともある。でもその問いを繰り返していかなければ、その奥深いところにたどり着くことはできないと思う。

【話し合いの一部】

さくら　私たちは、総合的な学習の時間に、「私たちの町のみりょく」について調べたことを発表します。今日は、この【資料】を手がかりとして、それぞれ調べてきたことを、どのようにすればより よく伝えることができるか、話し合いましょう。

ももこ　みなさんは、何について調べましたか。

たけし　私は、歴史が好きなので、これまで町の歴史を調べていましたが、今回、自然にも目を向けてみました。すると、川の透明度やめずらしい生き物など、新しい発見がありわくわくしました。

しおり　筆者は、【資料】の中で　あ　以外にも触れるといいと述べていますね。

ともや　私は、地域の祭りについて聞き取りをしたり、本で調べたりしましたが、集めた情報が多くて、何が重要か、整理できませんでした。

しおり　私は、地域の産業を調べましたが、内容を分類できませんでした。筆者は、情報に接しながら、全体像をつかむことと、本質をつかむことを心がけていると述べていますね。

ともや　特に、筆者は、たびたび本質のことを述べているので、私も本質に着目したいと思いました。でも、本質は、どのようにして見つけるのでしょうか。

【課題2】 さくらさんたちは，社会の授業でおとずれた博物館で調べてきたことや学芸員の方から聞いたことについて，発表するために話し合っています。[**話し合いの前半**]，[**話し合いの後半**]，資料1～4をもとにして，あとの問いに答えなさい。

[**話し合いの前半**]

さくら	博物館では，「『これまでの暮らし』と『これからの暮らし』」をテーマとした展示資料を見てきましたが，まずは「これまでの暮らし」について，印象に残ったことやわかったことを言ってください。
たけし	私は，「米づくりが始まった時代の暮らし」のコーナーが印象に残りました。⑦当時の米づくりに使われていた道具を使って，米づくりの作業を体験しました。今はほとんどの作業で機械を使っていますが，当時はすべて人による作業だったので，体力が必要で時間もかかり，大変だったと思いました。
しおり	学芸員さんは，米づくりが始まったことで，人々は集まって住み，農作業を協力して行うようになったことを教えてくれました。それで，それまでより安定して食料が得られるようになったそうです。
さくら	米づくりが伝わったことで，人々の暮らしが変化したのですね。
こうじ	私は，「戦国大名が戦いをくり広げた時代の暮らし」のコーナーに展示されていた，鉄砲が印象に残りました。⑦ポルトガル人によって種子島に伝えられた鉄砲は，大阪府や滋賀県などで大量に生産され，戦いに使われました。学芸員さんは，鉄砲の使用で戦い方が変わったことも教えてくれました。
たけし	そのコーナーに展示されていた「長篠合戦図屏風」からも，戦い方のちがいがわかりました。ひとつの道具が，それまでの戦い方を大きく変えたと感じました。一方で，当時の人々は，安心して暮らすことができていたのだろうかとも感じました。
さくら	現在でも，世界各地では，争いがなくなっていません。だれもが安心して暮らすことができる平和な世界にしていきたいですね。
しおり	私は，「町人たちが新しい文化を生み出した時代の暮らし」のコーナーに展示されていた，色あざやかな浮世絵が印象に残っています。学芸員さんからは，⑦江戸幕府のもとで社会が安定し，人々に暮らしを楽しむよゆうができたこと，五街道が整備され，交通が発達し，人やものの行き来がさかんになったことなどを教えてもらいました。
こうじ	当時の江戸は，すでに人口が100万人をこえる大都市だったそうです。
たけし	それだけの人が暮らしていたら，ごみなどの問題はなかったのでしょうか。
さくら	学芸員さんの話では，⑦不要なものを回収して再利用につなげるなど，人々はくふうをしながら生活していたそうです。私たちの学校でも，アルミかんやペットボトルのキャップなどの回収をしていますよね。私は，ごみの問題に対する当時のくふうと今のくふうのちがいを調べてみたいと思いました。

（問1）────部⑦に関して，次の**ア～エ**は，農作業のようすについて述べたものです。米づくりが始まったころのようすとして適切なものを，**ア～エ**の中から1つ選び，記号を書きなさい。

　　ア　田に水を引いたり，水田の水を排出したりする技術が進んだ。
　　イ　備中ぐわや千歯こきなどの新しい農具が普及し，生産が高まった。
　　ウ　村をあげて行う田植えのときには，豊作をいのって田楽をおどった。
　　エ　稲の収穫には石包丁を使い，かり取った稲の穂は高床の倉庫にたくわえた。

（問2）────部④に関して，次の**ア～エ**は，ポルトガル人によって，種子島に鉄砲が伝えられた時代の文化について述べたものです。正しいものには○，まちがっているものには×を書きなさい。

　　ア　観阿弥・世阿弥が，能を完成させた。
　　イ　雪舟が，水墨画の技法を日本ふうの様式に完成させた。
　　ウ　清少納言が，かな文字を使って「枕草子」を書いた。
　　エ　松尾芭蕉が，自然をたくみによみこんだ俳句をつくった。

（問3）────部⑦に関して，江戸幕府は全国の大名を支配するために，きまりを定めました。そのきまりでは，大名に対して，城を修理する場合は幕府に届け出ることや，領地と江戸を行き来する参勤交代の制度などを定めていました。このきまりを何というか，書きなさい。

（問4）────部⑤に関して，さくらさんは，再利用について調べていたところ，次の2つの資料を見つけました。2つの資料から，さくらさんは，エコマークが表示されていることは，大人だけでなく私たち子どもにとってもよいことだと考えました。あなたがさくらさんなら，その理由をどのように説明するか，**資料1**，**資料2**を関連づけて，「選ぶ」，「かん境」という言葉を用いて書きなさい。

資料1　「エコマーク」

資料2　「エコマーク」がついた商品例

分類	商品例
日用品・家庭用品	調理・キッチン用品，トイレットペーパ，せっけん，せんたく・そうじ用品，ごみぶくろ，タオル，毛布など
文具・事務用品	シャープペン，ボールペン，えん筆，ノート，ファイル，のりなど
家具	いす，つくえ，ベッドなど
ファッション	バッグ・かばん，くつ，衣料品など
その他	テレビ，パソコン，ベビー用品，学校制服，ガラスびん，ひも・ロープなど

（公益財団法人　日本環境協会　エコマーク事務局
ホームページ（2022年11月時点）より作成）

［話し合いの後半］

> さくら　では，次に「これからの暮らし」について，印象に残ったことやわかった
> ことを言ってください。
>
> こうじ　私は，「情報通信技術（ＩＣＴ）と未来の暮らし」のコーナーで，㋔博物
> 館の中を移動する自動運転の乗り物に乗ったことが印象に残りました。タッ
> チパネルで行き先を選ぶと，その場所まで移動することができました。ふだ
> んは，空港のロビーで使用されているそうです。
>
> しおり　これから先，自動運転の技術がもっと広がっていくと，私たちの暮らしに，
> どのような変化があるのでしょうか。
>
> こうじ　例えば，ドローンによる宅配や自動運転バスなどもありますが，私は，
> 無人の自動運転による移動はん売車ができることを期待しています。スマー
> トフォンで移動はん売車をよぶことができるようになれば，㋕今よりも買い
> 物が便利になると思います。
>
> さくら　自動運転の技術は，㋖地域の問題の解決に役立つかもしれませんね。
>
> しおり　私は，「新たな資源・エネルギーと未来の暮らし」のコーナーで見た，自
> 然エネルギーを利用した発電に興味をもちました。祖父の家の近くには山が
> あり，その山の上には風力発電の風車があります。今回，風車を海の上に設
> 置する風力発電があることは初めて知りました。さらに，いろいろな発電の
> 方法について，調べてみたいと思いました。
>
> たけし　そういえば，使われずに残されていた，森林の中の木材や枝を燃やして発
> 電する方法もありましたね。
>
> しおり　バイオマス発電ですね。ほかにも，使い終わった天ぷら油やさとうきびの
> しぼりかすなどから燃料をつくる取り組みも増えているみたいですよ。
>
> さくら　これまで捨てていた物を有効に使おうとする考え方は，大事だと思います。
>
> たけし　私もそう思いますが，一方で，大量生産などによって起きている食品や
> ㋗服の処分が大きな問題になっていると，学芸員さんが教えてくれました。
> その話を聞いて，今の私たちの暮らし方をいろいろな面から見直す必要があ
> ると感じました。持続可能な社会に向けて，自分ができることに取り組んで
> いきたいです。
>
> さくら　調べたり，教えてもらったりしたことなどをもとに，それぞれでさらにく
> わしく調べていきましょう。

（問5）────部㋔について，「博物館」を表す地図記号を，ア〜エから1つ選び，記号
を書きなさい。

ア イ ウ エ

（問６）―――部㋕に関して，無人の自動運転による移動はん売車ができると，買い物がどのように便利になると考えられるか，無人であることに着目して，書きなさい。

（問７）―――部㋖に関して，地域の問題を解決して，よりよい暮らしにつなげるため，地域住民の意思にもとづいて政治を行うことを何というか，書きなさい。

（問８）―――部㋗に関して，たけしさんは，服の処分が大きな問題になっていることに関連した，次の２つの資料を見つけました。あなたは，２つの資料から，どのような問題があると考えるか，**資料３，資料４**を関連づけて，書きなさい。そして，その問題を解決するために，あなたができる取り組みとして，どのようなことが考えられるか，具体的に書きなさい。

資料３　１人あたり（年間平均）の服の消費・利用状きょう

１年間で１度も着ない服	１年間で買う服	１年間で手放す服
25 枚	約 18 枚	約 12 枚

（日本総合研究所「環境省　令和２年度　ファッションと環境に関する調査業務」，環境省ホームページ（2022年11月時点）より作成）

資料４　手放したあとの服のゆくえ

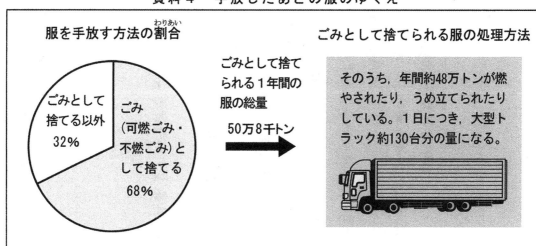

服を手放す方法の割合

ごみとして捨てる以外 32%
ごみ（可燃ごみ・不燃ごみ）として捨てる 68%

ごみとして捨てられる１年間の服の総量

50万8千トン

ごみとして捨てられる服の処理方法

そのうち，年間約48万トンが燃やされたり，うめ立てられたりしている。１日につき，大型トラック約130台分の量になる。

（日本総合研究所「環境省　令和２年度　ファッションと環境に関する調査業務」，環境省ホームページ（2022年11月時点）より作成）

【課題3】 六年生のさくらさんたちは、運動会のポスターを作って、校内の掲示板にはることにしました。「思い出に残る運動会にしよう」というメッセージがこめられたポスターを作るために、班ごとに案を出し合い、最終的に【A】と【B】の案にしぼられています。二つの案を比べ、自分が選んだ案について、一人一人が意見を書いて話し合い、一つに決めます。

あなたがさくらさんなら、どのように書きますか。次の条件に合わせて書きなさい。

[B]

運 動 会
一人一人が主役

[A]

運 動 会
みんなが主役

（条件）

・上のA・Bから、選んだ案の**記号**を、解答用紙の「**選んだ案□**」の□の中に書くこと。

・題と氏名を書かずに、本文から書き始めること。

・二段落構成で書くこと。

・一段落目には、その案を選んだ理由を、ポスターの案の特ちょうをふまえて書くこと。

・二段落目には、自分が選んだポスターの案を、よりよいポスターにするために、さらにどのようなくふうをすればよいのか、その提案と理由を書くこと。

・漢字を適切に使い、原こう用紙の正しい使い方に従って書くこと。

・十三行から十五行までにおさめること。

徳島県立中学校・中等教育学校
（城ノ内・川島・富岡東）　　適性検査　検査Ⅱ　（検査時間50分）

（解答用紙は別冊56Ｐ）（解答例は別冊30Ｐ）

【課題１】　次の会話文は，さくらさんたちが班に分かれて，いろいろな職業の人とオンライン
で，やり取りをしている一部です。次の会話文を読んで，あとの問いに答えなさい。

１班

米の生産者	私は米を作っていて，作付面積を毎年増やしています。
さくら	作付面積はどれくらいですか。
米の生産者	５年前は25haでしたが，今年は30haです。
さくら	しゅうかく量はどれくらいですか。10tぐらいですか。
米の生産者	５年前は125tで，今年は156tになりました。
さくら	そんなにしゅうかく量が多いとは知りませんでした。今年の１haあたりのしゅうかく量は，□tだったということですね。
米の生産者	そうです。おいしさや安全性を考えて作っています。

（問１）　□にあてはまる数を書きなさい。

２班

しおり	どのような仕事をなさっているのですか。
スポーツデータ分析者	私はスポーツデータを分析しています。選手やチームの特ちょうを調べ，よさを見つけ，課題の解決に向けて助言しています。みなさんは，何かスポーツをしていますか。何か記録があれば，見せてもらえますか。
しおり	私は，バスケットボールをしていて，チームのシュートの記録ならあります。バスケットボールの過去３試合は，全試合とも負けてしまいました。チームのみんなが自信をなくしていないか，心配です。

［しおりさんのチームのシュートの記録］

３週間前の試合	○ × × ○ × × × ○ × × ○ × ○ ○ ×
２週間前の試合	× ○ ○ × ○ ○ × ×
１週間前の試合	○ × ○ ○ × × ○ × ○ ○

○…入った　　　×…入らなかった

スポーツデータ分析者	この記録もデータとして分析すると，しおりさんのチームは全試合に負けましたが，だんだんとよくなっているところがあります。
	試合をするごとに，＿＿＿＿＿＿＿ということがわかります。
しおり	データの分析は，新しい気づきにつながるのですね。やる気がわいてきました。チームのみんなに伝えます。

（問２）　スポーツデータ分析者は，└┄┄┘で［しおりさんのチームのシュートの記録］からわかる，だんだんとよくなっているところを説明しました。└┄┄┘にあてはまる説明を，言葉と数を使って書きなさい。

3班

こうじ	現在は，どのような作品に取り組まれているのですか。
デザイナー	形も大きさも同じ図形だけを使い，辺どうしをぴったりあわせて，すき間も重なりもなくしきつめられている模様をつくっています。そうすると，しきつめ模様が平面に広がり，美しいです。次の**ア〜エ**の正多角形の中で，同じ大きさの図形だけを使ってしきつめることができるのは，どれでしょう。

ア 　イ 　ウ 　エ

こうじ	［あ］です。
デザイナー	正解です。また，縦1.2m，横1.8mの長方形の板に絵もかいていますよ。
こうじ	その板の大きさは，1辺が15cmの正方形の折り紙［い］枚分の大きさということだから，きっと，はく力がありますね。見てみたいです。
デザイナー	今度，作品展を開くので，ぜひ見に来てください。

（問3）① ［あ］にあてはまる記号をすべて書きなさい。

　　　② ［い］にあてはまる数を書きなさい。

4班

たけし	いろいろな大きさの丸型のケーキが並んでいますね。	

パティシエ	当店では，右の表のようなサイズのケーキをつくっています。どのサイズも，高さは8cmです。サイズが1号大きくなると，直径が3cm長くなります。

[サイズ表]

サイズ	ケーキの直径
4号	12 cm
5号	15 cm
6号	18 cm
7号	21 cm

たけし	ケーキの直径が3cm長くなると，ケーキはどれくらい大きくなるのでしょう。
エミリ	ケーキを円柱とみて，底面の円周で考えてみましょう。5号サイズのケーキの直径は4号サイズのケーキの直径より3cm長いので，5号サイズのケーキの円周は，(12＋3)×3.14という式で表すことができます。計算のきまりを使い，さらに，わかりやすく表すと， (12＋3)×3.14 ＝ ［㋐］ × ［㋑］ ＋ ［㋒］ となり，円周が ［㋒］ cm長くなることがわかります。
たけし	なるほど。学習したことを使うと，わかりやすいですね。ほかのサイズの直径をあてはめても，同じことがわかります。
パティシエ	では，家でもつくることができるケーキのつくり方を紹介しましょう。

（問4）〰〰部について，エミリさんは，ケーキの直径が3cm長くなると，ケーキの円周がどれくらい長くなるか，円周率を3.14としてわかりやすく表しました。

　　　① ［㋐］，［㋑］にあてはまる数をそれぞれ書きなさい。また，［㋐］×［㋑］の式が何を表しているか，書きなさい。

　　　② ［㋒］にあてはまる数を書きなさい。

【課題2】 さくらさんたちは，科学センターでのサイエンススクールに参加しています。
指導員の先生とさくらさんたちの会話をもとにして，あとの問いに答えなさい。

指導員	みなさん，月を観察してきましたか。
たけし	はい。昨日（きのう）は晴れていたので，月のようすを観察し，スケッチブックに記録してきました。
指導員	昨日の満月を観察したのですね。今日は，前回のサイエンススクールで太陽を観察したことを思い出しながら，月について話し合いましょう。ところで，太陽を観察したときは，どのようなことに気をつけて観察しましたか。
しおり	太陽を直接見ると，　　　あ　　　ので，しゃ光板を使って観察しました。
指導員	よく覚えていましたね。ほかに気をつけたことはありますか。
こうじ	周りの物を目印として，方位や高さを記録するように気をつけました。
指導員	こうじさんも，よく覚えていましたね。たけしさんは，昨日の満月について，太陽を観察したときと同じように，方位や高さなども記録しましたか。
たけし	私（わたし）は，時刻（こく）や高さについては記録しましたが，方位については書き忘（わす）れていました。

[たけしさんのスケッチブック]

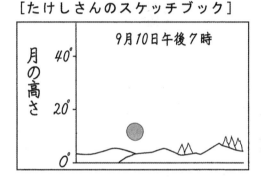

さくら	でも，たけしさんの観察記録を見ると，方位は書いていませんが，満月の高さや時刻から，観察した方位がわかるように思います。日の入り後の午後7時の観察記録で，満月が見えたのは，　い　の空ですか。
指導員	そのとおりです。よく気がつきましたね。たけしさんの観察記録は，目印となる周りの物も記録できていてわかりやすいですが，次からは方位を書くことも忘れないようにしてください。しおりさんも，月を観察しましたか。
しおり	私は，前回，太陽の見える位置を記録したように，家族に協力してもらいながら，ひと晩（ばん），同じ場所から月の見える位置を1時間ごとに記録しました。そうすると，①月の見える位置がどのように変わっていくのかがよくわかりました。
たけし	同じ場所から1時間ごとに観察することで，1回だけの観察ではわからないことがわかるのですね。
指導員	たけしさんも，次からは，しおりさんのように観察してみるといいですね。では，太陽と比べたとき，月の見え方に特ちょうはありますか。
さくら	はい。太陽とちがって，月の形の見え方はいろいろあります。どのように変化していくのか気になったので，観察してきました。
こうじ	どのような方法で，観察したのですか。
さくら	私は毎日，同じ場所で，学校から持ち帰ったタブレット型コンピュータを使って，月を撮影（さつえい）しました。雨やくもりの日は撮影できませんでしたが，②月の形が少しずつ変化して，約30日でもとの形にもどることがわかりました。
指導員	よく観察しましたね。月の形が，日によって変わって見えることを月の満ち欠けといいます。
こうじ	どのように月の形が変わって見えるのか，興味がわいたので，私も1日だけでなく，毎日，月の観察を続けてみようと思います。

（問1）しおりさんは 　あ　 で，太陽を観察するときに，しゃ光板を使う理由を答えました。　あ　 に入る適切な言葉を書きなさい。

（問2）さくらさんは 　い　 で，[たけしさんのスケッチブック]をもとに，たけしさんが午後7時に満月を観察した方位を答えました。　い　 に入る方位を，**東・西・南・北**から1つ選び，書きなさい。

（問3）―――部①について，月の見える位置の変わり方を，太陽の見える位置の変わり方と比べ，方位に着目して書きなさい。

（問4）―――部②について，さくらさんはいろいろな月の形を観察しました。観察することができる月の形を，**ア～エ**からすべて選び，記号を書きなさい。ただし，**ア～エ**のぬりつぶされていない部分は，月が見えていることを表しています。

ア 　　イ 　　ウ 　　エ

たけし	昨日は満月だったので，家族で月見団子を食べました。のどがかわいたので，昼間に飲んでいた，水の入ったペットボトルを冷蔵庫から取り出すと，キャップを閉めているのに，ペットボトルがへこんでいました。でも，冷蔵庫にあった，まだ一度もキャップを開けていない水の入ったペットボトルを見ると，へこんでいるようには見えませんでした。どうしてですか。
指導員	へこんでいたペットボトルの水は，どのくらい飲んでいたのですか。
たけし	昼間にたくさん飲んでいたので，ペットボトルの中の水は，$\frac{1}{3}$ ぐらいしか残っていませんでした。
指導員	実は，空気は冷やされると，体積が小さくなるのですよ。
しおり	そうなのですね。たけしさんが昼間にペットボトルの $\frac{2}{3}$ の水を飲んだことによって，その水のあった部分が空気に置きかわり，ペットボトルの中の空気が冷蔵庫の中で冷やされたから，ペットボトルがへこんだのですね。
さくら	う　 ことも，空気が冷やされて体積が小さくなったからですか。
指導員	そうです。温度による体積の変化について，ほかに知りたいことはありますか。

（問5）さくらさんは 　う　 で，空気が冷やされることによって体積が小さくなる現象についてたずねました。　う　 にあてはまる最も適切なものを，**ア～エ**から選び，記号を書きなさい。

　　ア　夏の暑い日に，プールにビーチボールをうかべると，少ししぼんだ
　　イ　冬の寒い日に，口から息をはくと，はいた息が白く見えた
　　ウ　毎日，休み時間にサッカーボールを使っていると，少しへこんだ
　　エ　空気でっぽうにつめた後ろの玉をおし棒でおすと，前の玉が飛んだ

こうじ　　空気は冷やされると体積が小さくなることがわかりましたが，あたためられると反対に体積が大きくなるのでしょうか。

たけし　　水も，温度による体積の変化はあるのでしょうか。

指導員　　それでは，空気や水について，あたためたり冷やしたりして体積が変化するのか，実験してみましょう。

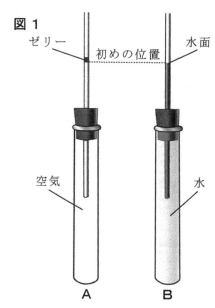

図1

実験1

1　空気の入ったAの試験管に，ゼリーをさしたガラス管つきゴムせんをはめる。

2　水をいっぱいまで入れたBの試験管に，ゼリーをさしていないガラス管つきゴムせんをはめる。

3　図1のように，ゼリーの下側と水面を同じ高さにそろえ，初めの位置とする。

4　それぞれの試験管を40〜50℃の湯であたためたり，氷水で冷やしたりして，ゼリーや水面の位置が，初めの位置からどのように変化するのかを見る。

[実験結果]

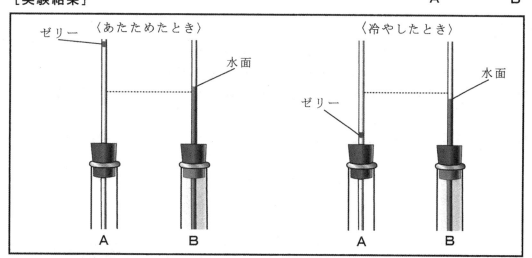

こうじ　　[実験結果]から，試験管の中の空気や水は，あたためると体積が大きくなり，冷やすと体積が小さくなることがわかります。

たけし　　また，空気と水では，温度による体積の変化にちがいがあることがわかります。空気と水を比べると，
　　　　　　　え　　　　　　　ですね。

[温度計]

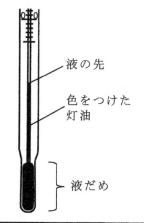

指導員　　そのとおりです。ところで，この実験で使った温度計も，温度による体積の変化を利用しているのですよ。温度計の管の中に入っている色をつけた灯油も，水と同じように，あたためると体積が大きくなり，冷やすと体積が小さくなります。

しおり　　液だめの部分を，　　　　　お　　　　　から，温度を測ることができるのですね。

指導員　　よく気がつきましたね。

（問6）たけしさんは，[**実験結果**]をもとに，空気と水とを比かくし，　え　で，温度による体積の変化に，ちがいがあることを説明しました。　え　に入る適切な言葉を書きなさい。

（問7）しおりさんは　お　で，温度計のしくみについて説明しました。　お　に入る適切な言葉を，温度による灯油の体積の変化をふまえ，「液の先」という言葉を使って，書きなさい。

たけし	温度によって体積が変化するものは，空気や水のほかにもありますか。
指導員	金属も，温度によって体積が変化します。では実際に，ここにある[**実験用器具**]を使って，体積が変化することを確かめてみましょう。

[実験用器具]

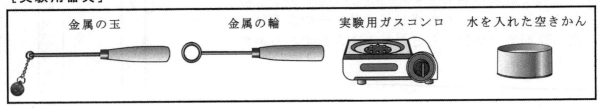

金属の玉　　　　金属の輪　　　実験用ガスコンロ　　水を入れた空きかん

実験2

1　金属の玉が，金属の輪を通りぬけることを確かめる。
2　金属の玉を実験用ガスコンロで熱し，金属の輪を通りぬけるかどうか調べる。
3　熱した金属の玉を水で冷やし，金属の輪を通りぬけるかどうか調べる。

こうじ	金属の玉を熱すると，金属の輪を通らなくなりましたが，熱した金属の玉を水で冷やすと，また金属の輪を通るようになりました。
たけし	このことから，金属も空気や水と同じように，あたためると体積が大きくなり，冷やすと体積が小さくなるということがわかりました。
指導員	そのとおりです。生活の中には，温度による金属の体積の変化を考えてつくられているものがあります。みなさんは，科学センターまで鉄道を利用していますが，鉄道のレールは金属でできていてレールのつなぎ目には，**図2**のように1cm程度のすき間をあけています。どうして，すき間をあけているのか，わかりますか。
しおり	はい。もし，すき間がないと，　　か　　からです。
指導員	そのとおりです。季節の変化も考えて，安全につくられています。
さくら	身の回りには，温度による体積の変化の性質を使ったものが，もっとありそうですね。いろいろ見つけてみたいです。

図2

（問8）しおりさんは　か　で，金属でできた鉄道のレールのつなぎ目にすき間がなくてはならない理由を説明しました。　か　に入る適切な言葉を，季節によるレールの温度変化をふまえ，「体積」という言葉を使って，書きなさい。

【課題３】　植物が大好きなたけしさんは，植物園へ出かけることにしました。次の問いに答えなさい。

（問１）たけしさんは，植物園に行くために，貯金箱に100円玉だけを貯金していました。そして，ときどき貯金箱を開けずに，100円玉が何枚入っているかを調べていました。貯金箱を開けずに，100円玉が何枚入っているかを調べるには，空のときの貯金箱の重さと100円玉が入っているときの貯金箱の重さのほかに，あと１つ，何がわかればよいか，書きなさい。

（問２）たけしさんは，今回はバスで植物園へ行くことにしました。植物園方面行きのバスは，たけしさんが乗車する停留所を午前７時から15分おきに発車します。植物園の前の停留所までの乗車時間は40分間です。植物園の前の停留所に午前9時30分までに着くためには，たけしさんは，おそくとも午前何時何分に停留所を発車するバスに乗ればよいか，書きなさい。

（問３）植物園に着くと，まず，無農薬のにんじんを使ったミックスジュースが有名なお店に行きました。たけしさんは，自分の水とうを持参していたので，**元気にんじん**のミックスジュースに**グリーンサービス**を追加して，注文することができました。

　　　　[店のけい示板]をもとに，たけしさんが注文したミックスジュースに入っているにんじんの重さは，注文したミックスジュース全体の重さの何％にあたるか，四捨五入で一の位までのがい数にして，書きなさい。ただし，水とうに，注文したミックスジュースは入るものとします。

[店のけい示板]

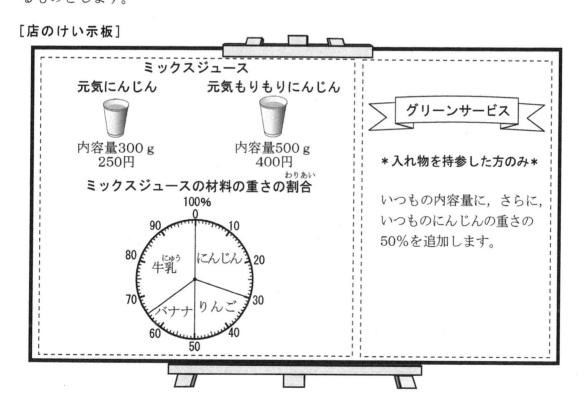

（問4）フラワーランドで，たけしさんは花を植える教室に参加しました。次の①・②に答えなさい。

① たけしさんをふくめ，参加者15人で，赤色と白色のパンジーと，オレンジ色と白色のビオラの花を植えることになり，1人1人がそれぞれの花について1色ずつ選びました。参加者全員の選んだ花の色を調べたところ，次の□□□□のことがわかっています。赤色のパンジーとオレンジ色のビオラを選んだ人数は，参加者全員の人数のどれだけにあたるか，分数で書きなさい。また，考え方を書きなさい。

・赤色のパンジーと白色のビオラを選んだ人数は4人

・白色のパンジーとオレンジ色のビオラを選んだ人数は2人

・白色のビオラを選んだ人数は全部で7人

パンジー　　ビオラ

② たけしさんは，1500円以内で，おみやげに押し花がはられたはがきを買うことにしました。このはがきの税こみの値段は，3枚組が270円，2枚組が200円でした。1500円以内で押し花がはられたはがきの枚数をいちばん多く買うためには，3枚組と2枚組をそれぞれいくつ買えばよいか，書きなさい。

（問5）室内にある木工ランドへ行くと，積み木コーナーがあり，立方体の積み木についての問題がけい示されていました。同じ大きさの立方体の積み木をすき間なく積み重ねた立体について，［正面から見た図］と［真上から見た図］，積み木の個数から，積み木の［積み重ね方がわかる図］をかく問題でした。たけしさんは，全部で9個の積み木を使った問題にちょう戦しました。方眼を使って，（例）のように正面から見た図に直線をかき加え，積み木の［積み重ね方がわかる図］を完成させなさい。

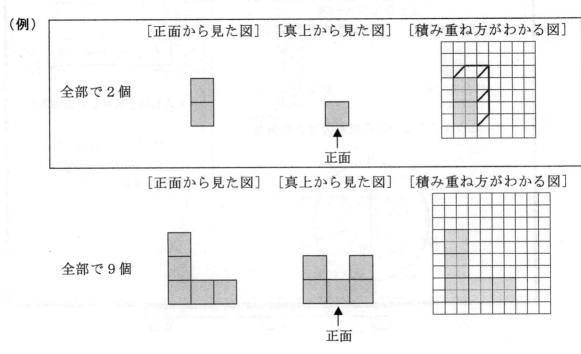

（問6）次に，クイズランドへ行きました。クイズ大会に参加したのは，たけしさんをふくめ，10人でした。クイズは80点満点で，全体の平均点は39.8点でした。たけしさんの得点は26点でしたが，順位は第4位であることにおどろきました。全員が20点以上で，同じ得点の人はいませんでした。第2位と第3位と第5位の得点をそれぞれ書きなさい。

（問7）閉園の時刻が近づいてきました。たけしさんは，もっと植物を観察したいと思いながら，植物園の出口まであと10mの地点で立ち止まり，そこからは，園内で流れていた曲に，次のようなリズムを合わせて歩き始めました。四分音符は1歩前に進み，四分休符は1歩後ろに下がります。

出口をはじめて通りこすのは，出口まであと10mの地点から何歩目のときか，書きなさい。ただし，たけしさんの歩はばは60cmとします。

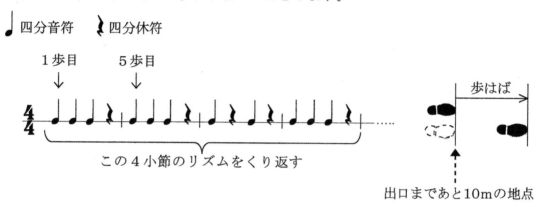

♩四分音符　♪四分休符

1歩目　5歩目

この4小節のリズムをくり返す

歩はば

出口まであと10mの地点

（問8）たけしさんは，帰りのバスの中で植物園のパンフレットを見ながら，長方形の花畑の中に通路があるといいなと考えました。そこで，次のように，2本の直線の通路が交わり，重なった部分にはふん水を置いた図をかきました。2本の直線の通路が重なっている，色がついた部分の面積は何m²か，書きなさい。ただし，ふん水は色がついた部分の面積に関係がないこととします。

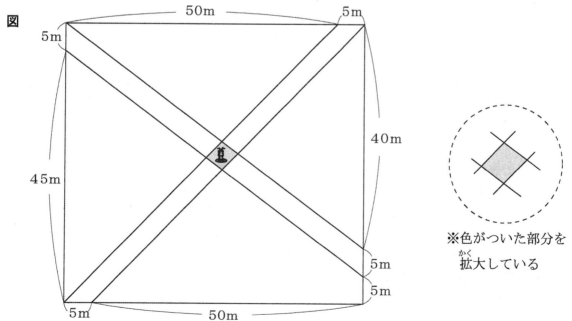

図

50m　5m
5m
40m
45m
5m
5m
5m　50m

※色がついた部分を拡大している

（解答用紙は別冊58 P）（解答例は別冊32 P）

1　次の文章は、たまみさんたちが、言葉の使い方について話し合っている場面の会話文
　です。この文章を読んで、下の(1)～(3)の問いに答えてください。

> たまみ　　弟のたいちが、夏休みの宿題の自由工作で、ロボットの模型を金属板で作っ
> たの。そして、ノートにロボットの作り方や作るときの注意点をまとめて書い
> ていたのだけど、金属板を切る作業のところに、次のように書いてあったの。
>
> > 金属板を切ったあと、切り口をさわるとけがをするかもしれないので、
> > やすること。
>
> たいちに、これはおかしいよって言ったのだけど、たいちは、どうしてこの
> ように書いたのかな。
> あいり　　この文のどこがおかしいの。特におかしいとは思わないよ。
> たまみ　　最後に出てきた「やする」だけど、私が使っている国語辞典には、そのよう
> な言葉はのっていないのよ。
> ひろと　　たしかに、ぼくが使っている国語辞典にもないな。でも、「やすり」という
> 言葉はあるよ。やすりは、木や金属の表面をこすって、なめらかにする道具の
> ことだと書いてあるよ。だから、本当は、「やする」ではなく「　　ア　　」
> のように、やすりの使い方を書くのが正しかったということだね。
> あいり　　そうだったのね。知らなかったわ。
> たまみ　　そういえば、たいちは、「やすり」も、「おどり」や「笑い」という言葉と
> 同じでしょって言っていたの。これはどういうことかな。
> ひろと　　①「おどり」という言葉は、名詞だよね。でも、「おどる」という言葉が、
> 「おどります」のように、「～ます」につながる形に変化した動詞でもあるね。
> あいり　　名詞は、人や物の名前や事がらを表す言葉で、動詞は、人や物の動きやはた
> らきを表す言葉のことね。
> たまみ　　「笑い」も「おどり」と同じように、名詞として使うときと、動詞として使
> うときがあるね。たいちは、それらの言葉と同じだと思って「やする」という
> 言葉があるとかんちがいしたのかな。
> ひろと　　そうだとしても、たいちさんは、②よく思いついたね。
> あいり　　「やする」のようなかんちがいから、新しい言葉が生まれてくるのかもしれ
> ないね。

(1)　文中の　　ア　　に当てはまる言葉を、「やすり」という言葉を使って10字以
　　内で書いてください。
(2)　下線部①について、「おどり」や「笑い」と同じように、名詞と、動詞が「～ます」
　　につながる形に変化したものが同じ形になる言葉を、下線部①よりあとの会話文から
　　探し、その言葉に「が」を付けて主語になる文を、例にならって一つ書いてください。
　　ただし、「おどり」「笑い」は使わないこととします。
　　　例１：おどりがうまい。　　例２：笑いが起こる。
(3)　下線部②について、ひろとさんは、どのような理由で「よく思いついた」と言った
　　のですか。「形」という言葉を使って、10字以内で解答らんに合うように書いてくだ
　　さい。

- 238 -

2　次の**会話文A〜会話文C**は、こうじさんとまさみさんが、割り算のあまりについて話し合っている場面の会話文です。この文章を読んで、下の(1)〜(3)の問いに答えてください。

会話文A

> こうじ　　長さ33cmのリボンを切って、7人で同じ長さずつ分けるようにしたいのだけど、「33÷7＝4あまり5」だから、4cmずつ分ければいいのかな。でも、5cmもあまらせたら、もったいないな。
>
> まさみ　　こうじさんのものさしは、ミリメートルの単位まで測ることができるよね。私なら、そのものさしを使って、あまりがもっと短くなるように、　**あ**　cmずつ分けて、0.1cmあまらせるようにするよ。

会話文B

> こうじ　　6年生は114人いるよね。全員でドッジボール大会をするのだけど、1チームを16人とすると、何チームできるかな。114÷16を計算すればいいんだけど、2けたの数で割るので、暗算はむずかしいな。
>
> まさみ　　そんなことないよ。114も16も偶数だから、それぞれ2で割って、57と8で計算すれば簡単になるよ。
>
> こうじ　　本当だ。「57÷8＝7あまり1」で簡単になったよ。でも、あまる人がいるから、17人のチームも作るようにして、16人のチームを　**い**　チーム、17人のチームを　**う**　チームつくればいいね。
>
> まさみ　　そうだね。

会話文C

> こうじ　　**図1**のように、ようかんが$6\frac{7}{8}$本あって、その全部を切り分け、**図2**のように、1枚の皿に$\frac{3}{8}$本ぶんの量をのせていってほしいと、先生にお願いされたんだけど、皿を何枚用意すればいいかな。

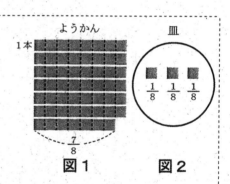

> ようかん　　皿
>
> 1本
>
> $\frac{7}{8}$
>
> $\frac{1}{8}$　$\frac{1}{8}$　$\frac{1}{8}$
>
> **図1**　　　　**図2**
>
> まさみ　　あまりが出たらどうするのかな。
>
> こうじ　　あまりが出たら、もう1枚皿を用意し、その皿にのせるように、先生に言われているよ。
>
> まさみ　　このときの計算は、$6\frac{7}{8}$と$\frac{3}{8}$を、それぞれ8倍して、　**え**　と　3　にし、「　**え**　÷3」で考えるといいわね。

(1)　**会話文A**中の　**あ**　に当てはまる数を書いてください。

(2)　**会話文B**中の　**い**　、　**う**　にそれぞれ当てはまる数を書いてください。

(3)　**会話文C**について、次のア、イの問いに答えてください。

　ア　文中の　**え**　に当てはまる数を書いてください。

　イ　先生に言われたとおり、全てのようかんをのせるために必要な皿は何枚か、書いてください。

3　ともこさんは、総合的な学習の時間で、近くの会社の従業員の通勤方法について調べました。資料１～資料３は、そのときに集めたものです。これらの資料を見て、下の(1)～(3)の問いに答えてください。

【資料１】

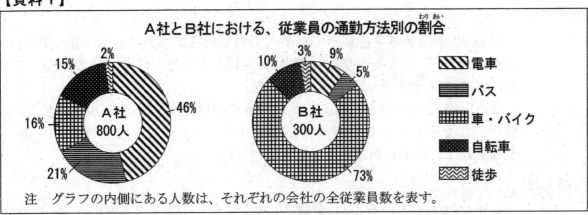

A社とB社における、従業員の通勤方法別の割合

A社 800人：電車46%、バス21%、車・バイク16%、自転車15%、徒歩2%

B社 300人：電車9%、バス5%、車・バイク73%、自転車10%、徒歩3%

凡例：電車／バス／車・バイク／自転車／徒歩

注　グラフの内側にある人数は、それぞれの会社の全従業員数を表す。

【資料２】

「えひめツーキニストクラブ」への入会について（お知らせ）

自転車は温室効果ガスをはい出しないので、地球かん境にやさしい乗り物です。
さらに健康にもさいふにもやさしい自転車での通勤・通学を始めませんか。
会員になると、いくつか特典があります。

会員の（　①　）	・個人会員 ・チーム会員（３人一組）
会員の（　②　）	・交通ルールを守り、ヘルメットを着用するなど安全運転に努めること。 ・自転車走行きょりなどを報告できること。 ・アンケートなどに協力できること。
会員の（　③　）	・自転車や健康について役に立つ情報をもらえます。 ・ちゅう選で、素敵な商品をもらえます。

注　特典とは、限られた人に与えられる特別の権利である。

【資料３】

「クールチョイス」（COOL CHOICE）とは？

2030年度の温室効果ガスのはい出量を、2013年度と比かくして、46%減らすという目標達成に向け、「製品の買いかえ」「サービスの利用」「ライフスタイルの選たく」など、日々の生活の中で、地球温暖化防止のための「かしこい選たく」をしていこうという取り組みです。

(1)　資料１から読み取れることを述べた文として適当なものを、次のア～エの中から一つ選び、その記号を書いてください。

　　ア　A社では、「自転車」通勤者数は全従業員数の５分の１以上である。
　　イ　B社では、通勤に乗り物を使う従業員の割合は半分以下である。
　　ウ　A社の「電車」通勤者数は、B社の「車・バイク」通勤者数より多い。
　　エ　A社もB社も、「バス」通勤者数は全従業員数の２割以下である。

(2)　愛媛県では、資料２の「えひめツーキニストクラブ」をつくり、通勤や通学において、自転車を利用する人を増やす取り組みをしています。資料２の①～③に当てはまる言葉を、「特典」「種類」「条件」からそれぞれ一つずつ選んで書いてください。

(3)　資料２の「えひめツーキニストクラブ」の取り組みは、資料３の「クールチョイス」の取り組みとつながっています。車やバイクではなく、自転車を利用する人が増えることによって、どのような効果が期待できますか。その効果について、「温室効果ガス」「地球温暖化」という二つの言葉を使って書いてください。

4 次の文章は、のりこさんとひろやさんが、磁石を使った実験について話し合っている場面の会話文です。この文章を読んで、下の⑴～⑶の問いに答えてください。

のりこ　　磁石を使った実験をやってみたいと思うのだけど、どのような実験があるかしら。

ひろや　　この前、はかりと2本の棒磁石（棒磁石Aと棒磁石B）を用意し、図1のような装置を作って、実験をしてみたよ。最初に、棒磁石Aをはかりにのせると、はかりは100gを示していたよ。そのあと、棒磁石Bを棒磁石Aにゆっくり近づけていくと、棒磁石Aと棒磁石Bとの間のきょりと、はかりが示す重さは、表のような結果になったよ。

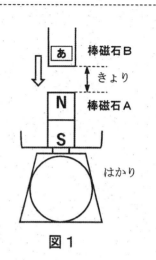

図1

のりこ　　表の結果から、棒磁石Aと棒磁石Bとの間のきょりが変わると、2本の棒磁石の間にはたらく力の大きさが変わっていることがわかるね。

表　棒磁石Aと棒磁石Bとの間のきょりとはかりが示す重さ

棒磁石Aと棒磁石Bとの間のきょり（cm）	8	6	4	2
はかりが示す重さ（g）	102.5	104.4	110	140

ひろや　　このあと、図1の棒磁石Bを鉄の棒にかえて、同じように棒磁石Aにゆっくり近づけていったところ、そのときのはかりが示す重さは、|　い　|よ。

のりこ　　おもしろい実験だね。

ひろや　　さらに、こんな実験もしたんだ。1本は棒磁石であり、もう1本は鉄の棒である、見た目はどちらも同じ、棒Pと棒Qを使うんだ。この2本の棒だけを使って、どちらが棒磁石なのかを調べるために、棒Pと棒Qを手で持って、図2のように、棒Pを、棒Qのはしからゆっくりと真ん中付近まで移動させたよ。このときの棒Pの様子から、棒Qが棒磁石だということがわかったよ。

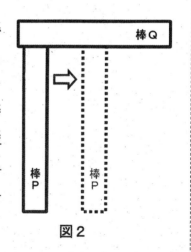

図2

のりこ　　棒磁石の特ちょうをうまく利用した実験だね。

⑴　図1中の棒磁石Bの|　あ　|は、N極、S極のどちらでしたか。当てはまる極を、「N」「S」のいずれかから選んで書いてください。また、選んだ理由を、解答らんに合うように書いてください。

⑵　|　い　|に当てはまる言葉を、次のア～ウの中から一つ選び、その記号を書いてください。

　ア　100gよりも重くなった　　イ　100gよりも軽くなった　　ウ　100gのままだった

⑶　下線部において、棒Pがどのようになったから、棒Qが棒磁石であるということがわかりましたか。解答らんに合うように書いてください。

5　図1のように、縦4m、横8mの長方形の土地に建物が建っており、点Pの位置からのばしたひもに、犬がつながれています。犬は、ひもの届く範囲で、建物の外側を自由に動くことができます。ひもの長さを変えたときの、犬が動くことができる範囲の面積について考えます。下の(1)～(3)の問いに答えてください。ただし、犬の大きさや、ひもの太さ、ひものののび縮みは考えないものとします。また、**円周率は3.14**とします。

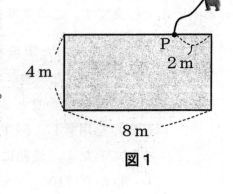

図1

(1)　ひもの長さが2mのとき、犬が動くことができる範囲は、**図2**のしゃ線部分になります。このとき、犬が動くことができる範囲の面積は何m²か書いてください。

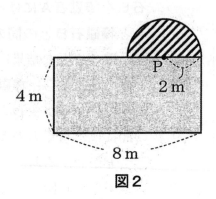

図2

(2)　ひもの長さが4mのとき（**図3**）、犬が動くことができる範囲を、**図2**にならって、解答らんの図の中にかいてください。解答らんの点線で示されたマス目の縦横の長さは、ともに1mとします。

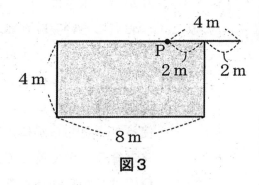

図3

(3)　ひもの長さが8mのとき、犬が動くことができる範囲の面積は何m²か書いてください。

6　次の文章は、ななこさんたちが、総合的な学習の時間に、愛媛県の文化財について話し合っている場面の会話文です。この文章を読んで、下の(1)〜(3)の問いに答えてください。

ななこ　　前の時間で、文化財について調べたら、**資料1**、**資料2**のように、文化財には様々な種類があることや、愛媛県にも貴重(きちょう)な文化財がたくさんあることがわかったよね。今日は、愛媛県の文化財について調べてきたことを報告しようよ。

ゆうた　　ぼくは、　あ　のうち、特に建造物を調べたくて、松山市の道後温泉本館(どうごおんせん)に行ったよ。道後温泉本館は保存修理(ほぞん)中で入れない場所があって残念だったなあ。でも、近くの工芸品店で、砥部焼(とべやき)の湯飲みを買ったよ。お店の人に、砥部焼は、古くから愛媛に伝わる焼き物の技術で、愛媛県が　い　に指定しているって教えてもらったんだ。

さつき　　私は、　う　を調べたわ。愛媛県には12の　う　があるんだけど、そのうち八つが、刀(かたな)やよろいなどの工芸品で、全部が今治市の大山祇神社(おおやまづみ)にあるのよ。

とおる　　ぼくは、宇和島市に住んでいる祖父に、伊予神楽(いよかぐら)について教えてもらったよ。

ななこ　　私も見たことがあるわ。伝とう的な衣装(いしょう)を着た人たちが、たいこやふえに合わせておどっていて迫力(はくりょく)があったけど、おどりも文化財になるのかしら。

とおる　　うん。伊予神楽は、宇和島市とその周辺の神社で、昔から受けつがれてきた民俗芸能(みんぞくげいのう)なんだ。ぼくたちの生活の変化や、昔の日本の生活を知る手がかりになる貴重なものだから、国に指定された、愛媛県でただ一つの　え　なんだよ。

---

(1)　**資料1**、**資料2**を参考にして、文中の　あ　〜　え　にそれぞれ当てはまる言葉を、次の**ア〜キ**から一つずつ選び、その記号を書いてください。

　ア　国宝　　　　　　**イ**　人間国宝　　　　**ウ**　有形文化財　　　**エ**　無形文化財
　オ　民俗文化財　　　**カ**　有形民俗文化財　　**キ**　無形民俗文化財

(2)　**資料2**中の　お　に当てはまる数を、次の**ア〜エ**の中から一つ選び、その記号を書いてください。

　ア　115(8)　　　　　**イ**　123(8)　　　　　**ウ**　131　　　　　**エ**　131(8)

(3)　**資料3**、**資料4**は、会話文中の下線部についての資料です。**資料3**を見ると、文化財の保有者の多くが、「文化財の保存修理に費用がかかる」というなやみを持っていることがわかります。このなやみを解決するために、道後温泉を管理している人たちは、どのような工夫をしているか、**資料4**をもとにして、「寄付」「お礼」「ホームページ」という三つの言葉を使って、解答らんに合うように書いてください。ただし、三つの言葉は、それぞれ何度使ってもよいこととします。

【資料1】文化財の種類の説明

有形文化財 （ゆうけい）	有形文化財とは、建造物（寺や城、橋など）や美術工芸品（絵画、仏像など）など、人がつくった形のあるもののうち、歴史や芸術的に価値の高いもののことです。そのうち特に価値の高いものを「国宝（こくほう）」といいます。
	例：道後温泉本館
無形文化財 （むけい）	無形文化財とは、演げき・音楽・工芸の技術など、古くから伝わる人間の技術そのもののことです。その技術を身に付け、現在に伝えていると認められた人は「人間国宝」と呼ばれます。
	例：歌舞伎（かぶき）、有田焼（ありたやき）
民俗文化財 （みんぞく）	民俗文化財とは、衣食住、仕事、信こうなどの日常生活の中で、人々が生み出し、受けついできた日本の風習や芸能などのことです。 民俗文化財のうち、神楽やぼんおどりなど、日本の風習や芸能そのものを「無形民俗文化財」といい、風習や芸能に使う衣装や道具などを「有形民俗文化財」といいます。
	例：阿波人形浄瑠璃（あわにんぎょうじょうるり）

（愛媛県ホームページほかによる）

【資料2】愛媛県の文化財の数

文化財の種類		国指定	県指定	計
有形文化財	建造物	50（3）	31	81（3）
	絵画	1	15	16
	ちょう刻（こく）	15	42	57
	工芸品	86（8）	37	**お**
	書せき等	6	12	18
	考古資料	2（1）	7	9（1）
	歴史資料	1	2	3
無形文化財		0	3	3
民俗文化財	有形民俗文化財	1	8	9
	無形民俗文化財	1	36	37
合計		163（12）	193	356（12）

注 （　）の中の数は、（　）の前の数にふくまれている「国宝」の数を表している。

（愛媛県ホームページによる）

【資料3】文化財保有者へのアンケート

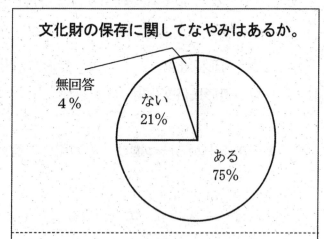

文化財の保存に関してなやみはあるか。

- 無回答 4％
- ない 21％
- ある 75％

「ある」と答えた人の具体的ななやみ
（回答が多かった順）

1　保存修理に費用がかかる
2　日常の管理が難（むずか）しい
3　防災・防犯対策が十分でない

（「愛媛県文化財保存活用大こう」による）

【資料4】道後温泉ホームページ

「道後温泉本館の保存修理工事の寄付について」

　道後温泉本館は、2019年から保存修理工事を始めました。保存修理には多くの費用がかかるため、費用の一部として、みな様から寄付を集めます。

　寄付をしていただいた方には、ホテルの宿はく券や、道後温泉本館の屋上のたいこを鳴らすことができる権利（けんり）など、特別なお礼を用意しています。

　一人でも多くの方のご支えんをお待ちしています。

　くわしくは、道後温泉公式ホームページの「お知らせ」をご覧（らん）ください。

　https://dogo.jp/xxxxxxxxxxxx

愛媛県立中等教育学校

（解答用紙は別冊60 P）（解答例は別冊33 P）

1 　木村さんは、夏休みに兄や弟と一緒に過ごしています。

【冷蔵庫を横から見た図】

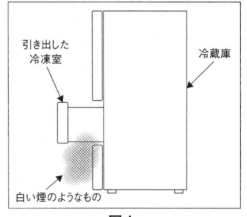

問1　家族との外出から帰ってきた木村さんがアイスクリームを取るために冷凍室を引き出すと、引き出した部分の下側に白い煙のようなもの（図1）が現れました。

下は、白い煙のようなものが現れた理由を兄にたずねているときの、木村さんと兄との会話の一部です。

図1

木村さん

　　白い煙のようなものは、冷凍室の中から出てきたのかな。

　　そうではなくて、冷凍室を引き出したことで、冷蔵庫の外にあったものが、目に見えるすがたになって、白い煙のように見えているんだよ。湯気の現れ方に似ているね。

兄

　　湯気は水を熱したときに現れるものでしょ。

　　そうだね。でも、冷たいコップの表面に現れる水てきも、目に見えるすがたになって、見えているんだよ。湯気や水てきの現れ方をもとに、空気中の何がどのように変化して、白い煙のように見えたのか考えてごらん。

　　そうか、☐

　　木村さんは会話の中の **そうか、** に続けて ☐ で、「白い煙のようなものが現れた理由」を説明しています。あなたが木村さんだったら、どのように説明しますか。空気中の何がどのように変化したのかを、その変化が起こった原因とともに、下の☐☐にかきましょう。

問2 　木村さんは、運指表（指づかい）を使って
リコーダーを吹く弟の様子を見ています。低い
音から順に音を出していくとき、穴をふさいで
いる部分（図2）の長さが変化していること
に気づいた木村さんは、その長さが音の高さ
に関係していると考えました。そのことを兄に
伝えると、「空気の出口がない部分の長さが
音の高さに関係していると予想したんだね。ス
トローで作った笛（図3）で確かめられるから
試してごらん。」と言って、家にあったストロー
で下のア～エの笛を作ってくれました。

　そこで木村さんは、予想を確かめるために、
高い音と低い音が出ると考えた笛をそれぞれ
選び、同じ強さで息を吹いたときの音の高さを
比べることにしました。

　あなたが木村さんだったら、下のア～エの
どの笛とどの笛を選びますか。

　下の　　　　　の【選んだ笛】には、選ん
だ笛の記号をかき、【理由】には、その2つの
笛でなければ予想を確かめることができない理
由をかきましょう。

【運指表（指づかい）の一部】

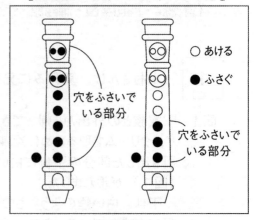

○ あける
● ふさぐ

穴をふさいで
いる部分

穴をふさいで
いる部分

図2

【ストローを使った笛の作り方】

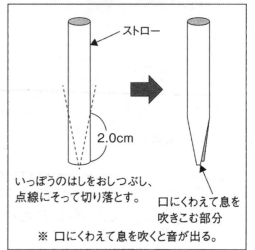

ストロー

2.0cm

いっぽうのはしをおしつぶし、
点線にそって切り落とす。

口にくわえて息を
吹きこむ部分

※ 口にくわえて息を吹くと音が出る。

図3

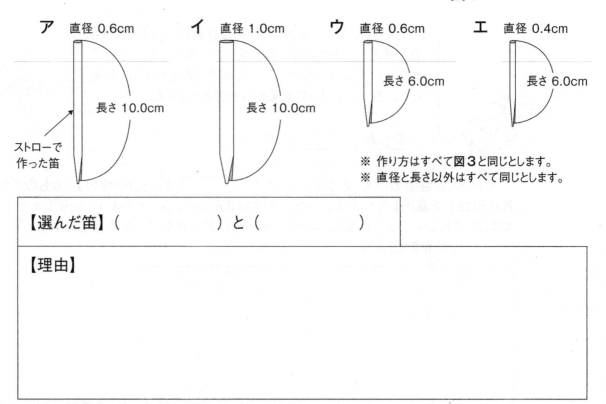

ア 直径 0.6cm
長さ 10.0cm
ストローで
作った笛

イ 直径 1.0cm
長さ 10.0cm

ウ 直径 0.6cm
長さ 6.0cm

エ 直径 0.4cm
長さ 6.0cm

※ 作り方はすべて図3と同じとします。
※ 直径と長さ以外はすべて同じとします。

【選んだ笛】（　　　　　）と（　　　　　）

【理由】

福岡県立中学校・中等教育学校

2　山本さんたち6年生は、1年生をむかえる会の準備をしています。

問1　山本さんたちは、**図1**のように会場のステージに「1ねんせいを むかえるかい」とかいた題字の紙を掲示することにしました。題字の紙をはる掲示用の棒の長さは 6.34m あります。

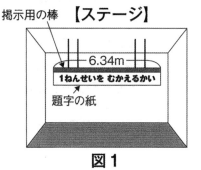

掲示用の棒　【ステージ】

6.34m

1ねんせいを むかえるかい

題字の紙

図1

題字の紙は、横の辺の長さが 109.1cm の長方形の模造紙（**図2**）を何枚か使います。**図3**のように、模造紙の 109.1cm の辺が上下になるようにして、隣の模造紙と少し重ねます。そして、その重なりをのりしろとし、模造紙を横につなげて作ります。

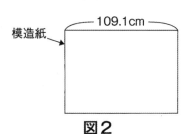

模造紙

109.1cm

図2

山本さんは、模造紙をつなぎ合わせた題字の紙の長さが、掲示用の棒の長さをこえないで、できるだけ掲示用の棒の長さと近い長さになるように作りたいと考えています。また、作業の手間を考えて、模造紙を切らずに、できるだけ少ない枚数で作ることと、重なりのはばをすべて同じ長さにすることを決めました。

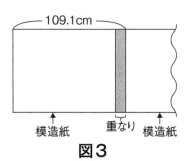

109.1cm

模造紙　　重なり　模造紙

図3

山本さんは、題字の紙を作るために必要な模造紙の枚数と重なりのはばを求めました。あなたが山本さんだったら、模造紙の枚数と重なりのはばをどのように求めますか。【求め方】と【枚数】と【重なりのはば】を下の　　　　　にかきましょう。【求め方】は、式と言葉でかきましょう。必要があれば図をかいてもかまいません。

また、【重なりのはば】は、題字の紙が掲示用の棒からはみ出さないように気をつけ、単位はcmとし、$\frac{1}{10}$の位（小数第1位）までの小数で表しましょう。

【求め方】

【枚数】　　　　　　枚　　　　【重なりのはば】　　　　　　cm

問2　次に、山本さんたちは、1年生をむかえる会で、1年生にわたすメッセージカードについて考えています。

山本さんは、図4のように、4マスに等しく仕切られたマス目のある正方形の紙に、線を引いて図形をかきました。そして、図形を切り取り、2つに折るとぴったり重なるメッセージカードを作りました。

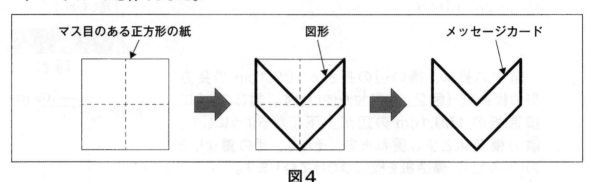

図4

山本さんたちは、図4の図形の他にも、いろいろな図形のカードを作るために話し合い、次の　　　　　　　の【きまり】にしたがって図形をかくことにしました。

【きまり】

○　メッセージをかける面積がみんな同じになるように、図4の図形と同じ面積の図形をかく。
○　2つに折るとぴったり重なる図形をかく。
○　同じ図形をいくつも簡単に切り取ることができるように、図形のすべての頂点は、図5の正方形に示す9つの点（●）のいずれかとし、直線で囲まれた図形をかく。
○　例1のように、ある図形を回転させた図形は、もとの図形と同じなのでかかない。
○　例2のように、図形が分かれていて、頂点で接している図形はかかない。

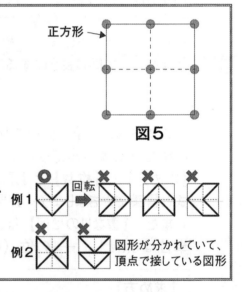

山本さんたちが確認すると、図4の図形の他に5種類の図形をかくことができるとわかりました。下の　　　　　　　の正方形に、図4の図形の他に、【きまり】にしたがって図形を5つかきましょう。図形をかくときは、できるだけまっすぐな線でかきましょう。

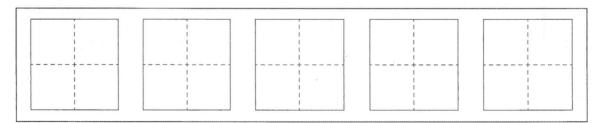

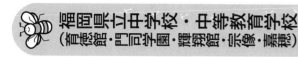

③ 井上さんの学級では、総合的な学習の時間に「住みよい社会にするために」というテーマで、班に分かれて学習しています。

問１ 井上さんたちは、環境について調べている班です。

（１） 井上さんたちの班は、自分たちの住むＡ町が行っている「一人一人が取り組むごみスリム化運動」について、資料をもとに話し合っています。次の ［ ］ は、そのときの話し合いの一部です。

> 井上：「Ａ町のごみスリム化運動の成果はあったのかな。」
>
> 山本：「〔資料１〕を見ると、二〇〇九年度から二〇一九年度までは、Ａ町のごみスリム化運動の成果はあまり見られなかったと思うよ。」
>
> 川上：「〔資料１〕を見ると、確かにそう思えるね。でも、〔資料１〕と〔資料２〕を関連付けて見ると、Ａ町のごみスリム化運動の成果はあったと言っていいと思うよ。それはね、 ［ ］ 」

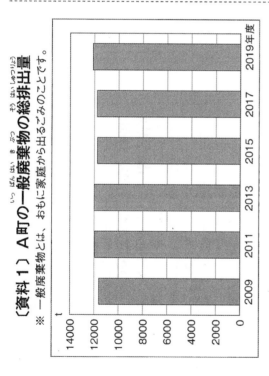

〔資料１〕 Ａ町の一般廃棄物の総排出量

※ 一般廃棄物とは、おもに家庭から出るごみのことです。

（縦軸）t：14000, 12000, 10000, 8000, 6000, 4000, 2000, 0
（横軸）2009　2011　2013　2015　2017　2019年度

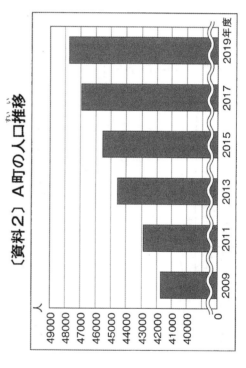

〔資料２〕 Ａ町の人口推移

（縦軸）人：49000, 48000, 47000, 46000, 45000, 44000, 43000, 42000, 41000, 40000, 0
（横軸）2009　2011　2013　2015　2017　2019年度

川上さんは、発言の中の「それはね、」に続けて、 ［ ］ で、Ａ町のごみスリム化運動の成果はあったと言っていいと思う理由を、〔資料１〕と〔資料２〕を関連付けて分かることから説明しています。あなたが川上さんだったら、どのように説明しますか。次の ［ ］ にかきましょう。

（解答欄）

(2) 井上さんたちは、清掃工場の方へインタビューしたことや資料をもとに、話し合いを続けています。次の□は、話し合いの一部です。

井上：「清掃工場の方が、町のごみ処理についての課題の一つは、家庭から出るごみが重いこと。その運ぱんに使われる燃料が多く必要になることだとおっしゃっていたね。」

山本：「もう一つの課題は、家庭から出るごみが燃えにくいこと。その焼却に燃料が多く必要になることだと分かったね。」

木村：「その二つの課題の解決のために、生ごみの水分をよく切る水切りをしてほしいと言われていたね。」

井上：「そうだね。〔資料3〕を見ると、家庭から出るごみの中で、生ごみが一番重いことが分かるよ。だから、生ごみを出す時に工夫が必要なんだね。」

木村：「だけど、この二つの課題の解決と生ごみの水切りがどのように関係しているのかな。」

山本：「〔資料4〕を見ると、生ごみにふくまれる水分の割合が分かるよ。」

先生：「そうですね。〔資料4〕だけでなく、清掃工場の方からいただいた〔資料5〕も見てごらん。ろ紙にふくませる水分量が増えると燃えつきるまでにかかる時間がどのようになるかを考えたら、分かることがありませんか。」

木村：「そうか、□」

〔資料3〕一般廃棄物全体の重さにしめる種類ごとの割合

生ごみ 40.2%
紙類 28.5%
プラスチック類 12.7%
せんい類 7.5%
その他 8.0%
草木・木片類 3.1%

〔資料4〕ごみの種類別の全体の重さにしめる水分の割合

生ごみ 82.1
紙類 6.0
プラスチック類 1.2

〔資料5〕水分をふくんだろ紙が燃えつきるまでにかかる時間

水分量（滴）	0	2	4
平均時間（秒）	4.8	15.4	24.2

木村さんは、発言の中の「そうか」に続けて□で、生ごみの水切りが町のごみ処理についての二つの課題の解決につながることを〔資料4〕と〔資料5〕を使って説明しています。あなたが木村さんだったら、どのように説明しますか。次の□にかきましょう。

問2　井上さんたちは、この学習を通して、一人一人ができることに取り組むことが住みよい社会をつくることに気づきました。そして、学校生活での自分たちの取り組みをふり返りました。

　あなたは小学校生活で、よりよい学級や学校にするためにどんなことに取り組みましたか。また、その経験から学んだことを中学校でどのように生かしたいですか。次の【条件】に合わせて、原稿用紙に三百字から四百字でかきましょう。

【条件】

> あなたが経験したことや身近な出来事をもとに、次の①②について書くこと
> ①　小学校生活で、よりよい学級や学校にするためにどのようなことに取り組んだか
> ②　①を通して学んだことを中学校でどのように生かしていきたいか

　そのとき、次の【注意】にしたがって、原稿用紙にかきましょう。

【注意】　◎　原稿用紙には、題や氏名はかかないで、ただちにかきましょう。
　　　　　◎　一マス目からかき始めましょう。
　　　　　◎　段落は変えないでかきましょう。
　　　　　◎　句読点やかぎかっこは一字と数えましょう。
　　　　　◎　文章を見直すときには、次の（例）のように、付け加えたり、けずったり、かき直したりしてもかまいません。

（例）

> 朝の会で、私が司会をしているとき、友達がやさしく意見を出して書いてくれました。

〔原稿用紙〕

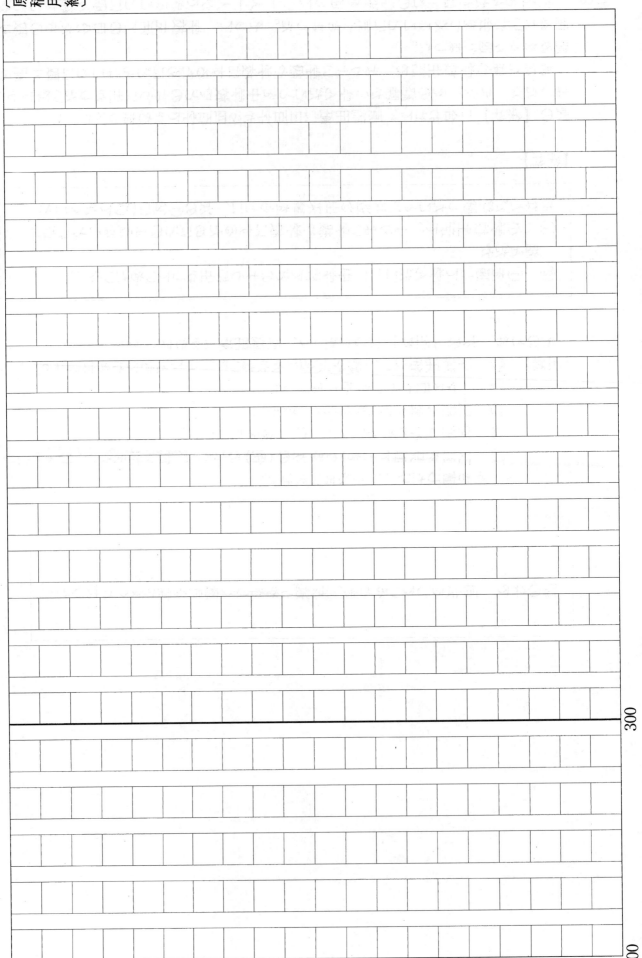

（解答用紙は別冊62 P）（解答例は別冊34 P）

1　てつおさんたちは、朝のあいさつ運動週間について話しています。次の**会話文**と
　【資料1】～**【資料3】**を読んで、あとの(1)～(3)の問いに答えましょう。

会話文

> てつおさん：朝のあいさつ運動週間のお知らせ（**【資料1】**）をつくってきたよ。
> 　　　　　　このお知らせを各学級に配る予定だよ。朝のあいさつ運動に参加する
> 　　　　　　学級は、3年生から6年生までの合計8学級で、1日に1学級、
> 　　　　　　順番で1回ずつ行うことになっていたよね。
>
> かおりさん：とてもくふうしてつくっているね。　1　、この内容だと確認で
> 　　　　　　きないことがあるんじゃないかな。　2　の情報と　3　の
> 　　　　　　情報がないから、参加する人が困ると思うよ。
>
> てつおさん：なるほど。来週までに書き加えて修正してみるね。
>
> かおりさん：ありがとう。私は、校門に置く掲示物（**【資料2】**）をつくってきたよ。
> 　　　　　　掲示物についてみんなで決めたことをまとめたメモ（**【資料3】**）を
> 　　　　　　確認して書いてみたから、アドバイスをくれないかな。
>
> てつおさん：メモの　ア　に注目するなら、　イ　といいと思うよ。他にも、
> 　　　　　　メモの　ウ　に注目するなら、　エ　といいと思うよ。
>
> かおりさん：ありがとう。今聞いたことを参考にして、もう一度書いてみるね。

【資料1】　朝のあいさつ運動週間のお知らせ

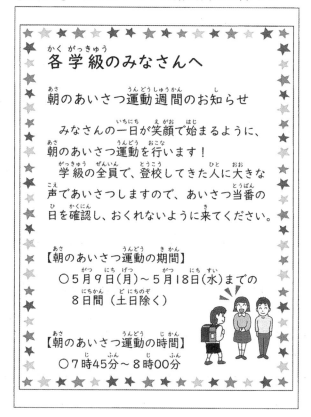

【資料2】　校門に置く掲示物

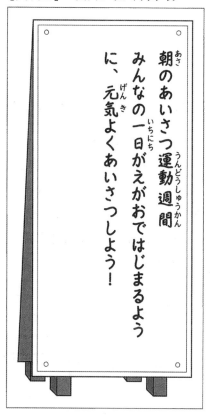

【資料3】 掲示物についてみんなで決めたことをまとめたメモ

○「朝のあいさつ運動週間　みんなの一日がえがおではじまるように、元気よくあいさつしよう!」
　の文字だけ書く。
○3行に分けて、たて書きで書く。
○文字を見やすくするために、白色の紙に黒色の文字で書く。

《くふうが必要なこと》
①「朝のあいさつ運動週間」の文字が、他の文字より目立つようにする。
②余白に注意し、用紙の中で3行がバランスよく見えるようにする。
③文章をどこで区切るか注意し、読みやすくする。

(1) **会話文**で、かおりさんは、「とてもくふうしてつくっているね。　1　、この内容だと確認できないことがある」と言っています。　1　に、　1　の前後の文をつなぐ適切な言葉を書きましょう。

(2) **会話文**で、かおりさんは、「　2　の情報と　3　の情報がないから、参加する人が困る」と言っています。あなたは、どのような情報が必要だと考えますか。次の《条件1》に合うように書きましょう。
　《条件1》

　　・解答用紙の　2　と　3　には、【資料1】に書かれていない、参加者にとって必要な情報を、それぞれ書くこと。
　　・解答用紙の　2　と　3　は、「〜の情報」につながるように、それぞれ書くこと。

(3) **会話文**で、てつおさんは、「メモの　ア　に注目するなら、　イ　といいと思うよ。他にも、メモの　ウ　に注目するなら、　エ　といいと思うよ」と言っています。あなたなら【資料3】をもとに、かおりさんにどのようなアドバイスをしますか。次の《条件2》に合うように書きましょう。
　《条件2》

　　・解答用紙の　ア　と　ウ　には、【資料3】の①〜③の中から異なる数字を選んで、それぞれ1つ書くこと。
　　・解答用紙の　イ　と　エ　には、　ア　と　ウ　で選んだメモの内容をもとに、【資料2】の、どこをどのように変えればメモの内容に合う掲示物になるかが分かるようなアドバイスを、それぞれ書くこと。
　　・解答用紙の　イ　と　エ　は、「〜といい」につながるように、それぞれ書くこと。

佐賀県立中学校

2　なおさんは、新聞を読みながら家族と話しています。次の**会話文**と【**資料**】を読んで、あとの(1)、(2)の問いに答えましょう。

会話文

> お母さん：今週の新聞の中で、何か気になる記事はあったの。
>
> なおさん：うん。鉄についての記事（【資料】）がおもしろかったよ。ツタンカーメンのお墓から見つかった短剣は、＊隕石の鉄が原料だったんだって。昔は、鉄はめずらしい金属で金よりも価値があったらしいよ。
>
> お母さん：そうだったの。お母さんも知らなかったわ。
>
> なおさん：お母さん、ここを見て。記事の最後の方に「もろ刃のつるぎ」って書いてあるんだけど、よく分からないなあ。
>
> お母さん：ああ、ここね。「つるぎ」は剣のことなのよ。剣は、両側が刃になっているから、自分を守ることもできるけれど、使い方しだいで自分を傷つけてしまうこともあるのよね。そこからできた表現よ。ねえ、お父さん。
>
> お父さん：ああ、この文章で鉄のことを「もろ刃のつるぎ」だと言っているのは、鉄は、スキやクワなどの農機具に使われて役に立つけれど、武器に使われるなどよくないこともあるということだよ。
>
> なおさん：そういうことね。分かったわ。
>
> お父さん：じゃあ、「もろ刃のつるぎ」だと言えるものとして、例えば、他に何があると思う。
>
> なおさん：　ア　は、どうかな。　イ　ことができて役に立つけれど、　ウ　などよくないこともあるから。
>
> お母さん：なおも「もろ刃のつるぎ」の意味がちゃんと分かったみたいね。

＊隕石：宇宙から地球などに落ちてきた石のこと

【**資料**】　鉄についての記事

約3300年前のエジプト王ツタンカーメンの墓から見つかった短剣は宇宙から降ってきた隕石の鉄（隕鉄）が原料でした▼千葉工業大学の研究チームがくわしく調べたところ、熱した隕鉄をハンマーでたたいて作ったらしいとのこと。ツタンカーメンの祖父が他国の王から鉄剣をおくられた記録が残っていて、この短剣のことではと見られます▼当時、鉄はめずらしい金属で金より何倍も貴重品でした。もと鉄は鉄鉱石などにふくまれ、地球上にたくさんありますが、鉄鉱石から鉄を取り出す技術がなかったからです。やがて鉄鉱石をとかして鉄を取り出す技術が広まると、スキやクワなどの農機具に固くて丈夫な鉄が使われ、広い田畑が生まれました▼一方、鉄で強力な武器が作られ、戦争を悲惨にしました。役立つ半面、害を与えるものを例えて「もろ刃のつるぎ」と言います。

（朝日小学生新聞　号外　より）

(1) **会話文**で、なおさんは、「昔は、鉄はめずらしい金属で金よりも価値があった らしいよ」と言っています。あなたなら、その理由をどのように説明しますか。 次の《**条件1**》に合うように書きましょう。

《**条件1**》

・解答用紙には、【**資料**】の言葉を使って理由を書くこと。

・「〜から」につながるように書くこと。

(2) **会話文**の ［ ア ］、［ イ ］、［ ウ ］には、なおさんが、「もろ刃のつるぎ」だと 言えると考えたものとその説明が入ります。あなたなら、どのように説明しますか。 次の《**条件2**》に合うように書きましょう。

《**条件2**》

・解答用紙の ［ ア ］ には、「**車**」「**言葉**」「**インターネット**」の中からどれか1つを 選んで書くこと。

・解答用紙の ［ イ ］ と ［ ウ ］ は、**会話文**の「スキやクワなどの農機具に 使われて役に立つけれど、武器に使われるなどよくないこともある」を参考に して、［ イ ］ には、「〜ことができて役に立つけれど、」につながるように、 ［ ウ ］ には、「〜などよくないこともある」につながるように、それぞれ 書くこと。

・解答用紙の ［ イ ］ と ［ ウ ］ は、それぞれ5字以上で書くこと。

3 　わたるさんたちの住むA町で、子ども議会が開かれることになりました。わたるさんたちは、今回の議題である「A町を住みやすいまちにしよう」について話し合っています。次の会話文と【資料１】～【資料３】を読んで、あとの(1)～(3)の問いに答えましょう。

会話文

> わたるさん：子ども議会に向けて、まずはA町のことをしっかり調べたいな。
>
> ちかこさん：そうだね。ここに、A町に住む15才以上の人たちを対象にした満足度調査結果（【資料１】）があるよ。この調査結果から、多くの人たちが、水や空気の質や ┃ 1 ┃ などに満足していることが分かるね。
>
> わたるさん：この結果は、A町の人口の変化と関係があるみたいだね。
>
> ちかこさん：どういうことかな。
>
> わたるさん：A町の人口の変化（【資料２】）を見て。日本は人口減少が問題になっているのに、なぜA町の人口が増加しているのか、不思議に思っていたんだ。A町に住む人たちの満足度が関係していると思うな。
>
> ちかこさん：それは関係がありそうだね。人口の構成を表した人口ピラミッドというグラフがあるよね。A町の1980年の人口ピラミッド（【資料３】）は見つけたけど、2020年の人口ピラミッドは見つけられなかったよ。
>
> わたるさん：町のホームページにのっているこれじゃないかな。
>
> ちかこさん：なるほど。A町の人口の変化（【資料２】）を見ると、まちに必要なことが見えてきそうだね。
>
> わたるさん：そうだね。A町を住みやすいまちにするために、どんなことができるかな。満足度調査結果（【資料１】）を参考にして、子ども議会で提案したいことを考えてみるよ。

【資料１】　A町に住む15才以上の人たちを対象にした満足度調査結果

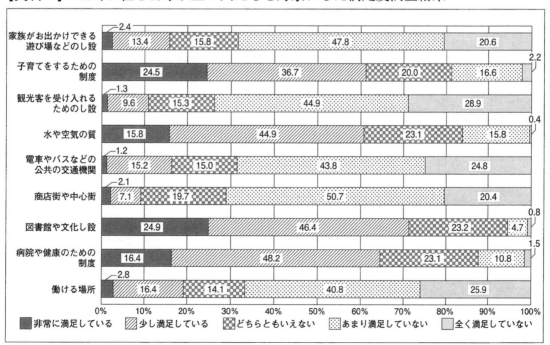

佐賀県立中学校

【資料2】　A町の人口の変化

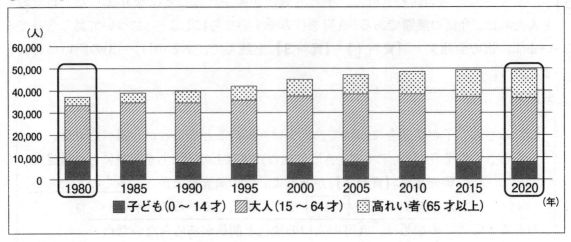

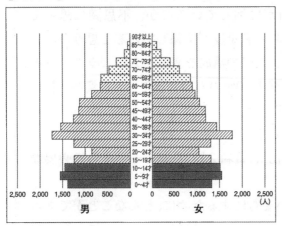

【資料3】　A町の1980年の人口ピラミッド 【2020年の人口ピラミッド】

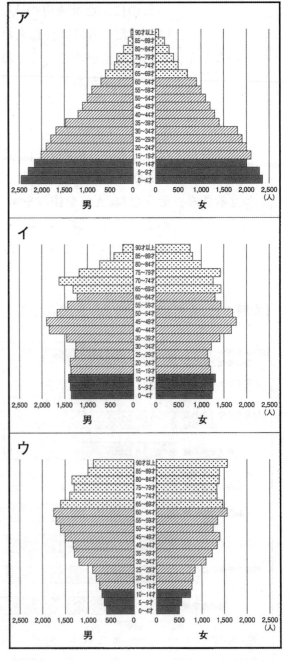

佐賀県立中学校

(1)　**会話文**で、ちかこさんは、「多くの人たちが、水や空気の質や　1　などに満足していることが分かる」と言っています。あなたは、A町に住む15才以上の人たちが何に満足していると考えますか。次の《**条件1**》に合うように書きましょう。

《**条件1**》

> ・解答用紙の　1　には、【**資料1**】の中から、「**水や空気の質**」以外で1つぬき出して書くこと。

(2)　**会話文**で、わたるさんは、「町のホームページにのっているこれじゃないかな」と言っています。あなたは、A町の2020年の人口ピラミッドについてどのように考えますか。次の《**条件2**》に合うように書きましょう。

《**条件2**》

> ・解答用紙の**記号**には、A町の2020年の人口ピラミッドとして考えられるものを、【**2020年の人口ピラミッド**】のア～ウの中から1つ選び、その記号を書くこと。
> ・解答用紙の**理由**には、1980年の人口ピラミッドが【**資料3**】であることを参考にしながら、【**資料2**】の人口の変化の様子をもとに、選んだ理由を書くこと。
> ・解答用紙の**理由**は、「～から」につながるように書くこと。

(3)　**会話文**で、わたるさんは、「満足度調査結果（【**資料1**】）を参考にして、子ども議会で提案したいことを考えてみるよ」と言っています。あなたなら、子ども議会でA町を住みやすいまちにするために、どのような提案を考えますか。次の《**条件3**》に合うように書きましょう。

《**条件3**》

> ・15～64才を「**大人**」、65才以上を「**高れい者**」として考えること。
> ・「**大人**」と「**高れい者**」のどちらかの立場に立って提案をすること。
> ・解答用紙の**年れいそう**には、「**大人**」と「**高れい者**」のどちらに注目するかを選び、◯で囲むこと。
> ・【**資料1**】から分かることを、【**資料2**】と関連付けて、A町を住みやすいまちにするための具体的な提案を考えること。
> ・解答用紙の**提案**には、「A町を住みやすいまちにするために、」に続けて書き出し、子ども議会で話すように、ていねいな言葉づかいで書くこと。
> ・70～100字で書くこと。

（解答用紙は別冊 65 P）（解答例は別冊 35 P）

1　　はるさんたちは、かささぎ公園に遊びに来ています。　会話文1　を読んで(1)の
問いに、　会話文2　を読んで(2)、(3)の問いに答えましょう。

会話文1

> はるさん：みんなで、かげふみ遊びをしようよ。
>
> ゆいさん：いいね。線をひいてかげふみ遊びをするはん囲を決めよう。
>
> ……………　（【かささぎ公園の図】のように地面に線をひく）　……………
>
> 【かささぎ公園の図】
>
>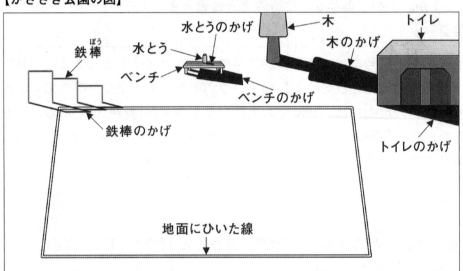
>
> そらさん：だれが最初にかげをふむ人になるか、じゃんけんで決めよう。
>
> ……………………　（みんなでじゃんけんをする）　……………………
>
> りんさん：私がかげをふむ人だね。みんなは私にかげをふまれないように、地面に
> 　　　　　ひいた線の内側をにげてね。10秒数えたら、みんなのかげをふみに行くよ。
> 　　　　　10、9、8、7……。
>
> ……………　（りんさんは10秒数え、りんさん以外の人はにげる）　……………
>
> あきさん：ここに立っていたら、かげをふまれないよね。

(1)　会話文1　で、あきさんは、「ここに立っていたら、かげをふまれない」と言って
います。あなたなら、あきさんが立っている場所はどこだと考えますか。次の《条件》に
合うように考えてかきましょう。

《条件》

> ・地面にひいた線の内側で、かげふみ遊びをしていることとして考えること。
>
> ・解答用紙の【かささぎ公園の図】には、あきさんが立っていると考えた
> 　場所に〇を1つかくこと。
>
> ・解答用紙の理由には、〇をかいた場所について、どうしてかげをふまれない
> 　のかが分かるように書くこと。また、何をもとにして考えたのかが分かる
> 　ように書くこと。

会話文２

────────── （かげふみ遊びをしたあと） ──────────

はるさん：かげふみ遊び楽しかったね。今日は暑いから、木のかげで休みましょう。

────────── （公園の木のかげに移動したあと） ──────────

そらさん：よし、水とうに入れたお茶を飲もう。うわぁっ。

りんさん：そらさん、どうしたの。

【図１】

そらさん：水とうのお茶を飲もうとしてふたをあけたら、
　　　　　ストローの先からお茶が飛び出してきたよ（【図１】）。
　　　　　強くにぎっていないのに、どうしてなんだろう。

りんさん：それは、そらさんが水とうをベンチ（【かささぎ
　　　　　公園の図】のベンチ）に置いていたからだよ。

ふた
空気
ストロー
お茶

────────── （公園の木のかげで休んでいるとき） ──────────

はるさん：この木は高いね。どれくらいの高さがあるのかな。

ゆいさん：木のかげの長さ、鉄棒の高さ、鉄棒のかげの長さをはかって、それらを
　　　　　使えば木の高さが分かるよ。家からメジャーを持ってくるね。

────────── （メジャーで長さをはかったあと） ──────────

はるさん：トイレのかべにまで木のかげがのびていたね。木のかげの長さ（【図２】）、
　　　　　鉄棒の高さ、鉄棒のかげの長さ（【図３】）をまとめてみたよ。

【図２】

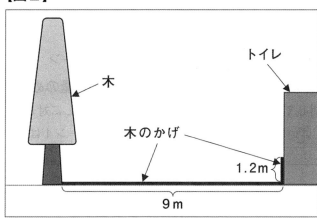

トイレ
木
木のかげ
1.2m
9m

【図３】

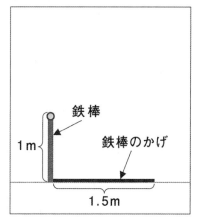

鉄棒
1m
鉄棒のかげ
1.5m

ゆいさん：じゃあ、木の高さを考えてみよう。

(2) 　会話文２　で、そらさんは、「強くにぎっていないのに、どうしてなんだろう」と
言っています。水とうを強くにぎっていないのに、ストローの先からお茶が飛び出して
きたのはどうしてだと考えますか。ストローの先からお茶が飛び出す仕組みが
分かるように、言葉で説明しましょう。

(3) 　会話文２　で、ゆいさんは、「じゃあ、木の高さを考えてみよう」と言っています。
木の高さは何ｍですか。木の高さが何ｍであるかを【図２】と【図３】を使って考え、
数と言葉で説明しましょう。式や図を使ってもかまいません。

2 冬のある日、みゆさんは、お姉さんと洗（せん）たくをすることにしました。
　| 会話文1 | を読んで(1)の問いに、| 会話文2 | を読んで(2)の問いに
答えましょう。

| 会話文1 |

> みゆさん：洗たく機のこの画面（【図1】）に表示された「0.6」は何だろう。
>
> お姉さん：洗たく物の重さに合わせて適切な洗ざいの量が表示　【図1】
> 　　　　　されるのよ。今回は、「0.6」と表示されたから、
> 　　　　　洗ざいの量は0.6ぱいでいいということよ。洗ざいの
> 　　　　　量は、洗たく物1kgあたり水10L使うことをもとに
> 　　　　　計算しているのよ。ちなみに、今日の洗たく物の
> 　　　　　重さは4500gだよ。
>
> みゆさん：【液体洗ざい】と【粉末洗ざい】では、洗ざいをはかるものが大きさの
> 　　　　　ちがうキャップとスプーンだけど、どちらも0.6ぱいでいいのかな。
>
> お姉さん：お母さんは、洗たく機の表示どおりに量をはかって使っているよ。
>
> みゆさん：それぞれの洗ざいに書いてある《使用量のめやす》は、【液体洗ざい】は
> 　　　　　体積で、【粉末洗ざい】は重さで示してあるね。これらを使ってどちらの
> 　　　　　洗ざいを使っても0.6ぱいでいいか考えてみよう。
>
> **【液体洗ざい】**　　　　　　　　　　　　　**【粉末洗ざい】**
>
> 　　　　　　　　　　　

(1) | 会話文1 | で、みゆさんは、「どちらの洗ざいを使っても0.6ぱいでいいか考えて
みよう」と言っています。あなたなら、どのように考えますか。次の《条件1》に
合うように考えて、数と言葉で説明しましょう。式を使ってもかまいません。

《条件1》

> ・解答用紙の**説明**には、4500gの重さの洗たく物を、「0.6」と表示された
> 　洗たく機で、【液体洗ざい】と【粉末洗ざい】のそれぞれを使って洗（あら）う場合に
> 　ついてあなたの考えを書くこと。
> ・解答用紙の0.6ぱいでよい洗ざいには、「【液体洗ざい】だけ」「【粉末洗ざい】だけ」
> 　「どちらとも」のいずれかを選び、　⟋⎯⎯⟍　で囲むこと。

会話文２

……………　（洗たく物を干したあと、しばらくして）　……………

みゆさん：今日は晴れているけど気温が低いから、なかなか洗たく物がかわかないね。冬に洗たく物を少しでも早くかわかすには、どうしたらいいのかな。

お姉さん：洗たく物を早くかわかすためには、気温以外にも風や干し方が関係しているみたいだよ。

みゆさん：そうなんだね。実験をして調べてみよう。

お姉さん：正確な実験にするためには、家の外で実験をするより、家の中で実験をした方がいいよ。

……………………………　（次の日）　……………………………

みゆさん：このような【実験計画】を立てたけど、どうかな。

【実験計画】

準備するもの：１枚70gのタオル４枚、ハンガー４本、
　　　　　　　物干し台（【図２】）２台、電子てんびん２台

手順１：部屋の温度を20℃にする。

手順２：タオルを水でぬらしてしぼり、１枚の重さが200gになるようにしてハンガーにかけ、それを２台の物干し台に２枚ずつ干す。

手順３：10分おきに、電子てんびんでタオルの重さを同時にはかり、タオルがかわいてそれぞれの重さが70gになるまでの時間を比べる。

【図２】

お姉さん：これでは、洗たく物がかわくのに風や干し方がそれぞれどのように関係しているのかを調べることができないよ。手順２と手順３の間にもう一つ手順を加えると、風または干し方が、かわき方にどのように関係しているかを調べる実験になるよ。

(2)　 会話文２ で、お姉さんは、「手順２と手順３の間にもう一つ手順を加えると、風または干し方が、かわき方にどのように関係しているかを調べる実験になる」と言っています。あなたなら、どちらについて調べてみたいですか。次の《条件２》に合うように書きましょう。図を使ってもかまいません。

《条件２》

・解答用紙の調べることには、「風」と「干し方」のどちらかを選び、◯で囲むこと。

・解答用紙の加える手順には、手順２と手順３の間に加える手順を書くこと。その際、必要であれば準備するもの以外の道具も使ってよい。

・変える条件と変えない条件が分かるように書くこと。

3 　ゆうきさんとのぞみさんは、体育館で計画されている行事の準備について、先生と話をしています。 会話文1 を読んで(1)の問いに、 会話文2 を読んで(2)の問いに、 会話文3 を読んで(3)の問いに答えましょう。

会話文1

> ゆうきさん：先生、体育館（【図1】）のカーテンは、
> 　　　　　　閉(し)めておいたほうがいいですか。
> 先　　　生：太陽の光が体育館に直接入るとまぶしく
> 　　　　　　なるから、カーテンは閉めておきましょう。
> ゆうきさん：全部閉めると暗くなってしまうね。
> のぞみさん：全部のカーテンを閉める必要はないと
> 　　　　　　思うよ。体育館の南側のカーテンは閉めた
> 　　　　　　ままにしておいて、午前と午後のそれぞれ
> 　　　　　　で、東側と西側のどちらか一方のカーテンを
> 　　　　　　閉めるだけでいいよ。

【図1】

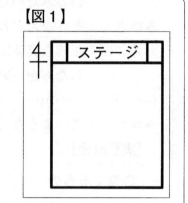

(1)　 会話文1 で、のぞみさんは、「午前と午後のそれぞれで、東側と西側のどちらか一方のカーテンを閉めるだけでいい」と言っています。あなたなら、太陽の光が体育館に直接入らないようにするためには、どのようにしますか。次の《条件1》に合うように考えて書きましょう。また、そのように考えた理由を説明しましょう。

《条件1》

> ・解答用紙の**説明**には、午前と午後のそれぞれで、「東側」と「西側」のどちらの
> 　カーテンを閉めればよいかが分かるように書くこと。

会話文２

> 先　　　　生：行事を見に来てくれる人のために、
> 　　　　　　　体育館にイスを並べましょう。
>
> ゆうきさん：イスを並べるのに、どれくらいの時間が
> 　　　　　　　かかるのかな。
>
> 先　　　　生：前回並べたときは、２人で東西方向に
> 　　　　　　　２列のイスを並べる（【図２】）のに、
> 　　　　　　　２分かかりましたよ。

【図２】

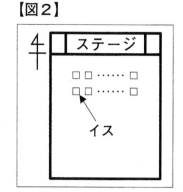

イス

> ゆうきさん：それなら、10人で並べれば、東西方向に10列のイスを10分で並べる
> 　　　　　　　ことができますね。

> 先　　　　生：おしい、その考えは少しだけちがいますよ。ゆうきさんの考えの、
> 　　　　　　　人数か列か時間のうち、どれか１つの数を変えると、正しい考えに
> 　　　　　　　なりますよ。

(2) 　会話文２　で、先生は、「ゆうきさんの考えの、人数か列か時間のうち、どれか
１つの数を変えると、正しい考えになります」と言っています。あなたなら、
　　　　　　のゆうきさんの考えを正しい考えにするために、どのように変えますか。
次の《条件２》に合うように考えて書きましょう。

《条件２》

> ・　　　　　のゆうきさんの考えの「人数」「列」「時間」のうち、１つの数だけを
> 　変えて正しい考えになるようにすること。
> ・解答用紙の（　　　）に、数を書くこと。

佐賀県立中学校

先　　　生：はばが40cmのイス（【図３】）を、東西方向１列につき24きゃく
　　　　　　並べましょう。体育館の東側と西側のかべからは、どちらも5m
　　　　　　はなれたところからイスを並べますよ（【図４】）。

【図３】　　　　　　　　　　　　【図４】

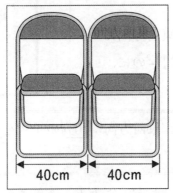

　　　　　　40cm　　40cm

のぞみさん：通路は並べたイスとイスの間にも
　　　　　　あったほうがいいと思います。　　　【図５】

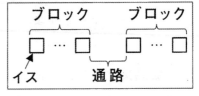

ゆうきさん：それなら、イスを同じ数ずつの
　　　　　　いくつかのブロックに分けて、
　　　　　　その間に通路をつくるようにして
　　　　　　みてはどうでしょうか（【図５】）。

先　　　生：いい考えですね。通路のはばはどこも等しくして、１つの通路の
　　　　　　はばは、人が通ることができるように1mから2mの間になれば
　　　　　　いいですね。

のぞみさん：分かりました。基準となる一番前の列について、１ブロックあたりの
　　　　　　イスの数を何きゃくにすればいいか考えてみます。

(3) 　会話文３　で、のぞみさんは、「１ブロックあたりのイスの数を何きゃくに
すればいいか考えてみます」と言っています。あなたなら、１ブロックあたりの
イスの数をどのように考えますか。次の《条件３》に合う１ブロックあたりのイスの
数をすべて書きましょう。また、そのように考えた理由を、数と言葉で説明しましょう。
式を使ってもかまいません。

《条件３》

・解答用紙の**説明**には、１ブロックあたりのイスの数についてのあなたの考えを
　書くこと。
・はばが40cmのイスを、東西方向１列につき24きゃく並べること。
・東側と西側のかべからは、どちらも5mはなれたところから、イスを並べること。
・１ブロックのイスの数は、どのブロックも同じ数にすること。
・同じブロックのイスは、すき間なく並べること。
・ブロックとブロックの間に通路ができるようにイスを並べること。
・通路のはばはどこも等しくして、１つの通路のはばが1mから2mの間に
　なるようにすること。
・解答用紙の**１ブロックあたりのイスの数**には、考えられる１ブロックあたりの
　イスの数をすべて書くこと。

（解答用紙は別冊68P）（解答例は別冊36P）

1 あきらさんたちは、雨の日に学校で話をしています。

登校後の教室で、あきらさんたちは、外を見ながら話をしています。

あきら 「雨がザーザー降っているね。ぬれたろう下はつるつるして危なかったな。」

つとむ 「そうだね。風で窓がカタカタ鳴っていて、すきま風でカーテンがゆらゆら
　　　　ゆれているよ。」

さつき 「二人とも、同じひびきがくり返される言葉を
　　　　使っているね。」

つとむ 「これらの言葉は、この**表**のように大きく二つ
　　　　に分けられると学習したよ。」

さつき 「**表**の**A**の言葉には、□□□□□□□□□
　　　　という特ちょうがあって、片仮名で書くこと
　　　　が多いね。」

あきら 「それなら、『手をパチパチたたく。』の『パチパチ』は、**表**の**A**に入るね。」

表

A	ザーザー カタカタ
B	つるつる ゆらゆら

問題1 □□□□にはどのような言葉が入るでしょうか。あなたの考えを書きなさい。

　1時間目の休み時間、あきらさんたちは、児童げん関やろう下の様子について話
をしています。

あきら 「今日の児童げん関やろう下はぬれていて、とてもよごれていたね。」

つとむ 「雨のせいだね。そういえば、先生から今日のお昼の放送で連らくする
　　　　内容の**メモ**をもらったよ。」

　メモ

・午後から、日ごろお世話になっている地域の人たちが来る。

・しっかりとそうじをすること。

・きれいな学校にしてむかえること。

つとむ 「この**メモ**の内容を、放送原こうにしてみよう。」

さつき 「そうだね。放送原こうは『今日は午後から、日ごろお世話になっている
　　　　地域の方々が来られます。しっかりとそうじをして、きれいな学校にし
　　　　ておむかえしましょう。』でどうかな。」

あきら 「いいね。ちなみに『**来られる**』以外にも『**来る**』の尊敬語には
　　　　『□□□□□□□□□』という言い方があるね。」

つとむ 「どちらの言い方でもしっかり伝わりそうだね。」

問題2 □□□□にはどのような言葉が入るでしょうか。あなたの考えを一つ書きな
さい。

あきらさんたちは、雨の量について調べ学習をしています。

さつき　「気象庁のホームページで調べると、雨の量は、降った雨がどこにも流れ
　　　　去らずに、そのままたまった場合の水の深さで表し、単位は mm（ミリ
　　　　メートル）を使うそうだよ。」

あきら　「確かに、天気予報で『1時間に何ミリの雨が……』って聞いたことがあ
　　　　るね。どうやって測るのだろう。」

つとむ　「雨の量は、**転倒ます型雨量計**という機器で
　　　　測っているそうだよ。雨水が片方のますに
　　　　たまると、シーソーのようにますがかたむ
　　　　いてたおれ、すぐにもう片方のますに入れか
　　　　わって0.5mmずつ測っていくらしいよ。」

転倒ます型雨量計

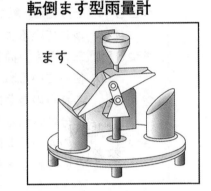

さつき　「その、かたむいてたおれた回数で雨の量を
　　　　測るのだね。1時間に10回かたむいて
　　　　たおれたとしたら、1時間に降った雨の量は
　　　　0.5×10＝5で5mm となるね。」

先　生　「長崎県では、1982年に長浦岳で1時間に153mm の雨の量が記録
　　　　されたのですよ。」

あきら　「そんなに降ったのですか。」

さつき　「その場合、ますは約 [　　　] 秒に1回のペースでかたむいてたおれたこ
　　　　とになりますね。」

問題3　[　　　] にあてはまる数を、**四捨五入して上から2けたのがい数**にして答え
　　　　なさい。

雨は昼過ぎにやみました。夕方には雲は消えて、夕焼け空が広がっています。

あきら　「すっかり晴れたね。秋の空ってきれいだね。」
さつき　「見て、もうすぐ太陽がしずみそうだよ。雲一つないきれいな夕焼けだね。」
つとむ　「そうだね。夕焼けが見えるということは、明日の天気はたぶん晴れだね。」
あきら　「どうして夕焼けが見えると明日は晴れだと思うの。」
さつき　「**日本付近の天気の変化**からわかるのではないかな。」
つとむ　「そうだよ。[　　　　　　　　　　　　　　　　　　　　　　　　]
　　　　から、明日は晴れだと思うのだよ。」

問題4　[　　　] には、どのような言葉が入るでしょうか。**日本付近の天気の変化**に
　　　　ふれながら、あなたの考えを書きなさい。

2 さとしさんとしずかさんは資源(しげん)を大切にすることについて話をしています。

さとしさんたちは、教室で**ポスター**を見ながら話をしています。

ポスター

さとし 「ふだんの生活の中で、資源を大切にする工夫(くふう)はたくさんあるよね。わたしもポスターを作って、みんなによびかけたいな。」

しずか 「わたしも作りたい。この**ポスター**には資源を大切にして環境(かんきょう)を守るための具体的な行動のよびかけと、その行動がどのようにリデュースにつながるかが書かれているよね。この**ポスター**を参考にして作るといいね。」

さとし 「わたしたちはリデュース以外で作ってみよう。」

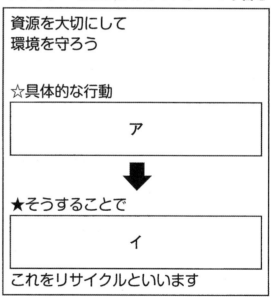

資源を大切にして環境を守ろう

☆具体的な行動

給食は食べる前に量を調節しましょう

★そうすることで

食べ残しの量を減らすことができます

これをリデュースといいます

しずか 「わたしは**リユースをよびかけるポスターの下書き**を作ってみたよ。」

さとし 「わたしは**リサイクルをよびかけるポスターの下書き**を作ってみたよ。」

リユースをよびかけるポスターの下書き

資源を大切にして環境を守ろう

☆具体的な行動

サイズが小さくなった服は必要としている人にゆずりましょう

★そうすることで

その服を捨てることなく、長く使う（着る）ことができます

これをリユースといいます

リサイクルをよびかけるポスターの下書き

資源を大切にして環境を守ろう

☆具体的な行動

ア

★そうすることで

イ

これをリサイクルといいます

しずか 「では、ポスターを完成させてみんなによびかけよう。」

問題1 　ア 、 イ にはそれぞれどのような言葉が入るでしょうか。あなたの考えを書きなさい。ただし、 ア は、リサイクルにつながる具体的な行動のよびかけを書き、 イ は、 ア の行動がどのようにリサイクルにつながるかを書きなさい。

長崎県立中学校

さとしさんたちは、通学路にあるリサイクル工場で使われている電磁石に興味をもち、先生と実験をすることにしました。

さとし　　「工場では、クレーンの先の磁石に多くの鉄が
　　　　　引きつけられていたよ。」
しずか　　「使われている磁石は、電磁石だね。」
先　生　　「電磁石の実験をしてみますか。」
さとし　　「してみたいです。」
先　生　　「ここに実験器具のセットを用意しました。**一人分のセットには、１００回まきの電磁石が１個、２００回まきの電磁石が１個、かん電池が２個入っています。**まず、１００回まきの電磁石と２個のかん電池を使うという条件で、回路を作ってみましょう。作ることができたら、クリップを用意しているので、その電磁石がクリップをいくつくらい引きつけることができるか実験をしてみましょう。それぞれ自分の考えでやってみてください。」

さとし　　「すごい。電磁石にクリップが引きつけられているよ。」
しずか　　「わたしの電磁石にもクリップがついたよ。」
さとし　　「電流の大きさが変われば、電磁石の強さが変わるのかな。」
しずか　　「その考えを確かめるためには、条件を変えて、　ウ　回まきの電磁石と　エ　個のかん電池を使って実験をしないといけないね。」
さとし　　「その条件で２回目の実験をやってみよう。」

先　生　　「２回目の実験の結果は、１回目と比べるとどうでしたか。」
さとし　　「引きつけられたクリップの数が変わりました。」
しずか　　「わたしの方はクリップの数が変わりませんでした。どうしてわたしとさとしさんの結果にちがいが出たのかな。」
さとし　　「わたしとしずかさんとでは、１回目の実験の方法がちがっていたのではないかな。しずかさんは、　オ　から、クリップの数が変わらなかったのだと思うよ。」
しずか　　「なるほど。方法を変えて１回目の実験をやり直してみるね。」

しずか　　「やってみたら、さとしさんと同じようにクリップの数が変わったよ。」
先　生　　「実験の方法を見直すことは大切ですね。」

※１００回まきの電磁石とは、１００回まきコイルに鉄しんを入れたものです。

問題２　　ウ　、　エ　にそれぞれあてはまる数を答えなさい。

問題３　　オ　にはどのような言葉が入るでしょうか。あなたの考えを書きなさい。

3 きよみさんたちは、ゆうりさんの家で夏休みの予定について話をしています。

ゆうりさんは、夏休みに北海道のおじいさんの家に行く予定です。おじいさんから送られてきた**2枚の地図**をもとにして、A駅からおじいさんの家までの道のりを計算することにしました。

ゆうり 「どの道を通っていけばよいか、道順をおじいさんが点線（ ┅┅▶ ）で示してくれているよ。」

きよみ 「**地図1**と**地図2**を使ってA駅からおじいさんの家までの道のりを調べてみよう。」

ゆうり 「**地図1**上の点線の長さは、**5.8cm**だよ。」

とうや 「**地図2**には、市役所からおじいさんの家までの道がくわしくのっているよ。**地図2**上の点線の長さは、**16.5cm**だよ。」

ゆうり 「ということは、A駅からおじいさんの家までの道のりを計算すると、
　　　　　│　　　│km だね。」

地図1　A駅から市役所までの道順

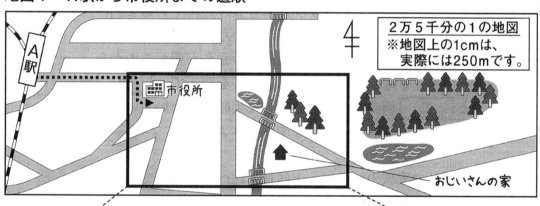

地図2　市役所からおじいさんの家までの道順

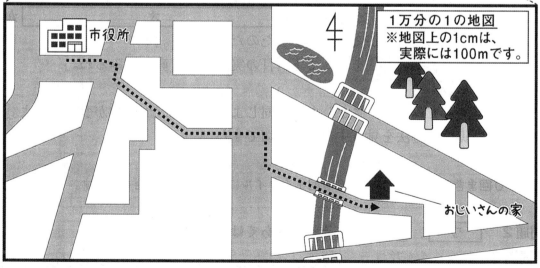

問題1 │　　　│にあてはまる数を答えなさい。

とうやさんは、ゆうりさんの部屋にかざってある、おじいさんの家の前でとった写真を見ています。

とうや　「おじいさんの家のげん関は、外側にもう一つのドアがあって、二重になっているよ。どうして、このようなつくりなのかな。」

ゆうり　「おじいさんが住む北海道では、**ドアが二重のげん関**をよく見かけるよ。げん関のドアが二重になっているのは、

ドアが二重のげん関

|　　　　　　　　　　　　　　|ためだよ。」

とうや　「なるほど。地域の特ちょうによって、家のつくりにも工夫があるね。」

問題2　|　　　|にはどのような言葉が入るでしょうか。あなたの考えを書きなさい。

　続けて、きよみさんが話しています。

きよみ　「わたしは、おばあさんの誕生日が近いから、手作りのプレゼントを持って遊びに行くつもりだよ。」

ゆうり　「何をプレゼントするの。」

きよみ　「ランチョンマットとかべかざりだよ。ランチョンマットは家にあった**布**で、ミシンを使って作るよ。」

とうや　「ちょうどよい大きさだね。**布はし**がほつれているから、**三つ折り**にしてぬうといいね。」

ゆうり　「**三つ折り**にした部分をぬうときは、<u>**内側**をぬわないといけないね</u>。以前、**外側**をぬってやり直したことがあるんだ。」

きよみ　「わかった。そうするね。見た目もきれいで、すてきなプレゼントになるね。」

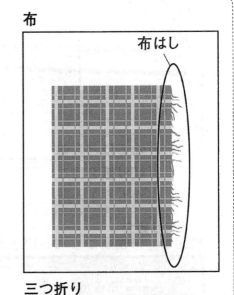

布

布はし

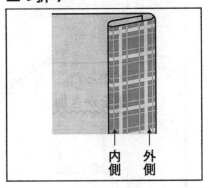

三つ折り

内側　外側

問題3　ゆうりさんは「**三つ折り**にした部分をぬうときは、**内側**をぬわないといけない」と言っています。なぜ**内側**をぬわないといけないのでしょうか。あなたの考えを書きなさい。

きよみさんたちの話は続いています。

きよみ　「かべかざりは折り紙を使った二種類の切り紙で作るよ。」

とうや　「その切り紙はどうやって作るの。作り方を教えてよ。」

きよみ　「まずは、折り紙を折って六つ折りを作る。次に、**切り取り線**をかき入れ
　　　　て、その線に沿って切る。そうしたら、**切り紙１**の模様ができあがるよ。」

切り紙１の作り方

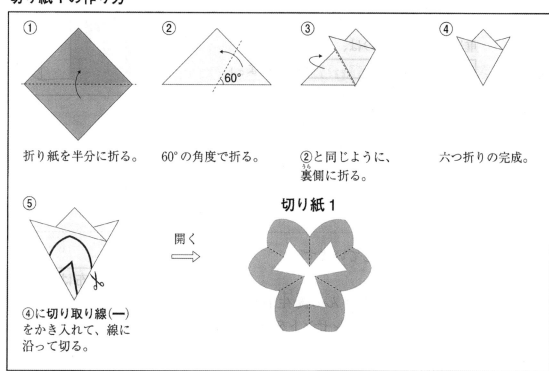

とうや　「なるほど。切り方を工夫すると、好きな模様にできるね。」

きよみ　「**切り紙２**はこのような模様にするつもりだけど、**図案**には、**切り取り線**
　　　　がもう１か所必要だよ。わかるかな。」

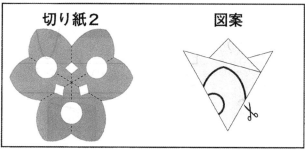

とうや　「わかった。**切り紙２**の模様にするためには、**図案にこのような切り取り**
　　　　線をかき加えるといいね。」

※**切り紙１**と**切り紙２**の点線（┈┈）は折り目を表したものです。

問題４　とうやさんは「このような**切り取り線**をかき加えるといい」と言っています。
　　　　どのような**切り取り線**をかき加えるとよいでしょうか。**解答用紙**の図案に、
　　　　実線（——）でかき加えなさい。
　　　　ただし、問題用紙や解答用紙を折ったり切ったりしてはいけません。

4 なつみさんとたけしさんは、夏休みの学習に取り組んでいます。

なつみさんたちは、福祉について調べるために介護施設を訪れました。

施設の人　「私たちの施設では、利用者の自立支援や、介護職員の負担軽減に役立
　　　　　てるために、見守り支援機器などの介護ロボットを導入しています。」
なつみ　　「なぜ、介護ロボットを導入することにしたのですか。」
施設の人　「将来、介護職員の数は不足していくと予想されるからです。
　　　　　この表を見てください。」

表　予想される長崎県の介護職員数の変化

	ⓐ2023年度	ⓑ2040年度	増加数（ⓑ－ⓐ）
①予想される 　介護職員の必要数（人）	29,211	31,873	2,662
②予想される 　介護職員の数（人）	28,077	29,205	1,128
差（①－②）	1,134	2,668	

（厚生労働省「第8期介護保険事業計画に基づく介護職員の必要数（都道府県別）」をもとに作成）

たけし　　「表から ［　　　　　　　　　　　　　　　］ ことが分かるので、
　　　　　介護職員の数は不足していくと予想されるのですね。」
施設の人　「そのとおりです。だから、介護ロボットの導入や開発が進められてい
　　　　　るのですよ。」

問題1　［　　　］にはどのような言葉が入るでしょうか。あなたの考えを書きなさい。

なつみさんたちは、なつみさんの家に移動して夏休みの作品作りについて話をしています。

たけし　「今年の夏休みは、どんな作品を作るの。」
なつみ　「私の理想の公園を模型にしてみようと考えているの。土台は芝生がしきつめられているように緑色にしたいと思っているの。」
たけし　「そうしたら、土台に模様をつけてみたらどうかな。東京オリンピックのときによく見かけた市松模様に張られた芝生もあるよ。」
なつみ　「それはいいね。でも、どうやって作ればいいのかな。」
たけし　「土台に、2色の同じ大きさの正方形を交互にしきつめてはどうかな。」

市松模様

問題2　縦78cm、横96cmの長方形の土台に、すき間なくきれいにしきつめることができる正方形のうち、一番大きな正方形の1辺の長さを答えなさい。

　なつみさんたちは、ジャングルジムの模型の作り方について話をしています。

なつみ　「土台が完成したら、ジャングルジムの模型を作ろうかな。4cmのひごを使うね。でも、ひごはどうやってつなぎ合わせようかな。」
たけし　「つなぎ合わせる部分の周りをねんど玉で固定して作ってみたらどうかな。立方体を一つ作ってみるよ。」（**図1**）
なつみ　「私は二つの立方体を横に組み合わせたものを作ってみるね。」（**図2**）
たけし　「上に立方体を積み重ねるときは、下の段の立方体の真上に立方体がくるように組み合わせよう。」（**図3**）

図1　たけしさんが　　図2　なつみさんが作った　　図3　立方体を真上に
　　　作った立方体　　　　　二つの立方体を横に　　　　組み合わせたもの
　　　　　　　　　　　　　　組み合わせたもの

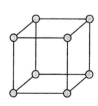
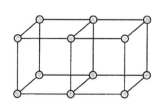
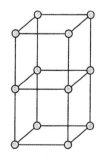

なつみ 「こうやって立方体を組み合わせていけばジャングルジムの模型ができるね。作ろうと思っているジャングルジムの模型は、立方体を縦に5列、横に5列組み合わせたものを上に4段積み重ねて、さらにその上に、縦に3列、横に3列組み合わせたものを1段積み重ねて、全部で5段の形にしたいな。」

図4

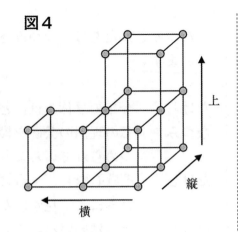

上
縦
横

※立方体の組み合わせ方は図4のとおりです。

問題3 なつみさんが作ろうとしているジャングルジムの模型は、1辺が4cmの立方体が全部でいくつ組み合わさったものになるか答えなさい。

なつみ 「ジャングルジムの模型を完成させるためには、ひごとねんど玉をたくさん準備しないといけないね。」
たけし 「一つの立方体を作るのに、ひごを12本、ねんど玉を8個使ったよ。」
なつみ 「二つの立方体を組み合わせたものを作ったら、ひごが20本、ねんど玉が12個必要だったよ。」
たけし 「ジャングルジムの模型を完成させるためには、ひごとねんど玉は、全部でいくつ必要かな。」

なつみ 「計算したら、ひごは　ア　本、ねんど玉は　イ　個必要になるよ。」

問題4 　ア　、　イ　にそれぞれあてはまる数を答えなさい。

問題5　筆者の考える「知ってるつもり」ということについて、あなたが考えたことを書きなさい。（あとの〈条件〉にしたがって書くこと。）

〈条件〉○自分の考えを述べるときは、文章の内容にふれながら、これまでの自分をふり返って、今後の自分にいかしたいことを具体的に書くこと。
　　　　○百八十字以上、二百字以内で書くこと。
　　　　○解答用紙の◆の印から書き始め、段落は変えないこと。

※次の問題は280ページから始まります。

（西林克彦「知ってるつもり　『問題発見力』を高める『知識システム』の作り方」による。一部省略がある。）

（注）○定義的＝ある物ごとの意味をはっきり決めるような。
○翅＝昆虫のはね。
○近縁＝分類上、近い関係にあること。
○人為的＝人の力でするような。また、人の手をくわえるような。
○弘前＝青森県にある市。
○模式図的＝事物の典型的な形式を示した図のような。
○妥当＝実態によくあてはまり、むりがなく正しいこと。
○既知＝すでに知られていること。もうわかっていること。

問題1　～～線部A「ホウフ」、～～線部B「ドウニュウ」を、それぞれ漢字に直して書きなさい。

問題2　──線部①「存在する」の主語を、次のア〜エから一つ選び、記号で答えなさい。

ア　逆に　　イ　周辺知識が　　ウ　場合には　　エ　領域が

問題3　──線部②「知識が孤立している」について、筆者が述べている「知識が孤立している」とはどのようなことですか。次の文章の　　　　　　に入るふさわしい内容を「使用」「対象」という二つの言葉を使って、三十字以上、四十字以内で書きなさい。

　　　　　　　　　　　こと。

問題4　はるきさんは、先生に紹介された【文章】を読んで、ゆかりさんと話し合いをしました。

昆虫や、47都道府県名と県庁所在地の例のように、

はるき　わたしは、【文章】中の図を見て、わたしたちがすでに知っている知識の周辺に「わからない」が起きる領域があって、その外に「　ア　」領域があることがよくわかったよ。ゆかりさんはどう考えたかな。

ゆかり　わたしは、【文章】中の「知れば知るほど知らない」ことについて、社会の授業で考えたことがあると思ったよ。日本の工業について学習したときに、【文章】で説明してあるリンゴの産地の例のように、【資料1】【資料2】【資料3】を見てそれぞれ結びつけたとき、

　　　　　　　イ

という疑問が出てきたよ。

はるき　【文章】中にある「獲得した知識と知ってる知識を使った」から、ゆかりさんの疑問が出てきたんだね。

【資料1】輸送用機械の都道府県別
　　　　出荷額の割合（2019年）

静岡 6.3%		神奈川 5.5%
愛知 39.2%		その他 39.2%
	福岡 4.9%	群馬 4.9%

※輸送用機械とは，自動車などのこと。
（経済産業省資料より作成）

【資料2】自動車専用船で自動車が
　　　　出荷されるようす

【資料3】日本の都道府県を示した地図

（1）「　ア　」に当てはまる言葉を、【文章】中から「わからない」という五字の言葉をふくめた十五字でぬきだしなさい。

（2）「　イ　」は──線部③「知れば知るほど知らないことが増える」の具体例の一つです。【資料1】【資料2】【資料3】を結びつけて、「　イ　」に入るふさわしい内容を書きなさい。

熊本県立中学校

－ 278 －

（解答用紙は別冊70P）（解答例は別冊37P）

1

【文章】

はるきさんたちは、総合的な学習の時間のオリエンテーションの授業で「課題の見つけ方や作り方」について考えています。その中で先生に紹介された次の【文章】を読みました。よく読んであとの問いに答えなさい。

「昆虫について知っているか」「昆虫とはどういうものですか」と問うと多くの学生がまず間違いなく「知っている」と言い、「頭・胸・腹に分かれていて、脚が6本の生き物です」と答えます。

（中略）

ほとんどは昆虫の定義的「知識」を持っているだけなのですが、昆虫について「知ってるつもり」でいます。翅や各部の働き、近縁の動物との関係など、ほとんど知らないのですが「昆虫について知っている」と思い込んでいます。周辺知識がほとんどないまま、定義だけを保持して、「知ってる」と思い込んでいるのです。これが「知ってるつもり」①の特徴のひとつです。逆に、周辺知識がある場合には、知らない領域が存在することに気づきやすい。したがって、「知識」のある方が「知ってるつもり」にはならないのが普通です。孤立した知識を実際に使用することもなく、孤立したままに保持している場合に「知ってるつもり」になりやすいようなのです。

②知識が少なく孤立していると「知ってるつもり」になりやすく、知識が孤立しないでホウフにあるようだと「知ってるつもり」になりにくいというのは、奇妙に聞こえるかもしれませんが、次のように考えれば整理できるのではないかと思います。

知識が少なく孤立している場合に「知ってるつもり」になりやすい。

いま、日本の47都道府県名と県庁所在地を憶えなければならないとします。10セット憶えれば残りは37ですし、40セット憶えれば残りは7です。このような知識を対象にしていれば、知ってれば知ってるほど知らないことは減っていきますし、最後には知らないことがなくなります。こういう場合には、知ってることが少なければ、知らないことは多いことになります。知ってることが多ければ、知らないことは少なくなります。

しかし、こういう関係が成立するのは、対象にしている知識が人為的に限られたものだからです。（中略）

同じ各都道府県に関することでも、気候や産物といった実際的な細かい領域に入っていけば、事態はまったく違ってきます。

リンゴの産地の1、2、3位は青森県、長野県、岩手県ですが、なぜ青森・岩手から離れた長野が2位なのか、青森のリンゴの産地は、岩手県のⒶある太平洋岸ではなく、なぜ弘前を中心にした日本海側に集中しているか、低温が重要なら西洋リンゴが最初にⒷドウニュウされた北海道はなぜ生産量が多くないのか、などなどわからないこと知らないことがいくらでも出てきます。

こういう場合には、知れば知るほどわからなくなるのです。その理由は簡単です。獲得した知識、知ってる知識を使って、その周辺にスポットライトを当てるからです。そういうことであれば、そして知識の使用の仕方がそのようであれば、知識が多いほどわからないことは増えることになります。「知らない」とか「わからない」といった事態は、所有している「知ってる」知識のすぐそばで起きるのです。知識を活用して「知らない」状態になれるわけです。そして、その外側には、「考えたことのない、わからないとも思ったことのない」世界が広がっているのです。模式図的に表せば図のようになろうかと思います。

図 「既知」と「わからない」と「ア」の関係

「ア」領域

「わからない」が起きる領域

既知の領域

③「考えたことのない、わからないとも思ったことのない」領域を、「知らない」領域に含め、しかも知識世界全体を有限のものと見なすと、「知れば知るほど知らないことが減る」という考えになります。しかし、知った知識を使ってわからなくなるというのが現実ですから、図を受け入れて、知れば知るほど知らないことが増えると見なすのが妥当ではなかろうかと思います。

熊本県立中学校

2　あきさんとけんさんは，「持続可能な社会」について話をしています。次の会話文を読んで，あとの問いに答えなさい。

> あき「『持続可能な社会』の実現のためには，地域を支える人の存在が重要だよね。」
>
> けん「熊本県の人口はどのように変化してきたのかな。」
>
> あき「人口に変化があると，地域にどのようなえいきょうがあるのかな。わたしたちの住む地域についても課題が見つかるかもしれないね。」
>
> けん「課題が見つかったら，解決するためにはどうすればいいのかな。」

二人は，熊本県の人口の移り変わりについて調べ，**資料1**を見つけました。

資料1　熊本県の人口の移り変わり

□ 0〜14歳　　▨ 15〜64歳　　▩ 65歳以上　　（総務省「国勢調査」より作成）

問題1

（1）資料1を見て，熊本県全体の人口の移り変わりと0〜14歳，15〜64歳，65歳以上の人口の移り変わりについて読み取れることを，それぞれについて書きなさい。

（2）資料1のような人口の移り変わりが続いていくと，今後どのようなことが課題になると考えられるか，15〜64歳の人口の移り変わりに着目して書きなさい。

（3）二人は，課題を解決する方法の一つとして，市役所および町村役場や市町村議会に住民の要望を実現させる働きがあることを学習しました。
　そこで，二人は住民の要望が実現されるまでの流れの例を図1のようにまとめました。図1の①〜④に入る内容を次のア〜エからそれぞれ一つずつ選び，記号で答えなさい。

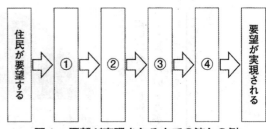

図1　要望が実現されるまでの流れの例

　ア　市役所および町村役場は，市町村議会に予算案を提出する。

　イ　市町村議会は，予算案について議決を行う。

　ウ　市役所および町村役場は，住民や外部の方々の意見を聞きながら計画を立て，その費用について予算案を作成する。

　エ　市町村議会は，予算案について話し合いを行う。

> けん「社会の授業では，未来のことも考え，環境にも配りょした『持続可能な社会』をめざすことが求められているって学習したね。」
>
> あき「日本の工業について学習したから，日本のエネルギーや資源，環境について調べてみよう。」

日本のエネルギーや資源，環境について調べた二人は，**資料2**，**資料3**，**資料4**，**資料5**を見つけました。

資料2　エネルギー国内供給量
（単位：原油換算 万kL）

種類＼年	1998年	2003年	2008年	2013年	2018年
石油	28882.2	28184.3	24110.4	23250.0	19135.4
石炭	9334.0	11859.3	12757.2	13694.9	12777.7
天然ガス	7220.2	8552.5	10010.1	12650.5	11646.5
再生可能エネルギー	689.5	794.7	1042.1	1383.9	2647.9
水力	2045.2	2133.2	1726.3	1754.6	1779.8
原子力	7740.2	5404.6	5774.3	205.6	1427.2
その他	1006.6	1141.4	1130.0	1429.1	1513.5
合計	56917.9	58070.0	56550.4	54368.6	50928.0

※原油換算とは，エネルギーの種類によらず，原油の単位におきかえること。
※再生可能エネルギーとは，太陽光や風力など自然の力を利用するエネルギーのこと。
※統計処理の関係で，合計を調整している。

（資源エネルギー庁「総合エネルギー統計」より作成）

資料4　温室効果ガスの排出量の割合（2018年度）

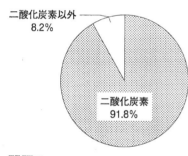

二酸化炭素以外
8.2%

二酸化炭素
91.8%

※温室効果ガスとは，大気中にふくまれる二酸化炭素などの気体のことで，大量に排出されると，地球の気温が上昇する「地球温暖化」につながる。

（環境省資料より作成）

資料3　石油，石炭，天然ガスの可採年数（2018年末）

石油	石炭	天然ガス
約50年	約132年	約51年

※可採年数とは，今後採ることが可能と予想される期間。

（資源エネルギー庁資料より作成）

資料5　家庭からの二酸化炭素排出量の割合（2018年度）

使用内容	割合
照明，冷蔵庫，掃除機，テレビなどの家電製品	31.0%
自動車	25.7%
暖房	15.7%
給湯※	13.7%
調理	5.1%
冷房	3.0%
その他	5.8%

※給湯とは，湯をわかして，供給すること。

（環境省資料より作成）

問題2

（1）資料2から分かることとして正しいものを，次のア〜エから一つ選び，記号で答えなさい。

　　ア　1998年から2018年までの間で，原子力のエネルギー国内供給量は減り続けている。
　　イ　2018年のエネルギー国内供給量全体にしめる再生可能エネルギーの割合は，5％以下である。
　　ウ　1998年と比べて2018年では，エネルギー国内供給量全体にしめる石炭の割合は高くなっている。
　　エ　1998年と比べて2018年では，石油のエネルギー国内供給量が半分以下になっている。

（2）日本のエネルギー供給にはどのような課題があると考えられますか。資料2，資料3，資料4から読み取れることをふまえて書きなさい。

あき「熊本県では，『2050年県内CO₂（二酸化炭素）排出実質ゼロ（ゼロカーボン）』に向けた取り組みを行っているそうだよ。」

けん「『ゼロカーボン』とは何だろう。」

あき「『ゼロカーボン』というのは，日常生活をはじめ，ものをつくる会社や工場の活動で排出される二酸化炭素を可能な限り減らして，それでも残る二酸化炭素は森林などによって吸収し，排出量をゼロにするというものらしいよ。」

けん「わたしたち個人はもちろん，ものをつくる会社や工場も家庭からの二酸化炭素排出量を減らすための取り組みができると思うよ。」

（3）資料5を見て，家庭からの二酸化炭素排出量を減らすことを目指して，あなたができる取り組みを三つ，会社や工場ができる取り組みを一つ，具体的に書きなさい。

熊本県立中学校

（解答用紙は別冊 72 P）（解答例は別冊 38 P）

[1]　次の各場面におけるそれぞれの問題に答えなさい。

問題1　たかしさんたちは，体験活動で収かくした米を使って，おにぎりを作ることになりました。米150gをたくとご飯330gができます。

（1）たいたご飯の重さは，米の重さの何倍になるか求めなさい。

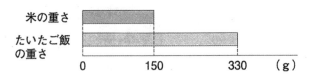

　　たかしさんたちは，たいたご飯で1個あたりの重さ90gのおにぎりを220個作ることになりました。そのために必要な米の重さを考えています。

> たかし「たいたご飯の重さが米の重さの何倍になっているか分かったから，おにぎりを220個作るために必要な米の重さも分かるね。」
> ゆうこ「米1gあたりのたいたご飯の重さを調べてから求める方法もあると思うよ。」
> けんた「ほかにも，この前学習した，『比』を使って求めることもできそうだよ。」

（2）たかしさんたちが必要な米の重さは何kgになるか求めなさい。また，言葉や式などを使って求め方もかきなさい。

問題2　さとるさんのクラスでは，図画工作の授業で，トイレットペーパーのしん（図1）を使ってペン立てを作ります。使用するトイレットペーパーのしんはすべて同じ大きさで，真上から見ると半径2cmの円（図2）です。このトイレットペーパーのしんをとなり合うしん同士がくっつくようにして，外側をテープで1周巻いて固定した後，かざりをつけていきます。ただし，テープは最短の長さで固定します。

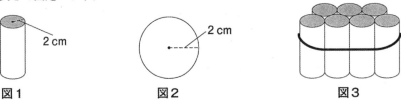

図1　　　　　図2　　　　　図3

　　さとるさんは，7本のトイレットペーパーのしんを使って，ななめ上から見ると図3，真上から見ると図4のようになるペン立てを作りたいと考えました。その場合，ペン立ての外側を固定するテープの長さは，最低何cm必要になるか，ゆかりさんと考えています。

　　ただし，トイレットペーパーのしんの厚さは考えないものとします。また，図4の7つの点A，B，C，D，E，F，Gは円の中心を表します。

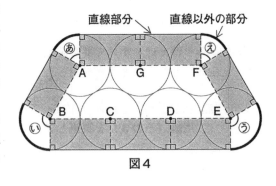

図4

> さとる「ペン立ての外側を固定するテープを，直線部分（——）と直線以外の部分（**——**）に分けて考えてみよう。」
> ゆかり「先生から，図4の7つある▨▨▨はすべて合同な長方形で，7つの点A，B，C，D，E，F，Gはすべて長方形▨▨の頂点だと聞いたよ。ABの長さは，半径が2cmの円の半径2つ分だから，直線部分（——）の長さの合計は ア cmだね。」
> さとる「直線以外の部分（**——**）は，まず図4のあ，い，う，えの角の大きさを求めてみよう。」

（1）　□ア□に当てはまる直線部分（――）の長さの合計を求めなさい。

（2）図4の⑧，⑪，⑤，⑥の角の大きさをそれぞれ求めなさい。また，言葉や式などを使って求め方もかき，解答用紙の図4には説明のために必要な線をかき入れなさい。

（3）図4の⑧，⑪，⑤，⑥の角の大きさを求めた二人は，直線以外の部分（――）をあわせた長さは半径2cmの円の円周の長さと等しくなると考えました。そのように考えた理由を，言葉や式などを使って説明しなさい。

問題3　さくらさんの学校では，6年生と先生でお別れの会を体育館で行います。さくらさんとひろとさんはお別れの会に向けて，長机（ながづくえ）やいすの数を考えています。

> さくら「長机1台に，いすを2きゃく並（なら）べるといいね。」
> ひろと「例えば長机を縦（たて）1台，横1台の長方形になるように並べると，いすは8きゃく並べることができるね（図5）。」
> さくら「長机の数を増やすときは，できるだけいすの間かくを空けるために，いすを2きゃく並べた長机のとなりの長机にはいすを1きゃく，そのとなりの長机にはいすを2きゃく並べるようにしようよ。」
> ひろと「そうだね。長机を縦3台，横2台の長方形になるように並べて，向かい合う長机には同じ数のいすを並べると，いすは16きゃく並べることができるね（図6）。」

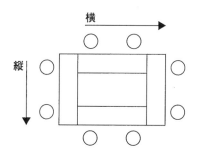

図5　長机を縦1台，横1台の長方形に並べた並べ方

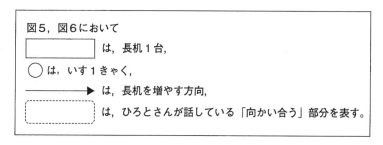

図5，図6において
□　は，長机1台，
○　は，いす1きゃく，
――――＞　は，長机を増やす方向，
┄┄┄┄　は，ひろとさんが話している「向かい合う」部分を表す。

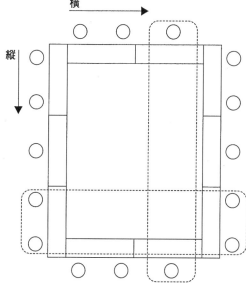

図6　長机を縦3台，横2台の
　　　長方形に並べた並べ方

（1）二人が考えた並べ方で長机を縦2台，横4台の長方形になるように並べるとき，いすは何きゃく並べることができるか求めなさい。

　　　お別れの会には46人が参加します。全員座（すわ）ることができるように長机を長方形になるように並べようと思います。

（2）二人が考えた並べ方で長机を縦6台の長方形になるように並べようと考えています。空いているいすがなく46人全員が座ることができるようにするためには，長机を縦6台，横何台の長方形になるように並べればよいか求めなさい。また，言葉や式などを使って求め方もかきなさい。

2 けんとさんとなつみさんは，小学校の体育館で行われている「おもしろ科学実験教室」に向かっています。

けんと「雨が降ると，家の庭に水たまりができてしまって困っているよ。」

なつみ「水のしみこみ方が関係しているよね。今から行く実験教室で，そのことについて話が聞けたり，実験ができたりするといいね。」

「おもしろ科学実験教室」では，さまざまな実験が行われており，二人が話をしていた「水のしみこみ方」についての実験コーナーもありました。

実験コーナーには，「校庭の土」，「砂場の砂」，「砂利」が用意されていました。二人は，「校庭の土」，「砂場の砂」，「砂利」を観察し，つぶの大きさについて**表1**にまとめました。

表1

	校庭の土	砂場の砂	砂利
つぶの大きさ	小さいつぶが多い。	いろいろな大きさのつぶがまじっている。	大きいつぶが多い。

二人は，観察した後，**図1**のような装置を使って，切ったペットボトルの中に「校庭の土」，「砂場の砂」，「砂利」を入れ，その上から水を注ぎ入れて，水のしみこみ方とビーカーに出てくる水のようすと量を比べる実験をしました。

切ったペットボトル
ガーゼ
（輪ゴムでとめている）
ビーカー

図1

問題1

（1）図1の装置に入れる土のようすと量について，次の①，②の（　）の中から適当なものをそれぞれ一つずつ選び，記号で答えなさい。

【校庭の土の場合】

①（ア　しめった　イ　かわいた）校庭の土を，切ったペットボトルの②（ア　半分　イ　一番上）の高さまで入れ，その上から水150mLを注ぎ入れる。

二人は，「砂場の砂」，「砂利」についても同じように実験を行い，その結果を**表2**にまとめました。

表2

校庭の土	砂場の砂	砂利
○水はゆっくりとしみこみ，注ぎ終わってから土の上に少し水がたまっていた。 ○水を注ぎ終わってしばらくたって1てきずつ水が出てきた。 ○水が出てこなくなった後，ビーカーにたまった水の量を調べると，62mLだった。	○水はゆっくりとしみこんだ。 ○水を注いでいるとちゅうから水が出てきた。 ○水が出てこなくなった後，ビーカーにたまった水の量を調べると，110mLだった。	○水はすぐにしみこんだ。 ○水を注ぎ始めてすぐに水が出てきた。 ○水が出てこなくなった後，ビーカーにたまった水の量を調べると，136mLだった。

熊本県立中学校

けんと「つぶの大きさがちがうと，水のしみこみ方にもちがいが出るね。」

なつみ「水たまりができにくいようにするためには，　ア　をしくのが一番いいと思う。」

けんと「そういえば，森林は水をたくわえることができるから『緑のダム』とよばれていることを社会の授業で学習したよ。森林が水をたくわえるはたらきには，木や草の根が水を吸うことのほかに，森林の土も関係しているらしいよ。今回の実験の結果から，それが分かったよ。」

（2）表2をもとに，二人の会話の　ア　に入る最も適当な言葉を，解答用紙の「校庭の土」，「砂場の砂」，「砂利」から一つ選び，丸で囲みなさい。また，選んだ理由も書きなさい。

（3）森林が「緑のダム」と呼ばれるのは，森林の土が水をたくわえることもその理由の一つです。表2をもとに，森林の土のはたらきに似ているものを，解答用紙の「校庭の土」，「砂場の砂」，「砂利」から一つ選び，丸で囲みなさい。また，選んだ理由も書きなさい。

次に，二人は，「磁石のふしぎ」についての実験コーナーに行きました。そこで，実験教室の先生から丸形磁石について教えてもらいました。

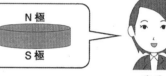

丸形磁石にも極があります。
片面がN極でその裏面がS極になっていますよ。

先生

二人は，図2のような丸形磁石を8個つなげたものを使って，極について調べてみることにしました。図3のように5個の方位磁針を並べ，□□□の部分に丸形磁石を置きました。その結果，図4のようになりました。

図2

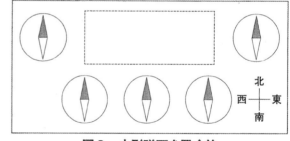

図3　丸形磁石を置く前

問題2

（1）図4の丸形磁石の面Aと面BはN極，S極のどちらになるか，それぞれ答えなさい。

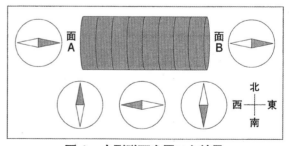

図4　丸形磁石を置いた結果

（2）二人は，方位磁針を使わないで面Aと面BのどちらがN極で，どちらがS極になるかを確かめる実験を考えました。次のア～カから適当な実験方法を二つ選び，記号で答えなさい。また，その実験が磁石のどのような性質を利用したものか，それぞれ説明しなさい。

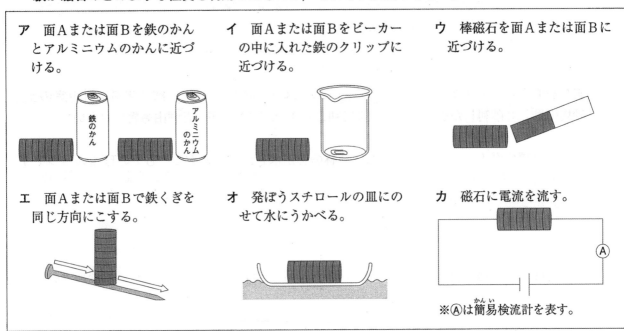

ア　面Aまたは面Bを鉄のかんとアルミニウムのかんに近づける。

イ　面Aまたは面Bをビーカーの中に入れた鉄のクリップに近づける。

ウ　棒磁石を面Aまたは面Bに近づける。

エ　面Aまたは面Bで鉄くぎを同じ方向にこする。

オ　発ぽうスチロールの皿にのせて水にうかべる。

カ　磁石に電流を流す。

※Ⓐは簡易検流計を表す。

　丸形磁石をつなげたものの極について調べた二人は，丸形磁石について，つなげた数と鉄を引きつける力が関係するのか疑問に思い，丸形磁石をつなげたものの片面を鉄のクリップに近づけて，その磁石の力を調べる実験をしました。

　二人が実験を行ってみると，思った以上に多くのクリップが引きつけられ，その個数を数えるのに時間がかかってしまいました。そこで，引きつけられたクリップの重さを量る方法で実験を行いました。

実験
① 丸形磁石を5個つなげたものを用意する。
② ①の片面をクリップに近づける（図5）。
③ 電子天びんを使って，片面に引きつけられたクリップすべての重さを量る。
④ ②，③を5回くり返し，引きつけられたクリップすべての重さの平均を求める。
⑤ 丸形磁石を10個つなげたものや15個つなげたものでも同じように調べる。

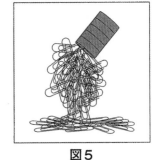

図5

（3）クリップ10個の重さを量ると2.6gでした。それを使って，実験の結果から引きつけられたクリップの個数を求めました（表3）。つなげた丸形磁石の数が5個のときに引きつけられたクリップの個数（ア）を，式を書いて求めなさい。ただし，クリップの個数は四捨五入して，一の位までのがい数で求めなさい。

表3　引きつけられたクリップすべての重さの平均と平均から求めたクリップの個数

つなげた丸形磁石の数	クリップすべての重さの平均（g）	平均から求めたクリップの個数（個）
5個	38.3	（ア）
10個	54.4	209
15個	61.9	238

（4）「つなげた丸形磁石の数と鉄を引きつける力の関係」について，表3から分かることを説明しなさい。

（解答用紙は別冊75Ｐ）（解答例は別冊40Ｐ）

令和5年度大分県立大分豊府中学校入学者選抜 適性検査Ⅰ

　これから，放送による聞き取り問題を始めます。問題用紙は開かないでください。放送中は，メモ用紙にメモをとってもかまいません。放送は一度しか流しません。それでは，始めます。

　小学6年生のさゆりさんは，職業調べをするために，美術館で働く学芸員さんにインタビューをしました。次は，そのときの二人の会話の一部です。

|さゆり| インタビューを受けてくださいまして，ありがとうございます。今日はよろしくお願いします。最初に，美術館で働く学芸員の仕事内容について，教えてください。

|学芸員| はい。美術館で働く学芸員の仕事は大きく3つあります。1つめは作品を集めたり，展示したりすること。2つめは作品や作者について，研究をすること。3つめは来館された方に対して，展示している作品や作者などについて，解説すること。以上が私たちの仕事内容です。

|さゆり| 美術館にある作品一つ一つについて解説を考えるのは，大変ではないですか。

|学芸員| はい，そうですね。作品は毎日生まれています。これまでの作品だけでなく，新しい作品について，調べたり学んだりするのは，苦労もありますが，楽しさもあります。

|さゆり| 苦労の中にも楽しさがあると聞いて，やりがいのある職業だと思いました。ところで，どうして学芸員になろうと思ったのですか。

|学芸員| もともと，漫画やイラストに興味がありました。高校生のときに，宮崎県立美術館でピカソの作品を見て，絵の魅力に気づき，美術に関わる仕事につきたいと思うようになりました。

|さゆり| 私もイラストや絵が好きです。少しでもたくさんの作品に触れたいと思い，こちらの美術館には何度も来ています。

|学芸員| 何度もですか。それはありがとう。その中で一番印象に残った展覧会は何ですか。

|さゆり| デジタルアートの展覧会です。動きのある作品も多く，楽しめました。その展覧会では，子供から大人までたくさんの人でにぎわっていました。ところで，こちらの美術館を訪れる人たちは，どのくらいいるのですか。

|学芸員| 年によって違いますが，年間の来館者数は20万人前後というところです。

|さゆり| たくさんいらっしゃるのですね。より多くの方が作品に親しむことができるように，仕事の中で，心がけているのは，どのようなことですか。

|学芸員| まず，作品を丁寧に扱うことです。作品が傷つくと展示ができなくなります。また，多くの人が楽しめるような展示空間を作ることも意識しています。私たちは，来館者さんがどのようなルートで作品を見て回るのかを考えて，作品とその解説を書いたパネルを配置しています。見落とされがちなパネルですが，それを読んだ来館者さんからは「作品のことが分かり，とても楽しかった」という感想をいただくこともあります。

|さゆり| そのような工夫があるので，来館者も多いのですね。最後に，仕事をする上での目標を教えてください。

|学芸員| 美術に興味を持つ人を増やすことです。そのためにも，まだまだ勉強が必要です。

以上で放送による聞き取りを終わります。問題用紙を開いて問題に答えなさい。

大分豊府中学校

1　放送で聞いた内容について，次の（1）〜（3）の問いに答えなさい。

（1）右は，さゆりさんがインタビューの前に準備
　　した【質問メモ】の一部です。インタビューの
　　場面でさゆりさんが質問したものを，【質問メ
　　モ】のア〜オから2つ選び，記号で答えなさい。

【質問メモ】

ア	最も印象的だった展覧会
イ	学芸員の主な仕事内容
ウ	高校時代に興味をもっていたこと
エ	学芸員になろうとした理由
オ	学芸員を目指す人へのアドバイス

（2）次は，インタビューの内容をクラスで発表するためにつくった【発表メモ】の一部です。

【発表メモ】

◎学芸員の仕事　　→○　A　を集めたり，展示したりすること。
　　　　　　　　　　○　A　や　B　について，研究をすること。
　　　　　　　　　　○来館者に，　A　や　B　などについての解説をすること。
◎心がけていること　→○　A　をていねいにあつかうこと。
　　　　　　　　　　　　　　　C　から。
　　　　　　　　　　○多くの人が楽しめるような展示空間をつくること。
　　　　　　　　　　　A　と　D　の配置を工夫する。
◎仕事上の目標　　　→○　　　E　　　こと。

①　A　，　B　に当てはまる言葉をそれぞれ書きなさい。

②　C　に当てはまる言葉を，次のア〜エから1つ選び，記号で答えなさい。

　　ア　作品を傷つけると，次に作品を集めることが難しくなる
　　イ　作品を傷つけると，来館者数が少なくなる
　　ウ　作品が傷つくと，展示できなくなる
　　エ　作品が傷つくと，作品の文化的な価値が下がる

③　D　に当てはまる言葉を書きなさい。

④　E　に当てはまる言葉を11〜15字で書きなさい。

（3）さゆりさんのインタビューの進め方として合っているものを，次のア〜エから1つ選び，記号で
　　答えなさい。

　　ア　学芸員さんの答えが質問からそれてしまった場合には，異なる聞き方で同じ内容の質問を行っ
　　　た。
　　イ　学芸員さんの答えに対する自分の感想を伝えることで，学芸員さんが話しやすい雰囲気をつくっ
　　　た。
　　ウ　インタビューの最初に質問をまとめて伝え，そのあとは学芸員さんの答えを聞くことに集中す
　　　るようにした。
　　エ　仕事内容について，学芸員さんが答えやすくなるように，その前段階でいくつかの質問を行っ
　　　た。

2 さゆりさんは，右のようなロゴマークに興味をもち，それについて調べてみました。

〈大分市美術館のロゴマーク〉

（1）次は，さゆりさんがロゴマークについて調べたときの【メモ】の一部と，「スペースポートおおいた」の【ロゴマークのしょうかい文】です。

【メモ】

近年，シンボルマークとロゴタイプ（文字デザイン）を組み合わせたものをロゴマークと呼ぶことが増えているが，正式には分けて呼ぶ。また，ロゴタイプ自体がマーク要素を強くもつものが増え，ロゴマークと呼ばれることがある。 （「大分合同新聞GX PRESS令和4年6月17日」から引用）	**ロゴマーク** シンボルマーク＋ロゴタイプ **シンボルマーク** 会社や団体などを象徴的に図案化したもの **ロゴタイプ** 社名や団体名などを示す文字をデザイン化したもの

① さゆりさんは，右の【ロゴマークのしょうかい文】中の下線部「滑走」の意味を調べるために，読み方がわからない「滑」を，漢字辞典で調べることにしました。調べ方として適当なものを，次の**ア〜ウ**から**全て**選び，記号で答えなさい。

ア 音訓さく引を使って調べる。
イ 部首さく引を使って調べる。
ウ 総画さく引を使って調べる。

【ロゴマークのしょうかい文】

滑走路の夕日，惑星，国旗をモチーフにして，OITAの頭文字「O」をシンボリックに配置し，空に向かうジャンボジェット機のイメージをあわせたロゴマーク。

（大分県ウェブサイトをもとに作成）

② 下線部「滑走」は，漢字辞典で調べると下のように説明されていました。

【滑走】カッソウ	❶地上や氷上を，すべるように走ること。 ❷飛行機が飛び立つときやおりるとき，地上を走ること。

これを参考にして，「滑走」と同じ成り立ちの二字熟語を，次の**ア〜エ**から1つ選び，記号で答えなさい。

ア 勝敗　　**イ** 変化　　**ウ** 乗車　　**エ** 急用

③ 【メモ】をもとに，【ロゴマークのしょうかい文】にあるロゴマークの説明として，最も適当なものを，次の**ア〜エ**から1つ選び，記号で答えなさい。

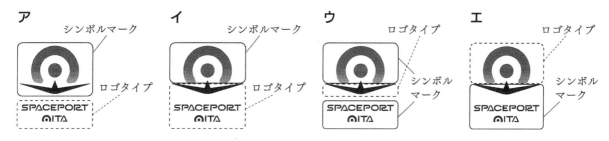

（2）さゆりさんは，ロゴマークを１分間スピーチのテーマにしようと考えました。次は，そのために参考にした【資料１】，【資料２】です。

【資料１】

「おんせん県おおいた」のロゴマーク

作品は，温泉をイメージする湯おけと手ぬぐいをモチーフにして，「OITA」の湯気と合わせて，大分県がおんせん県であることを表している。また，親しみをもてるよう湯おけに表情が付いている。

ロゴタイプは，温泉の温かさと楽しさが感じられる書体になっている。

日本一のおんせん県おおいた ♨ 味力も満載

（「観光経済新聞」ウェブサイトをもとに作成）

【資料２】

北海道スペースポートのロゴマーク

このロゴマークは，| A |，HOKKAIDOの頭文字「H」を表している。

「H」の左側が発しゃ台，右側がロケット

（「SMILES：PROJECT&COMPANY」ウェブサイトをもとに作成）

① 【資料１】に使用されている「モチーフ」という言葉を使い，【資料２】の| A |に当てはまる言葉を15～25字で書きなさい。

② さゆりさんは，次の【宇宙ノオンセン県オオイタ】，【2022第45回全国育樹祭】のロゴマークのどちらかを使ってスピーチをしようと考え，その原こうづくりを行いました。また，右の【資料３】は，原こうづくりのときに，参考にしたフォントの種類と特徴で，その下は，さゆりさんがつくった【スピーチ原こう】です。あなたがさゆりさんなら，どのような原こうを完成させますか。右の| 条件 |にしたがって，書きなさい。

【宇宙ノオンセン県オオイタ】

大分空港が「宇宙港」になることを契機に宇宙規模で愛される「オンセン県」になることを期して作成されたロゴマーク。

（大分県ウェブサイトをもとに作成）

【2022第45回全国育樹祭】

大分県で開催の全国育樹祭のロゴマーク。育樹祭は，「継続して森を守り育てることの大切さ」を伝える緑の祭典。

（「全国育樹祭実行委員会」ウェブサイトをもとに作成）

※ 【宇宙ノオンセン県オオイタ】と【2022第45回全国育樹祭】のロゴマークは，ともに温泉マーク（♨）をもとに作成されている。

【資料3】 フォントの種類と特徴

〈ゴシック体〉　線の太さがほぼ均一で，整理された線でえがかれている。力強く信頼(しんらい)できる雰囲気(ふんいき)を出し，遠くからでも見やすい。

〈丸ゴシック体〉　ゴシック体の角や先端(せんたん)を丸くしたもの。かわいらしさが出たり，やわらかい雰囲気になったりする。

〈デザイン書体〉　ゴシック体でも丸ゴシック体でもなく，デザイン的に工夫された書体を「デザイン書体」と呼ぶ。コミカルな感じで，人の印象に残りやすい。

【スピーチ原こう】

　わたしは，大分市美術館に行ったのをきっかけにして，世の中にあるロゴマークに興味をもちました。その中で，わたしは，この ☐ B ☐ のロゴマークが一番好きです。

　このロゴマークについて，二つの観点から説明します。
　まず，シンボルマークについてです。温泉マークをモチーフとするこのシンボルマークは，

C

　次に，ロゴタイプについてです。このロゴタイプは，

D

　以上，二つの観点から，このロゴマークには他にはない特徴があると思い，とても素晴らしいと思っています。みなさんも，いろいろなところにあるロゴマークに興味をもってみませんか。

条件

* ☐ B ☐ には，自分で選んだロゴマークを当てはめ，解答欄(らん)の【宇宙ノオンセン県オオイタ】と【2022第45回全国育樹祭】のどちらかを ☐ で囲むこと。
* ☐ C ☐ には，自分が選んだ方のシンボルマークのデザインの特徴と，それが生み出す効果または印象を書くこと。
* ☐ D ☐ には，自分が選んだ方のロゴタイプの特徴と，それが生み出す効果または印象を書くこと。その際，【資料3】の言葉を参考にしてもよい。
* ☐ C ☐ と ☐ D ☐ は，それぞれ50字以上60字以内で書くこと。
* ☐ C ☐ と ☐ D ☐ は，どちらも解答欄の1マス目から書き始め，段落を分けないこと。
* 句読点等の記号は，1字に数えること。

3 先生とたかしさん，さゆりさんは，3か月後に行われる全国育樹祭について話をしています。

> **先　生** 令和4年11月に，第45回全国育樹祭が大分県で開催されます。聞いたことがありますか。
> **たかし** ポスターや旗を見たことがあります。この間，大分駅前で，葉を使った体験教室をしていました。
> **先　生** 全国育樹祭は，継続して森を守り育てることの大切さを広く呼びかけるために開催されていますよ。
> **さゆり** ウェブサイトを見ると，木にふれるワークショップや森林フェスが行われるようです。
> **たかし** この機会に，森林についていろいろ調べてみようよ。

（1）たかしさんとさゆりさんは，【資料1】をもとに県の面積に対する森林面積の割合を計算し，【資料2】の色分けの区分に応じて九州地方の略地図に色をぬっています。

　① 大分県をどの色でぬればよいか，色の名前を書きなさい。

　② 【資料2】の ▓▓▓▓ の県をどの色でぬればよいか，色の名前を書きなさい。

【資料1】県の面積と森林面積

（万ha）

県名	県の面積	森林面積
福岡県	50	22
佐賀県	24	11
長崎県	41	24
熊本県	74	46
大分県	63	45
宮崎県	77	59
鹿児島県	92	59
沖縄県	23	11

（平成29年林野庁「都道府県別森林率・人工林率」をもとに作成）

【資料2】九州地方の森林の割合

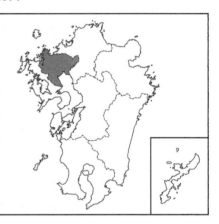

色分けの区分

・青　　40％未満
・水色　40％以上50％未満
・黄　　50％以上60％未満
・黄緑　60％以上70％未満
・緑　　70％以上

　　先生とたかしさん，さゆりさんは，森林についてさらに話をしています。

> **さゆり** 調べてみると，日本全体の面積に対する森林面積の割合は，約67％であることがわかりました。世界全体での平均は約28％で，日本は，世界平均を大きく上回っていました。
> **たかし** ぼくは，どのようにして木を育てるのかを調べました。森林には，天然林と人工林があって，木材として利用するために人が植えてできた森林が，人工林です。苗木を植えてからの年齢を林齢と言うのだけど，ぼくが調べた【資料3】には，林齢が50年をこえると，主伐を行うことが書かれていました。まっすぐ太く育てた木を伐採し，木材として利用できるようになるまで，何十年もの長い年月がかかることがわかりました。
> **さゆり** ずっと先を見すえながら木を育てることは，本当に大変な作業だと思います。
> **先　生** 日本では，人工林としてスギが多く植えられていますが，たかしさんが見つけた【資料3】と，【資料4】を関連づけると，わたしたちがA_この先も安定して木材を利用し続けていくために大切なこと_が見えてきますよ。
> **たかし** ぼくは，長い年月をかけて育てた木を伐採していることが，気になっています。二酸化炭素を吸収し，地球温暖化の防止に役立つといった，森林のはたらきを低下させる気がします。
> **先　生** 長い年月をかけて育てた木を伐採することが，必ずしも地球温暖化につながるわけではありません。ただし，日本における人工林の現状では，地球温暖化の防止という点から見ると，B_決して望ましい状況にあるとは言えません_。【資料5】と，先ほどの【資料4】から，その理由を考えてみてください。

【資料3】森林整備のイメージ

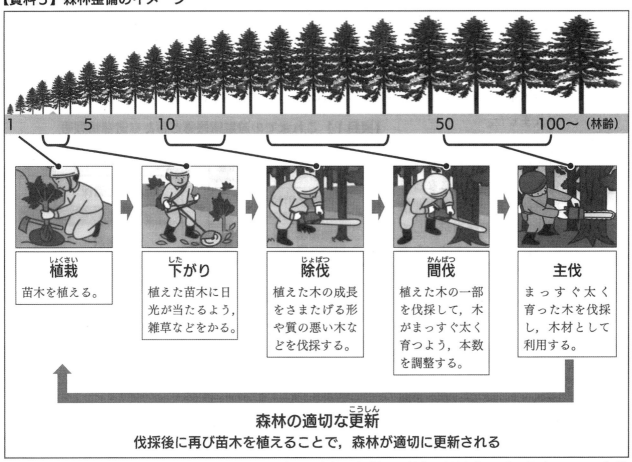

（令和3年林野庁「森林・林業・木材産業の現状と課題」をもとに作成）

【資料4】スギの人工林の林齢ごとの面積

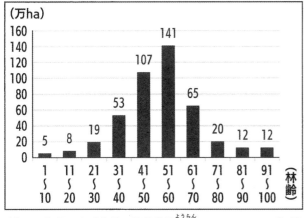

（令和3年林野庁「森林・林業統計要覧2021」をもとに作成）

【資料5】スギの人工林における林齢ごとの1ha 当たりの年間二酸化炭素吸収量

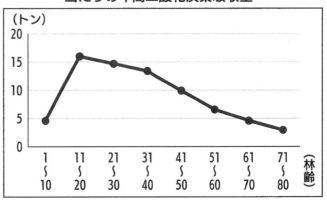

（林野庁「森林および林業の動向に関する年次報告」をもとに作成）

（2）下線部Aについて，この先も安定して木材を利用し続けていくためには，どのようなことが大切ですか。【資料3】からわかることと【資料4】からわかることを述べ，それぞれを関連づけて書きなさい。

（3）下線部Bの「決して望ましい状況にあるとは言えません」と先生が言ったのは，どのような理由からですか。【資料5】からわかることと【資料4】からわかることを述べ，それぞれを関連づけて書きなさい。

4 先生とたかしさん，さゆりさんは，災害への備えについて話をしています。

さゆり 森林のはたらきの一つに，自然災害を防ぐことがあります。豊かな森林を守る一方で，わたしたち自身が常に災害に備えておかなければならないと思います。

先　生 災害に備える意味では，テレビなどでよく見る避難(ひなん)情報が変わったことに気づきましたか。災害対策基本法が令和3年5月に一部改正され，【資料1】にある新たな避難情報等が示されました。

たかし これまでの避難情報等では，避難指示(緊急)(きんきゅう)と避難勧告(かん)(こく)(けいかい)が警戒レベル4になっていたけれど，新たな避難情報等では，避難指示として一つになっています。なぜそうなったのでしょうか。

【資料1】これまでの避難情報等と新たな避難情報等

これまでの避難情報等	警戒レベル		新たな避難情報等	警戒レベル
災害発生情報 (発生を確認したときに発令)(かくにん)	5	→	緊急安全確保	5
○ 避難指示(緊急) ○ 避難勧告	4	→	＜警戒レベル4までに必ず避難！＞	
			避難指示	4
避難準備・ 高齢者等避難開始(こうれいしゃ)	3	→	高齢者等避難	3
大雨・洪水・高潮注意報(こうずい)(たかしお)(ちょう) (気象庁)	2		大雨・洪水・高潮注意報 (気象庁)	2
早期注意情報 (気象庁)	1		早期注意情報 (気象庁)	1

(内閣府(ないかくふ)「新たな避難情報に関するポスター・チラシ」をもとに作成)

先　生 もともと，避難勧告は「避難を開始すべきタイミングであり速(すみ)やかに避難する」，避難指示(緊急)は，「避難を開始すべきタイミングを過ぎており身の安全に配(はい)慮(りょ)しつつ速やかに避難する」という意味でした。ところが，【資料2】から，これまでの避難情報等において警戒レベル4の求める行動が，正しく理解されていなかったことがわかりました。

さゆり 避難勧告と避難指示(緊急)を正しく理解していた人は，どちらも　あ　人に1人程度しかいなかったのですね。しかも，避難指示(緊急)については，本来の意味とは異(こと)なって，　い　と理解している人が最も多かったのですね。先生がおっしゃっていたように，法律が改正されたのは，　う　，にげおくれによる被災(ひさい)を減らすためだったのですね。

たかし ぼくたちも，災害に備えて防災意識を高めておかなければならないね。

【資料2】自然災害を受けた方々へのアンケート結果

警戒レベル4が求める行動は何か

警戒レベル4　避難勧告　(%)

| 21.2 | 21.6 | 26.8 | 10.1 | 3.7 | 16.6 |

警戒レベル4　避難指示(緊急)

| 11.6 | 4.7 | 25.4 | 24.5 | 17.4 | 16.4 |

回答者数：3078人

- 避難の準備を始める
- まだ避難を開始すべきタイミングではないが自主的に避難する
- 避難を開始すべきタイミングであり速やかに避難する
- 避難を開始すべきタイミングを過ぎており身の安全に配慮しつつ速やかに避難する
- すでに災害が発生しており命を守る行動をとる
- わからない

(令和元年台風第19号等による災害からの避難に関するワーキンググループ(第2回)資料をもとに作成)

（1）　あ～う に当てはまる数や言葉について，次の 条件 にしたがってそれぞれ書きなさい。

　　条件
　　　*　あ には，整数を書くこと。
　　　*　い には，【資料２】または会話文の言葉からぬき出すこと。
　　　*　う には，適当な言葉を考え，「ひなん情報」という言葉を使って書くこと。

　　たかしさんとさゆりさんは，さらに会話を続けています。

たかし　災害はいつ発生するかわからないから，日頃（ひごろ）から準備しておいた方がよいことや，災害が発生したときにどのような行動をすればいいのかを考えておきたいな。

さゆり　災害からわたしたちの命やくらしを守るために大切なこととして，自助・共助・公助という言葉があるね。自助は，自分や家族を守ること。共助は，地域（ちいき）の人々と助け合うこと。公助は，国や都道府県，市区町村が進める取り組みよね。

たかし　どのような取り組みがあるのかを，調べたり考えたりしてみよう。

（2）たかしさんとさゆりさんは，自助・共助・公助のそれぞれの観点から，平常時と災害時の行動について調べ，下の【図】のようにまとめました。A～Cに当てはまる言葉を次のア～ウから１つずつ選ぶとともに，D～Ⅰに当てはまる言葉を次のエ～ケから１つずつ選び，それぞれ記号で答えなさい。

　　ア　自助　　　　イ　共助　　　　ウ　公助
　　エ　災害対策基本法に基づき，地域防災計画を作成・検討（けんとう）・修正し，防災対策を着実に実施（じっし）する。
　　オ　地域であいさつや声かけをして，おたがいの関係づくりをする。
　　カ　避難指示が発令されたら，速やかに行動する。
　　キ　安否（あんぴ）確認の方法を家族で話し合って確認しておく。
　　ク　避難指示が発令されたら，おたがいに声をかけ合い，町内会や近所の人同士で避難する。
　　ケ　災害救助法を適用して，必要な物資を被災地に送る。

【図】

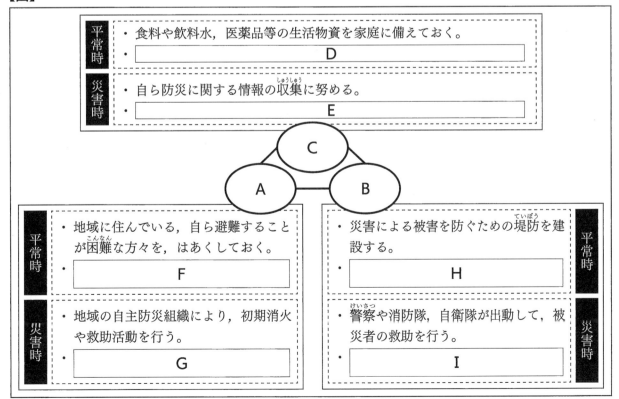

大分県立大分豊府中学校　適性検査Ⅱ　（検査時間50分）

（解答用紙は別冊 77 P）（解答例は別冊 41 P）

1　さとるさんは，夏休みにリニアモーターカーを見に行ったことについて話しています。

> **さとる**　夏休みに家族でリニアモーターカーを見に行ったんだ。
> **めぐみ**　いいなぁ。リニアモーターカーって，磁石の力で動くんだよね。
> **さとる**　そう。電磁石を利用して，すごいスピードが出せるそうだよ。びっくりした。帰ってからリニアモーターカーや電磁石について調べていたら，「コイルトレイン」っていうおもちゃを見つけたんだ。【コイルトレインの材料】を使って【図1】の作成方法で，コイルトレインをつくってみたよ。電池に磁石をつけてトレインをつくるんだ。銅線は，巻いてコイルにしたよ。そうするとトレインが【図2】のようにコイルの中を動くよ。
> **めぐみ**　おもしろそうなおもちゃだね。わたしもつくってみよう。

【コイルトレインの材料】

・銅線
　（電気を通さない塗料などでおおっていないもの）
・かん電池
・ネオジム磁石
　（電気を通す性質がある強力な磁石）

【図2】作成したコイルトレイン

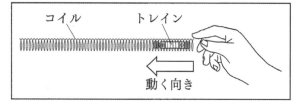

【図1】コイルトレインの作成方法

① かん電池の両側にネオジム磁石をつけてトレインをつくる。

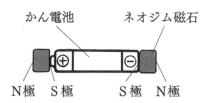

② 銅線を巻いてコイルにする。

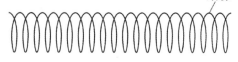

> **めぐみ**　わたしも同じ材料でコイルトレインをつくってみたんだけど，さとるさんのように動かないよ。どうしてかな。
> **さとる**　コイルやかん電池の向きは同じだね。磁石の向きはどうかな。
> **めぐみ**　このネオジム磁石は，どちらがN極かS極か，見ただけではわからないんだよ。
> **さとる**　じゃあ，このネオジム磁石のどちらがN極かS極か，磁石の性質を使って調べてみたらどうかな。磁石の向きをそろえれば，きっと同じように動くはずだよ。

【めぐみさんがつくったコイルトレイン】

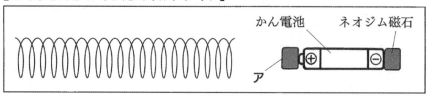

（1）**【めぐみさんがつくったコイルトレイン】**のアの極について磁石の性質を使って調べます。どのようにすれば，N極，S極がわかりますか。次の　条件　にしたがって書きなさい。

　　条件

　　　＊　調べるために使う道具を書くこと。
　　　＊　どのような方法で調べるかを書くこと。
　　　＊　どのような結果になれば，N極，S極がわかるかをそれぞれ書くこと。

さとる　動くようになってよかったね。おもしろいでしょ。

めぐみ　うん，おもしろい。ところで，もっと速く動かすことはできないのかな。

さとる　動かしてみて気づいたことがあるんだ。コイルの巻き数が多くなっている部分を通る時，トレインがちょっと速く動いているような気がするんだよね。

めぐみ　コイルの巻き数は，トレインの動く速さと関係があるかもね。確かめてみたいなあ。

さとる　他にも速く動かす方法はないかなあ。

めぐみ　コイルの銅線を太くするのはどうかな。それぞれ試してみよう。

　さとるさんとめぐみさんは，コイルの巻き数とトレインの動く速さの関係を確かめるために，次のような【実験】をしました。

【実験】

〈実験手順〉

1．10回巻きのコイルと20回巻きのコイルを準備する。

2．【図1】のトレインを準備し，80cmのきょりを動くのにかかった時間を計測する。

3．それぞれ3回ずつ計測し結果を比べる。

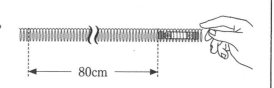

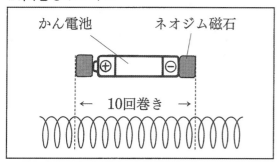

10回巻きのコイル

20回巻きのコイル

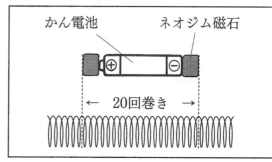

〈実験結果〉

10回巻きのコイル

	1回目	2回目	3回目
時間（秒）	1.07	1.05	1.09

20回巻きのコイル

	1回目	2回目	3回目
時間（秒）	0.99	0.93	0.99

（2）【実験】から，コイルの巻き数とトレインの動く速さにはどのような関係があるかを，〈実験結果〉の数値にふれて書きなさい。

（3）コイルの銅線の太さとトレインの動く速さの関係を調べるために，次の〈実験①〉と〈実験②〉で時間を計測し，比べます。この時，どのコイルを使えばよいですか。次の　A　，　B　に当てはまるものを【準備したコイル】のア～エから1つずつ選び，記号で答えなさい。ただし，　A　，　B　の組み合わせとして複数考えられる場合は，その1つを答えるものとします。

【準備したコイル】

ア　10回巻きコイル（太い銅線）
イ　20回巻きコイル（太い銅線）
ウ　10回巻きコイル（細い銅線）
エ　20回巻きコイル（細い銅線）

※実験では，かん電池とネオジム磁石は同じものを同じ向きで使います。

〈実験①〉

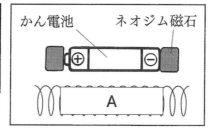

〈実験②〉

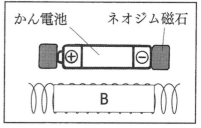

2 めぐみさんとさとるさんはSDGsの中の1つ「陸の豊かさも守ろう」について話しています。

> **めぐみ** SDGsに「陸の豊かさも守ろう」があるよ。森林を守ろうということだけだろうと思っていたら，生物の多様性を守るという動物のことについてもふれられていたよ。調べてみたら，大分県の「希少野生動植物を守ろう」というリーフレットを見つけたんだ。
>
> **さとる** 希少っていうことは，数が少なくてめずらしいっていうことかな。
>
> **めぐみ** そう，絶滅の可能性もあるって心配されている動植物が指定されているんだって。大分県では，例えば【資料1】のオオルリシジミっていうチョウが指定されているよ。貝の名前みたいだったから気になって，調べてみたんだ。オオルリシジミは，きれいな羽を持っていて，幼虫は【資料2】のクララっていう植物のつぼみや花を食べるんだって。
>
> **さとる** そうなんだね。学校で育てたモンシロチョウの幼虫は，主にキャベツの葉を食べていたけれど，チョウの種類によって食べるものがちがうんだね。
>
> **めぐみ** 同じチョウの仲間なのに，どうしてオオルリシジミは絶滅が心配されるほど数が減ってしまっているのかな。もう少し調べてみよう。

【資料1】オオルリシジミ

（シジミチョウ科）絶滅危惧種
・クララの生える草原，山地の明るい草原などに生息する。
・羽の表は青むらさき色で，裏は全体的に白く，黒い模様がある。
・クララの花になる部分にたまごを産む。
・幼虫はクララのつぼみや花を食べて育つ。
・1970年代前半の記録を最後に大分県では記録が途絶えていたが，最近わずかに確認されている。

（環境省ウェブサイト「いきものログ」，「阿蘇草原デジタルずかん」などをもとに作成）

【資料2】クララ

（マメ科）
・日当たりのよい草原などに生息する。1m前後の高さになる。
・昔から日本の自然の中で生きてきたが，生息数が減ってきている。
・食べるとくらくらするほど苦いことから名前がつけられた。
・根，くき，葉に毒があり，牛や馬などから食べられることはない。
・根は，薬にも使われている。

（ウェブサイト「植物図鑑」，「阿蘇草原デジタルずかん」などをもとに作成）

（1）オオルリシジミやモンシロチョウなどのチョウは，こん虫の仲間です。オオルリシジミの体のつくりはどのようになっていると考えられますか。次の 条件 にしたがってかきなさい。

　条件
　　＊ **【例】クモの体**を参考にして，体の部分は，◯や◯で，足は，——でかくこと。
　　＊ 足の数や足がどこについているのかがわかるようにかくこと。
　　＊ 体の分かれ方がわかるようにかくこと。
　　＊ 体と足以外はかかないこと。

【例】クモの体

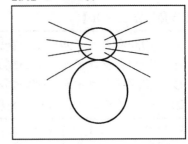

めぐみ	オオルリシジミとモンシロチョウのことを調べていたら，【資料3】を見つけたよ。これを見てみると，共通するところとちがうところがあることがわかったよ。
さとる	数が少ないこともあるけれど，そうでなくても<u>オオルリシジミの成虫を見るってなかなかできないこと</u>なんだね。
めぐみ	そうだね。オオルリシジミの成虫は，めずらしいということもあって，人が勝手につかまえてしまうこともあったんだって。でも今は，オオルリシジミをつかまえることは禁止されているそうだよ。
さとる	そんなこともあったんだね。
めぐみ	でも，これまで，人が暮らしの中でやってきたことがオオルリシジミを守ることにつながっているとも考えられているんだよ。例えば，野焼きや放牧をすることがオオルリシジミの生息しやすい環境を作ることになっているということらしいよ。
さとる	そうなんだ。野焼きって，かれた草などを焼くんだよね。見たことがないなあ。
めぐみ	わたしも見たことがないから，時期や目的について調べて，【資料4】のようにまとめたよ。オオルリシジミの1年間とクララの花がさく時期を重ねて【図】もつくったよ。最近，野焼きや放牧が昔ほど活発に行われなくなってきたこともオオルリシジミの数が減った理由の1つなんだって。
さとる	そうか。ぼくたちもたくさんの生きものとつながっていることを忘れてはいけないね。

【資料3】オオルリシジミとモンシロチョウの1年間

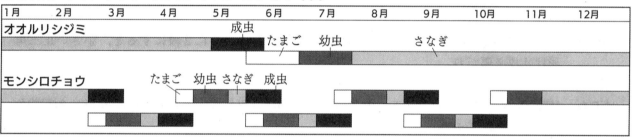

(安曇野市ウェブサイトなどをもとに作成)

【資料4】野焼きについて

時期	3月ごろ	目的	・前年のかれ草を焼く。　　・新しい草の芽立ちを助ける。
			・草原が森林へと変わっていく原因となる低木類の成長をおさえる。

(アルプスあづみの公園ウェブサイトなどをもとに作成)

【図】めぐみさんが作成したオオルリシジミの1年間とクララの花がさく時期

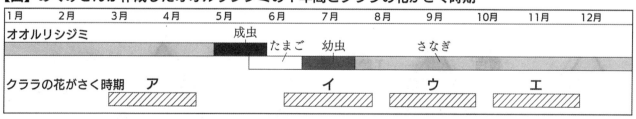

（2）さとるさんが下線部のように考えた理由を，【資料3】からわかるオオルリシジミとモンシロチョウの育ち方のちがいにふれて書きなさい。

（3）めぐみさんが作成した【図】について，クララの花がさく時期として，最も適当なものを【図】のア～エから1つ選び，記号で答えなさい。

（4）野焼きや放牧をすることが，オオルリシジミの数を増やすことにつながる理由を書きなさい。

3 さとるさんが住んでいる地域でイベントを実施するために，みんなで公民館のかざりつけを行います。さとるさんは友人と，セロファンをはり合わせた手づくりのステンドグラスのかざりをいくつかつくり，公民館をかざりつける計画を立てました。次の（1）〜（3）の問いに答えなさい。

（1）さとるさんは，かざりつけに使うセロファンを買いに行くことになりました。100枚1セットのセロファンが，30セット分必要です。次のA〜Cのお店のうち，どこで購入すると一番安く購入できますか。3店の金額がそれぞれいくらになるのかを，言葉や式，数を使って説明し，一番安く購入できるお店を書きなさい。

《A店》	《B店》	《C店》
セロファン…1セット100円 10セットまで通常料金で，11セット目から3割引き	セロファン…1セット110円 600円で会員登録すれば，セロファン等，対象商品半額	セロファン…1セット115円 2セット購入ごとに，追加で1セットプレゼント

さとるさんたちは，画用紙でつくった正三角形のわくに小さい正三角形のセロファンをはり，それをたくさんつなげて，大きい正三角形のステンドグラスにしようとしています。

> **さとる** 小さい正三角形のセロファンが全部で何枚必要になるか計算してから，セロファンを切っていこう。
>
> **めぐみ** 正三角形1段の時は当然，1枚だけだね。【図1】のように2段にすると，小さい正三角形は4枚必要だね。
>
> **さとる** ステンドグラスだから，色も考えていこう。
>
> **ゆうた** 【図2】のように上向きの正三角形は1段目赤，2段目青，下向きの正三角形は全部黄色にするのはどうかな。
>
> **めぐみ** じゃあ，【図3】のように3段になると，3段目はまた赤，下向きの正三角形は黄色ってことでいいかな。
>
> **さとる** ということは，上向きの正三角形は奇数段目を赤，偶数段目を青，下向きの正三角形は全て黄色としてセロファンをはるってことでいいかな。そうすると，**正三角形の段数と使用する小さい正三角形の枚数**を【表】のように整理できるね。

【図1】

【図2】

黄色　　1段目…赤　　2段目…青

【図3】

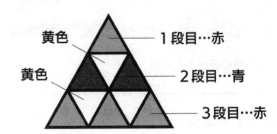

黄色　　1段目…赤　　黄色　　2段目…青　　3段目…赤

【表】正三角形の段数と使用する小さい正三角形の枚数

	1段	2段	3段	4段	5段		15段
赤い正三角形の枚数	1	1	4	…	…	省略	ア
青い正三角形の枚数	0	2	2	…	…		イ
黄色い正三角形の枚数	0	1	3	…	…		ウ
小さい正三角形の合計枚数	1	4	9	…	…		225

（2）【表】の**ア〜ウ**に当てはまる数字を書きなさい。

（3）さとるさんたちは，15段の大きい正三角形のステンドグラスをいくつかつくることになりました。画用紙のわくと小さい正三角形を切る作業は終わり，セロファンをはりつける作業に**8月5日**から入りました。しかし，全員の都合がなかなか合わずに，1日目はさとるさんが1人で作業をし，2日目はめぐみさん1人で，3日目はゆうたさん1人で作業しました。4日目からようやく3人そろって作業することになりました。

さとる　ぼくは1日目に，計画のうちの $\frac{1}{9}$ をつくり終わったよ。

めぐみ　わたしは2日目に，残っていた分のうちの $\frac{1}{10}$ をつくり終わったよ。

さとる　ということは，めぐみさんは1日で，計画のうちの ｜　ア　｜ をつくったということになるね。

ゆうた　ぼくは3日目に，残っていた分のうちの $\frac{1}{8}$ をつくり終わったよ。

めぐみ　わたしの作業が終わった時点で，計画のうちの ｜　イ　｜ がまだ残っていたということだから…。

さとる　ゆうたさんは1日で，計画のうちの $\frac{1}{10}$ をつくったということになるね。

ゆうた　ぼくの作業が終わった時点で，計画のうちの ｜　ウ　｜ がまだ残っていたということだから…。

さとる　みんなで作業すると，最も早くて8月 ｜　エ　｜ 日にステンドグラスは完成するね。

---

①　｜　ア　｜〜｜　ウ　｜ に当てはまる分数を書きなさい。ただし，分数は約分して書くこと。

②　さとるさん，めぐみさん，ゆうたさんそれぞれが1日に作業できる量は変化しないとしたとき，｜　エ　｜ に当てはまる数字とその理由を，言葉や式，数を組み合わせて書きなさい。

大分豊府中学校

4 さとるさんは，冬休みに家族といろいろなおもちゃで遊んでいます。次の（1）と（2）の問いに答えなさい。

（1）さとるさんはお父さんと一緒に「立体パズル」で遊んでいます。「立体パズル」とは，【図1】のような立方体の表面の正方形ひとつひとつに模様がかかれていて，模様がバラバラの状態から【図2】のように回していき，【図3】のように各面の模様をそろえていくパズルです。

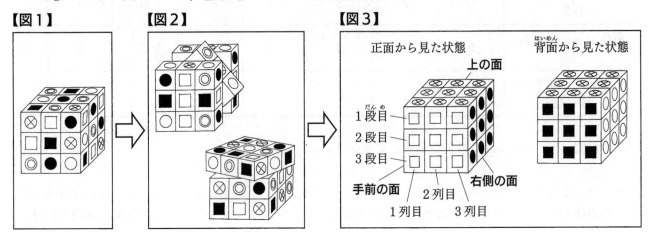

【図1】　　　【図2】　　　【図3】

正面から見た状態　　　　背面から見た状態

上の面

1段目
2段目
3段目

手前の面　　　右側の面

1列目　　2列目　　3列目

　　さとるさんは，買ったばかりの【図3】の状態からお父さんと遊び始めました。このパズルは右側の面は●，手前の面は□，上の面は⊗，●の対面は○，□の対面は■，底の面は◎がかかれています。以下の操作は全て，正面から見た状態で行うものとします。

お父さん	最初に模様をバラバラにしないといけないんだけど，もどし方を考えながらバラバラにしていこう。まず，【図3】の正面から見た状態から【図4】のように1段目を上から見て時計回りに90度回転させてごらん。
さとる	手前の面は，2段目，3段目は□のまま，1段目が●に変わったね。右側の面は，2段目，3段目は●のまま，1段目が■に変わったね。
お父さん	じゃあ，次は【図5】のように1列目を右側から見て反時計回りに90度回転させてみよう。
さとる	ということは，手前の面は　A　の状態だね。
お父さん	今度は，【図6】のように1段目を上から見て反時計回りに90度回転させてみよう。
さとる	このとき，9つある●は，右側の面に　B　個，手前の面に　C　個，底の面に　D　個ある状態だね。
お父さん	最後に，【図7】のように1列目を右側から見て時計回りに90度回転させてみよう。
さとる	【図8】のように，●が1つだけ別の面になったね。ということは，【図8】の状態から右側の面を全て●でそろえるためには，今の逆の操作をして…。そろったよ。
お父さん	じゃあ…【図9】のようになっているときに，上の面に●をそろえるにはどうすればいいかわかるかな。
さとる	うん，少ない操作数で上の面に●をそろえるためには，　E　の順で回転させるといいね。

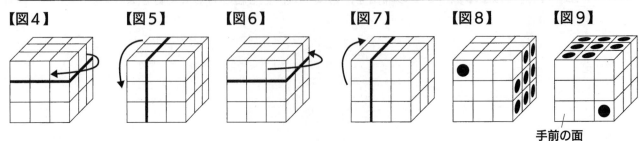

【図4】　　【図5】　　【図6】　　【図7】　　【図8】　　【図9】

手前の面

大分豊府中学校

① ［　A　］はどのような状態ですか。次の**ア～エ**から１つ選び，記号で答えなさい。

ア ■ ● ●／■ □ □／■ □ □　　**イ** ◎ ● ●／◎ □ □／◎ □ □　　**ウ** ○ ● ●／○ □ □／○ □ □　　**エ** ⊗ ● ●／⊗ □ □／⊗ □ □

② ［　B　］ ～ ［　D　］に当てはまる数字を書きなさい。

③ ［　E　］に当てはまる【手順】は次のようになります。手順１の操作はどれになりますか。下の**ア～エ**から１つ選び，記号で答えなさい。

【手順】

手順１…
手順２…３列目を，右側から見て反時計回りに90度回転する。
手順３…３段目を，上から見て反時計回りに90度回転する。
手順４…３列目を，右側から見て時計回りに90度回転する。

ア　１段目を，上から見て時計回りに90度回転する。

イ　１段目を，上から見て反時計回りに90度回転する。

ウ　３段目を，上から見て時計回りに90度回転する。

エ　３段目を，上から見て反時計回りに90度回転する。

（2）さとるさんはお母さんと，ロボットで図形をかいて遊んでいます。ロボットは【遊び方】のAの指示，Bの指示をコンピュータに入力することで動きます。次の ［　ア　］ ～ ［　ウ　］ に当てはまる数字を書きなさい。ただし，Bの指示の［　　　］に入るのは角度とし，180度よりも小さいとします。

【遊び方】

Aの指示　　10cm直進する。
Bの指示　［　　　］度右に回転する。
例えば，Bの指示の角度を90度にしたときに，20cmの直線を引いて90度回転する場合は，ＡＡＢと指示を入力する。

ロボット

お母さん	ＡＢＡＢＡの指示で正三角形をかくためには，Bの指示の角度は何度になるかな。
さとる	正三角形をかくんだから，［　ア　］度にするとかけるね。
お母さん	じゃあ，ＡＢＡＢＡＢＡＢＡの指示で正五角形をかくためには，何度にしたらいいと思う。
さとる	正五角形の内角の和は，［　イ　］度だから…Bの指示の角度を［　ウ　］度にしたらいいんじゃないかな。
お母さん	正解。ほかの正多角形の場合も考えてみると面白いわよ。

大分豊府中学校

（解答用紙は別冊79P）（解答例は別冊43P）

課題1

　　よしこさんとゆきえさんは，マラソン大会に向けて走る練習をしました。2人は同じ位置から同時にスタートして，同じコースを走りました。記録係のたけしさんは，よしこさんの走った時間と道のりを グラフ1 と グラフ2 に表しました。

グラフ1 （よしこさんの記録）
スタートからの時間と走った道のりの関係を表した折れ線グラフ

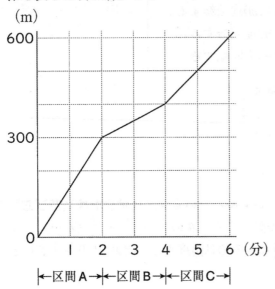

グラフ2 （よしこさんの記録）
スタートしてから走った道のりを2分ごとに計測したグラフ

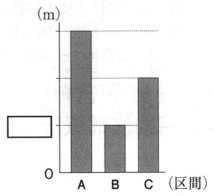

区間A	スタートから2分まで
区間B	2分から4分まで
区間C	4分から6分まで

※走った道のりを棒の高さで表しています。また，それぞれの区間内において，走った速さは変わりません。

　　よしこさんとたけしさんは，2つのグラフを見ながら話をしています。

会話1

　よしこ：　6分間で600mを走ったよ。 グラフ1 を見ると，2分ごとに線のかたむきが変わっているね。
　たけし：　なぜ，線のかたむきが変わるのか，分かるかな。
　よしこ：　それぞれの区間で走った道のりがちがうからだね。
　たけし：　そうだよ。それぞれの区間で計測した時間は同じだから， グラフ2 から速さを比べることもできるね。
　よしこ：　区間Aの速さは，区間Cの速さの（　ア　）倍になることが分かるね。

問い1　 グラフ2 の □ にあてはまる数を答えてください。

問い2　 会話1 の（　ア　）にあてはまる数を答えてください。

たけしさんは，ゆきえさんの走った時間と道のりを グラフ3 に表しました。

グラフ3 （ゆきえさんの記録）

スタートしてから走った道のりを2分ごとに
計測したグラフ

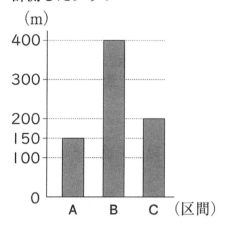

区間A	スタートから2分まで
区間B	2分から4分まで
区間C	4分から6分まで

※走った道のりを棒の高さで表しています。また，
　それぞれの区間内において，走った速さは変わり
　ません。

ゆきえさんとたけしさんは，グラフを見ながら話をしています。

会話2

たけし： グラフ3 から，6分間で（ イ ）mを走ったことが分かるね。
ゆきえ： 途中でよしこさんに追いつくことができたよ。
たけし： スタートしてから何分後に追いついたか，分かるかな。
ゆきえ： 私がよしこさんに追いついたのは，スタートしてから（ ウ ）分後だね。
たけし： もっと速く走れるように，練習をがんばろうね。

問い3 会話2 の（ イ ），（ ウ ）にあてはまる数を答えてください。

　ひろきさんの小学校では，修学旅行の自主研修で施設を見学します。ひろきさんは，同じ班のはなこさんと施設を見学するコースを考えています。 修学旅行のしおり には，駅からの地図と見学できる施設，コースを決めるときのルールがのっています。

修学旅行のしおり （一部）

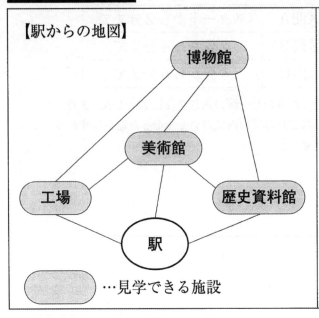

【駅からの地図】

【コースを決めるときのルール】

① 出発地点は駅です。最後にもどってくる地点も駅です。

② 同じ道は，1回しか通りません。

③ 1つの施設につき，見学する回数は1回だけです。

④ 通った施設は，必ず見学します。

　ひろきさんとはなこさんは，コースについて話をしています。

会話1

ひろき： 私は，工場と美術館を見学したいな。

はなこ： 工場と美術館の2か所だけを見学するコースは，「駅→工場→美術館→駅」と「駅→美術館→工場→駅」の2通りあるね。

ひろき： 2か所だけ見学するコースは，他にもあるから，全部で（ ア ）通りのコースが考えられるね。

はなこ： 私は，博物館を見学したいな。

ひろき： 博物館を入れて，3か所だけ見学するコースは，全部で（ イ ）通りあるね。

問い1　会話1 の（ ア ），（ イ ）にあてはまる数を答えてください。

班で話し合った結果，すべての施設を見学することになりました。ひろきさんは，自主研修にかかる時間について，図のような計画を立てました。

図（ひろきさんが立てた計画）

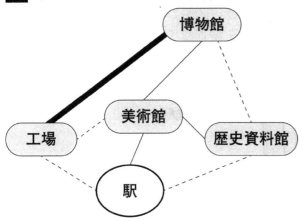

- ・自主研修の時間は，午前9時〜正午
- ・正午までには駅にもどってくる。
- ・1つの施設の見学時間は30分
- ・施設の間の移動時間
  - ▬▬▬▬　20分
  - ─────　15分
  - --------　10分

会話2

はなこ：　すべての施設を見学することになったけど，時間が足りるかな。
ひろき：　1つの施設の見学時間は30分だから，移動時間の合計が（　ウ　）分より多くかかってしまうと，正午に間に合わなくなるね。
はなこ：　そうだね。時間に気をつけて，コースを考えてみようよ。
ひろき：　すべての施設を見学しても，正午までにもどってくることができるコースは，□□□□□があるね。

問い2　会話2 の（　ウ　）にあてはまる数を答えてください。

問い3　会話2 の□□□□□にあてはまるコースを1つ答えてください。

課題3

　ちとせさんとかずおさんは，ものの燃え方について調べるため，**図1**のようにふたをした集気びんの中で，ろうそくを燃やす前と燃やして火が消えた後の集気びんの気体の体積の変化を調べました。**表**は，そのときの結果です。また，**会話**は，そのときの様子です。

図1

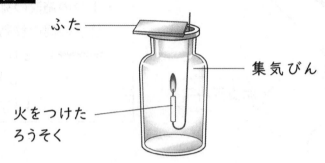

ふた／集気びん／火をつけたろうそく

表

	ちっ素の体積	酸素の体積	二酸化炭素の体積
燃やす前	約７８％	約２１％	約０.０４％
火が消えた後	約７８％	約１７％	約３％

会話

ちとせ：　ろうそくの火が消えたのは，酸素と二酸化炭素のどちらの気体が原因なのかな。

かずお：　私は，二酸化炭素の体積が増えたから，ろうそくの火が消えたと思うよ。

ちとせ：　私は，二酸化炭素の体積の変化は関係なく，酸素の体積が減ったからだと思うよ。

問い1　かずおさんは，下線部のように予想をしました。次の条件①〜③の集気びんを準備し，火のついたろうそくを入れたとします。かずおさんの予想が正しい場合，それぞれどのような結果になると考えられますか。下の**ア**，**イ**の中からそれぞれ１つずつ選び，記号で答えてください。

条件	ちっ素の体積	酸素の体積	二酸化炭素の体積
①	７９％	２１％	０％
②	７５％	２１％	４％
③	７１％	２１％	８％

ア　ろうそくの火は，すぐに消えた。

イ　ろうそくは，しばらく燃えた。

宮崎県立中学校・中等教育学校

- 308 -

調べた結果，ちとせさんの予想が正しいことが分かりました。さらにものの燃え方を調べるために，かずおさんとちとせさんは，次のような 実験 を行いました。

実験
① 平らにしたねん土に，短いろうそくと長いろうそくを2本立てて，火をつけた。
② 図2 のように底のないびんをかぶせ，ふたをした。
③ 2本のろうそくの火が消える様子を観察した。

図2

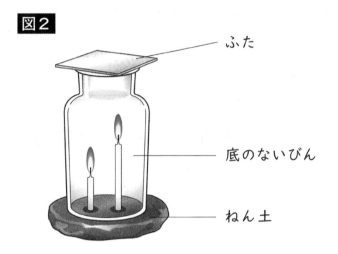

ふた

底のないびん

ねん土

問い2　かずおさんとちとせさんは， 実験 の結果とその理由について，次のようにまとめました。 ① にあてはまる言葉を，下のア～ウの中から1つ選び，記号で答えてください。また， ② ， ③ にあてはまる言葉をそれぞれ入れて，文を完成させてください。

> 結果　ろうそくの火は， ① 。
>
> 理由　ろうそくが燃えて発生した二酸化炭素は，
> ② ，集気びんの中
> の酸素は， ③ から。

ア　短いろうそくが，先に消えた
イ　長いろうそくが，先に消えた
ウ　どちらも同時に消えた

しげおさんは，ばねに興味をもち，先生に質問をしました。次の 会話 は，そのときの様子です。

会話

しげお：	ばねは輪ゴムと似ていますね。
先　生：	どうしてそう思ったのですか。
しげお：	輪ゴムのように引っ張るとのびて長くなるからです。
先　生：	ばねを引く力とばねの長さには関係がありそうだよ。
しげお：	どんな関係があるのか興味があるので，実験して調べてみようと思います。
先　生：	それはいいですね。いっしょにやりましょう。

しげおさんと先生は，図1 のような装置で 実験1 を行い，結果を 表 にまとめました。

実験1

① 図のような装置を組み立て，5cmのばねをつるす。
② ばねにおもりをつるし，ばねの長さをはかる。
③ おもりの重さを変えて，同じように調べる。

図1

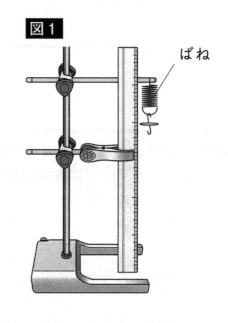

ばね

表

おもりの重さ（g）	ばねの長さ（cm）
10	5.5
20	6.0
30	6.5
40	7.0
70	8.5
80	9.0
170	13.5

問い1　ばねに50gのおもりをつるしたときのばねの長さを答えてください。

問い2　ばねを6cmのばすためには，何gのおもりをつるせばよいか答えてください。

宮崎県立中学校・中等教育学校

しげおさんは，図2のように，おもりをばねで持ち上げる実験2とその結果を見つけました。ただし，ばねは実験1と同じのび方をするばねを使い，ばねの重さは考えなくてよいものとします。

実験2

① 図2のように，重さが４０ｇのおもりをゆかに置いて，ばねの一方をおもりにつけ，もう一方を手で持った。

② ばねがのびていない状態のとき，ばねを持った手の高さをＡとし，この状態からばねをゆっくりと４ｃｍ引きあげた。

結果

ばねを持った手が，Ａから２ｃｍ高くなったとき，おもりがゆかからはなれた。

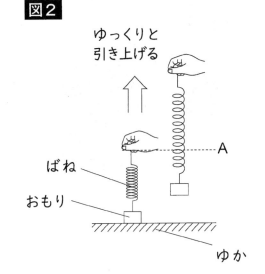

図2
ゆっくりと引き上げる
ばね
おもり
Ａ
ゆか

問い３ 実験2について，Ａからの高さを横じくに，ばねののびを縦じくに表したグラフを次の**ア～エ**から１つ選び，記号で答えてください。

ただし，おもりがゆかからはなれているときの手がばねを引く力の大きさは一定であったものとします。

ア

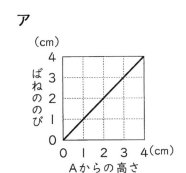

イ

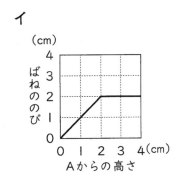

ウ

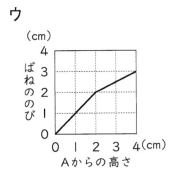

エ

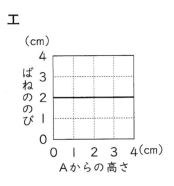

こはるさんの学校では，修学旅行の行き先について，資料1 の3つの候補地の中から各クラスで話し合って選んだ結果を参考にすることになっています。こはるさんのクラスで希望をとると，資料2 のようになりました。

資料1	修学旅行の候補地

高千穂峡 　　　　えびの高原 　　　　都井岬

（出典：宮崎県観光協会）

資料2 　こはるさんのクラス（36人）の希望

※クラス全員が，候補地のうち第3希望までを選ぶ

第1希望	第2希望	第3希望	人数
高千穂峡	えびの高原	都井岬	7人
高千穂峡	都井岬	えびの高原	3人
えびの高原	高千穂峡	都井岬	10人
えびの高原	都井岬	高千穂峡	2人
都井岬	高千穂峡	えびの高原	6人
都井岬	えびの高原	高千穂峡	8人

会話1

こはる：　資料2 を見ると，第1希望を「都井岬」にしている人が合計14人で最も多いから，これになりそうだね。

ゆうが：　ちょっと待ってよ。本当にその決め方でいいのかな。

ちひろ：　たしかに，　　　　　ということを考えると，別の候補地の方がいいような気もするね。

問い1 　会話1 の　　　　　にあてはまる内容として最も適切なものを，次のア～エから1つ選び，記号で答えてください。

　ア　第1希望を「高千穂峡」にしている人が最も少ない
　イ　第2希望を「えびの高原」にしている人が最も少ない
　ウ　第3希望を「都井岬」にしている人が最も多い
　エ　「高千穂峡」よりも「都井岬」の方が人気がある

会話2

先　生：　何かを決めるのって，そんなに簡単なことではないですよね。ここで，みなさんの知らないルールを教えましょう。 資料3 の「ボルダルール」を，決める際の参考にしてみてください。

ゆうが：　「都井岬」について考えてみると，第1希望の計14人に3点で42点，第2希望の計5人に2点で10点，第3希望の計17人に1点で17点，全部合わせて69点ということですね。

こはる：　なるほど，ボルダルールのやり方で計算してみると，点数が一番高い候補地は　①　で，点数は　②　点ということになるんだ！

ゆうが：　でも，複雑な計算が必要で，時間と手間がかかるね。

資料3　ボルダルールの説明

　3つの候補があった場合に，第1希望には3点，第2希望には2点，第3希望には1点をあたえる。
　それぞれ候補を選んだ人数分の点数をつけ，その点数の合計が一番高い候補に決定する。

問い2　 会話2 の　①　にあてはまる候補地と　②　にあてはまる点数を答えてください。

会話3

ちひろ：　多数決の決め方と，ボルダルールの決め方とで，結果が変わってしまったね。

こはる：　「物事の決め方」について，どう考えればいいんだろう？

ゆうが：　これまでのみんなの会話もふまえると，　　　　ということなんじゃないかな。

問い3　 会話3 の　　　　にあてはまる内容として適切なものを，次のア～オから2つ選び，記号で答えてください。

　ア　決め方で結果が変わるので，話し合いで物事を決めることはできない
　イ　どんな決め方が良いのか，しっかりと話し合って選ぶことが大切だ
　ウ　ボルダルールは良くない決め方だが，多数決は良い決め方である
　エ　多数意見の方が正しいので，少数意見を尊重する必要はない
　オ　どの決め方にも長所と短所があり，完璧な決め方というものはない

宮崎県立中学校・中等教育学校

課題6

まことさんは，授業で日本の製鉄所のことを調べることになり，資料を集めてまとめました。

資料1　日本のおもな製鉄所の分布

★：1926年までにつくられたおもな製鉄所
□：★の製鉄所がつくられたころのおもな石炭の産地
●：1955年以降につくられたおもな製鉄所

（出典：「日本国勢図会 2020/21」他より作成）

資料2　鉄のつくられ方

鉄鉱石とコークス（石炭をむし焼きにしたもの），石灰石を高炉に入れ，高温で熱してとけた鉄がつくられます。

【鉄鉱石】
【石灰石】
【コークス】
高炉

資料3　日本の石炭の生産量と輸入量の推移

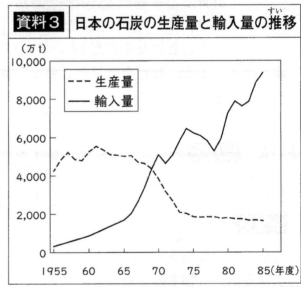

（出典：2006年「数字で見る日本の100年」より作成）

問い1　資料1 の★の場所に，製鉄所がつくられた理由について，資料1 と 資料2 から読み取ることができる，最も適切なものを，次のア〜エから1つ選び，記号で答えてください。

　ア　原料となる石炭がとれるところに近いから。

　イ　大きな川に近いから。

　ウ　人口の多い大都市に近いから。

　エ　原料となる鉄鉱石がとれるところに近いから。

問い2　まことさんは，1955年以降につくられた 資料1 の●の製鉄所がどのような場所につくられたのか，資料3 をもとに考え，まとめました。次の まことさんのまとめ① の ア ，イ にあてはまる内容を 資料1 と 資料3 を関連づけて，答えてください。

まことさんのまとめ①

　1955年以降につくられた製鉄所は，資料3 から，ア ので，資料1 から，イ ことが分かります。

問い3 まことさんは，現在の日本の製鉄所における技術に関して興味をもったので，資料を集め，その資料をもとにまとめました。次の　まことさんのまとめ②　の内容のもとになった資料として，適切なものを下の**ア〜エ**から**2つ**選び，記号で答えてください。

まことさんのまとめ②

　鉄をつくる際に発生するガスを回 収して，そのガスを発電などにほぼ１００％利用している。このように，日本は省エネルギー技術の普及率が高く，省エネルギーに役立っている。

　そのため，鉄をつくるのに消費するエネルギーが他国と比べて少ないので，地球温暖化の原因といわれる二酸化炭素の排出量も，鉄をつくる際には少なくなるだろう。

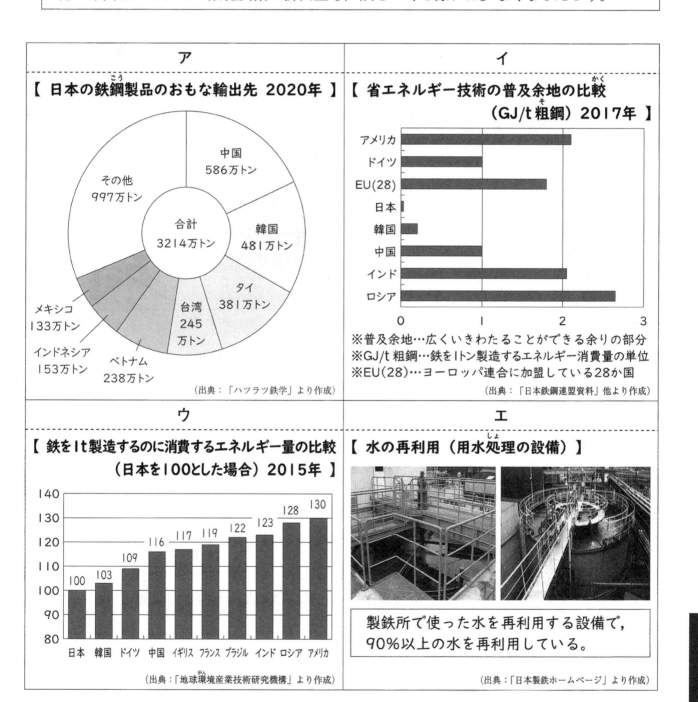

ア
【 日本の鉄鋼製品のおもな輸出先　2020年 】

合計 3214万トン
中国 586万トン
韓国 481万トン
タイ 381万トン
台湾 245万トン
ベトナム 238万トン
インドネシア 153万トン
メキシコ 133万トン
その他 997万トン

（出典：「ハツラツ鉄学」より作成）

イ
【 省エネルギー技術の普及余地の比較 （GJ/t粗鋼）2017年 】

アメリカ、ドイツ、EU(28)、日本、韓国、中国、インド、ロシア

※普及余地…広くいきわたることができる余りの部分
※GJ/t粗鋼…鉄を1トン製造するエネルギー消費量の単位
※EU(28)…ヨーロッパ連合に加盟している28か国

（出典：「日本鉄鋼連盟資料」他より作成）

ウ
【 鉄を1t製造するのに消費するエネルギー量の比較 （日本を100とした場合）2015年 】

日本 100、韓国 103、ドイツ 109、中国 116、イギリス 117、フランス 119、ブラジル 122、インド 123、ロシア 128、アメリカ 130

（出典：「地球環境産業技術研究機構」より作成）

エ
【 水の再利用（用水処理の設備） 】

製鉄所で使った水を再利用する設備で，90％以上の水を再利用している。

（出典：「日本製鉄ホームページ」より作成）

宮崎県立中学校・中等教育学校

（解答用紙は別冊 82 P）（解答例は別冊 44 P）

課題 1

　　ゆりなさんの班は，体験学習で学んだことをタブレット端末を使って発表することにしました。ゆりなさんは，タブレット端末で **図1** のようなスライド（発表資料）を作り，教室のテレビを使って発表しようと考えました。ゆりなさんは，同じ班のさとしさんと話をしています。

図1（タブレット端末の画面）

※設定は，4：3と16：9の2種類があり，　　　　　　の長方形の横の長さと縦の長さの比を表しています。

図2（テレビ画面に映ったスライド）

表（テレビ画面の大きさ）

画面の大きさ	対角線の長さ
30型	約 76.2cm
40型	約101.6cm
50型	約127.0cm
60型	約152.4cm

図3（テレビ画面の対角線）

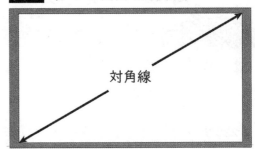

対角線

会話 1

ゆりな：	タブレットで作ったスライドを教室のテレビに映し出してみたけれど，**図2** のように，画面いっぱいに映らないよ。どうしてだろう。

ゆりな：　タブレットで作ったスライドを教室のテレビに映し出してみたけれど，**図2** のように，画面いっぱいに映らないよ。どうしてだろう。

さとし：　設定が **4：3** になっているからだよ。教室のテレビ画面の横の長さと縦の長さの比は **16：9** だよ。テレビ画面とスライドの比が同じになると，画面いっぱいに映るよ。

ゆりな：　そうなんだね。映し出す画面の大きさを調べておくことが大切だね。

さとし：　**表** を見てごらん。テレビ画面の大きさは，30型，40型，50型といろいろな大きさがあって，**図3** のように対角線の長さによって決まっているんだよ。

ゆりな：　私のタブレットは，対角線の長さが約25.9cmだから，　　　　型になるね。

さとし：　設定を **16：9** にして，スライドをもうひとつ作ってみよう。

問い1　**会話1** の　　　　　にあてはまる数を答えてください。ただし，四捨五入で，$\frac{1}{10}$ の位までのがい数で答えてください。

学級の代表に選ばれたゆりなさんの班は，　図4　のような体育館のスクリーンを使って発表することになりました。ゆりなさんとさとしさんは，タブレット端末で作ったスライドの大きさについて話をしています。

図4　（スクリーンの横の長さと縦の長さ）

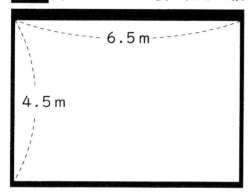

会話2

> さとし：　教室での発表はうまくいったね。作ったスライドとテレビ画面の横の長さと縦の長さの比がぴったり同じだったからね。
>
> ゆりな：　体育館のスクリーンの大きさをきちんと調べておかないとね。
>
> さとし：　スクリーンの大きさは，横の長さが6.5m，縦の長さが4.5mだよ。その大きさをできるだけ広く使って映し出せるといいね。そのとき，映し出されたスライドが，スクリーンからはみ出さないように気をつけようね。
>
> ゆりな：　そうだね。設定が4：3のスライドと，設定が16：9のスライドのどちらを使ったほうが，できるだけ大きな面積で映し出せるか，考えてみようよ。

問い2　会話2　の下線部について，ゆりなさんの班は，どちらのスライドを使ったほうがよいですか。解答用紙のどちらかに○をつけてください。また，その理由を言葉や式，数字を使って説明してください。

あいかさんは, 算数の授業で5つの合同な正方形の辺をつなげて図形を作りました。 図1 は, そのうちの5種類の図形を示しています。 図1 の図形について, 先生と話をしています。

図1 (あいかさんが作った図形)

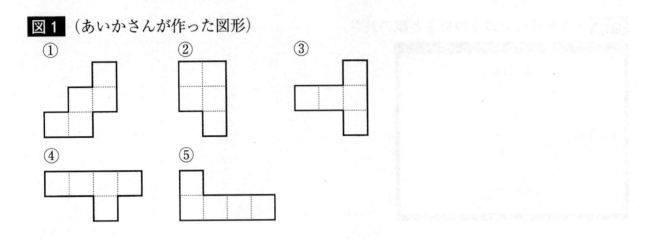

図2 (①〜⑤をすきまなく並べた図)

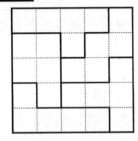

図3 (大きさのちがう長方形Aと長方形B)

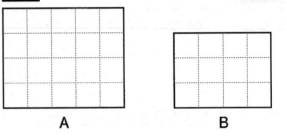

A   B

会話1

> 先　生：　 図1 の5種類の図形を重ならないように, すきまなく並べていくと, 図2 のような正方形ができますよ。
>
> あいか：　おもしろいですね。同じようにして, 長方形を作ることはできますか。
>
> 先　生：　5種類のうちのいくつかを使えば, 作ることができますよ。たとえば, 図3 に大きさのちがう2つの長方形があります。両方とも作ることができるでしょうか。
>
> あいか：　 図1 のような図形を並べていくので, できあがる長方形のマス目の合計は必ず □ の倍数になります。だから, Aの長方形は作ることができますが, Bの長方形は作ることができません。
>
> 先　生：　その通りです。それでは, <u>Aの長方形を作ってみましょう。</u>

問い1　 会話1 の □ にあてはまる数を答えてください。

問い2　 会話1 の下線部について, 図1 の②, ③, ④, ⑤の4つの図形を1つずつ使って, Aの長方形を作ってください。ただし, 図形を回転させたり, 裏返したりしてもよいこととします。また, どの図形を並べたかがわかるように外側の線は太くなぞってください。

図形に興味をもったあいかさんは，同じ大きさの立方体をいくつか作り，それをつなげて新しい立体を作ろうと考えました。あいかさんは，ゆうじさんと話をしています。

会話2

あいか： 立方体の面どうしをはり合わせて，新しい立体を作ったよ。
ゆうじ： どんな立体を作ったのかな。
あいか： **図4** のように，真正面，真上，真横の3つの方向から見ても同じ形に見える立体だよ。
ゆうじ： すごいね。立方体を （ **ア** ）個使って作ったんだね。
あいか： そうだよ。この新しい立体のすべての面に色をぬってみたよ。色をぬることができた面は，全部で（ **イ** ）面あったよ。

図4 （真正面，真上，真横から見た図）

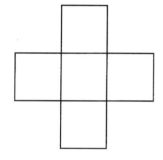

問い3 **会話2** の （ ア ），（ イ ）にあてはまる数を答えてください。

課題3

　はるこさんとだいきさんは，先生と天気について話をしています。次の 会話 は，そのときの様子です。

会話

はるこ：	「今日は大気の状態が不安定になる。」という天気予報だったので，かさを持ってきました。
先　生：	「大気の状態が不安定」というのは，※上しょう気流が発生しやすい状態のことです。
だいき：	上しょう気流が起こると，雲ができると聞いたことがあります。
先　生：	そのとおりです。地面近くの空気が上空に移動し，上空で空気が冷やされると小さな水てきや氷のつぶができます。それが雲の正体です。つまり，「大気の状態が不安定」だと，上しょう気流によって雲ができ，雨が降りやすくなるというわけです。
はるこ：	上空にできた小さな水てきや氷のつぶが結びついて，地面に落ちてきたものが雨なんですね。

　　※　上しょう気流…地上から上空へ向かう空気の流れ

　はるこさんとだいきさんは，4年生のとき，水には3つのすがたがあることを学習したことを思い出しました。 図1 は，やかんに入れた水がふっとうしている様子です。

図1

湯気

あわ

見えない部分

問い1　 図1 をもとに，上空で雲ができるときに起こる変化と同じ変化によって起こる現象を次のア～エから1つ選び，記号で答えてください。

　　ア　「水」がふっとうし，「あわ」が出る。
　　イ　「あわ」が「見えない部分」になる。
　　ウ　「見えない部分」が「湯気」になる。
　　エ　「湯気」が見えなくなる。

はるこさんは，夕立（夏の昼過ぎから夕方にかけて，急に激しく降り出す雨）は，積乱雲が原因であることを本を読んで知りました。 図2 は，積乱雲ができる様子を表しています。

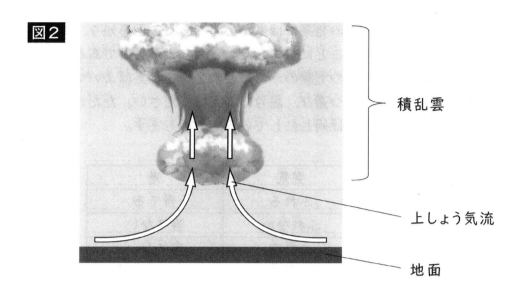

図2

積乱雲

上しょう気流

地面

問い2　図2 のように地面近くの空気が上しょうし，地面から2000mのところで雲ができはじめ，さらに上しょうし，地面から4400mのところで氷のつぶになりました。このときの地面近くの空気は，何℃だったと考えられますか，次の 条件 をもとに答えてください。

条件

　空気は上しょうすると，100mで1℃ずつ温度が下がり，雲ができると，100mで0.5℃ずつ温度が下がるものとします。また，水は，0℃で氷になるものとします。

問い3　上空に雲があっても雨が降らないことがあります。その理由を 図2 をもとに「水てきや氷のつぶ」という言葉を使って答えてください。

課題 4

　　かずみさんは，光が植物にあたえるえいきょうについて調べることにしました。

問い1　かずみさんは，レタスの種子の発芽には光が必要であることを知り，レタスの種子が発芽する条件を，実験で調べることにしました。発芽に光が必要であることを確かめるためには，条件の異_{こと}なる①～⑤の実験のうち，どの2つを行えばよいですか。正しい組み合わせを，下の**ア～エ**から1つ選び，記号で答えてください。ただし，それぞれの実験では水・空気・光以外の条件は同じにしているものとします。

実験	水	空気	光
①	あたえない	ふれる	当てる
②	あたえる	ふれない	当てない
③	あたえる	ふれる	当てない
④	あたえる	ふれる	当てる
⑤	あたえない	ふれない	当てない

　　ア　①と②　　　　**イ**　②と③　　　　**ウ**　③と④　　　　**エ**　④と⑤

　　かずみさんは，発芽に光が必要な種子を光発芽種子（ひかりはつがしゅし）ということを知り，先生に質問しました。次の 会話 はそのときの様子です。

会話

> かずみ：　レタス以外にも光発芽種子とよばれるものがあるのですか。
> 先　生：　セロリやシソなどがあります。
> かずみ：　光発芽種子にはどのような特ちょうがあるのですか。
> 先　生：　種子にふくまれる養分が少なく，小さいものが多いです。また，発芽に光が必要なため，他の植物の葉で光が
> レタスの種子
> さえぎられない場所や光の届（とど）く地表近くで発芽をする特ちょうがあります。種子の養分は他の植物と同じように発芽や成長に使われ，発芽した植物は光を利用して養分を作ります。

問い2　下線部について，かずみさんは次のようにまとめました。 会話 をもとに □□□ にあてはまる言葉を入れて，文を完成させてください。

> 　　小さく，ふくまれる養分が少ない種子が，地中の深いところで発芽すると，地表に出る前に 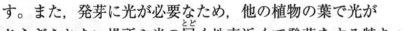 ため，かれてしまう可能性がある。光発芽種子は，光を発芽の条件とすることで，これを防ぐことができる。

宮崎県立中学校・中等教育学校

かずみさんは，植物が花をさかせるもとになる部分を花芽（かが）とよぶことや，光は花芽を作ることにもえいきょうしていることを知り，次のようにまとめました。

調べて分かったこと

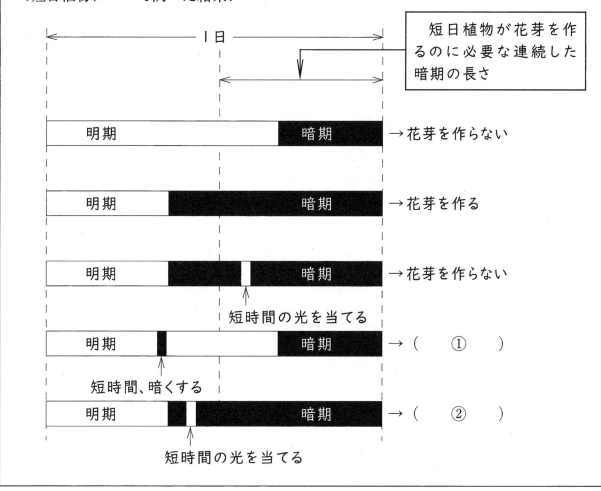

<光のえいきょうについて>
　植物に光が当たらない時間を暗期，光が当たる時間を明期という。花芽を作ることには，1日の中の暗期や明期の長さがえいきょうをあたえている。
<短日植物（たんじつ）について>
　○　連続した暗期の長さが，ある一定以上になると花芽が作られる植物を短日植物という。
　○　花芽を作ることにえいきょうしているのは連続した暗期の長さなので，明期の長さはえいきょうしない。
　○　暗期のとちゅうで短時間の光を植物に当てたときは暗期を2つに分けることになるので，それぞれの暗期の長さで判断できる。

<短日植物について調べた結果>

短日植物が花芽を作るのに必要な連続した暗期の長さ

明期　暗期　→花芽を作らない

明期　暗期　→花芽を作る

明期　暗期　→花芽を作らない
短時間の光を当てる

明期　暗期　→（　①　）
短時間、暗くする

明期　暗期　→（　②　）
短時間の光を当てる

問い3　調べて分かったこと　の（　①　），（　②　）に入る正しい結果を，次のア，イからそれぞれ1つずつ選び，記号で答えてください。

　ア　花芽を作る　　　イ　花芽を作らない

あつこさんたちのグループは，さまざまな種類の世界地図を持ちより，その特色やちがいについて話し合いました。

資料1 オーサグラフ世界地図

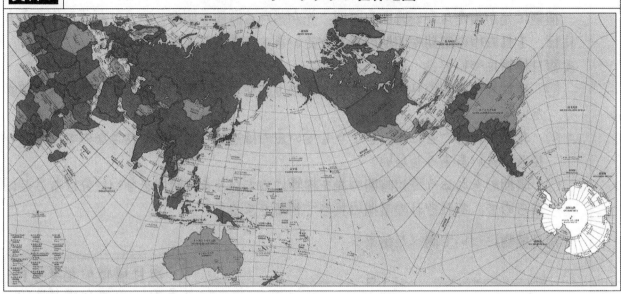

資料2 緯線と経線が直角に交わった地図

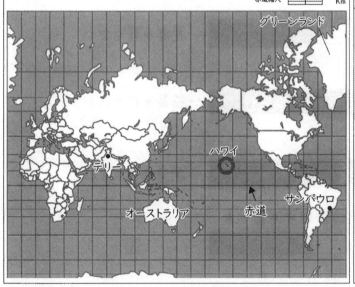

資料3 中心（東京）からの距離と方位が正しい地図

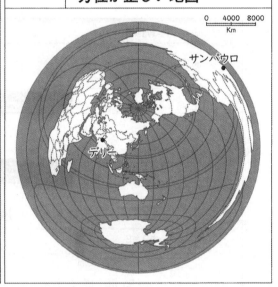

会話1

先　生：　資料1 を見てください。この地図は，オーサグラフと言って，日本人によって，1999年に考え出されたものです。どんな特色があるのでしょうか。みなさんが持ってきた地図をもとに考えてみましょう。

あつこ：　私は，資料2 の地図を持ってきたよ。たくやさんは 資料3 の地図を持ってきたんだね。

ひでき：　私は，資料4 を持ってきたよ。まずは，私たちが持ってきた地図にはどんな特色やちがいがあるのか，考えてみよう。

会話2

> あつこ： 資料2 は，赤道に対して平行に引かれた緯線と，赤道や緯線に対して直角に引かれた経線が特色で，航海図に使われたようだよ。
>
> たくや： 日本からハワイに行くには，どの方角に船を進めていくといいのかな。
>
> 先　生： おもしろい質問ですね。東京とハワイを直線で結ぶと，その直線と東京を通る経線との角度は，北に対しておよそ ◻ 度になります。
>
> あつこ： 船の進む方角をほぼ ◻ 度にして移動するとハワイに着くのですね。

問い1 会話2 の ◻ にあてはまる数字を，次のア～エから1つ選び，記号で答えてください。ただし， ◻ には同じ数字が入ります。

ア　45　　　イ　75　　　ウ　105　　　エ　135

会話3

> たくや： 資料3 の地図は，中心からの距離と方位が正しく，航空図に使われるようだけれど，ほかの要素は正しくないのかな。
>
> ひでき： サンパウロのある大陸の大きさを 資料2 と比べるととても大きいね。
>
> あつこ： 資料2 で，グリーンランドはオーストラリアよりも大きく見えるけれど，実際は3分の1の大きさらしいよ。面積が正しい地図はあるのかな。
>
> ひでき： 私の持ってきた 資料4 が面積の正しい地図だよ。でも，地図の上のほうは，陸地の形のゆがみが大きいね。ところで，この前，東京からサンパウロにおじさんが飛行機で行ったときに，資料4 のように，ヒューストンを経由したから，遠回りしたように感じたと言っていたよ。もしかしたら，地図によって，見え方が変わるのかな。
>
> あつこ： ひできさん，それは遠回りではないよ。なぜなら，資料3 の地図は，A という特色があり，おじさんの通った経路は，B からだよ。

問い2 会話3 の A ， B にあてはまる内容を，資料3 をもとに答えてください。

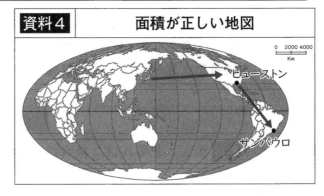

資料4　面積が正しい地図

問い3 あつこさんたちが，資料1 のオーサグラフ世界地図の特色について考えた内容として適切なものを，次のア～エから2つ選び，記号で答えてください。

ア　資料2 と比べてみると，資料1 は，地図のはしに近い陸地の形のゆがみが大きい。

イ　資料3 と比べてみると，資料1 は，東京からデリーへの方位のゆがみが小さい。

ウ　資料4 と比べてみると，資料1 は，赤道からはなれるほど実際の面積よりも大きい。

エ　資料3 と 資料1 で，東京からデリーと東京からサンパウロまでの距離の比がほぼ等しいことから，資料1 は，東京からの距離がほぼ正しい。

宮崎県立中学校・中等教育学校

えいこさんは，鎌倉時代について学習し，次のようにレポートにまとめました。

将軍と16人の執権　～執権政治のなぞに迫る～

資料1　北条氏の系図

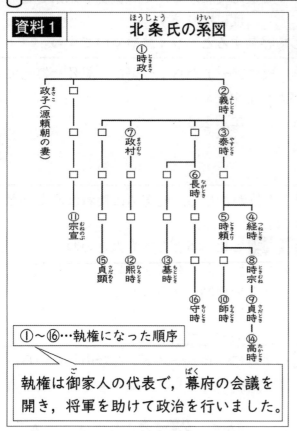

①～⑯…執権になった順序

執権は御家人の代表で，幕府の会議を開き，将軍を助けて政治を行いました。

資料2　将軍になった期間の年齢

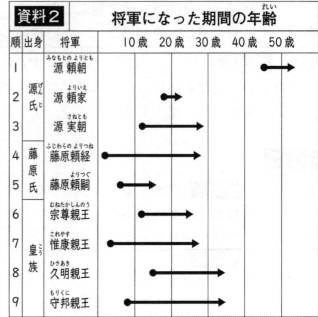

順	出身	将軍	10歳　20歳　30歳　40歳　50歳
1	源氏	源頼朝	
2		源頼家	
3		源実朝	
4	藤原氏	藤原頼経	
5		藤原頼嗣	
6	皇族	宗尊親王	
7		惟康親王	
8		久明親王	
9		守邦親王	

鎌倉時代の将軍は，源氏以外に藤原氏や皇族からも選ばれているのね。

資料3　将軍が追放されたおもなできごと

○　4代将軍藤原頼経は，形式的な将軍にすぎなかったが，4代執権経時に反執権勢力の中心であると疑われ，京都に追放された。

○　6代将軍宗尊親王は，8代執権時宗に逆らおうとした疑いで，京都に追放された。

(出典：「日本史辞典」)

分かったこと

　資料1 から，北条氏は，鎌倉時代に16人が執権となり，幕府の政治を進めるようになった。

　資料2 から源頼朝は，将軍に40歳台半ばでなっているが，2代将軍以降は，　ア　ことが分かる。また，将軍が追放されているのは，資料3 から，北条氏に対して　イ　ときに見られる。

　このように，北条氏は，鎌倉時代に大きな力をもっていたことが分かる。

宮崎県立中学校・中等教育学校

問い1　分かったこと の　ア　にあてはまる内容について 資料2 をもとに，　イ　にあてはまる内容について 資料3 をもとに，それぞれ答えてください。

将軍と16人の執権　～なぜ，鎌倉幕府は衰退したのか？～

【フビライ・ハン】

私は，モンゴル帝国の第5代皇帝です。1274年と1281年に日本を攻めました。

残念ながら日本への攻撃は，2回とも失敗に終わりました。

私は，8代執権です。防衛はできましたが，新たに領地を奪うことはできませんでした。そのため，御家人の不満が高まったので，私の次の執権が， 資料4 を出したようですが，御家人の不満はなくなりませんでした。

【北条時宗】

| 資料4 | 恩賞がもらえなかった御家人を救うために出された徳政令（1297年） |

領地の質入れや売買は，御家人の生活が苦しくなるもとなので，今後は禁止する。…御家人以外や一般人が御家人から買った土地については，売買後の年数に関わりなく，返さなければならない。

(部分要約)

御家人は，幕府から 資料4 を出されても，幕府への不満がなくならなかったのはなぜかな？

| 資料5 | 当時の御家人の土地の相続の仕方 |

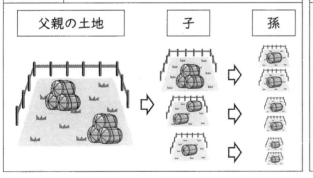

父親の土地　　子　　孫

| 資料6 | 鎌倉時代における守護の数の推移 |

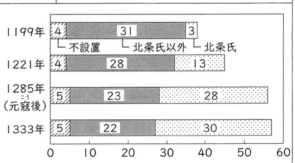

	不設置	北条氏以外	北条氏
1199年	4	31	3
1221年	4	28	13
1285年 （元寇後）	5	23	28
1333年	5	22	30

(出典：「鎌倉幕府守護制度の研究」東京大学出版会)

考えたこと

恩賞をもらえなかった御家人は， 資料5 から，相続する土地を ウ ので， エ だろう。一方で， 資料6 から，守護の数については， オ ので，北条氏は カ だろう。

そのため，御家人の不満はなくならず，幕府は衰退したのではないだろうか。

問い2　 考えたこと の ウ ， エ にあてはまる内容を， 資料5 をもとに， オ ， カ にあてはまる内容を， 資料6 をもとに，それぞれ答えてください。

（解答用紙は別冊85P）（解答例は別冊46P）

課題用紙①

【資料Ａ】、【資料Ｂ】を読んで、後の問いに答えてください。

【資料Ａ】　　　　　　　　　　※がついている言葉は、後に説明があります。

この物語は、南アメリカの先住民に伝わるお話です

森が燃えていました

森の生きものたちは
我先にと
逃げて
いきました

でもクリキンディという名の
※ハチドリだけは
いったりきたり
くちばしで水のしずくを一滴ずつ運んでは
火の上に落としていきます

動物たちがそれを見て
「そんなことをして
いったい何になるんだ」
といって笑います

クリキンディは
こう答えました

「私は、私にできることをしているだけ」

（辻信一『ハチドリのひとしずく』による）

※ ハチドリ……ハチドリ科の鳥で、小さい鳥として知られている。

― 328 ―

【資料Ｂ】

この本の絵を描いてくれたのは、ぼくの長年の友人であるカナダの先住民族ハイダの、マイケルです。彼との打ち合わせの中でこんなやりとりがありました。ぼくの最初の英訳の中に「普段は大威張りの大きな動物たちが……ハチドリをバカにして……」という表現があり、彼はそれにひっかかったのです。「これではハチドリが正義で、ほかの動物たちが悪だ、という話になってしまう」と、彼は感じたというのです。先住民に伝わる元々の話にそんな善悪の区別などなかったのではないか、という彼の意見にぼくは心を開かれる思いがしました。

またマイケルはこうも言いました。「怒りや憎しみに身をまかせたり、他人を批判していたりしている暇があったら、自分でできることを淡々とやっていこうよ。クリキンディはそう言っているような気がするんだ」。

ぼくたち人間は、すべての生きものの中で最大の力をもつようになりました。残念ながらその力はしばしば、人間同士傷つけ合ったり、自然環境を壊したりすることに使われてきました。でも幸いなことに人間は、小さな地球人として、そのことを自覚することができます。そしてその気になれば、力を合わせて水のしずくをたくさん集め、燃えている森の火を消すだけの力をもっています。

（辻　信一『ハチドリのひとしずく』による）

問い一　【資料Ａ】に「私は、私にできることをしているだけ」とありますが、ここでの「私にできること」とはどのようなことでしょうか。書いてください。

問い二　あなたは、世界的な問題や身の回りの問題などに対して、どのように関わっていこうと考えますか。次の（条件）にしたがって、あなたの考えを書いてください。

（条件）
①　はじめに、あなたが問題だと考えることを書いてください。
②　次に、【資料Ａ】と【資料Ｂ】の内容をふまえて、①で書いた問題に対して、あなたは今後どのように関わっていこうと考えるか、具体例や体験を入れて書いてください。
③　三百字以上、四百字以内で書いてください。

宮崎県立中学校・中等教育学校

鹿児島県立楠隼中学校

問1　《ポスター》中の　A　・　B　に当てはまる言葉を書きなさい。

ただし、　A　には本文中から四字で書き抜き、　B　には三十五字以上、四十五字以内で書きなさい。

問2　──線部①「自己肯定感」とあるが、《ポスター》中の　C　に当てはまる言葉を、七十字以上、八十字以内で書きなさい。

問3　──線部②「しかし実際はその逆なのです」とあるが、なぜ筆者はそのように考えるのですか。「ナルシストや自分の自慢ばかりする人は、」に続くように、八十字以上、九十字以内で書きなさい。

問4　次の条件1〜条件5に従ってあなたの感じたことや考えたことを書きなさい。

条件1　二段落構成とします。

条件2　第一段落では、本文の内容から感じたことや考えたことをまとめて一文で書き、第二段落では、それを今後のあなたの考え方や行動にどのように生かしていきたいか、これまでの自分の考え方や行動をふまえて書きなさい。

条件3　字数は四百字以内とします。

条件4　原稿用紙の使い方に従って書きなさい。また、書き出しや段落を変えたときの空欄、句読点や記号なども字数に数えます。

条件5　題や名前を書かずに、一行目から書きなさい。

※次の問題は333ページから始まります。

- 330 -

② しかし実際はその逆なのです。こういう人は、ほれぼれするような自分しか受け入れることができません。有能な自分、かっこいい自分、人より優れている自分しか愛することができない。つまり自己肯定感が低いのです。裏方に回って、縁の下の力持ちのように結果を出せない自分は受け入れられない。目立てない自分は愛せない。

なので、ほれぼれするような自分を演出したり、自分を過大評価したりすることによって優越感を味わい、それによって自尊心を保たざるを得ないわけです。

ですが優越感というものは不安定です。自分よりも上に見える人を前にすると、優越感はとたんに劣等感に裏返ります。ですので、優越感にしがみつこうとすると、優越感と劣等感の間を行ったり来たりすることになり、"下を見ては自信を失う" という、安らげない人生になってしまうのです。

そこで自己受容の出番です。どんなときも、自分が感じていること、自分のそのときの気持ちを、あるがままに認めて受け入れます。何かをうまくやれないときも、大きな失敗をしたときも、孤立してしまったときも、「がっかりしたね」「悲しいね」「寂しいね」と、そのとき感じていることを受容するのです。

これをやっていくと、自分が自分であることの確かな感覚、つまり自己肯定感が育ちます。そして、弱いときの自分も、泥まみれのときの自分も、どんなときの自分をも愛せるようになるのです。

（野口嘉則「自分を好きになれない君へ」（小学館刊）による）

〔注〕
＊1 陶酔……心を奪われて、うっとりすること。
＊2 自己顕示欲……自分をアピールしようとする欲求のこと。
＊3 傲慢……えらそうな態度で人を見下すこと。

《ポスター》

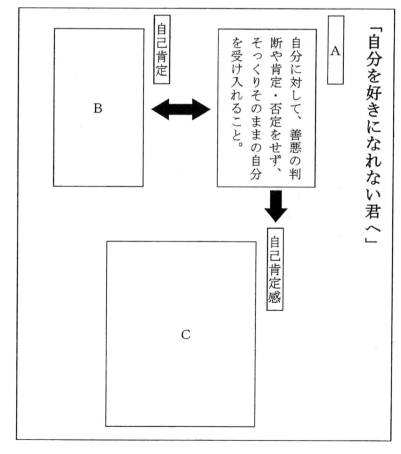

「自分を好きになれない君へ」

A
自分に対して、善悪の判断や肯定・否定をせず、そっくりそのままの自分を受け入れること。

自己肯定 ⟷ B

↓ 自己肯定感

C

（解答用紙は別冊86P）（解答例は別冊46P）

次の文章をよく読んで、後の問1〜問4に答えなさい。なお、文章の後にある《ポスター》は、本文の内容を分かりやすく伝えるためのものです。また、＊がある言葉は、後に〔注〕があります。

自己受容と自己肯定の違い

自己受容と混同されがちな言葉に、自己肯定というものがあります。

自分を好きになれないとき、自分を好きになりたいと願うとき、自分の良いところを見つけて肯定しようとする人は多いと思います。

「自分には、こんな良いところがあるから素晴らしい」

「自分は頑張っている、努力できる自分は素晴らしい」

「長所も才能もある自分は、価値のある人間だ」

これは一見、前向きな考え方のように見えます。しかし実際には、なかなかつらい作業です。

もちろん本心からそう思えるなら、何の問題もありません。けれども、頑張って自分のいいところを見つけて楽になれるなら、そもそも最初から苦しんでなどいないはずです。

努力して良いところ探しをして、なんとか自分を肯定しようとするけれども、いつまで経っても自分を好きになれない。私にもそんな経験があります。それは、本心では自分のことが好きではないからです。そんな状態で自己肯定しようとすると大きな壁にぶつかってしまいます。

無理に自分の良いところを見つけなくてもいいのです。

自分のことが好きになれないのであれば、「自分は自分のことが好きではないんだな」「それが自分なんだな」というふうに、その自分を丸ごと認めて受け入れる。そんな自分のことを、そっくりそのまま心の中で抱きしめる。

つまり、自分に対して良い悪いといった判断をくだすことをしない。肯定も否定もしない。そっくりそのままの自分を受け入れること、これが自己受容です。

ありのままの自分を受け入れるということは、努力して自分を好きになることとは違います。自分のことがどうにも好きではない自分、自分を許せない自分も含めて、あるがまま受け入れるということです。

でも面白いもので、自己受容ができるようになると、自然に自分のことが好きになっていきます。自己受容ができるようになると、自己肯定感が育まれるからです。

ちょっと紛らわしいのですが、自己肯定感は、自己肯定ではなく自己受容によって育まれます。

自分の良いところを一生懸命に見つけて「だから自分は素晴らしい」と肯定しようとするのが自己肯定です。

それに対して、自己受容は、自分に良い悪いの判断をくださず、どんなときの自分をも「これが自分なんだ」と受け入れることです。そしてこの自己受容によって自己肯定感が育つのです。

調子が良いときの自分だけではなく、落ちこんでいる自分、がんばれない自分、ボロボロに傷ついている自分も価値ある存在だとあたりまえに感じることができる。これが①自己肯定感です。

何か失敗してしまったり、人から批判されると「自信をなくしちゃった」という言い方をすることがあると思います。自信は失われることもあるので、しかし自己肯定感というものは、簡単に失われることはありません。

自己肯定感というのは積み上げていくものだからです。自分が自分であることの確かな感覚をしっかり築き上げることができれば、目先の失敗だったり、他人の言葉や行動によって簡単に損なわれることはありません。

「俺って天才」「私はなんて美しいのかしら」といった感じで自分の能力や容姿などに＊1陶酔し、優越感に浸る人っていますよね。いわゆるナルシストですが、こういう人は一見、自己肯定感が高そうに見えます。

他には、＊2自己顕示欲が強くて、やたらと自慢をする人だとか、自分が話題の中心にいないと気が済まない人なども、自己肯定感が高そうに見えます。

🐝 鹿児島県立楠隼中学校　　適性検査Ⅱ　（検査時間45分）

（解答用紙は別冊87 P）（解答例は別冊47 P）

1　楠乃さんと隼太さんは夏の思い出について話しました。【会話】を読んで，問1～問6に答えなさい。

【会話】

楠乃：今年の夏は本当に暑い日が続いたよね。ⓐ太陽の光が肌に突き刺さるような日差しだったね。

隼太：多くの人がⓑ小型扇風機を持って歩いている姿を街でよく見かけたよ。

楠乃：私は，家族でⓒ北海道旅行に行ったんだ。動物園でたくさんのⓓ動物を見たよ。

隼太：私も家族とキャンプに行き，たくさんのカブトムシをつかまえたんだ。そのカブトムシが産んだ卵がかえり，ⓔ幼虫が少しずつ大きくなっているよ。来年の夏がとても楽しみだなあ。

楠乃：台風も来たけれど大きな被害がなくてよかったね。私は，もしもの場合に備えて住んでいる地域のⓕ防災マップを家族といっしょに確認しようと思うんだ。

隼太：私も家族で確認してみようかな。

問1　下線部ⓐについて，宇宙に興味を持った楠乃さんが地球と太陽のことを調べたところ，地球の直径は約13,000km，太陽の直径は約1,400,000km，地球から太陽までの距離は約150,000,000kmであった。

　そこで楠乃さんは，地球と太陽を身近なものに置きかえて考えることにした。地球を直径13mmのビー玉としたときの地球から太陽までの距離は約何mになるか，最も適当なものを下の**ア〜エ**から1つ選び記号で答えなさい。

　　ア　約1.4m　　　　**イ**　約14m　　　　**ウ**　約15m　　　　**エ**　約150m

問2　下線部ⓑについて，隼太さんは，自分で扇風機を作ろうと考え，**資料1**のようなモーターをつないだ回路をつくった。スイッチを入れたところ，簡易検流計の針は**資料2**のようにふれた。

資料1　隼太さんがつくった回路

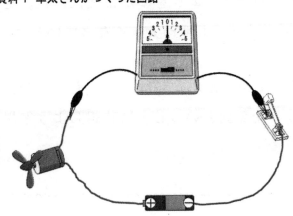

資料2　スイッチを入れたときの簡易検流計の様子

　その後隼太さんが，同じかん電池を2個使って回路をつくり，スイッチを入れたところ，簡易検流計の値は**資料3**のようになった。このとき，回路はどのようにつながっているか。解答らんに示してある器具の図に導線とかん電池をかき加え，回路を完成させなさい。ただし，かん電池については＋極，−極をはっきりさせて記入すること。

資料3　同じかん電池2個を使って回路をつくりスイッチを入れたときの簡易検流計の様子

問3　下線部ⓒについて，楠乃さんは，北海道旅行の前に北海道について調べたところ，**資料4～資料6**を見つけ，**資料4**から北海道には7月から8月にかけて多くの観光客が訪れることが分かった。**資料5**と**資料6**をもとに，7月から8月にかけて多くの観光客が訪れる理由として考えられることを書きなさい。

資料4　北海道の月別観光客数（2018年度）

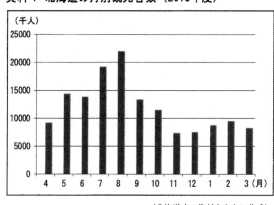

（北海道庁の資料をもとに作成）

資料5　北海道と全国の月別平均気温の平年値

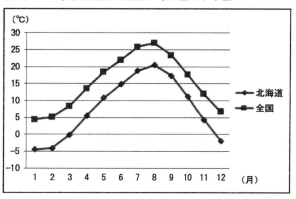

※平年値は1991年から2020年の30年間の平均
※北海道の平年値は，北海道の主要都市の平年値をもとに算出
※全国の平年値は，全都道府県庁所在地の平年値をもとに算出

（気象庁の統計をもとに作成）

資料6　北海道の農産物・海産物の*旬カレンダー

		3月	4月	5月	6月	7月	8月	9月	10月	11月	12月	1月	2月
農産物	グリーンアスパラ		■	■	■	■	■						
	天然行者ニンニク		■	■									
	夕張メロン				■	■	■						
	ピュアホワイト（とうもろこし）					■	■	■					
	きたあかり（じゃがいも）								■				
	越冬キャベツ	■									■	■	■
海産物	キタムラサキウニ				■	■	■	■					
	生サンマ						■	■					
	活ホタテ（野付産）	■	■										■
	活ホタテ（猿払産）			■	■	■	■	■	■	■			
	毛ガニ	■	■	■		■							
	花咲ガニ					■	■	■					
	北海シマエビ				■								
	蝦夷バフンウニ（利尻・礼文産）				■	■	■						

*旬：魚介・野菜・果物などがよくとれて味の最もよい時

（観光情報Webサイトの資料をもとに作成）

問4 下線部ⓓについて，動物のからだのつくりに関する以下の問いに答えなさい。

(1) 楠乃さんは，食べる物のちがいが動物のからだのつくりに関係していると思い，資料を探したところ，**資料7**，**資料8**を見つけた。2つの資料から分かることを書きなさい。

資料7 生き物の「食べる」「食べられる」の関係

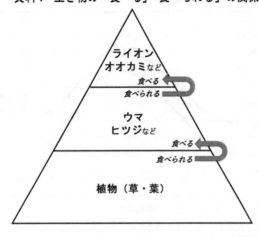

資料8 様々な動物の体長に対する腸の長さの割合

動物名	体長に対する腸の長さの割合
ライオン	3.9倍
オオカミ	4倍
ウマ	12倍
ヒツジ	27倍

（京都市青少年科学センターの資料をもとに作成）

(2) 家族でライオンを見ていたとき，楠乃さんの弟が，「ライオンは，さっき見ていたシマウマと目のつき方がちがう。」と言った。気になった楠乃さんは本で調べたことを**資料9**のようにまとめた。このような目のつき方は，ライオンとシマウマにとってどのように都合がよいか，理由をふくめてそれぞれ書きなさい。

資料9 楠乃さんが調べて分かったこと

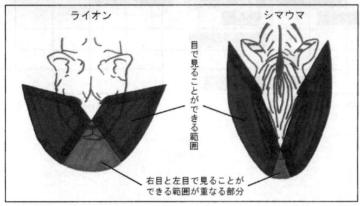

・ライオンの目は，前向きについている。

・シマウマの目は，横向きについている。

・右目と左目で見ることができる範囲が重なる部分では，見ているものまでの距離を正確にとらえることができる。

問5 下線部ⓔについて，隼太さんが現在飼育している幼虫の入った直方体のケースは，内のりが縦20cm，横35cm，深さ20cmである。

　幼虫の成長にともない，ケースを変更しようと考え，新たに内のりが縦40cm，横75cm，深さ30cmの直方体のものを準備した。これに飼育用の土を入れ，深さがこのケースのちょうど半分になるようにしたい。1袋10L入りの土を購入する場合，少なくとも何袋購入すればよいか。式や図，言葉などを使って説明し答えなさい。

　ただし，このケースに入れる土はすべて新しく購入し，土の深さはすべて同じになるようにする。また，内のりとは，ケースの内側の縦，横，深さのことである。

問6 下線部⑥について，楠乃さんと隼太さんは，家族で**資料10**を見ながら，いつ起こるか分からない災害に備えて，楠乃さんは**資料11**，隼太さんは**資料12**のものをそれぞれ準備した。

２人が準備したものには異なるものがある。隼太さんが楠乃さんと異なるものを準備した理由を書きなさい。

資料10 防災マップ

※ ▨ は，たかやま川が増水したときに浸水することが予想される場所である。

資料11　楠乃さんが準備したもの

かい中電灯，けいたいラジオ，水，
非常食，トイレットペーパー，
ヘルメット

資料12　隼太さんが準備したもの

かい中電灯，けいたいラジオ，水，
非常食，トイレットペーパー，
ヘルメット，ライフジャケット（救命胴衣）

2 隼太さんと楠乃さんは最近の身近な出来事について話しました。【会話】を読んで，問１〜問３に答えなさい。

【会話】

隼太：週末にＮ中学校の一日体験入学に行ってきたんだ。説明会があったホールでは，感染症予防のために，ⓐ座席が指定されていたよ。

楠乃：Ｎ中学校の行事にはどんなものがあるの？

隼太：地域で農業や漁業を営んでいる家庭に宿泊する体験活動があるらしいよ。米作り農家での稲刈り体験がきっかけで，ⓑ日本の米作りに興味を持って，論文にまとめた生徒がいたらしいよ。

楠乃：中学生で論文を書くなんてすごいなあ。

隼太：楠乃さんは週末，どんなことをして過ごしたの？

楠乃：私はおばあちゃんの家に行って，ⓒ七輪でもちを焼いて食べたよ。

隼太：七輪って何？

楠乃：昔ながらの道具で，炭を中に入れて，もちや肉を焼いたりすることができるものだよ。七輪で焼いたもちは，とてもおいしかったよ。

問1 下線部ⓐについて，ホールの座席には，横の列に前から五十音順に「あ〜ち」のひらがなが，縦の列に左から「1〜24」の連続した番号がつけてある。例えば，前から3番目の列で，左から4番目の列にある座席の位置を「う−4」と表す。

(1) ホールの座席は全部で何席あるか答えなさい。

(2) 現在，感染症の拡大を防ぐため，下の図のような規則にしたがって座ることができる座席が決められている。このとき，以下の①〜③に答えなさい。

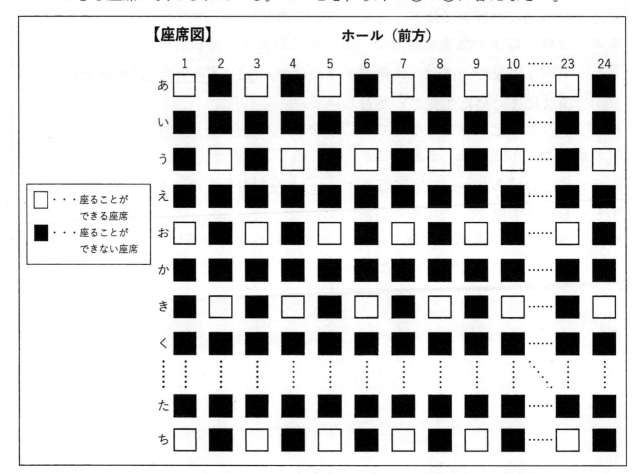

① 「 そ−16 」の座席から見て，座ることができる座席は，縦の列の前方に何席あるか答えなさい。

② 隼太さんの座っている位置から見て，座ることができる座席は，縦の列の前方に4席，横の列の左側に5席ある。隼太さんの座席の位置を表しなさい。

③ このホールには，現在，座ることができる座席は全部で何席あるか。式や図，言葉などを使って説明し答えなさい。

問2　下線部⑥について，隼太さんは，日本のコメの生産や輸出などについて調べた。以下の問いに答えなさい。

(1)　**資料1**から読み取れる，日本のコメの消費量と生産量の変化について説明しなさい。

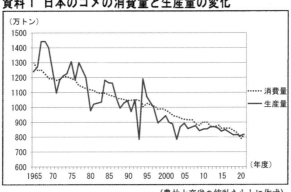

資料1　日本のコメの消費量と生産量の変化

(農林水産省の統計をもとに作成)

(2)　**資料2**と**資料3**をもとに，今後，日本のコメ作りが発展していくためにはどうすればよいかあなたの考えを書きなさい。

資料2　海外における日本食レストランの数

年	店舗数
2006	約24000店
2013	約55000店
2015	約89000店
2017	約118000店
2019	約156000店
2021	約159000店

(農林水産省の統計をもとに作成)

資料3　日本のコメ・コメ加工品の輸出量

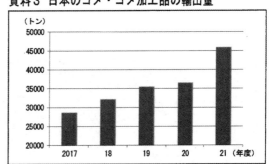

(農林水産省の統計をもとに作成)

問3　下線部ⓒについて，**資料4**の七輪でもちを焼いている
とき，楠乃さんは七輪の小窓を開けているときの方が，
開けていないときに比べて，中の炭がよく燃えているの
ではないかと思った。そこで，小窓の役割について次の
ような【予想】を立て，【実験】で確かめることにした。

資料4　七輪

小窓

【予想】

　「ものが燃え続けるには，空気の流れができるとよい。」とお父さんから教えて
もらった。
　だから，空気の流れができるように小窓がついているのだろう。

【実験】

　下の**ア〜エ**のように，底のない集気びん，ふた，ねん土，ろうそくを使って装
置をつくり，ろうそくに火をつけた。

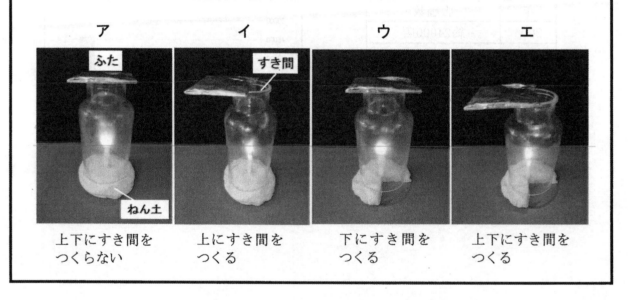

ア	イ	ウ	エ
上下にすき間を つくらない	上にすき間を つくる	下にすき間を つくる	上下にすき間を つくる

---

(1)　下線部のお父さんの教えが正しければ，【実験】の**ア〜エ**のうち，ろうそくが燃
え続けるのはどれか，最も適当なものを1つ選び記号で答えなさい。

(2)　【実験】を行った楠乃さんは，空気がどのように動いているか，確かめたいと
思った。(1)で解答した実験にどのような操作を加えるとよいか，説明しなさい。

鹿児島市立鹿児島玉龍中学校　　適性検査Ⅰ　（検査時間四十五分）

（解答用紙は別冊89P）（解答例は別冊48P）

鹿児島市に住んでいる小学校六年生の玉美さんと龍太さんが話をしています。

龍太　昨日、市電に乗ったんだけど、座っているぼくの前に立ったおとしよりに「どうぞ、座ってください」という言葉が言えず、そのまま座り続けてしまったんだ。

玉美　いざ、そのときになると行動に移せないことってあるよね。そういえば、こんな本を読んだんだ。

【玉美さんが読んだ本の一部】※問題の都合上、一部省略しています。

世間というのは、あなたと現在または将来関係のある人達のことです。

具体的には、学校のクラスメートや塾で出会う友達、地域のサークルの人や親しい近所の人達が、あなたにとって「世間」です。

「世間」の反対語は、「社会」です。

「社会」というのは、あなたと現在または将来なんの関係もない人達のことです。（中略）

日本人は、基本的に「世間」に生きています。

自分に関係のある人達をとても大切にします。けれど、自分に関係のない「社会」に生きる人達は、無視して平気なのです。

それは冷たいとかいじわるとかではなく、生きる世界が違うと思っているからです。

あなたも、街で知り合いに会うと気兼ねなく声をかけるでしょう。

①「世間」に生きている人とは、普通に話せます。

でも、知らない人にはなかなか声をかけられないはずです。それは「社会」に生きる人だからです。

『cool japan』に出演しているブラジル人が、ある日、僕に言いました。

「日本は本当に優しい人達だと思う。3・11の東日本大震災の時、みんなが助け合っていた。私の国だったら、コンビニが襲われたり、交通が乱れてパニックになっていただろう。でも、日本人はそんなことはなかった。②とても素晴らしい。」

ところが、数日後、彼は戸惑った顔をして僕に言いました。

「今日、ベビーカーを抱えた女性が、駅の階段を上がろうとしていた。信じられない、私の国ならすぐに彼女を助けるふうに言いながら、ベビーカーを代わりに持ってあげるだろう。どうして日本人は彼女を助けないのか？　日本人は優しい人達じゃなかったのか？」

どうして助けないのか、日本人のあなたなら、その理由は分かるでしょう。日本人は冷たいから？　違いますよね。

ベビーカーを抱えている女性は、あなたにとって「社会」に生きる人だからですよね。

つまり、あなたと関係ない人だから、あなたは手を貸さないのです。いえ、貸せないと言ってもいいです。他人には声をかけにくいのです。

もし、その女性があなたの知っている人なら、あなたは間違いなく、すぐに助けるでしょう。

冷たいとか冷たくないとか、関係ないのです。

日本人は、自分と関係のある「世間」の人達とは簡単に交流するけれど、自分と関係のない「社会」の人達とは、なるべく関わらないようにしているのです。

という、より正確に言えば、関わり方が分からないから、関わらないでいるのです。

（鴻上尚史『「空気」を読んでも従わない』による）

※1　気兼ねなく…遠慮することなく、気軽に。
※2　cool japan…「COOL JAPAN〜発掘！かっこいいニッポン〜」外国人の感性を生かして日本のかっこいい文化を発掘し、その魅力と秘密を探ろうというNHKの番組。

鹿児島玉龍中学校

玉美　この「『世間』に生きている人」には話しやすいけど、そうでない人には話しかけにくいという話が、龍太さんが席をゆずることができなかったことと重ならないかな。

龍太　例えば、どんな人が現在「『世間』に生きている人」になるのかな。

> 問一　──線部①「『世間』に生きている人」とはどのような人を指すでしょうか。次に挙げる具体例のうち、当てはまるものをすべて選び、記号で答えなさい。
> ア　近所の名所を訪れている観光客
> イ　お正月にお年玉をくださる親戚のおじさん
> ウ　電車で隣にすわったおとしより
> エ　通学路で毎日あいさつを交わす近所の方
> オ　道ですれ違った親子連れ

龍太　日本人は、「社会」に生きる人とは距離感があるんだね。海外の人にとってはわかりにくいかもね。

玉美　本文でもブラジル人の例が挙げられているね。

> 問二　──線部②「彼は戸惑った顔をして」について、このブラジル人は、どうして戸惑った顔をしたのでしょうか。三十字以上、四十字以内で説明しなさい。

龍太　日本人は、社会に生きる人には関わり方がわからないのかな。

玉美　日本人って、「やさしい心」をもたない人たちなのかな。

考え込む玉美さんと龍太さんに、先生が一つの詩を紹介してくれました。次の詩を読み、後の問いに答えなさい。

【先生が紹介してくれた詩】

いつものことだが
電車は満員だった。

そして
いつものことだが
若者と娘が腰をおろし
うつむいていた娘が立って
としよりに席をゆずった。
そそくさととしよりが坐った。
礼も言わずにとしよりは次の駅で降りた。
娘は坐った。
別のとしよりが娘の前に
押されて来た。
娘はうつむいた。
しかし
又立って
席をそのとしよりにゆずった。
としよりは次の駅で礼を言って降りた。
娘は坐った。
二度あることは と言う通り
別のとしよりが娘の前に
押し出された。

可哀想に
娘はうつむいて
そして今度は席を立たなかった。
次の駅も
次の駅も
下唇を噛んで
身体をこわばらせて──。
僕は電車を降りた。
固くなってうつむいて
娘はどこまで行ったろう。
やさしい心の持主は
いつでもどこでも
われにもあらず受難者となる。
やさしい心の持主は
他人のつらさを自分のつらさのように
感じるから。
やさしい心に責められながら
娘はどこまでゆけるだろう。
下唇を噛んで
つらい気持ちで
美しい夕焼けも見ないで。

（吉野弘「夕焼け」）

※われにもあらず受難者となる…自分の本心とは関係なく苦しむ。災難を受けること。

問三　次の会話の中にある①②に当てはまる言葉を詩の中からぬき出して書きなさい。ただし、①は五字で、②は二十字でぬき出すこと。

龍太　先生、ぼくはこの「娘」がどんな気持ちでいるのか気になりました。一回目、席をゆずるだけでも勇気のいる行動だったはずです。それが二回目、三回目って、すごく難しいことだと思います。

先生　でも、この「娘」も、「娘」の気持ちを考えようとする龍太さんも、作者の吉野さんが言っているような（　①　）の持ち主だと思いますよ。

玉美　そうよ。だって龍太さんもこの「娘」と同じように（　②　）ことができたわけだから。

龍太　わかった。じゃあこの「娘」に対して手紙を書いてみるよ。

先生　登場人物に手紙を書くのですね。それはいいですね。

問四　この詩の中の「娘」に手紙を書くとしたら、あなたはどのような手紙を書きますか。次の【「娘」くの手紙】の続きを書きなさい。その際、後の【条件】にしたがうこと。

【「娘」くの手紙】

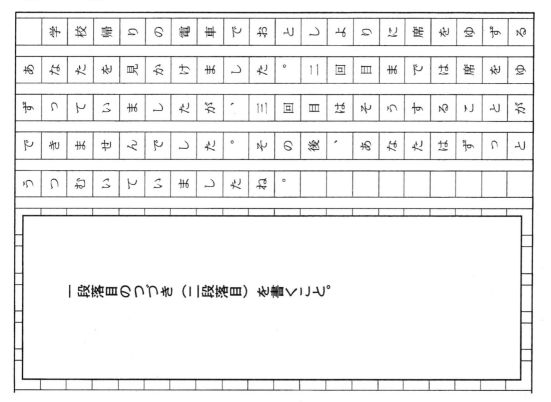

学校帰りの電車でおとしよりに席をゆずるあなたを見かけました。二回目までは席をゆずっていましたが、三回目はそうすることができませんでした。その後、あなたはずっとうつむいていましたね。

（一段落目のつづき（二段落目）を書くこと。）

【条件】
①　八行以上、十行以内で書くこと。
②　「娘」が三回目に席をゆずれなかった理由を想像して書くこと。
③　席をゆずれなかった理由について、あなたはどのように感じているか書くこと。
④　原稿用紙の使い方にしたがって書くこと。

（解答用紙は別冊90Ｐ）（解答例は別冊48Ｐ）

Ⅰ　玉美さんと龍太さんは，県外から鹿児島市に修学旅行に来る小学生と交流するために，観光パンフレットを見ています。

玉美：観光パンフレットに，鹿児島市のシンボルマーク「マグマシティ」【資料1】が入っているね。

龍太：「マグマシティ」にこめられた思いを全国のみなさんに伝えていくためのキャラクターもいるんだよ。火山の妖精「マグニョン」【資料2】って名前だよ。

玉美：どちらにも，「桜島」がえがかれているね。桜島は鹿児島市のシンボルだからだね。

龍太：桜島には，薩摩半島から鹿児島湾を運行しているフェリーに乗るとおよそ15分で行けるよ。大隅半島とは陸続きだね。

玉美：農業もさかんで，桜島大根，①桜島小みかん，びわ，椿などが有名だよ。どうして栽培がさかんなのだろう。

龍太：きっと何か理由があるのだろうね。いっしょに調べてみよう。

玉美：うん，いいよ。桜島と言ったら，農業のほかにも，昨年大きな噴石が火口から約2.5km飛んで，噴火警戒レベルが初めて最高の避難レベルに引き上げられて，全国ニュースになったよね。

龍太：②火山とともに生きていく上での工夫や備えが必要だね。

玉美：それ以上に，③火山の恵みもあると思うよ。修学旅行での交流の時には，鹿児島市の魅力や価値を伝えられたらいいね。

龍太：そうだね，楽しみだね。わたしたちも鹿児島市の魅力をもっと学ぼう。

【資料1】

【資料2】

問1　①桜島小みかんは，桜島北西部の斜面の扇状地を中心に栽培されています。このみかんも，日本の他の農産物と同じように，⑦自然条件（土地や地形，気候）を生かし，⑦生産者の生産性や品質を高める工夫をして，栽培していることがわかりました。

このとき，【資料3】，【資料4】，【資料5】は，⑦と⑦のどちらを表しているか，それぞれ当てはまる記号を〇で囲み，各資料から読み取れることを具体的に説明しなさい。なお，必要ならば【資料6】を参考にしなさい。

【資料３】 鹿児島市街地から桜島を見た様子

【資料４】 屋根かけハウス内での作業の様子

（ハウスの上部だけをビニールでおおっている）

【資料５】 桜島の気温と降水量

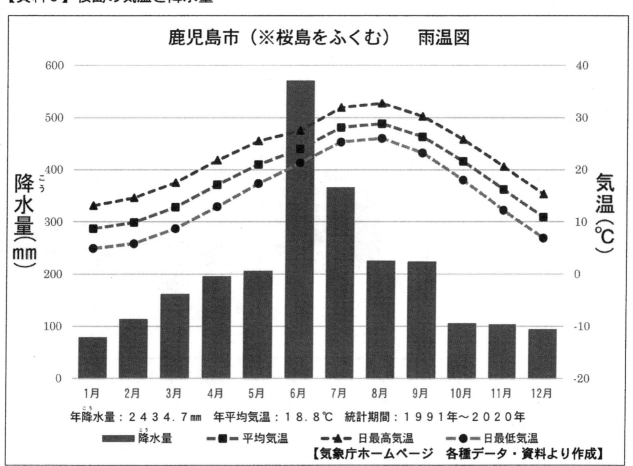

※桜島のピンポイントデータはないため，近い数値である鹿児島市のデータを示す。

【資料６】 みかんの生育条件

① 年間を通しての日射量（太陽光の直射日光や海面などからの反射光）が豊富である。

② 年平均気温が１６℃以上である。

③ 冬期の最低気温が－５℃以下にならない。

④ 土質は，水はけがよく，小石と粘土を適度にふくむものが適している。

問2　②火山とともに生きていくために，【資料7】～【資料10】のような工夫や備えを行って，自分の命を自分で守るための行動である「自助」，学校や地域で助け合って守るための活動である「共助」，国や県，市などが行う取り組みである「公助」があります。

　　　このとき，【資料7】～【資料10】に示した工夫や備えは，「自助」，「共助」，「公助」のどれと最も関わるか，解答用紙の表の当てはまるところにそれぞれ1つずつ〇をかきなさい。

【資料7】ハザードマップの作成

【資料8】各家庭での非常時の持ち出し品の準備

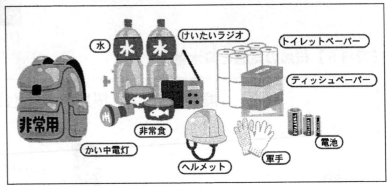

【資料9】地域の自主防災組織で行う避難訓練

【資料10】土石流を防ぐ砂防ダムの建設

問3　【資料1】のシンボルマーク「マグマシティ」には鹿児島市の魅力や価値がこめられています。【資料2】の「マグニョン」は，全国のみなさんに，それらを広く伝えていく役割をもっています。

　　　修学旅行に来る小学生との交流会で鹿児島市の魅力や価値をわかってもらえるように，次の【条件】で「マグニョン」のセリフを考えなさい。

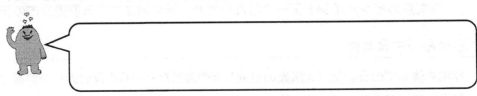

【条件】
○　③火山の恵みについてもふれること。
○　40字以上，60字以内で書くこと。
○　1マス目から書き始めて，句読点や記号も文字数に数えること。

Ⅱ **玉美さんと龍太さんは，公民館に来ています。**

玉美さんと龍太さんが来た公民館には【図1】のように学習室が2部屋あります。今，この公民館では，部屋ごとに人数を制限しており，【表1】はそれぞれの部屋の座席数と人数の制限について示しています。下の問いに答えなさい。

【図1】公民館の配置図

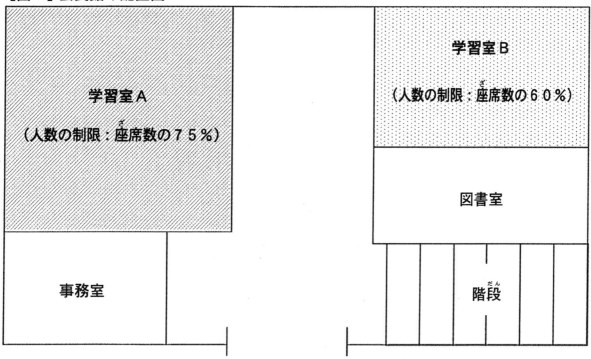

【表1】公民館の座席数と人数の制限

	学習室A	学習室B
座席数	（　ア　）席	５５　席
人数の制限	座席数の７５％	座席数の６０％

問4　午前9時に公民館の職員が利用者数を調べたところ，学習室Aは64人，学習室Bは13人で，学習室Aの利用者が座席数の80％になっていました。人数の制限をこえてしまっているので，学習室Aの利用者が座席数の75％になるように，学習室Aにいる人たちに学習室Bへ何人か移動してもらうことにしました。
　　このとき，学習室Bへ何人移動してもらうとよいか答えなさい。また，【表1】の（　ア　）に入る学習室Aの座席数も答えなさい。

Ⅲ　玉美さんと龍太さんは，てこのはたらきを使って重さを量ろうとしています。

龍太：ここに長さが１ｍで重さが１００ｇの棒と，ひものついた重さが４００ｇのおもりと，ひものついた重さが１００ｇの皿があるから，てこのはたらきを使って重さを量る道具を作ってみよう。

玉美：ひもは，軽いから重さは考えなくていいよね。

龍太：そうだね。あと，この棒は，太さがどこも同じで重さにかたよりはないね。

玉美：それじゃあ，最初は支点の位置を棒の真ん中にしよう。

龍太：【図２】のように，皿を左端に付けると，皿は１００ｇでおもりは４００ｇだから，おもりを左端から（　①　）ｃｍの場所につるすと棒は水平になるはずだね。

【図２】

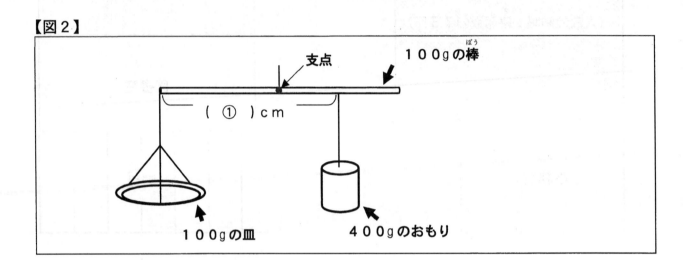

問5　棒は曲がらないものとして①に当てはまる数を答えなさい。

玉美：皿に何か物体をのせると，棒はかたむいてしまうね。

龍太：そうだね。だから，おもりを右にずらしていって，つりあったときのおもりの位置から，重さを求めることができるよ。

玉美：ということは，【図３】のように，おもりが右端に来たときが最も重いものを量れるね。

龍太：でもこれだと３００ｇまでしか量れないよ。

【図3】

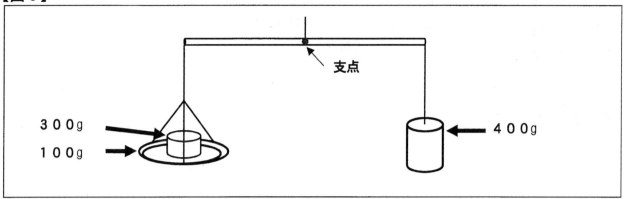

玉美：もっと重いものを量るためにはどうすればいいかな。

龍太：支点の位置を真ん中から変えれば重いものまで量れるかも。

玉美：皿をつける位置は左端にするとして，支点の位置をどこにすればいいのかな。

龍太：支点の位置を左に動かせばいいと思うから，とりあえず左端から２０cmの位置にしてみよう。

玉美：４００gのおもりを右端につるして，皿にのせる物体の重さが何gまで量れるか調べよう。

龍太：ほら，【図４】のように１６５０gまで量れるようになったよ。

【図4】

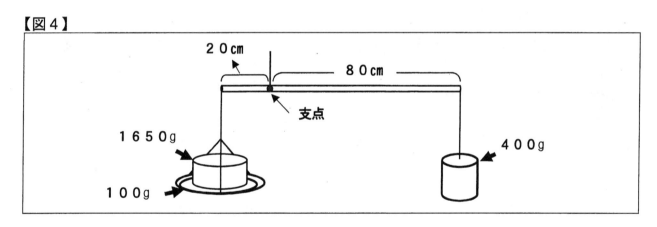

玉美：あれ，でもおかしいよ。

　　　支点の右側のかたむけるはたらきは，４００×８０＝３２０００で，

　　　支点の左側のかたむけるはたらきは，１６５０gと皿の重さ１００gをたして１７５０gだから，

　　　１７５０×２０＝３５０００になるよ。

　　　だから，計算では水平にならないはず。

龍太：本当だね。どうしてだろう。

玉美：もしかしたら，支点の位置がずれたから棒の重さも考えないといけないのかも。

龍太：それじゃあ，棒の重さを，【図5】のような位置におもりがあるとして，考えてみよう。

玉美：このときのかたむけるはたらきを【表2】に，まとめてみるね。

【図5】

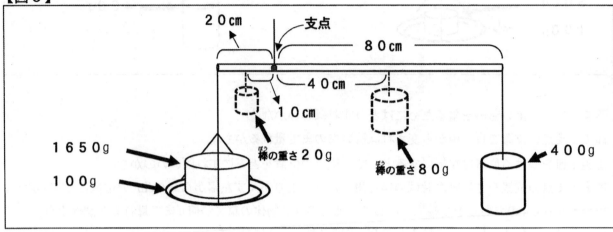

【表2】図5のかたむけるはたらき

支点より左側の様子				支点より右側の様子		
	重さ(g)	支点からの長さ(cm)	かたむけるはたらき		重さ(g)	支点からの長さ(cm)	かたむけるはたらき
皿	100	20	2000	おもり	400	80	32000
物体	1650	20	33000				
棒	20	10	200	棒	80	40	3200
合　計			35200	合　計			35200

龍太：やっぱり【表2】のように棒の重さを考えることで，左側にかたむけるはたらきの合計も，右
　　　側にかたむけるはたらきの合計も35200になったね。

玉美：水平になる理由がわかったね。

龍太：よし，ここに重さのわからない物体があるから，調べてみよう。

玉美：【図6】のように，おもりが支点から右に65cmのところで棒が水平になったよ。

【図6】

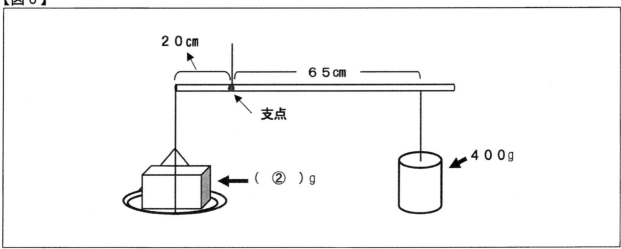

【表3】図6のかたむけるはたらき

支点より**左側**の様子				支点より**右側**の様子			
	重さ(g)	支点からの長さ(cm)	かたむけるはたらき		重さ(g)	支点からの長さ(cm)	かたむけるはたらき
皿				おもり			
物体	②						
棒				棒			
合　計				合　計			

2人は【表3】を利用して，物体の重さを計算してみました。

玉美：ちゃんと計算できたかな。

龍太：ぼくの計算では，この物体の重さは（　②　）gになったよ。

玉美：よかった。わたしの計算でも同じ重さになったよ。

龍太：それにしても，てこのはたらきを勉強できるおもしろい道具だったね。

玉美：そうだね。またほかの道具も作ってみたいね。

問6　棒は曲がらないものとして②に当てはまる数を答えなさい。

Ⅳ　玉美さんと龍太さんと先生が，会話をしています。

龍太：この前，父の知り合いからトウモロコシをもらったんだ。「ひげ」や実を包んでいる葉も付いて
　　　いたから，いい機会だと思って絵をかいてみたんだ。

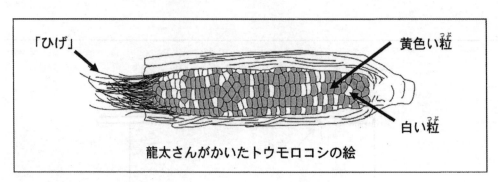

龍太さんがかいたトウモロコシの絵

玉美：よくかけているね。トウモロコシの「ひげ」はめしべだと聞いたことがあるよ。

先生：そうです。それぞれのめしべに花粉が付いて，1粒1粒の実ができるのです。

玉美：粒の色に黄色と白があるね。どうして色と数にちがいがあるのかな。

龍太：ぼくも，絵をかいているときに不思議に思ったんだ。どうしてだろう。

先生：トウモロコシの粒は「胚」と「胚乳」というものからできています。黄色や白は「胚乳」の色で
　　　す。色と数にちがいがある理由を， 黄 と
　　　 白 のカードを使って説明しましょう。
　　　2人ともこれらのカードを1まいずつ持っ
　　　てください。そして，カードを見ずに，どち
　　　らか1まいだけを出してみてください。出
　　　したおたがいのカードで，どのような組み
　　　合わせができたか確認してみましょう。

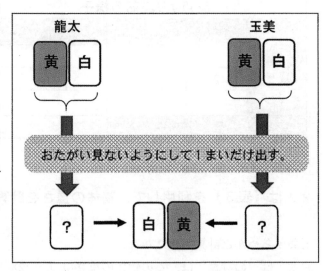

龍太： 白 黄 の組み合わせができました。

先生：では，それぞれが出したカードを自分のところにもどして，また1まいだけカードを出し合うと
　　　いうことをくり返してみてください。そして，どのようなカードの組み合わせができたか記録し
　　　てみましょう。

玉美：カードを出すときは，カードを見ずに1まいだけ出すのですね。

先生：はい。出すカードは偶然に決まるようにすることが大切です。また，カードの組み合わせのうち，

 は同じ結果として数えます。

【表４】２人がカードを出し合う実験を３回くり返した結果

出し合ってできた カードの組み合わせ	黄 黄	黄 白	白 白
出た回数	１回	１回	１回

龍太：それぞれの組み合わせが１回ずつ出たね。

玉美：これで実験の結果としていいのかな。

先生：いいえ。この実験はできるだけ多くの回数を行ってみる必要があります。

　　　そうすると<u>わかってくること</u>があるのです。

問７　次の文は，下線部の「<u>わかってくること</u>」について述べたものです。（ア）～（ウ）
　　　に当てはまるカードの組み合わせを下の①～③から選びなさい。また，（エ）には，
　　　当てはまる数を答えなさい。

> 　　実験を多くの回数くり返すと，（ア）と（イ）が出る回数は同じ数に近くなり，
> （ウ）が出る回数は（ア）または（イ）が出る回数の（エ）倍に近くなっていく。

①　黄 黄　　　　②　黄 白　　　　③　白 白

龍太：この実験を多くの回数くり返した結果と，トウモロコシの粒の色とどのような関係があるのかな。

玉美：もしかして，のカードで表されるものが粒の色を決めているのかな。

先生：そうです。カードは「遺伝子」とよばれるものを表しています。生き物のいろいろな性質は，

　　　「遺伝子」によって決まるのです。トウモロコシの粒の色については，本当はもっと複雑なので

　　　すが，簡単に説明すると，花粉から 黄 の遺伝子をもらい，めしべ側からは 黄 の遺伝子を

　　　もらって 黄 黄 の組み合わせになった「胚」をもつ粒の「胚乳」は黄色になります。同

　　　じようなしくみで， 白 白 の組み合わせでは白になります。

玉美：では， 黄 白 はどうなるのですか。

先生：　 黄 　の方が現れる力が強いため，「胚乳」は黄色になります。

先生：龍太さんの絵から予想すると，龍太さんがもらったトウモロコシは， 黄 白 の

「遺伝子」をもつトウモロコシの花粉を， 黄 白 の「遺伝子」をもつトウモロコシの

めしべに受粉させてできたものだったと考えられます。そのため，黄色い粒と白い粒があっ

たのです。

玉美：ということは，さっき先生がおっしゃった「**わかってくること**」のとおりになるとき，龍太さん

が食べたトウモロコシの粒が，もし１８０個だったとしたら，黄色い粒と白い粒の数はだいたい

　 （オ） 　に近くなるということですか。

先生：その通りですね。

龍太：なぜ，２つあるカードのうち１まいだけを出し合ったのですか。

玉美：「胚」と「胚乳」のことについてもくわしく知りたいな。

先生：カードを１まいだけ出し合う理由については，中学校で学習します。「胚」と「胚乳」につい

ては，このあと調べてみてはどうでしょうか。

龍太：中学校での学習が楽しみです。

玉美：龍太さん，さっそく「胚」と「胚乳」について調べてみましょう。

問8　　 （オ） 　に当てはまるものを，次の①〜⑦から１つ選び，記号で答えなさい。

① 黄色い粒が１６０個，白い粒が　２０個
② 黄色い粒が１３５個，白い粒が　４５個
③ 黄色い粒が１２０個，白い粒が　６０個
④ 黄色い粒が　９０個，白い粒が　９０個
⑤ 黄色い粒が　６０個，白い粒が１２０個
⑥ 黄色い粒が　４５個，白い粒が１３５個
⑦ 黄色い粒が　２０個，白い粒が１６０個

Ⅴ　玉美さんと龍太さんが，教室で会話をしています。

玉美：同じ正三角形4まいを使って【図7】のような図形を作ったよ。

龍太：もとの正三角形より，ひと回り大きな正三角形になったね。

玉美：この図形には全部で5個の正三角形がかくれていることになるよね。

龍太：正三角形の数をもっと増やすとどうなるのかな。

【図7】

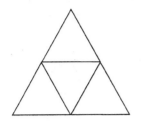

2人は正三角形を組み合わせて【図8】の図形を作りました。

【図8】

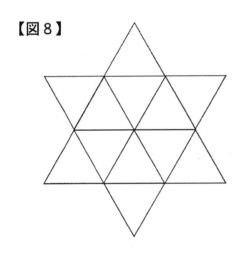

玉美：龍太さん，この図形をよく見たら正三角形以外にもいろいろな図形がかくれているよ。

龍太：本当だ。ひし形や平行四辺形が見えるね。

玉美：ひし形や平行四辺形は何個かくれているんだろうね。

龍太：それじゃあ，数えてみよう。

問9　【図8】の図形の中にかくれているすべてのひし形や平行四辺形の個数を考えるとき，次のそれぞれの個数を答えなさい。
　　①　もとの正三角形を2まい使ってできるひし形の個数
　　②　もとの正三角形を4まい使ってできる平行四辺形の個数
　　③　もとの正三角形を8まい使ってできるひし形の個数

龍太：そういえばこの前，友達が教室でゲームをしていたよ。

玉美：どんなゲームだったの。

龍太：たしか，こんな＜ルール①＞だったよ。

＜ルール①＞

・何まいかのカードがあって，先攻，後攻の順にカードを取っていく。

・1回に取れるカードのまい数は，1まいか，2まいで，何も取らないということはできない。

・最後にカードを取ることになった人が負け。取らせた人が勝ち。

玉美：おもしろそうなゲームだね。ちょうど【図7】の図形をはさみで切って，4まいの正三角形を作ったから，龍太さん，わたしと勝負してみない。

龍太：でも，4まいでやると後攻の人が必ず勝つことができるよ。

玉美：どうして。

龍太：先攻の人がもし1まい取った場合は，後攻の人が2まい取れば，残り1まいになるし，先攻の人が逆に2まい取った場合は，後攻の人も逆に1まいだけ取れば，必ず1まいだけ残ることになるからどちらの場合でも絶対に後攻の人の勝ちになるよ。

玉美：本当だね。正三角形のまい数が少ないからかな。まい数が多いときはどうなるのかな。

龍太さん，このゲームのルールを少し変えて，次の＜ルール②＞でやった場合はどうなるのかな。

＜ルール②＞

・何まいかのカードがあって，先攻，後攻の順にカードを取っていく。

・1回に取れるカードのまい数は，1まいか，2まいか，3まいで，何も取らないということはできない。

・最後にカードを取ることになった人が負け。取らせた人が勝ち。

龍太：3まい取ってもいいルールに変わったんだね。おもしろそうだね。やってみよう。

問10　玉美さんは【図8】の図形をはさみで切って，12まいの正三角形を作りました。＜ルール②＞でゲームを行う場合，必ず勝つことができるのは先攻，後攻のどちらの人であるか答えなさい。また，その理由を説明しなさい。

作文の書き方

〜課題作文の種類〜

①課題の内容を比較的自由な立場で書くもの

例「将来の希望」という題で、○○字以内で書きなさい。

●課題に関連したことの中から、何を取り上げるかを決めて、特に自分の印象に残っていることを中心にまとめていく。

②事実や自分の体験に基づいて書くもの

例「親切」という題で、あなたの経験をもとにした考えや意見を○○字以内で書きなさい。

●自分の意見の根拠となる具体的なことがらをあげて、読み手を説得・納得させる文章にする。

③事実や自分の体験を中心に感想を書くもの

例「協力」という題で、あなたの思い出や感想を○○字以内で書きなさい。

●「協力」がなぜ必要かという一般論ではなく、自分の体験とそのときの心情などを率直に書く。

④指定された題材のテーマにしたがって自分の体験や意見・感想を書くもの

例「後悔先に立たず」ということわざにふさわしいあなたの体験を○○字以内で書きなさい。

●その他、論説文、格言、名言、詩歌、小説などが題材となる。いずれの場合も、自分の体験・意見・感想をはっきりと述べることが重要である。

〜作文を書くときの手順〜

①何を主題に書くか決める（着想）

②どういうふうに書くか決める（構想）

◆書く材料を選ぶ。

◆書く内容の順序を考える。

（指定された字数をもとに、何をどれくらい書くかを決める）

◆文体を決める。（常体―「ダ・デアル」、敬体―「デス・マス」）

③実際に書く（執筆）

④読み直して修正する（推敲）

◆よくわかる文章か。（構成・段落・表現・文脈）

◆表記は正しいか。（文字・仮名づかい・表記記号・文体）

〜不適切な表現の例〜

①呼応の誤り

例 まず思ったのは、川で泳ぎたいと思いました。（主語・述語の呼応）

→まず思ったのは、川で泳ぎたいということでした。

→まず、川で泳ぎたいと思いました。

例 ある映画は全然おもしろかった。（「全然～ない」となる）

→ある映画はとてもおもしろかった。

→ある映画は全然おもしろくなかった。

②語の不必要な重複

例 朝の朝食を食べる。　私の家の家族は五人だ。

③あいまいな表現

例 彼は笑いながら逃げる私を追った。（笑っているのがどちらか不明）

→彼は、笑いながら逃げる私を追った。（「私」が笑う）

→彼は笑いながら、逃げる私を追った。（「彼」が笑う）

〜原稿用紙の使い方〜

（■は正しい書き方、●は推敲するときの一般的な方法）

悪い例（推敲例）　　　　　　　　　　　　　　　　　　**良い例**

（以下の注釈が原稿用紙の例を指し示す）

←■本文の書き出しは一マス下げる。

←■段落が変わる場合は一マス下げる。

←●一字入れる記号

←■句読点は行の最初には書かない。前の行の最後のマスに文字といっしょに入れる。

←■「」は一マス分とる。

←●改行する記号

←●語句を入れる記号

←●不用の文字は消す（修正は本来消して書き直す）

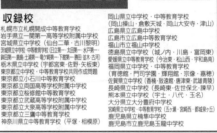

2024年受検用

全国公立中高一貫校　適性検査問題集

初版発行　2023 年 7 月 1 日
編　　集　教育振興会編集部
発 行 所　（株）鹿児島県教育振興会
　　　　　〒890-0056　鹿児島市下荒田 1 丁目 14 番 15 号
　　　　　ＴＥＬ：（代表）099（252）2621
　　　　　ＦＡＸ：099（252）2623
　　　　　ＵＲＬ：https://www.kakyoushin.co.jp
　　　　　e-mai：kyoushin@kakyoushin.co.jp
　　　　　ISBN978-4-908507-24-3
印 刷 所　株式会社　新生社印刷

2024年受検用
全国公立中高一貫校

適性検査問題集

解答例集

2024年受検用　全国公立中高一貫校

適性検査 問題集

解答例もくじ

解答例の見方

正答までの解き方を示したものには，**解き方** や，問題を解くための手がかりや解き方を示した **ヒント**，知っておくとためになる **ポイント** ものせてあります。また，解答例は教育振興会編集部が独自に作成したものです。

※解答例の追加や訂正がある場合，弊社HPにて随時お知らせ致します。

こちらからチェック

総合問題

1 リスニング（8点）

1 No.1 **C** No.2 **A**

ヒント
No.1 「I sometimes watch baseball games.」と
あります。
No.2 ６月→ June　７月→ July
帽子→ cap　カップ→ cup

2　**B**

ヒント
値段については前半の店員さん，お母さんとソフィ
アさんの注文した内容については後半の会話を確認
しましょう。「ステーキセットがよい」と言った人は，
続けて「How about you,mom?」と言っています。

2 （42点）

1(1)　**ウ**

(2)　**男子に比べて女子の就学率が低い**

ヒント
資料2で女子教育についてふれていることから，資
料3の男子と女子の就学率の差に注目しましょう。

(3)　**Aの自転車はBの自転車よりも値段が高いが，安
全性が高いことを示すエスジーマークがある。この
ことから，物を選ぶとき値段の安さより安全性が高
いことの方が大事だと考えたため。**

2(1)　ア　（　**1**　）℃

解き方
（15 － 10）÷ 5 ＝ 1 より，1℃上がっています。

イ　**う**

解き方
（35 － 27）÷（20 － 10）＝ 8 ÷ 10 ＝ 0.8 より，
10分から20分の間では，1分間あたり 0.8℃上がっ
ています。（30 － 27）÷ 0.8 ＝ 3.75　0.75分 ＝
45秒より，10分後から3分45秒後なので，13分
45秒後です。

(2)　**暖められた空気は上の方に集まるので，上の方に
ある暖かい空気を下の方に動かす**

(3)　ア　測った温度が　25℃より高いときに，「5分
間待つ」に進んでしまう。

イ　**25℃以上**

ヒント
プログラムの内容では，25℃であるかどうかだけ
が分岐の条件になっています。

3 （50点）

1(1)　ア　**D**　イ

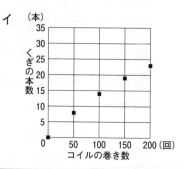

ヒント
比較したい2つの関係以外の条件をそろえる必要
があるので，乾電池の個数が1個のものを選びます。

(2)　ア　あ　（　**S**　）極　い　（　**N**　）極
　　　　　う　（　**N**　）極　え　（　**S**　）極

ヒント
「い」「え」は引き付けられることで，「あ」「う」は
反発することで前に進みます。

イ　（　**0.01**　）秒

解き方
603 ÷ 60 ÷ 60 ＝ 0.1675 より，1秒間に0.1675km
進んでいます。また，1796 mm ＝ 0.001796km より，
0.001796 ÷ 0.1675 ＝ 0.010…より，0.01秒です。

2(1)　**ウ**

解き方
東大寺の大仏がつくられたのは奈良時代。ア，イは
飛鳥時代，エは平安時代の内容です。

(2)　**日本の都市鉱山にねむっているとされる金の量
は，埋蔵量が多いとされる国と並ぶほどあるため，
使用済みの電子機器をリサイクルして回収すること
は，資源の有効活用につながるから。**

ヒント
日本の都市鉱山にねむっているとされる金の量と，
埋蔵量が多いとされる国の量を比べてみましょう。

3(1)　お（ **20** ）m

　　　か（ **35** ）m

　　　き（ **40** ）秒

解き方

　お　72 × 1000 ÷ 60 ÷ 60 ＝ 20

　か　126 × 1000 ÷ 60 ÷ 60 ＝ 35

　き　新幹線は普通列車より１秒間あたり 35 － 20
　　　＝ 15m 速く進むから，（普通列車の全長）＋（新
　　　幹線の全長）をこの値でわればよい。

　　　（400 ＋ 200）÷ 15 ＝ 600 ÷ 15 ＝ 40 秒

(2)　（ **7** ）通り

解き方

　３人席だけ使った場合 20 列必要です。３人席にあ
まりが出ないように減らして２人席を増やす場合，３
は奇数，２は偶数なので，３人席を２列（６人分）減
らすごとに，２人席を３列（６人分）増やします。
（２人席の列数，３人席の列数）で表すと，
（０，20），（３，18），（６，16），（９，14），
（12，12），（15，10），（18，８）の７通り。

(3)　（ **28** ）人以上

ヒント

　５の倍数と８の倍数の組み合わせで連続して数が
つくれるのは何人以上の場合か考えます。表（一部）
をつくると下図のようになるので，数字が連続してあ
らわれるのは何人以上のときか考えましょう。

8人組の組数＼5人組の組数	0組	1組	2組	3組	4組	5組	6組
0組	0人	5人	10人	15人	20人	25人	30人
1組	8人	13人	18人	23人	28人	33人	38人
2組	16人	21人	26人	31人	36人	41人	46人
3組	24人	29人	34人	39人	44人	49人	54人
4組	32人	37人	42人	47人	52人	57人	62人
5組	40人	45人	50人	55人	60人	65人	70人
6組	48人	53人	58人	63人	68人	73人	78人

宮城県立古川黎明中学校

※ ①，② は，仙台二華中学校と同じ問題です。

③ （50点）

1(1)　**イ**

解き方

　ア…いずれの年も９割を超えていません。例えば
　　　2016 年は，144800 × 0.9＝130320 となり，
　　　出荷量が収穫量の９割を下回っています。

　イ…収穫量が前年を上回っているのは 2017 年，
　　　2019 年で，出荷量も前年を上回っています。

　ウ…2020 年の宮崎県のピーマンの出荷量は，
　　　127400 × 0.2 ＝ 25480 トン。
　　　2020 年の高知県のピーマンの出荷量は，
　　　127400 × 0.1 ＝ 12740 トン。

　エ…資料１から，2020 年における全国のピーマン
　　　の出荷量のうち，宮崎県が 20％，鹿児島県が
　　　９％を占めており，少なくとも 29％（４分の
　　　１以上）を九州地方から出荷しています。

(2)　**利用者が，先に並んで待っている順番どおりにレ
ジで会計をすることができる点**

ヒント

効率と公正の観点から考えてみましょう。

(3)　ア（ **4** ）倍

　　　イ（ **204** ）個

　　　ウ（ **9.12** ）cm²

　　　エ　求め方

　　　　**重なっている１つ分の面積は 9.12 cm² であ
り，図４のように，重なっている部分は上段
の方からみると，缶詰１個に対して，４か所
ずつある。重なっている部分の合計は，１段
目から４段目までの缶詰の個数を考え，
１＋４＋９＋16 ＝ 30（個）となり，
４× 30 ＝ 120（か所）である。
したがって，面積の合計は，
9.12 × 120 ＝ 1094.4（cm²）となる。**

解き方

　ア　（８×８× 3.14 × 10）÷（４×４× 3.14 × 10）
　　　＝ 64 ÷ 16 ＝４倍

　イ　○段目の缶詰の個数は○×○個です。
　　　１＋４＋９＋16 ＋ 25 ＋ 36 ＋ 49 ＋ 64 ＝ 204 個

　ウ　右図より，
　　　（４×４× 3.14 ÷４
　　　－４×４÷２）×２
　　　＝ 9.12 cm²

（円の $\frac{1}{4}$）－（直角二等辺三角形）
の２個分が斜線Aの面積

ヒント

　エ　図４より，缶詰１個に対して重なっている部分の

面積は，斜線部分Aの面積の4倍です。

2(1)　ア　う

ヒント

　子葉の片方を切り取った種子の方が高さが低いことから子葉の養分を使っていることが考えられ，8日目には光に当てた種子の方が高さが高くなっていることから光に当たることでつくられた養分が使われていることが考えられます。

　　　イ　早く土の表面から芽を出すと，光に当たることでつくられる養分を成長に使えるから。

(2)　ア　え

ヒント

光の当たらない状況では呼吸のみが行われます。

　　　イ　ピーマンが取り入れた酸素の量と，出した酸素の量がほとんど同じだったから。

仙台市立仙台青陵中等教育学校

適性検査（総合問題Ⅰ）

1 （12点　1－各2点，2，3－各4点）

1　場所　う

道順

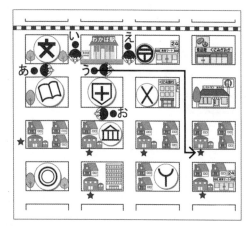

ヒント

場所　「I can see a station on my left.」
　　　「I can see a hospital on my right.」

道順　まっすぐ進んで二つ目のかどを右に曲がり，その後まっすぐ進んで二つ目の区画で左に曲がる。左に水族館が見えます。

2　い

ヒント

　2：15の時点で，イルカショーが最後の回しか残っていないこと，イルカショーの前に水を買いに行こうとしている点に着目しましょう。

3　う

ヒント

「colorful fish and sea turtles」「shark hamburger and jellyfish ice cream」「whales sometimes eat plastic bags」等からあてはまるものを選びましょう。

2 （28点　1－各2点，2～6－各4点）

1　政策　い　　人物　く

2　あ

ポイント

「う」は，100 ÷ 0.77＝129.8…　1ドル約130円
「え」は，100 ÷ 0.67＝149.2…　1ドル約149円
同じ1ドルのアメリカの製品を日本に輸入するとき，日本の円が一番少なくて済む（安い）のは「あ」です。
あ→い→う→えの順に，ドルに対して円の価値が下がる円安が進んでいます。

3　時速　5.4 km

解き方

　60日かけて7800 kmを進んでいるので，1日に進んだ距離は，7800 ÷ 60 ＝ 130 km。1日は24時間だから，130 ÷ 24 ＝ 5.416…。よって5.4 km。

4　外国の船が日本に来るのを禁止されたり，日本人が海外に行くことを禁止されたりして，貿易が制限されるようになったから。

5(1)　年間を通して平均気温の変化が少なく，雨が降る時期と降らない時期が明確に分かれている。

(2)　48　人

解き方

　留学生全体の人数は，3840 ÷ 0.9375 ＝ 4096人。アジア地域以外の留学生の人数は，4096 － 3840 ＝ 256人。そのうち，中南米地域の留学生の割合は18.75％であるので，人数は256 × 0.1875 ＝ 48人。

6 大量の木材を，川や海（水路）を使って輸送することができたから。

③ （20点 1，3－各3点，2，4－各4点）

1 い

2 456 cm²

解き方

右図のように色のついた部分を移動して考えると，色のついた部分の面積は，半径10cmの円の面積から対角線の長さが20cmの正方形の面積をひいて4倍することで求められます。

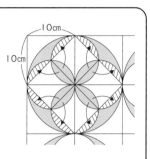

（10×10×3.14－20×20÷2）×4＝456cm²

3(1) あ

ヒント

図4に，ぬった順番を矢印で表すと右図の通りとなります。

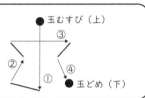

(2) 90 度

解き方

右図において，三角形ADCは正三角形，三角形ABDは二等辺三角形です。

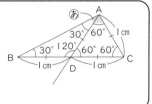

あ＝30°＋60°＝90°

(3) 1.5 cm

解き方

右図より，使った糸の長さはあの長さの11倍，線1本の長さはあの3倍です。

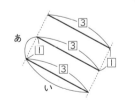

よって，
5.5÷11×3＝1.5cm

4 ペットボトルの原料を新たに必要としないこと。

ポイント

ペットボトルを再度ペットボトルとして使うことで，新たにペットボトルをつくる必要がなくなります。

適性検査（総合問題Ⅱ）

① （18点 1－3点，2(1)－4点，(2)－各2点，3(1)－3点，(2)－4点）

1 い → え → あ → う

ヒント

台風は，日本の南の方で発生し，その多くは，初めは西の方へ動き，やがて北や東の方へ動きます。

2(1) 4 分

解き方

1時間は60分なので，1度動くのにかかる時間は，
60÷15＝4分

(2) 位置 あ 方向 B

ヒント

太陽は東の方からのぼって，12時に南を通ります。かげは，太陽の方向の反対側にできるので，「あ」の位置にかげができます。また，その後太陽が南に動くとかげは北の方向にできるので，かげはBの方向に動くと考えられます。

3(1) あ 水 い 蒸発 う 水蒸気（気体）

(2) 水は水蒸気（気体）になり，地面の温度が下がると考えられる。

② （20点 1(1)－2点，(2)操作－3点，結果－3点，2(1)－3点，(2)－4点，3－5点）

1(1) え

(2) 操作 ヨウ素液 を加える。

結果1 試験管の中の液体が青むらさき色に変化する。

結果2 試験管の中の液体の色は変化しない。

2(1) 144 度

解き方

1つのくきに葉が5枚つくと一周しているので，葉①と葉④の間の角度は，360÷5＝72度，葉②は葉④のとなりなので，葉①から葉②の角度は，
72×2＝144度

(2) 葉が重ならないようにすることで，より多くの光があたるようになり，デンプンをたくさん作ることができる。

— 5 —

3

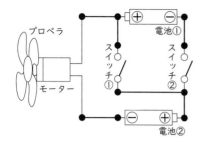

3 （22点　1本数－2点，言葉や式－3点，2－4点，
　　　3－5点，4－各4点）

1　本数　**2266**　本

　言葉や式

　焼きそば4人分でにんじんを1本使うので，9063を4で割ると，2265.75本となる。したがって，実際に必要なにんじんは2266本。

2　**7125**　mL

解き方

　直方体ＥＦＧＨＩＪＫＬの容積は，25 × 16 × 12 ＝ 4800mL，おたまですくったスープの量は，155 × 15 ＝ 2325mL より，4800 ＋ 2325 ＝ 7125mL

3　**1900**　個

解き方

　ＬサイズとＭサイズのオレンジは合わせて○個とすると，9063 人分は○を用いて，○ × 0.77 × 5 ＋ ○ × 0.23 × 4 ＝ ○ × （3.85 ＋ 0.92） ＝ ○ × 4.77 人分と表せるから，○ ＝ 9063 ÷ 4.77 ＝ 1900 個

4(1)　**11**　回

解き方

　直角二等辺三角形の直角をはさむ2辺の長さは4cmだから，24 ÷ 4 × 2 ＝ 12 個の直角二等辺三角形ができます。よって，12 － 1 ＝ 11 回折ったことがわかります。

(2)

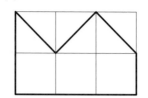

茨城県立中学校・中等教育学校

適性検査Ⅰ

1 （20点　問題1－各3点，問題2－各7点）

問題1　式　**80 ÷ 2 ÷ 2 （200 ÷ 5 ÷ 2）**

　　　半径　**20**　(cm)

問題2 （白い花かざり）　**28**　(個)

　　　（赤い花かざり）　**28**　(個)

解き方

　まず，四すみは白い花かざりが1個ずつです。次に，縦 80cm について，80 － 12 ＝ 68cm，68 ＝ （8 ＋ 12） × 3 ＋ 8 より，縦には四すみの白い花かざりを除いて，白い花かざりが3個，赤い花かざりが4個ずつ並びます。また，横 200cm について，200 － 12 ＝ 188cm，188 ＝ （8 ＋ 12） × 9 ＋ 8 より，横には四すみの白い花かざりを除いて，白い花かざりが9個，赤い花かざりが10個ずつ並びます。縦と横は2本ずつあるので，白い花かざりは1 × 4 ＋ （3 ＋ 9） × 2 ＝ 28 個，赤い花かざりは （4 ＋ 10） × 2 ＝ 28 個必要です。

2 （30点 問題1－各6点，問2－各6点）

問題1 ア 15 （通り）
　　　　 イ 11 （通り）

解き方

・見学場所が1つの場合は，
　<u>タワー</u>，公園，滝の3通り。
・見学場所が2つの場合は，
　<u>タワー→公園</u>，<u>公園→タワー</u>，
　<u>タワー→滝</u>，<u>滝→タワー</u>，
　公園→滝，滝→公園の6通り。
・見学場所が3つの場合は，
　<u>タワー→公園→滝</u>，<u>タワー→滝→公園</u>
　<u>公園→タワー→滝</u>，<u>公園→滝→タワー</u>
　<u>滝→タワー→公園</u>，<u>滝→公園→タワー</u>
　の6通り。
　よって，見学する順番は全部で3＋6＋6＝15通り，タワーを入れた見学ルートは下線部より，全部で1＋4＋6＝11通り。

問題2 見学ルート ① 森の駅 ② バス
　　　　 発着時刻 ③ 13：25 ④ 13：27
　　　　　　　　　 ⑤ 14：03 ⑥ 14：35
　　　　　　　　　 ⑦ 14：55 ⑧ 15：19
　　　　バスや電車の運賃と入場料の合計　450（円）

解き方

① 中央駅から電車に乗るから，森の駅
② できるだけ長く大仏を見学すること，<u>電車の運賃100円と城の入場料200円を合わせて300円だから，バス（150円）を利用できます。</u>
③ 13時以降で最も早い時刻は13：25発
④ 中央駅13：25発は森の駅13：27着
⑤ 森の駅から城まで徒歩で行くから，13：27より36分後の14：03着
⑥ 「できるだけ長く大仏を見学すること」から，城の見学は最短の20分とすると，「城から大仏まで徒歩で行くこと」から，14：03より20＋12＝32分後の14：35着
⑦ 大仏から美術館までバスで24分かかるから，15：30までに到着するには14：55発
⑧ 14：55より24分後の15：19着

また，下線部より，100＋200＋150＝450円

3 （25点 問題1－6点，問題2記号－5点，水の量－8点，問題3－6点）

問題1 コ

ヒント

ろ紙の代わりのものには液体だけを通して固体を通さないものを，ろうとの代わりのものには液体が穴を通って反対側に抜けられるものを選ぶ必要があります。

問題2 記号 ア
　　　　 水の量 375 （g）

解き方

表から250gの水にとけるミョウバンの量を求めると，0℃のときに3.0×2.5＝7.5gになるので，余分なミョウバンをとり出すことができます。また，ミョウバンは3gの7.5÷3＝2.5倍入っているので，同じ濃さにするためには水が250×2.5＝625gあればよいので，625－250＝375gの水を加えればよいことがわかります。

問題3 温度が変わっても水にとける食塩の量はあまり変わらない

4 （25点 問題1－7点，問題2－10点，問題3－各2点）

問題1 エ
問題2 541 （mm）

解き方

1tは1000kg，1km²は1000m×1000m＝1000000m²なので，このとき降った雨の量は59000000000÷109000000＝541.2… 1m²あたり541.2kg。よって，降水量はおよそ541mm。

問題3 ア 〇　イ ×　ウ ×　エ ×

考え方

イは，6月から7月にかけてどちらの貯水量も減っているので誤り。ウは，7月から9月にかけて貯水量が3000万m³以下になっているため誤り。エは，過去の平均の2倍以上の降水量だった10月よりも12月の貯水量の方が多いため誤りです。

適性検査Ⅱ

1 (26点 問題1−6点, 問題2−10点, 問題3−6点, 問題4−4点)

問題1 エ

問題2 江戸から遠いところには, <u>外様大名を多く配置</u>している。

ポイント
徳川家の一族である大名を親藩, 古くからの家臣である大名を譜代大名, 関ヶ原の戦いのころから従うようになった大名を外様大名といいます。

問題3 オ

ポイント
資料Dは1864年, 資料Bは1868年, 資料Cは1872年です。

問題4 まとめ① × まとめ② ○ まとめ③ ×

ポイント
まとめ①…海外から大分県に宿泊した客が最も少なかった月の人数は34445人。1年間に東北・北海道から大分県に宿泊した客の人数は61803人。
まとめ③…1年間に韓国と台湾から大分県に宿泊した客の人数の合計は484674人。
1年間に大分県内から宿泊した客の人数は581997人。

2 (24点 問題1〜問題4−各6点)

問題1 エ

ポイント
法隆寺があるのは奈良県。ア…岩手県, イ…京都府, ウ…兵庫県。

問題2 イ

問題3 A カ B イ C オ D ウ

問題4 ウ

ポイント
日本国憲法の3つの原則は, 国民主権, 平和主義, 基本的人権の尊重です。ア…平和主義, イ, エ…国民主権の考え方です。

3 (30点 問題1(1)−各3点, (2)−6点, 問題2(1)−6点, (2)−12点)

問題1(1) A ウ C ア

(2) 社会現象が変えられるかもしれないと回答した人の割合が高い

ヒント
「欧米では」とあるので, 欧米のグラフがどのようになっているのかを読み取りましょう。

問題2(1) 経験

(2) 日常生活での<u>成功</u>と<u>失敗</u>から学び, 生きるために必要な<u>ちえ</u>を身に付ける

ヒント
資料6の構成メモの③の中で, 「成功」「失敗」「ちえ」という言葉が書かれているところに着目しましょう。

4 (20点 問題1−各3点, 問題2(1)−6点, (2)−各2点)

問題1 エ, オ

解き方
資料1にも資料2にも取りあげられているものを選びます。エは資料1で「伝統文化体験」, 資料2で「伝統玩具」, オは資料1で「自然・景勝地観光」「温泉入浴」, 資料2で「温泉」と取りあげられています。

問題2(1) ア ○ イ × ウ ○
エ × オ ○ カ ○

(2) B エ C オ D ア E イ

栃木県立中学校

適性検査

1 （13点　問1－6点，問2－7点）

[問1]　ア，ウ

> **解き方**
> イ…2014年の「食べ残し」の割合は，
> 　1047 ÷ 2824 × 100 = 37.09…より，
> 　約37.1%。
> 　2020年の「食べ残し」の割合は，
> 　1050 ÷ 2464 × 100 = 42.61…より，
> 　約42.6%。
> エ…60〜69才が最も高い。

[問2]　50（分間）

> **解き方**
> 図4の②（25分間）の間に③（10分間）ときんぴら（10分間）を作ればよい。
> よって，70 − 20 = 50分間

2 （18点　問1－6点，問2－12点）

[問1]　ウ

> **解き方**
> アは，温度が高いと水が蒸発しやすいこと，イはあたためられた空気の体積が大きくなること，エは光があたると温度が上がることの例なので，あたためられた空気が上に行く例を示したウが適切です。

[問2]　①　イ　　②　サ　　③　ク

> **解き方**
> ②は曲線が含まれている線対称な図形なので，サがあてはまります。サより，①には1辺が2マス分の正八角形が入るのでイがあてはまります。③には2マスと6マスの長さをもつ台形が入るのでクがあてはまります。

3 （22点　問1－6点，問2－16点）

[問1]　402

> **解き方**
> 3分21秒は 60 × 3 + 21 = 201秒です。♩ = 120は1秒間に2回とぶことだから，201 × 2 = 402回

[問2]　①　3　　②　50　　③　58　　④　44

> **解き方**
> こうもく別の得点をまとめると次の図の通りです。
>
> | | あく力 | 上体おこし | 長座体前くつ | 反復横とび | 20mシャトルラン | 50m走 | 立ちはばとび | ソフトボール投げ |
> |---|---|---|---|---|---|---|---|---|
> | 今年の記録目標 | 7点 | 8点 | 8点 | 9点 | 7点 | 7点 | 6点 | 7点 |
> | 今年の記録 | 7点 | 7点 | 7点 | 10点 | | 6点 | 6点 | 7点 |
>
> ①　 をつけた3種目
> ②　7 + 7 + 7 + 10 + 6 + 6 + 7 = 50点
> ③　総合評価表より，59点が総合評価Bとなるのは小5だから，最低点は58点
> ④　58 − 50 = 8点より，
> 　こうもく別得点表から44回

4 （23点　問1－8点，問2－15点）

[問1]　7（本）

> **解き方**
> 21 ÷ 16 = 1.3125より，ミと高いド，ファとシ，ソとラ，レと間かくをあけるためのストローのうちの1本はそれぞれ1本ずつにまとめて作ることができます。また，残りの間かくをあけるためのストローを作るのに必要な本数は 6 × 3 = 18より，2本です。ドは1本必要なので，合計7本必要です。

[問2]　B（店）

[求め方]

A店では，100本入り280円を4ふくろ買う。
だから，合計金額は，
280（円）× 4（ふくろ）= 1120（円）

B店では，50本入り150円を8ふくろ買う。
1ふくろにつき10%引きになる。
だから，合計金額は，
150（円）×（1 − 0.1）× 8（ふくろ）= 1080（円）

C店では，150本入り400円を2ふくろと，10本入り29円を10ふくろ買う。
だから，合計金額は，
400（円）× 2（ふくろ）+ 29（円）× 10（ふくろ）= 1090（円）

合計金額が1000円以上だから配送料は無料なので1090円

> **ヒント**
>
> A店は100本入りを4ふくろ，B店は50本入り
> を8ふくろ，C店は150本入りを2ふくろと10本
> 入りを10ふくろ買います。B店の割引やC店の配送
> 料にも気をつけましょう。

5 （24点　問1-8点，問2-16点）

[問1]　バックスペースキーを3回おした後，H，I，
　　　　B，I，W，Oの順番でキーをおし，エンターキー
　　　　をおす。

> **ヒント**
>
> 3文字消して，平仮名「ひびを」を入力する方法を
> 説明しましょう。

[問2]　前列　イ　→　エ　→　オ　→　ア　→　ウ
　　　　後列　カ　→　コ　→　ケ　→　ク　→　キ

> **ヒント**
>
> 読み取れることをまとめると次の通りです。
> 「前列がオ→アのとき，後列はケ→ク」
> 「後列の最初はカ，最後はキ」
> 「前列がエのとき，後列はコ」
> 「ウとエは連続しない」
> 「前列は最初と最後がイとウもしくはウとイ」
> これをもとにおどる順番を考えましょう。

群馬県・伊勢崎市・太田市共通

適性検査Ⅰ

【問題1】

(1)　①　**5**　人

> **解き方**
>
> 4月から7月までのけがをした児童の人数の合計は
> 3＋5＋7＋5＝20人，平均は，20÷4＝5人

　　　②　**人にぶつかってけがをさせてしまう**

(2)　ア　**70**　％
　　　イ　**49**　人

> **解き方**
>
> ア…343÷490×100＝70%
> イ…61－12＝49人

(3)　修正案【言葉】

　　　下書きの

　　　| 学校のきまり　校舎内を走ってはいけない |　を

　　　「きけん，はしるな！」に直す。

　　　修正案【イラスト】

　　　下書きの

　　　| ×（ばつ） |　を　| 大きく（太く）書く。 |

(4)　①　校舎内を走ったときにけがをするかもしれない
　　　　　と考えた人のわり合

> **ヒント**
>
> 直後の「みなさんの安全な学校生活への意識が高
> まった」ことが理由で増えたと思われる値を考えてみ
> ましょう。

　　　②　校舎内を走ってしまった理由の2回目を見る
　　　　　と，授業におくれそうになって，急いだために
　　　　　走ってしまっているようです。わすれ物がないよ
　　　　　うに，休み時間に次の授業の準備をしたり，時間
　　　　　によゆうをもって次の教室に移動したりするよう
　　　　　にしましょう。

【問題2】

(1)　みんなが団結して，全力で競技に取り組むことで，
　　　みんなが楽しかったと思える運動会にしたいという思
　　　いがこめられています。

(2)　【あの長さ】

　　　2　m　**65**　cm

　　　【理由】

　　　板が21まい，板と板の間が20か所あるので，
　　　スローガン全体をはるためには，

　　　70×21＋50×20＝2470cmの長さが必要と
　　　なる。

　　　ベランダの長さが3000cmであり，あといの長さ
　　　は等しいので，あの長さは

　　　（3000－2470）÷2＝265cmとなるから。

> **ヒント**
>
> まずは，スローガン全体をはるのに必要な長さを求
> めましょう。

(3)　【玉を投げる場所からかごまでのきょり】

　　　3.0　m

　　　【かごの高さ】

2.4 m

【理由】

玉を数える時間は最長で2分30秒だから150秒ある。1つの玉を数えるのに2秒かかるから，150秒間では75個数えることができる。1分間で玉が75個入るとき20秒間では25個入るので，ノートの表において，入った玉の個数が平均25個以下で，できるだけ多くの玉が入っているきょりと高さにすればいいから。

ヒント

玉を数える時間がわかれば，数えられる玉の個数がわかります。玉を投げる時間は，本番が1分，練習は20秒であることにも注意しましょう。

(4) わたしたちが集合場所に行く前に，1年生に声をかけるのはどうかな。

ヒント

「去年の運動会で，集合場所に来なかった1年生」がおり，集合をよびかける「放送だけだと聞こえないことがある」と考えているので，1年生に直接伝える方法を書きましょう。

(5) 石山 公太さんへ

お手紙ありがとう。ときょう走は，れんしゅうすれば，きっとはやくなるから，がんばってね。かかりのしごとは，うんどう会がうまくいくために大切なことだから，一生けんめいとりくんだよ。らい年のうんどう会も，みんなでたのしめるといいね。

6年 田中 正人

適性検査Ⅱ（群馬県立中央中等教育学校）

【問題Ⅰ】

問一　わたしは，人の気持ちを読み取り，話しかけてくれるセンサがあればよいと考えます。なぜならこのセンサが，他人が気づきづらい心の変化に気づき，適切な声かけをしてくれて，心の健康が保たれると思うからです。

問二　わたしは，すべてを機械まかせにすることに違和感があります。家電の操作まで機械まかせにすると，人間は自分で物事に対応する能力を失うと思うからです。危険な場面以外では，自分の力で対応すると

いうように，機械を利用する場面を決めるべきだと思います。

【問題Ⅱ】

問一　英語で話すべき内容を持っているかどうかで，外国人との会話が成立するかどうかが決まるということ。

ヒント

「質問すべき内容や話すべき内容があれば，会話は成立するもの」で，「英語で語るべきものを持っているかどうか」が大事だと筆者は述べています。

問二　絵画やオペラ，シェークスピアなどの文学といった受験に関係ない教養。

ヒント

アメリカの大学で教えているリベラルアーツの内容に着目しましょう。

問三　わたしはこれから，苦手な分野についても進んで学ぼうと思います。これまでのわたしは，得意な分野ばかり勉強していました。しかし本文を読んで，「話すべき内容」を持つために，はば広い教養が必要だと気づきました。本や新聞で調べて，知識を増やしたいです。

※掲載分の各校の独自問題については，各校の解説ページをご覧ください。

適性検査Ⅰ

1

〔問題1〕

何世代にもわたって伝えながらつくり出されてきた（ことを思わせる隙間や傷のある家具などが，新しい命を感じさせるから。）

〔問題2〕

書き手の主観の入っている真実を読んで，書かれていない事実を考えること。

ヒント

①の前の，「本を読む」ことの説明と，①の後の「真実」と「事実」の説明に着目しましょう。

〔問題3〕

私は文章1と文章2について，現在は過去とのつながりで成り立っているという考え方が共通していると感じました。文章1では，家具は「何世代にもわたって伝えながらつくり出されてきたもの」であると，文章2では本を読むことは過去にふれることであると述べられています。このように家具や読書は，過去とのつながりを実感できる具体例として挙げられています。

私はこれらの文章を読んで，これからの学校生活で，過去から伝えられてきた考え方にも目を向けて学んでいこうと思います。これまでの私は，家具は使えたらよい，読書は楽しく読むことができればよいと考えていました。しかし，これらの文章を読み，身近な場面でも過去の考え方にふれることができると気づきました。例えば，社会の歴史の学習で，新しく人物について学んだら，その人物の考え方や時代背景などに目を向けてみたいと思います。そして，その考え方や時代背景が時を経て，どのように変化していくのかに着目すると，歴史の学習が楽しくなると思っています。

適性検査Ⅱ

1

〔問題1〕

〔道順〕

スタート　　　　　　　　　　　　　　　　　倉庫

（ エ ）→ キ → オ → イ → カ → ケ

〔式と文章〕

5＋7×1.4＋7＋10×1.4＋13＝48.8

ロボットの分速は12mなので，1m進むには，5秒かかる。ブロックを1個運んでいるときは7秒，ブロックを2個運んでいるときは10秒，ブロックを3個運んでいるときは13秒かかる。また，1.4m進むためには，1m進むときよりも時間は1.4倍かかる。わたしが考えた道順に合わせて，かかる時間をそれぞれたし合わせると，48.8秒になる。

ヒント

まず，ロボットが何も運んでいない状態で1m進むのにかかる時間を求めましょう。ブロックを運んでいる個数が変化していくことにも注意しながら，時間が48.8秒になるように式を考えましょう。

〔問題2〕

ヒント（え）：全ての電球の明かりが消えている状態で，A と B と D のスイッチをおしたあと，明かりがついていたのは①と②の電球であった。

表5　太郎さんと花子さんがさらに書きこんだ表

	①の電球	②の電球	③の電球	④の電球
Aのスイッチ	×	○	○	×
Bのスイッチ	○	×	○	○
Cのスイッチ	×	○	○	○
Dのスイッチ	×	×	×	○
Eのスイッチ	○	○	○	×

ヒント

例えば，DとEのスイッチの②について考えると，ヒント（あ）のとき，②の電球はついていないので，②の電球は，「B→○，C→×」または「B→×，C→○」です。ヒント（い）のとき，②の電球はついているので，②の電球は，D→×です。ヒント（う）のとき，②の電球はついていないので，②の電球は，E

→○です。同じように，ＤとＥのスイッチの③，④についても考えましょう。また，ヒント（え）について，５つのスイッチから３つを選ぶ方法は，ヒント（あ）～（う）の場合を除いて，ＡＢＤ，ＡＢＥ，ＡＣＤ，ＡＣＥ，ＢＣＥ，ＢＤＥ，ＣＤＥの７通りあるので確かめましょう。

②

〔問題１〕

第２次産業

　しゅう業者数は，1960年と比べて1990年は増加し，1990年と比べて2020年は減少している。しゅう業者数の最も多い年れいそうは，1960年は15～24さい，1990年は35～44さい，2020年は45～54さいと変化している。

第３次産業

　しゅう業者数は，1960年に比べて1990年は増加し，1990年と比べて2020年も増加している。しゅう業者数の最も多い年れいそうは，1960年は25～34さい，1990年は35～44さい，2020年は，45～54さいと変化している。

〔問題２〕

図２：①　　図３：　⑤

〔農家の人たちの立場〕

　共通する利点は，カフェ事業を始めたり，新しい観光ルートを提案したりして，来客数が増えて，売り上げが増加したことである。

〔農家以外の人たちの立場〕

　消費者にとって共通する利点は，新しくできたカフェをおとずれたり，加工工場見学などの新しい観光ルートを体験したりして，新たなサービスを受けられるようになったことである。

③

〔問題１〕

(1)　**ウ**

(2)　葉の面積を同じにしたときの葉についたままの水の量が多いか少ないかを比べ，水てきが葉とくっついている部分の大きさが大きいか小さいかを比べることによって判断した。

〔問題２〕

(1)　図３から黒色のインクがついた部分がより少ないので，すき間がより広いと考えられ，図４からおもりをのせるとよりちぢむので，厚みがある方向にもすき間がより広いと考えられる。つまり，あらゆる方向に，水が入ることができるすき間がより多いから。

(2)　じょう発した水の量は，箱とシャツの合計の重さが軽くなった量からＴシャツの重さが重くなった量を引くことによって求められる。キは，Ｔシャツによってきゅうしゅうされた水の量とじょう発した水の量のどちらも最も多いから。

※配点は各校で異なります。詳細は各校のホームページ等でご確認ください。

東京都立小石川中等教育学校

適性検査Ⅱ

②（40点）

〔問題１〕（21点）

(1)

年	1972	1982	1991	2002	2012	2020
書店の数	0.75	1.13	1.23	1.00	0.72	0.54
書店の面積の合計	0.22	0.42	0.66	1.00	1.17	1.05

(2)

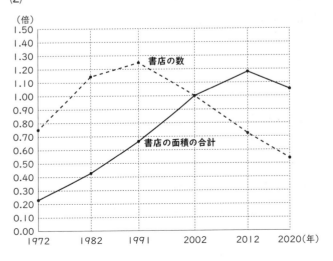

(3)

１９７２年から （ア１９９１）年まで	書店の数も書店の面積の合計も増えている。たくさんの書店が開店したからだろう。
（ア１９９１）年から （イ２０１２）年まで	書店の数は減るが，書店の面積の合計は増えている。小さな書店がへい店し，大きな書店が増えたからだろう。
（イ２０１２）年から ２０２０年まで	書店の数も書店の面積の合計も減っている。たくさんの書店がへい店しているからだろう。

〔問題２〕（９点）

(1)　コミックでは，電子出版の方が安く手に入るからではないかと思った。同じ内容のものが紙で出版された場合と，電子出版で出版された場合について，コミック，書せき，雑しで，ねだんがちがうかどうかを調べるとよいと思う。

(2)　紙の事典や辞典は重いので，軽くて持ち運びに便利な電子辞書がはん売されると，紙の事典や辞典のはん売さつ数が減ったのではないかと考えた。また，インターネットを利用できるスマートフォンで，多くのこう目の新しい情報を調べられるようになり，それらを使う人が増えて，電子辞書のはん売台数も減ったのではないかと考えた。

〔問題３〕（10点）

　それぞれの特徴や長所をいかして利用するために，図鑑のように，各分野でまとめられていて，何度も見返したり，あるもの同士を比較して見たりするときに使うような本は紙を使った出版に，漫画や辞書のように，場所を問わず，どこでも読んだり，調べたりするときに使うような本は電子出版にと使い分けることが，将来の出版にとってよいと考えます。

適性検査Ⅲ

1　（60点）

〔問題１〕（10点）

　池の水質が保たれて，魚や虫，植物などの生き物が生きていくために必要な栄養がいつもあり，栄養がなくならないかん境。

〔問題２〕（20点）

(1)　自分が作ったでんぷんを使うために，酸素をすって二酸化炭素を出す。

(2)　二酸化炭素と水からでんぷんを作るときの力となる役わり。

(3)　実験１から，はじめにあったでんぷんが日かげにおいておくとなくなったので，自分の栄養にしていることが分かった。植物は生きるためのエネルギーとして作る。

〔問題３〕（20点）

(1)　土がオオカナダモの成長に大きく関わっていると考えられる。ボトルＡとボトルＢを比べると，土を入れたボトルＡの方がオオカナダモののびが大きいから。

(2)　ふんをすることで，肥料を作る役わり。ボトルＢとボトルＣの水草ののびがにているので，エビのふんが水底にたまっていた土と同じ役わりをすると思うから。

(3)　オオカナダモだけを入れたボトルを用意する。あまりのびないと考えられる。

考え方

　１つの条件について調べるときは，調べる条件だけを変えて，それ以外の条件を変えないようにしましょう。

〔問題４〕（10点）

　水底にある土の中の肥料が水中にとけだしてそれを根からすっていると考えられる。

2　（40点）

〔問題１〕（15点）

　図１で示された７種類の図形の表面の色が白または黒のタイルのまい数は，どちらかが２まい多くなる。図２の図形は表面の色が白と黒のタイルが14まいずつである。そのため，図１で示された７種類の図形をどのようにならべても図２の長方形は作ることができない。

ヒント

　先生のことばに「白と黒のタイルを入れかえても～」とあるので，①～⑤の白と黒のタイルの枚数に注目すると，⑤の図形は，黒または白のタイルが２枚多くなっていることがわかります。

〔問題2〕（10点）

18種類

タイルを横につなげたときのまい数で分けて考える。

1．5まいつなげた場合。

2．4まいつなげた場合。

3．3まいつなげた場合。

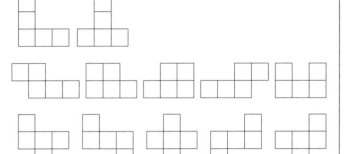

4．2まいつなげた場合。

ヒント

　まず，5枚横につなげる場合があります。次に，4枚横につなげて残り1枚をつなげる場合を考えましょう。そして，3枚，2枚と横につなげて，残りの枚数をつなげる場合を考えましょう。

〔問題3〕（15点）

14個

下から1だん目　　下から2だん目　　下から3だん目　　下から4だん目

　切った面を各だんの真上から見ると上の図のようになる。切った面が通過している黒い立方体の個数は図より，下から1だん目が2個，2だん目が6個，3だん目が5個，4だん目が1個となる。したがって，切った面が通過している黒い立方体の合計の個数は14個である。

ヒント

　Bの紙に書いてある0，4の数字から，下から1〜4だん目について，右の図のように，白と黒のタイルの位置がわかります。同じように，Aの紙に書いてある0の数字から，下から1〜4だん目について，白のタイルの位置がわかります。次に，下から1〜4だん目の同じ位置について，タイルの色が3つわかっているところは，残り1つのタイルの色がわかります。また，切った面は，下から1だん目と4だん目，下から2だん目と3だん目がそれぞれ線対称な図形になっています。これをもとに切った面が通過する黒い立方体の個数を考えましょう。

東京都立両国高等学校附属中学校

適性検査Ⅲ

1　（50点）

〔問題1〕（15点）

| A | 900 | 円 | B | 300 | 円 | C | 25 | % |
| A | 1000 | 円 | B | 250 | 円 | C | 30 | % |

ヒント

　3人で1500円から，A＋2×B＝1500の式が成り立ちます。この式のA，Bにあてはまる整数を考えましょう。また，割引された金額は1人につき，(1500−1350)÷2＝75円より，C＝$\frac{75}{B}$×100です。

〔問題2〕（15点）

クマ，カワウソ，トラ

ヒント

　会話から，右図のように，動物を4つのまとまりにして，図1にあてはめながら考えると，ゴリラ，バク，ゾウ，テナガザルはおの位置にはいないことがわかります。

〔問題3〕（10点）

ア 1　イ 6　ウ 2
エ 5　オ 4　カ 3

ヒント
　親トラと子トラの体重の関係から，カには2～6の数の5通りが考えられます。

〔問題4〕（10点）

トラ	トラ	キジ	バク	キジ
ゾウ	クマ	トラ	トラ	バク
トラ	ゾウ	クマ	ゾウ	クマ
トラ	ゾウ	キジ	ゾウ	バク

ヒント
　トラ，ゾウ，クマ，バク，キジの5枚とあと1枚を加えた6枚の面が，立方体の展開図になるように面を選びましょう。また，同じ動物の面が展開図を組み立てたときに辺が重ならないか注意しましょう。

② （50点）

〔問題1〕（10点）

50 cm

解き方
　0.8 ＋ 0.2 ＝ 1秒，50 × 1 ＝ 50 cm

〔問題2〕（20点）

クレープ生地の中心と中心の間隔　　**25** cm

機械Aと機械Bとの回転の軸の間隔　　**25** cm

理由
　ベルトコンベアの動く速さは、秒速50cmである。機械A，機械Bは共に1秒ごとに元の位置でクリームをぬり始める。このことから，機械Bがぬるクレープき地の間かくは50cmとなる。さらに，二つのクレープき地の中心と中心の間かくを2等分する点に機械Aがぬるクレープき地の中心を置けばよい。よって，クレープき地の中心と中心の間かくは全て25cmとなる。最も効率よくぬるために，機械Aと機械Bの間かくも25cmにすればよい。

ヒント
　機械A，機械Bの順にクレープ生地をぬることができるような方法を考えましょう。

〔問題3〕（20点）

(1)　＜3秒後までの状態を表す図＞

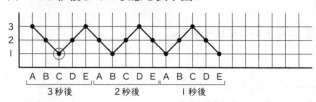

ヒント
　左側から，3秒後，2秒後，1秒後となるように図をかきましょう。

(2)　機械A　2　　機械B　3　　機械C　2
　　機械D　1　　機械E　②

解き方
　機械Eがぬったクリームは，1秒後→1，2秒後→2，3秒後→3，4秒後→2となり，5秒後以降は1秒後から4秒後の流れをくり返します。30 × 60 ＝ 1800秒後，1800 ÷ 4 ＝ 450より，わりきれるので，30分後に機械A～Eがぬったクリームは4秒後と同じです。よって，機械Aは2，機械Bは3，機械Cは2，機械Dは1，機械Eは2となります。また，13枚目に当たる機械は，1800 × 5 ÷ 13 ＝ 692あまり4，13 × 692 ＝ 8996枚目のクレープ生地をぬろうとした機械だから，機械Eとなります。

東京都立桜修館中等教育学校

適性検査Ⅱ

1 （40点）

〔問題1〕（16点）

図〔活動内容と時間〕

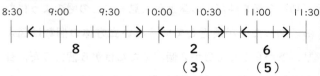

〔料金の合計〕　**2500**　円

まず，工作の時間は，第1回が開始時刻まで30分待つことになり，第3回が11時30分までに活動を終えることができないことから，第2回となります。次に，第2回の工作の時間の前後を考えると，移動時間を除いて，前が70分間，後ろが30分間となるため，アスレチックは前の70分間で行います。また，記念品をもらいたいので，割引前の料金の合計が，1500÷（1－0.4）＝2500円，アスレチックの料金を除いたAエリアとBエリアの活動の料金の合計が，2500－200×7＝1100円となるように，AエリアとBエリアの活動をそれぞれ決めましょう。

〔問題2〕（8点）

　12 時　36　分　00　秒
　12 時　42　分　00　秒
　12 時　48　分　00　秒　のいずれか

表1より，水が出始める時刻の間かくは大が90秒，中が24秒，小が36秒です。90と24と36の最小公倍数は360だから，12時30分から360÷60＝6分ごとに3種類のふん水から同時に水が出始めます。

〔問題3〕（16点）

「大」「中」「小」の全てが同時に10秒間出ている時間はない。5秒間当たりの「大」の水量は，「中」の水量と「小」の水量の和よりも多いため，水量が最も多くなる時間は「大」が10秒間出ていなければならない。そのとき，5秒間当たりの「中」の水量は，10秒間当たりの「小」の水量よりも多いため，「中」のふん水が出ている時間に，水量が最も多くなる。よって，「大」と「中」が同時に10秒間出ている時間があるので，そのときに最も多くの水が出ていることになる。以上により，答えとなる時こくは13時7分30秒。（もしくは13時17分30秒）また，水の総量は
36×1×2＋8×3×2＝120（L）

図3に，大，中，小3種類のふん水から水が出ている時間帯をかきこみ，最も多くの水が出ている10秒間はどんな場合であるかを考えましょう。

適性検査Ⅱ

2 （40点）

〔問題1〕（10点）

え戸の城下町は海をうめ立てた土地が多く飲み水を得るのに苦労したので，え戸の町の周辺の水げんから上水を通して水を引きこみ，石や木でできた水路を使ってえ戸の町中にあみの目のように行きわたらせた。

水道（上水）が必要だった理由は会話文の先生の発言から，特長については図1を参考にしてみましょう。

〔問題2〕（20点）

時代区分（ア）

明治時代になると，河せんなどの水をきれいにするために，多ま川の水を玉川上水を通して，よど橋じょう水場に導いて，鉄管で給水する近代水道が整備された。

時代区分（ウ）

昭和時代後半の高度経ざい成長期になると大変な水不足となったため，と根川とあら川を武さし水路で結んで，東京都の外から水を得るようになった。

〔問題3〕（10点）

安全でおいしい水をつくるためにはじょう水場や高度じょう水しょ理の費用が必要である。しかし，これらの水道水をつくる費用は，全体の202円のうちでも31円と少ないので，水道管をじょうぶで安い金属にするなど，じゃ口に水をとどける費用を減らすふうをして，その分水道水をつくる費用にすればよい。

適性検査Ⅲ

1 （50点）

〔問題1〕（20点）

〔説明〕

○をつけられる場合の数が多い順番は，

6→5→4→$\frac{7}{8}$→3→2→1である。

このことから，6を中央に入れる。

次に6が並んだ列の四すみの一つと，残っている四すみの一つに5を入れる。

残った四すみと，空いているマスに4を入れる。

残りの空いているマスに7か8を入れるとカードが完成する。

〔図〕

5	7	6
4	6	8
5	7	4

ヒント②

右の表をもとに、○をつけられる場合の数が多い順番を考えましょう。

1~8 / 1~8	1	2	3	4	5	6	7	8
1	1	2	3	4	5	6	7	8
2	2	2	3	4	5	6	7	8
3	3	3	3	4	5	6	7	8
4	4	4	4	4	5	6	7	8
5	5	5	5	5	5	6	7	8
6	6	6	6	6	6	6	7	8

〔問題2〕（15点）

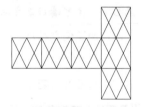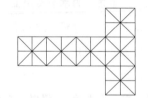

ヒント②

辺が重なっている面どうしが異なる色ですべてぬりわけられるように線を4本ひきましょう。

〔問題3〕（15点）

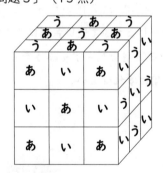

ヒント②

大きな立方体の1つの面を2色でぬりわけるには、右図のような配置にするとよいです。

2 （50点）

〔問題1〕（16点）

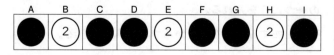

理由：11、12、13回目以降は8、9、10回目と同じ配置がくり返され、それは14、15、16回目、17、18、19回目と3回ずつセットで続いていく。これは、その数を3でわるとあまりが2、0、1のくり返しである。1328を3でわるとあまりが2なので、8回目と同じ配置になると考えられるから。

ヒント②

図2と同様に、図3においても、11回目は8回目と同じにもどり、この後は8回目、9回目、10回目をずっとくり返します。

〔問題2〕（16点）

理由：3回目と9回目の図から4回目の中心だけ読み取れない。4回目の中心に置かない場合だと最初から3回目で一つのセットとなり、それは4回目から6回目の二つ目のセットと同じにならない。したがって4回目に入るこまは白か黒かのどちらかになる。

ヒント②

3回目の図から最初の状態から3回目までの中心のマスのコマの変化、9回目の図から5回目から9回目までの中心のマスのコマの変化がそれぞれ読み取れます。次に、4回目の中心のマスのコマが「置かない・白・黒」のいずれであるかを考えましょう。

〔問題3〕（18点）

①それぞれの金属板のかたほうから同じ長さの位置をものさしで測り、その位置に温度計をつける。

②反対側のはしから同じ長さをものさしで測りお湯につける。

③②の状態のままスタンドで固定して、温度計の値が50℃になるまでの時間を時計で計る。

考え方

1つの条件について調べるときには、調べる条件だけを変えて、それ以外の条件は変えないようにしましょう。

東京都立大泉高校附属中学校

適性検査Ⅲ

1 （50点）

〔問題1〕（15点）

（器具）　**ろ紙**（を使って）

（方法）　**池の水をろ過する**

〔問題2〕（15点）

式　**8 ÷（0.9 × 0.9 × 3.14 × 0.01）× 45**

記号　**イ**

> **ヒント**
>
> 1 mL＝1000 mm³　けんび鏡で一度に見えるはん囲（底面の半径が0.9 mm，高さ0.01 mmの円柱）に存在する個体数から，1 mm³（0.001 mL）あたりに存在する個体数を計算すると，くぼみ部分全体（0.045 mL）に存在する個体数は，その45倍です。

〔問題3〕（20点）

（ア）　**1日目にいたミドリムシの個体数**

ミドリムシが最も増えたといえる試験管　**D**

（理由）

試験管A〜Dのミドリムシの個体数を，それぞれの最初の池の水の量でわって，あたいを比べると，Dが最も大きいから。

> **解き方**
>
> 池の水1 mLあたりの10日目のミドリムシの個体数を求めると，試験管Aは0.3個体，試験管Bは2.5個体，試験管Cは3.4個体，試験管Dは9.5個体となり，試験管Dが最も大きいことがわかります。

2 （50点）

〔問題1〕（15点）

まとめられる丸太の本数　**15**　本

丸太をまとめるために必要なロープの長さ　**0.757**　m

> **解き方**
>
> ロープをまとめるのに使える長さは，100 － 20 ＝ 80 cmまでです。右図より，①と②の部分にわけて長さを求めると，丸太が4列（10本）のときに必要な長さは，5 × 3.14 ＋ 5 × 3 × 3 ＝ 60.7 cm，丸太が5列（15本）のときに必要な長さは，
>
>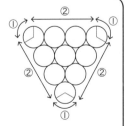

5 × 3.14 ＋ 5 × 4 × 3 ＝ 75.7 cmです。

〔問題2〕（15点）

結び方　**テグス　結び**

結んだロープのはしからはしまでの長さ　**2.58**　m

理由　**結び目がかたいが，ほどきやすいため**

> **解き方**
>
> 本結びは，3本のロープを結ぶのに，3 － 2.7 ＝ 0.3 mの結び目の長さが必要です。
>
> テグス結びでは，0.3 × 1.4 ＝ 0.42 mの長さが必要なので，3 － 0.42 ＝ 2.58 m

〔問題3〕（20点）

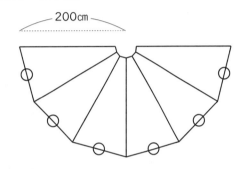

> **ヒント**
>
> 図4の②で，180°の角を2等分し，さらに90°の角を3等分しています。よって，布を広げた図は，右図のような二等辺三角形の■のついた部分を切った図形が6枚つながったものになります。
>
>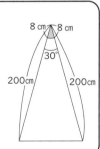

神奈川県立中等教育学校

適性検査Ⅰ

問1　（70点　(1)－30点，(2)－40点）

(1)　①，②，④

> **解き方**
>
> ③…発電機に電気を流して，モーターとして動かすときに水をくみあげています。

⑤…水力発電による発電量を求めると，2010 年度は，

10064 × 0.085 ＝ 855.44 億 kWh。

1980 年度は 4850 × 0.174 ＝ 843.9 億 kWh。

⑥…年間の発電電力量が 2015 年度は 2000 年度よりも減少しているため，水力発電の割合がどちらの年度も同じ場合，年間の発電電力量が多い 2000 年度の方が多くなります。

(2) わたしは，ごみ問題を解決したいと考えます。問題の解決方法を考えるための思考力を，ごみ問題に関する自分の意見が，友だちに伝わるか考えながら話すことで身に付けます。

問2 （80点 (1)－各 20 点，(2)－各 20 点）

(1)ア ⑥　イ ④

解き方

できる模様は下図の 10 種類です。

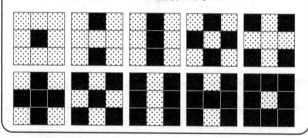

(2)ア ②

解き方

組み立ててできるさいころの面の位置関係から，A の面の目の数は 2 です。また，右側のさいころの面の⁙目の数は 1 （B の面の目の数は 3）または 3 （B の面の目の数は 6）です。**並べ方（和が奇数）**から，2 ＋ 3 ＝ 5 より，A の面の目の数は 2，B の面の目の数は 3

イ ③

ヒント

図3 において，左側のさいころの面⁙の目の数は 1 または 5 です。このとき，A の面の目の数は 2 または 1 です。次の図において，（左側のさいころの面⁙の目の数，A の面の目の数，B の面の目の数，右側のさいころの面⁙の目の数，C の面の目の数）とすると，

（1，2，1，5，3）

（1，2，3，1，5）

（1，2，5，3，1）

（5，1，2，1，3）

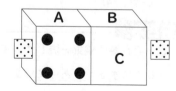

（5，1，4，5，1）（5，1，6，3，5）

となり，並べ方は全部で 6 通りです。

問3 （70点 (1)－ 20 点，(2)ア－ 20 点，イ－ 30 点）

(1) ⑦

解き方

B…世界全体の 46.8％で，5 割を下回ります。

C…14.5 ÷ 8.4 ＝ 1.72… より，2 倍以下です。

(2)ア ⑥　イ ④

ヒント

ア…2019 年の日本の二酸化炭素排出量は，

335 億 × 0.032 ＝ 10 億 7200 万トン。

2019 年の日本の温室効果ガス総排出量は 12 億 1200 万トンなので，2019 年の日本の二酸化炭素排出量が 2019 年の日本の温室効果ガス総排出量にしめる割合は，10 億 7200 万 ÷ 12 億 1200 万 × 100 ＝ 88.4488… より，約 88％。

イ…日本の目標とする温室効果ガス総排出量は，2013 年度から 46％減らした量なので，

14 億 900 万 ×（1 － 0.46）＝ 7 億 6086 万トン。

2019 年度との差は 12 億 1200 万 － 7 億 6086 万 ＝ 4 億 5114 万トン。

問4 （80点 (1)ア－ 10 点，イ－ 20 点，(2)ア－ 20 点，イ－ 30 点）

(1)ア ②

ヒント

表1 をもとに，すべての施設で花が見られる日を選びましょう。

イ ①

解き方

バラガーデン→バ，アジサイ広場→ア，サツキ公園→サとします。1 か所の選び方は，バ，ア，サの 3 通り，2 か所の選び方は，バとア，バとサ，アとサの 3 通りです。よって，全部で 3 ＋ 3 ＋ 1 ＝ 7 通りです。

(2)ア ③

解き方

電車の移動時間の合計は，5 ＋ 3 ＋ 4 ＋ 3 ＋ 4 ＋ 4 ＋ 2 ＝ 25 分，駅で停車している時間の合計は 6 分

だから，9時48分の25 + 6 = 31分後の10時19分となります。

イ ④

ヒント

　まず，開園時間に気をつけながら，見学できる施設を決めると，サツキ公園が良さそうです。次に，サツキ公園の後に見学する施設を決めましょう。スイレン庭園には，11時30分から12時30分までの間に到着する必要があるため，バラガーデンだと間に合わず，スイレン庭園だと早すぎます。よって，見学する施設の順序は，サツキ公園→アジサイ広場→スイレン庭園→バラガーデンとなります。電車の出発する時間帯，駅と駅や駅と施設の移動時間，見学にかかる時間のたし忘れやもれにも気をつけましょう。

適性検査Ⅱ

問1（70点　(1)－30点，(2)－40点）

(1)　②，③，⑤

(2)　**日本の国字の多くは，日本特有のものごとを表した漢字です。つくるときには，組み合わせる文字の意味に着目してつくられました。**

ヒント

　日本の国字について書かれている資料の中で「ものごと」や「表す」「つくられた」という言葉を使っているところに着目しましょう。

問2（80点　(1)－各20点，(2)－各20点）

(1)ア　①

解き方

　下図より，(76 − 3 × 2) ÷ 2 = 35 m

イ　②

解き方

　求める長さは，直径が 35 − 4.8 × 2 = 25.4 m の円の円周の長さとAB2本分の長さの合計だから，25.4 × 3.14 + 35 × 2 = 79.756 + 70 = 149.756 m，小数第1位を四捨五入して，150 m

(2)ア　③

解き方

　4年生は，Aチームが(24 − 22) × 2 = 4ポイント，5年生は，Bチームが(19 − 17) × 2.5 = 5ポイント多く，6年生は同じだから，AチームとBチームのチームポイントの差は1です。

イ　25

解き方

　白組のチームポイントの合計は，332
CチームとDチームのチームポイントは同じなので，332 ÷ 2 = 166，166 − 38 × 2.5 = 71より，Cチームの4年生と6年生のチームポイントの合計は71となります。70 − 38 = 32より，Cチームの4年生が32人だった場合，チームポイントは 32 × 2 = 64となり，71 − 64 = 7ポイント不足します。4年生と6年生の1人あたりのポイントの差は1ポイントなので，4年生を7人減らし，かわりに6年生を7人増やせばよいので，32 − 7 = 25より，25です。

問3（70点　(1)－各20点，(2)－30点）

(1)ア　②

解き方

　選んだ頂点と図形における他の頂点をそれぞれ結ぶ直線をひいたとき，ひいた直線が，図形の内部もしくは辺上にすべてあれば，図形全体を照らすことができます。よって，頂点L，頂点Oの2つです。

イ　②

解き方

　下図より，4 ÷ 2.5 = 1.6 倍

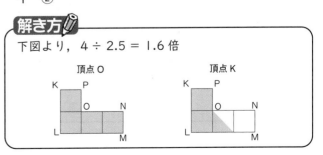

— 21 —

(2) ④

ヒント

　どこに電球を置けば，より多くの範囲を照らすことができるか考えましょう。右の図のように，7か所に電球を置けば，迷路の中すべてを照らすことができ，電球の数が最も少なくてすみます。

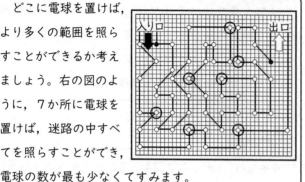

入り口　　　　出口

問4　（80点　(1)ア－20点，イ－30点，(2)－30点）

(1)ア　③

解き方

$\boxed{S}→\boxed{11}→\boxed{2}→\boxed{5}→\boxed{6}$,　$\boxed{S}→\boxed{11}→\boxed{2}→\boxed{5}→\boxed{4}$

$\boxed{S}→\boxed{11}→\boxed{2}→\boxed{1}→\boxed{0}$,　$\boxed{S}→\boxed{11}→\boxed{☆}→\boxed{11}→\boxed{10}$

$\boxed{S}→\boxed{1}→\boxed{2}→\boxed{3}→\boxed{10}$,　$\boxed{S}→\boxed{1}→\boxed{2}→\boxed{3}→\boxed{4}$

$\boxed{S}→\boxed{1}→\boxed{2}→\boxed{11}→\boxed{0}$,　$\boxed{S}→\boxed{1}→\boxed{☆}→\boxed{1}→\boxed{6}$

$\boxed{S}→\boxed{9}→\boxed{10}→\boxed{3}→\boxed{4}$,　$\boxed{S}→\boxed{7}→\boxed{6}→\boxed{5}→\boxed{4}$

よって，動かし方は10通り。

イ　③

解き方

　2回めを始めることができるマスは，$\boxed{2}$,$\boxed{5}$,$\boxed{2}$,$\boxed{3}$の4マスを除いた20マスです。2回めに6の目が出たとき，そこから6マスこまを動かすことができないマスは，$\boxed{☆}$，$\boxed{11}$，$\boxed{11}$，$\boxed{1}$，$\boxed{1}$の5マスです。

よって，答えは20－5＝15マスです。

(2) 161

ヒント

　1回めを終えたときの得点は，100＋11＋12＝123点です。2回終了後の得点が最も高くなる動かし方は，$\boxed{11}→\boxed{0}→\boxed{7}$，$\boxed{11}→\boxed{10}→\boxed{3}$，$\boxed{11}→\boxed{2}$→$\boxed{5}$の3通りで，得点はいずれも123＋18＝141点になります。$\boxed{7}$，$\boxed{3}$，$\boxed{5}$のマスから，3回めに，どのさいころの目が出て移動すれば，最も高い得点になるかを考えましょう。通れないマスや，得点からひかれる3，6，9のマスに×をつけていくとよさそうです。

岡山県立中学校・中等教育学校

適性検査Ⅰ

課題1

(1)　1人あたり1日あと　**28.8**　g

解き方

33－30＝3％より，960×0.03＝28.8g

(2)　最も勢いよく燃える組み合わせ　**②**　と　**ア**

説明

あたためられた空気は上へ動くので，下から上への空気の出入りが多く，木に新しい空気がふれやすくなっているから。

(3)　1つのベールにおし固められているペットボトルを，○△クリーンセンターに持ちこまれている2Lと500mLの空のペットボトルの本数の割合と同じと考えると，2Lのペットボトル1本につき，500mLのペットボトルは5本あるため，これらを1セットとすると，この重さの合計は

50＋30×5＝200（g）となり，

ベール1つの重さが190kgであるから，

190000÷200＝950（セット）となる。

よって，ベール1つに，2Lのペットボトルと500mLのペットボトルはそれぞれ

950×1＝950（本）　950×5＝4750（本）

入っていることが分かる。

図3には全部で2＋5＋7＝14（個）のベールが積まれているため，全部で

(950＋4750)×14＝79800（本）のペットボトルがおし固められていることになる。

　空の500mLと2Lのペットボトルあわせて

79800　本

ヒント

　2Lのペットボトル1本と500mLのペットボトル5本を1セットとして，ベール1つにつき何セットあるかを考えましょう。

課題2

(1)　ボールの位置　**ク**

考え方

　図1から，夕方西の空に見えた月は右側が光った三日月であることがわかります。図2でボールの右側

が光って見えるのはカ，キ，クで，キの位置では半月で，オの位置に近づくほど満月に近づくのでクが適当です。

(2) 記号　ア

説明

ふりこが1往復する時間は，ふりこの長さによって変わる。ふりこの長さは糸をつるす点からおもりの中心までの長さなので，ふりこAのふりこの長さが85cm，ふりこBが90cmとなり，ふりこAの方がふりこの長さが短いから。

(3) 説明

変化した重さが増えているのは，空気中の水じょう気が氷水によって冷やされてビーカーの表面に水てきとしてつくことが大きく関わり，変化した重さが減っているのは，水がじょう発し空気中に水じょう気として出ていくことが大きく関わっているから。

課題3

(1) 元の数にあてはまる整数　4（5または6でも可）

解き方

一の位の数字を四捨五入して20になるのは，15以上24以下の整数，4をたして15以上24以下の整数になるのは，11以上20以下の整数，3をかけて11以上20以下の整数になるのは，4，5，6です。

(2) 切り分け方

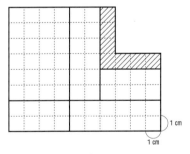

できた容器の容積　48　cm³

別解1　切り分け方

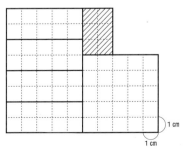

できた容器の容積　50　cm³

別解2　切り分け方

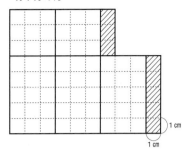

できた容器の容積　45　cm³

ヒント

容器をつくるのに必要な面の数や，各面の辺の長さの特徴をつかみましょう。また，できた容器の容積が44cm³以上になっているかを確認しましょう。

(3) 記号　イ，エ

説明

5月に図書館を利用した人数をもとにしたときの6月に図書館を利用した人数の割合は

60 ÷ 60 = 1 となる。

7月に図書館を利用した人数をもとにしたときの8月に図書館を利用した人数の割合は

120 ÷ 150 = 0.8 となる。

よって，間違えているのは点イと点エになる。

12月に図書館を利用した人数　81　人

ヒント

グラフ1から月ごとの人数を読み取り，グラフ2のア～エの割合の値があっているかどうか（例えば，アなら 60 ÷ 80 = 0.75 より正しい。）を確認しましょう。また，各月の図書館を利用した人数は，前月の図書館を利用した人数に，グラフ3の各月の割合をかければ求められるから，12月に図書館を利用した人数は，120 × 0.4 × 1.25 × 0.9 × 1.5 = 81人です。

適性検査Ⅱ

課題1

(1) 新体操・少人数・大自然・不完全

(2) 人は背伸びしようとしないから。

ヒント

「人が成長するためには，少しだけ背伸びが必要です」とあることに着目して考えましょう。

(3) A 知っている言葉でもさらに深く調べたりする

B 主人公に自分のどこかが重なり，ほかの人が考えること

C 言葉を味方にして，その時々の状況にふさわしい答えを探しながら進んでいく

ヒント

空らんの前と後に書かれている言葉を手がかりにしましょう。Bは，「文学作品を読むこと」によって「気づかされ」たことを書きましょう。Cは，「先の見えない世界を乗り越えてい」くためにすることを書きましょう。

課題2

私の生活で役立ったことがあるのは，算数で学習した角度と長さです。これらが役に立ったのは，友達のたん生会で丸いケーキとロールケーキを切り分けた時です。丸いケーキを切り分ける場合は，一人あたりどのくらいの角度になるかを考えて，ロールケーキは一人あたりどのくらいの長さになるのかを考えたところ，同じ大きさに切り分けることができました。同じ大きさになるように分けるときに，角度と長さを考えるようにすると便利です。

課題3

(1) 船はトラックと比べて輸送したきょりが長いためと考えられる。

ヒント

船とトラックでは，それぞれどのように荷物を輸送するのか考えてみましょう。

(2) トラックは二酸化炭素のはい出量が船や鉄道よりも多く，比かく的二酸化炭素のはい出量が少ないハイブリッド車が増えていることから，今後も続けてハイブリッド車を増やしていくことが考えられる。

ヒント

ハイブリッド車のトラックは，軽油のみで動くトラックに比べて，二酸化炭素はい出量が少ないです。

(3) 午前便の荷物を配達したトラックはバス停Eで待つ。午後便の荷物は，別のトラックで配送センターからバス停Aに運んだ後，午後1：20発のバスでバス停Aからバス停Eに運び，待っているトラックにのせかえる。その後，トラックでE地区の家と配送センターまでの道中にある家に配達を行い，配送センターまでもどる。

ヒント

午後便の荷物のために配送センターにもどらないですむ方法がないか考えましょう。

広島県立広島中学校

適性検査1

1 （例1）

	高志	光	美希	広子
チョコレート(個)	1	4	2	5
あめ （個）	4	3	4	5
クッキー(個)	5	3	4	0
合計金額(円)	166	168	164	150

（例2）

	高志	光	美希	広子
チョコレート(個)	1	4	1	6
あめ （個）	4	3	5	4
クッキー(個)	5	3	4	0
合計金額(円)	166	168	158	156

ヒント

おかしは全部で12＋16＋6×2＝40個（1人あたり40÷4＝10個）です。また，1個あたりの金額は，チョコレートが216÷12＝18円，あめが192÷16＝12円，クッキーが120÷6＝20円です。広子さんのクッキーの数は0個なので，まずは，3種類のおかしを次の表のように分けて，4人の希望とおかしを分ける条件を満たすように，個数を調整しましょう。

	高志	光	美希	広子	合計（個）
チョコレート(個)	3	3	3	3	12
あめ（個）	4	4	4	4	16
クッキー(個)	4	4	4	0	12
合計個数(個)	11	11	11	7	40
合計金額（円）	182	182	182	102	

2 植物には，太陽の光が当たると，二酸化炭素を吸収して，養分をつくり出すはたらきがあります。夏は冬に比べて太陽の出ている時間が長いので，二酸化炭素をたくさん吸収して空気中の二酸化炭素の割合が減りますが，冬は夏に比べて太陽の出ている時間が短いので，二酸化炭素をあまり吸収せず空気中の二酸化炭素の割合が増えてしまうのだと考えます。

3 （あなたが考えた箱）

縦（ 12 ）cm，横（ 18 ）cm，

高さ（ 8 ）cm

箱1個を組み立てるのに使うテープの長さ

（ 40 ）cm

（そのように決めた考え方）

容積は変えない，もっとも長い辺と短い辺を比べたときに，その差が10cm以下になるという条件をもとに直方体の箱の3辺を考えます。

12×12×12

＝2×2×3×2×2×3×2×2×3より，

縦の長さを2×2×3＝12cm

横の長さを2×3×3＝18cm

高さを2×2×2＝8cm

としたとき，箱1個を組み立てるのに使うテープの長さは，(12＋8)×2＝40cmとなり，40×8＝320cmより，テープの長さは足ります。

（別解）（あなたが考えた箱）

縦（ 12 ）cm，横（ 16 ）cm，

高さ（ 9 ）cm

箱1個を組み立てるのに使うテープの長さ

（ 42 ）cm

ヒント
直方体の3辺の長さを決めたら，展開図が工作用紙の大きさの範囲内か，箱1個を組み立てるテープの長さが

350 ÷ 8 ＝ 43.75 cm

以内であるかを確認しましょう。

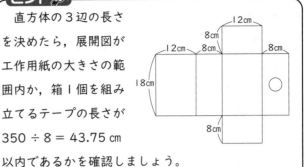

4 （例1） （例2）

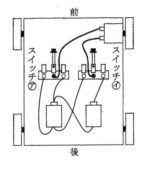
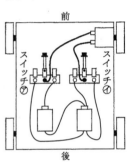

車の進み方

スイッチ⑦を左，スイッチ⑦を左に切りかえた場合　×

スイッチ⑦を左，スイッチ⑦を右に切りかえた場合　C

スイッチ⑦を右，スイッチ⑦を左に切りかえた場合　B

スイッチ⑦を右，スイッチ⑦を右に切りかえた場合　A

考え方
かん電池2個を直列つなぎにすると，回路に流れる電流が大きくなるので，車が速く進むときには，かん電池2個を直列つなぎで使うことがわかります。

5 （理子さんのさいころの動かし方を表す図）

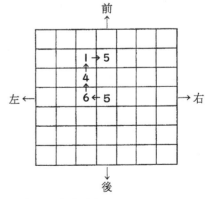

（そのように決めた考え方）

直人さんはさいころを5回動かしているので，理子さんがさいころを動かす回数は，4回以下です。また，はじめとさいごが5の目になったことから，21－5－5＝11より，途中3回動かしたときの目の数の合計が

— 25 —

11になるような動かし方を考えればよいので，図のようになります。

ヒント🔍
> マスと接するさいころの面の数を間ちがえないように気をつけましょう。

適性検査2

1　私は，「そうじコンクール」を行うことを提案します。このコンクールでは，どのそうじ場所がきれいに保たれているかを競争し，一番きれいなそうじ場所を優勝としたいと思います。コンクールで優勝することを目標として取り組む中で，仲間と協力する人や，そうじを楽しいと思う人が増えることが期待できます。また，きれいにしようと取り組む中で，細かいところまで自分から進んでそうじをするようになり，「目指す姿」でもある，「進んで行動できる人」や「ていねいに最後まで行うなど姿で表現できる人」に近づくことができると思います。

2　次に，パイナップルは，1945年以降，生産量が増えていきましたが，輸入自由化にともない，その後出荷量は大きく減少していきました。かわりに出荷量が増えているのがきくです。もともとアメリカ軍基地のまわりで花の栽培が行われており，1972年の沖縄県の日本復帰で県外出荷が可能になりました。きくの多くは，沖縄県以外の都道府県の出荷が少ない冬に出荷され，さとうきびよりも多くの収入が得られるため，1970年代には，きくの栽培に変更する人もいましたが，1990年代後半から，国内のきくの生産量は減少し，輸入量が増加し続けています。

3　1　人類共通の価値ある遺産を守り，保存するための国際協力体制をつくるという意味。

ヒント🔍
> 「その」は，直前にある内容を指す言葉です。
> ──線部①の直前の内容に着目しましょう。

　　2　これは，世界遺産を独自の自然や文化を持つ場所としてとらえ，それらを未来まで守り続けることの大切さを伝えていると思います。
　　　　私は，世界遺産を未来まで守り続けるために，

一人一人が世界遺産を美しく保とうと思い，行動に移すことが大事だと思います。以前ニュースで，富士山のごみ問題や，温暖化でかん境が悪化している世界遺産の話題が取り上げられていました。外出先でごみを持ち帰ったり，温暖化を防ぐために電気をこまめに消したりするなどの行動が，世界遺産の保護のために必要だと考えます。

広島市立広島中等教育学校

適性検査1
【問題1】
〔問1〕
（1）　失敗体験をしたり，楽しさがなくなったり，差別意識や劣等感が生まれるから。

ヒント🔍
> 「悪い点」は，本文中では「マイナス面」という言葉で表現されています。

（2）エ，オ
〔問2〕
（1）　客観的な成果を把握し，競争力を身につけるきっかけとなる。

ヒント🔍
> 「メリット」とは良い点のことです。筆者が「比べること」のどこが良いと考えているのかに着目しましょう。

（2）　ア　×　　　イ　○　　　ウ　×
〔問3〕
　私は競争の順位付けに賛成です。
　なぜなら，順位が付くことで自分よりその分野を得意とする人の存在に気づき，もっと上達しようと思うきっかけになるからです。
　私は，小さい頃から走ることが得意で，学校の徒競走

ではいつも1位でした。しかし，小学5年生で市の陸上
大会に出場したときに予選で敗退となり，「自分より足
の速い人たちのようになりたい」と思いました。そして，
足の速い人たちの走り方を見たり，練習方法を調べたり
して，練習に取り組むようになりました。その結果，小
学6年生の陸上大会では予選を通過し，決勝に進むこ
とができました。自分の力を高めるために努力をするよ
うになるので，順位付けは良いと思います。

【問題2】

〔問1〕 米の消費量が減っていることや，消費量が増え
ている肉類や果実は輸入が多いため。

〔問2〕 海外は日本に比べて農地が広く，大型の機械を
使って生産ができ，また賃金が安いため。

〔問3〕 1993年
　　　　6月から8月にかけての降水量が多く，日照
時間が短かったことで，稲が十分に育たなかった
と考えられるから。

〔問4〕 ロボットを使うことで，人件費がかからなくて
すむため，生産コストが削減でき，作物の生産に
適した気候に温度や湿度を管理することで，生産
量が安定するため。

適性検査2
【問題1】

〔問1〕　5　通り

解き方

下図の5通りです。

〔問2〕　12個，18個

ヒント

問1で考えた5通りの図形について，フェンスの個
数をそれぞれ求めましょう。

〔問3〕　3つ，5つ，6つ

解き方

周の長さが14だか
ら，たて＋よこの長さ
は7で，その組み合わ
せは，1と6，2と5，
3と4です。並べ方
は右の図のように3
通りあり，プランター
はそれぞれ，3つ，5
つ，6つ並べること
ができます。

【問題2】

〔問1〕　もらっている人　107　人
　　　　もらってない人　93　人

解き方

$200 × 0.465 = 93$人，$200 - 93 = 107$人

〔問2〕

金額	仮の金額(円)	割合（%）	人数（人）
2000円以上	3000	16.5	33
1000〜2000円未満	**1500**	17.5	35
500〜1000円未満	**750**	19.0	38
1〜500円未満	250	0.5	1
なし	0	46.5	93
計		100.0	200

お小遣いの平均　901　円

解き方

平均＝合計÷個数
$3000 × 33 + 1500 × 35 + 750 × 38 + 250 × 1$
$= 99000 + 52500 + 28500 + 250 = 180250$円
$180250 ÷ 200 = 901.25$より，小数第1位を四捨
五入し，901円

〔問3〕　3600　円

解き方

お小遣いの平均が1000円のとき，200人の合計
金額は$1000 × 200 = 200000$円です。仮の金額
を変更する33人の合計金額が，
$200000 - 81250 = 118750$円くらいになればよ
いです。よって，仮の金額は，

118750 ÷ 33 ＝ 3598.4…より，3600 円とすると，
(3600 × 33 ＋ 81250) ÷ 200 ＝ 1000.25 円

【問題3】

〔問1〕　15 ㎝

解き方

　てこをかたむけるはたらきは，力の大きさ（おもり
の重さ）×支点からのきょり（おもりの位置）で表す
ことができます。棒の左側のてこをかたむけるはたら
きは，20 × 30 ＝ 600　棒の右側に 40 g のおもり
をつり下げてつりあうのは，糸から棒の右端までの距
離を 600 ÷ 40 ＝ 15〔㎝〕にしたときになります。

〔問2〕　⑨と⑩

〔問3〕

〔問4〕　3段目の4個分の重さは糸から左側へ 24 ㎝，
1・2段目の 12 個分の重さは右端まで 8 ㎝（の距離に
あるから，たしかに『てこのきまり』が成り立っている
ね。）

【問題4】

〔問1〕　ア　光合成　　イ　呼吸

〔問2〕　ウ　光合成で吸収される二酸化炭素の量
　　　　エ　呼吸で放出される二酸化炭素の量

〔問3〕　オ　0

〔問4〕　段階1　光の強さが0のときの二酸化炭素の変
　　　　　　　　化量が1時間当たりの呼吸で放出される
　　　　　　　　二酸化炭素の量なので，呼吸によって1
　　　　　　　　日に使われるでんぷんの量は，
　　　　　　　　　　4.0 × 24 ＝ 96
　　　　　段階2　光合成が行われている間も呼吸は行わ
　　　　　　　　れているので，光合成によって1時間あ
　　　　　　　　たりに作られるでんぷんの量は，
　　　　　　　　　　4.0 ＋ 8.0 ＝ 12.0
　　　　　段階3　段階1から，植物を枯らさないために
　　　　　　　　必要なでんぷんの量は 96　よって，1
　　　　　　　　日に最低でも 96 ÷ 12 ＝ 8〔時間〕は
　　　　　　　　光を当てる必要があることがわかりま
　　　　　　　　す。

検査1
問題1

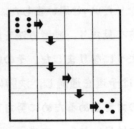

ヒント

サイコロの向かい合う面の目の数の合計は 7 です。

問題2

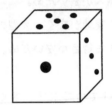

解き方

　矢印の通りに動かしたときのサイコロの目の見え方
は次のようになります。

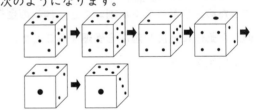

問題3

　実験前と実験後で二酸化炭素の量が変わっておらず，
ろうそくが燃えるときの反応とは異なるから。

ヒント

　みどりさんのろうそくが燃えるときの説明と表1で
見られる実験の結果を比べてみましょう。

問題4

（例1）実験の前後でビニール袋がしぼんでいることに
　　　疑問をもったと予想します。疑問を解決するため
　　　には，使いすてカイロの中の鉄粉の重さを実験の
　　　前後で比べればよいと思います。

（例2）酸素の量と，使いすてカイロのあたたまり方の
　　　関係に疑問をもったと予想します。疑問を解決す
　　　るためには，実験で使ったものよりも大きい密閉
　　　式ビニールぶくろを用意して，同様の実験を行え
　　　ばよいと考えます。

左段

ヒント

実験の結果からわからないことを考えてみましょう。疑問の解決方法を考えるときは，調べたいこと以外の条件を変えないように注意しましょう。

問題5

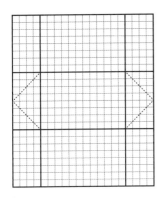

ヒント

図3で切り取った部分を切り取らないで済むようにするためにはどうしたらいいか考えましょう。

問題6

日本の木材自給率は年々高くなっている。また，広島県では新しく林業の仕事につく人が安定しており，専業で働く人も増えているから，今後，広島県の木材の生産量は増えていくと考えられる。

ヒント

単年の比較ではなく，推移としてどのように変化してきているのかを読み取りましょう。

問題7

式と答え （例）$\frac{12}{4} + \frac{2}{7} = 3\frac{2}{7}$

残っているカードは，2，4，7，12と＋，－のカードです。この中から，4より小さく$\frac{18}{11}$より大きい数をつくればよいから，一方の分数を$\frac{12}{4}$とすると，$\frac{12}{4} = 3$なので，もう一方を1より小さい$\frac{2}{7}$として足せば，3$\frac{2}{7}$となり，4より小さく$\frac{18}{11}$より大きくなります。

ヒント

まずは残っているカードがどれなのかを考えましょう。

右段

徳島県立中学校・中等教育学校

検査Ⅰ

課題1

（問1） ウ

（問2） **自分の興味のあるもの**

（問3） ウ

（問4） ⑧

（問5） ものごとの**本質**はきちんと残しながら，伝わる**言葉**を必死でさがし，かみくだいて伝える

ヒント

「わかりやすく伝える」ことの意味がどこで説明されているのかを探しましょう。

（問6） イ

（問7） 心を豊かにしてくれる言葉との出会い（について）

ヒント

「新聞記事を書いた人の最も伝えたいこと」がどこに書かれているかを探してみましょう。

課題2

（問1） エ

ポイント

アは弥生時代中期ごろ，イは江戸時代，ウは平安時代です。

（問2） ア ○ イ ○ ウ × エ ×

ポイント

種子島に鉄砲が伝わったのは室町時代。ウは平安時代，エは江戸時代です。

（問3） **武家諸法度**

（問4） 自分たちが日常に使う商品の多くにもエコマークがついているため，エコマークがついた商品を選ぶことを通して，身近な生活の中でかん境を守る活動に協力することができるから。

（問5） イ

ポイント

アは図書館，ウは消防署，エは警察署の地図記号です。

（問6） どこにいても，24時間，買いたいときに利用

できるようになる。

（問7） 地方自治

（問8）【問題】

着ていない服が多くあるのに服を買い足している一方で，たくさんの服を手放している。そして，手放された服はごみとして捨てられる割合が高く，大量の服が燃やされたりうめ立てられたりしており，かん境の悪化につながる。

【取り組み】

買った服はできるだけ長い期間着て，手放す服を少なくしたり，ごみとして捨てずに，店にある古着回収ボックスに出したりする。

課題3

選んだ案　A

私がA案を選んだ理由は，A案のポスターでは，応えんをしている人がえがかれているからです。運動会は，競技をしている人だけでなく，応えんをしてくれる人がいるからこそ一体となって盛り上がるのだと思います。また，応えんをしてもらうことで，友達のよさや感謝の気持ちを感じたこと，運動会の意義や人との関わりの大切さを学ぶこと，その一つ一つが大切な思い出になると思います。

ポスターをさらによくするために，放送係や道具係などの係としてがんばっている人たちもえがくとよいと思います。運動会を支えている人の姿をえがくことで，さらにみんなでつくり上げているという実感が強くなり，より思い出に残る運動会になると思います。

検査Ⅱ
課題1

（問1）　**5.2**

解き方
$156 \div 30 = 5.2$

（問2）　（試合をするごとに）シュートが入る割合が，

$\dfrac{2}{5}$，$\dfrac{1}{2}$，$\dfrac{3}{5}$になり，だんだんと高くなっている（ということがわかります。）

ヒント
試合ごとにシュート回数が異なるので，割合を求めて比べましょう。

（問3）　①　ア，ウ

ヒント
（正多角形の1つの角の大きさ）×（1つの頂点に集まる面の数）が360°になるとき，しきつめることができます。360°を正多角形の1つの角の大きさでわったときに，整数となるものを選びましょう。

　　　　②　**96**

解き方
$1.2 \times 100 \div 15 = 8$，$1.8 \times 100 \div 15 = 12$
$8 \times 12 = 96$

（問4）　①　⑦　**12**　　⑦　**3.14**

　　　　4号サイズのケーキの円周

　　　　②　⑦　**9.42**

ヒント
$(\bigcirc + \triangle) \times \square = \bigcirc \times \square + \triangle \times \square$

課題2

（問1）　**目をいためる**

（問2）　**東**

（問3）　月の見える位置は，太陽の見える位置の変わり方と同じように，東から南，西へと変わる。

（問4）　**イ，ウ，エ**

（問5）　**ア**

ポイント
イは息にふくまれる水蒸気が水滴に変わる現象，ウはボールの空気が抜けてしまうことによって起こる現象，エはとじこめた空気をおすとおし返してくる現象です。

（問6）　（空気と水を比べると，）あたためたり冷やしたりしたとき，空気の方が水よりも体積の変化が大きい（ですね。）

（問7）　（液だめの部分を，）あたためると灯油の体積が大きくなって液の先が上がり，冷やすと灯油の体

積が小さくなって液の先が下がる（から，）

（問8）　気温の高い夏は，レールの温度が高くなり，**体積が大きくなった金属のレールどうしがおし合うことで，つなぎ目が盛り上がったり，変形したりしてしまう**（からです。）

課題3

（問1）　**100円玉1枚の重さ**

ヒント
入っている100円玉全体の重さがわかります。

（問2）　（午前）**8**（時）**45**（分）

解き方
午前9時30分の40分前（午前8時50分）までにバスに乗ればよいから，0，15，30，45より，午前8時45分。

（問3）　（約）**39**（%）

解き方
ミックスジュースにふくまれる，にんじんの割合は30%です。グリーンサービスを追加しているから，
$300 \times 0.3 = 90$ g，$90 \times 0.5 = 45$ g
$(90 + 45) \div (300 + 45) \times 100 = 39.1\cdots$より，39%

（問4）　① $\dfrac{2}{5}$

【考え方】

		ビオラ		合計
		オレンジ色	白色	
パンジー	赤色	6	4	10
	白色	2	3	5
合計		8	7	15

表より　$6 \div 15 = \dfrac{2}{5}$

ヒント
選ぶ花の組み合わせは，赤色のパンジーとオレンジ色のビオラ，赤色のパンジーと白色のビオラ，白色のパンジーとオレンジ色のビオラ，白色のパンジーと白色のビオラの4通りです。表をつくり，それぞれの組み合わせが何人いるかを求めましょう。

②　（3枚組）**4**（つ），（2枚組）**2**（つ）

解き方
3枚組と2枚組のセットの組み合わせについて，1500円以内になる場合と，そのときのはがきの合計枚数は次の表の通りです。

	3枚組（セット）	2枚組（セット）	合計金額（円）	合計枚数（枚）
セット数	5	0	1350	15
	4	2	1480	16
	3	3	1410	15
	2	4	1340	14
	1	5	1270	13
	0	7	1400	14

（問5）　［積み重ね方がわかる図］

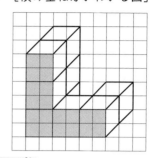

ヒント
積み重ねた図の立方体の個数は，下から1段目が5個，下から2段目が2個，下から3段目が2個です。

（問6）　（第2位）**79**（点），（第3位）**78**（点），
　　　　　（第5位）**25**（点）

解き方
たけしさんの得点は26点で順位は第4位，全員が20点以上という条件から，第5位から第10位までの得点は，25，24，23，22，21，20（点）となります。第1位から第3位までの合計得点は，$39.8 \times 10 - (26 + 25 + 24 + 23 + 22 + 21 + 20) = 237$点です。$237 \div 3 = 79$より，第1位から第3位までの得点は，80，79，78（点）です。

（問7）　**39**（歩目）

解き方
4小節（16歩）で前に進む距離は，$60 \times 6 = 360$ cmです。$360 \times 2 + 60 \times 5 = 1020$ cm，4小節のリズムで前に$60 \times 5 = 300$ cm進むのは7歩目だから，出口をはじめて通りこすのは，$16 \times 2 + 7 = 39$ 歩目です。

（問8）　$\dfrac{275}{19}$（m²）

解き方
次の図の，形が同じで大きさのちがう三角形OABと三角形OCDにおいて，辺AB，CDの長さの比が，○：△のとき，辺

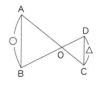

OA，辺OCの長さの比や辺OB，ODの長さの比も，
○：△になります。

これをもとにすると，45：50 = 9：10から，
下の図のようになり，色がついた部分の面積は，底辺
が5m，高さが55mの平行四辺形の$\frac{1}{19}$です。

よって，$5 \times 55 \times \frac{1}{19} = \frac{275}{19}$ m²

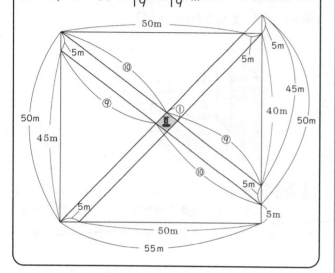

愛媛県立中等教育学校

適性検査

1

(1) **やすりでこする**

ヒント

　空らんの後に「やすりの使い方を書くのが正しかっ
た」とあるので，使い方を説明する内容を書きましょ
う。

(2) **動きがはやい。（はたらきが認められる。）**

(3) （たいちさんが，やすりも，おどりや笑いと同じよ
うに）**形が変化する**（と考えたのだと，ひろとさん
は思ったから。）

2

(1) あ **4.7**

解き方

　33 cm = 330 mm，330 ÷ 7 = 47 あまり 1
　よって，47 mm = 4.7 cm

---

(2) い **5** 　　う **2**

解き方

　114 ÷ 16 = 7 あまり 2 より，あまりが 2 である
から，17人のチームは 2 チーム，16人のチームは
7 − 2 = 5 チームです。

(3) ア え **55** 　　イ （ **19** ） 枚

解き方

ア $6\frac{7}{8} \times 8 = \frac{55}{8} \times 8 = 55$

イ $55 \div 3 = 18$ あまり 1 より，19 枚

3

(1) **ウ**

ポイント

　ウ…A社の「電車」通勤者数は，800 × 0.46 =
368人であり，B社の「車・バイク」通勤者数は，
300 × 0.73 = 219人。ア…「自転車」通勤者数は
15%であり，全従業員数の5分の1（20%）以下です。
　イ…「車・バイク」通勤者数だけでも73%と，半
分以上をしめています。エ…A社の「バス」通勤者数
は21%であり，全従業員数の2割以上です。

(2) ① **種類**　　② **条件**　　③ **特典**

(3) 温室効果ガスのはい出量が減ることで，地球温暖化
を防ぐことができる。

4

(1) 極 **N**
　　理由　はかりが示す重さが100gよりも（**大きく
なっている**）ことから，（**反発する**）力が働い
ていることがわかるため。

(2) **イ**

ポイント

　鉄は磁石につく性質があります。はかりにのせた棒
磁石は鉄の棒につこうとして上向きに引き寄せられる
ので，はかりが示す重さは100gよりも軽くなると
考えられます。

(3) 棒Qの真ん中付近で，棒Pが（**くっつかなくなった**）
から。

5

(1) （ **6.28** ） m²

解き方 ✏️

$$2 \times 2 \times 3.14 \div 2 = 6.28 \text{ m}^2$$

(2)

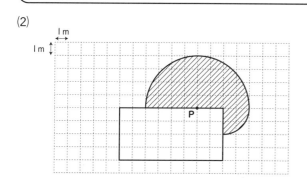

ヒント 💡

右図において，中心を P とする半径が 4 m の円と中心を Q とする半径が 2 m の円をかいて考えましょう。

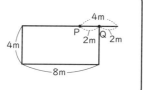

(3) （ 135.02 ） m²

解き方 ✏️

犬が動くことができる範囲の面積は右図の通り。

$$8 \times 8 \times 3.14 \div 2$$
$$+ 6 \times 6 \times 3.14 \div 4$$
$$+ 2 \times 2 \times 3.14 \div 4 \times 2$$
$$= 100.48 + 28.26 + 6.28$$
$$= 135.02 \text{ m}^2$$

6

(1) あ ウ　い エ　う ア　え キ

ポイント 🎼

あ…資料 1 の有形文化財の中に建造物が含まれ，例として道後温泉本館が挙げられていることに着目，い…資料 1 から，無形文化財とは古くから伝わる人間の技術であることに着目，う…資料 2 の注の，「（ ）の中の数は「国宝」の数を表している」という部分に着目，え…とおるくんの発言から，伊予神楽は民俗芸能なので，資料 1 から，民俗文化財の中の無形民俗文化財であることがわかります。

(2) お イ

(3) 保存修理には多くの費用がかかるので，（寄付をたくさん集めるため，特別なお礼があることをホームページで伝える）工夫をしている。

適性検査Ⅰ

1

問1　空気中の水蒸気が，冷凍室の冷たい空気に冷やされて目に見えるすがたになって白い煙のように見えたのね。

問2　【選んだ笛】　アとウ

【理由】　直径の異なる笛を使うと，音の高さが笛の長さのちがいによるものかどうかを確かめられないから。

ヒント 💡

1 つの条件について調べるときには，調べる条件だけを変えて，それ以外の条件は変えないようにしましょう。

2

問1【求め方】　$109.1 \times 6 = 654.6$ （cm）$= 6.546$ （m）より，模造紙を 6 枚使ったときに掲示用の棒の長さをこえます。こえる長さは，

$$6.546 - 6.34 = 0.206 \text{ (m)}$$
$$= 20.6 \text{ (cm)}$$

重なる部分は 5 か所できるので，

$20.6 \div 5 = 4.12$ より，棒からはみ出さず，掲示用の棒の長さと一番近くなる重なりのはばは 4.2 cm となります。

【枚数】　6　枚　【重なりのはば】　4.2　cm

問2

ヒント 💡

特に，【きまり】の条件にある「図 4 の図形と同じ面積の図形をかくこと」に注意しましょう。

適性検査Ⅱ・作文

3

問1

(1)　A 町の人口が年々増加しているにもかかわらず，一般廃棄物の総排出量はあまり変わらずに増えていないから，1 人あたりのごみの量は少なくなっていると思うよ。

---

(2) 生ごみの水切りをすることで，ごみ全体の重さが軽くなるので，運ぱんに使われる燃料が少なくてすむし，ごみの焼却にかかる時間も短縮できて，燃料も節約できるね。

解き方

資料4から，生ごみにしめる水分の割合が高くなっていることと，資料5から，水分量が多いほど燃えつきるまでに時間と多くの燃料が必要になることを読み取りましょう。

問2　私はよりよい学校にするために，美化委員会の委員長として，学校をきれいにすることに取り組んできました。最初はごみを拾うことや花だんの草取りをすることなどを放送やポスターで呼びかけていました。しかし，教室やろう下のごみは減らず，花だんをきれいにする人もいませんでした。そこで，美化委員全員で話し合い，まずは美化委員がごみ拾いや花だんの草取りを進んで行うことにしました。すると，私の友達がその様子を見て，いっしょにごみ拾いや草取りに取り組むようになり，少しずつ学校をきれいにしようと行動する人が増えました。この経験から，みんなに協力してもらうように呼びかけるうえで，まずは自分が手本となって行動に移すことが大切だと学びました。中学校では，部活動や生徒会，学校行事など，生徒同士で協力して取り組む機会が増えると思います。何事においても自分にできることを考え，すぐに行動に移すようにしたいと思います。

佐賀県立中学校

適性検査Ⅰ

1　（14点　(1)—2点，(2)—6点，(3)—6点）

(1)　1　**でも**

(2)　2　**当番の日**（の情報）

3　**あいさつ運動を行う場所**（の情報）

ヒント

会話文に「8学級で，1日に1学級，順番で1回ずつ行う」とあることに着目しましょう。

(3)　ア　①

イ　「朝のあいさつ運動週間」の文字を大きく，太く書く（といい）

ウ　③

エ　2行目を「みんなの一日がえがおではじまるように，」に変える（といい）

ヒント

①は「他の文字より目立つ」方法を，②は3行がバランスよく見えるために余白をとる方法を，③は区切る場所をどこに変えると読みやすくなるかを考えましょう。

2　（14点　(1)—6点，(2)—8点）

(1)　**鉄鉱石から鉄を取り出す技術がなかった**（から）

ヒント

資料中の「当時，鉄はめずらしい金属で金より何倍も貴重品でした。」の後の文章に着目しましょう。

(2)　ア　**車**

イ　**行動範囲を広げる**（ことができて役に立つけれど，）

ウ　**かん境に良くない二酸化炭素を出す**（などよくないこともある）

「ア　**言葉**」の場合

「イ　**他人とコミュニケーションを取る**」

「ウ　**悪口などで他人を傷付けてしまう**」

「ア　**インターネット**」の場合

「イ　**知りたい情報をすぐに調べる**」

「ウ　**うその情報を手に入れてしまう**」

3　（22点　(1)—4点，(2)—7点，(3)—11点）

(1)　**図書館や文化し設**（子育てをするための制度，病院や健康のための制度）

(2)　記号　**イ**

理由　資料2から，2020年の高れい者の人口は1980年に比べて増加しており，2020年の子どもの人口は1980年に比べて大きな変化が見られないから。

(3)　年れいそう　**高れい者**

提案　公共交通機関の高れい者の運賃を安くするのはどうでしょうか。公共交通機関に満足している人の割合が少ないので，A町で年々増加して

いる高れい者にとって利用しやすくすることで，満足度が高くなると思います。

適性検査Ⅱ

1 (19点 (1)－6点，(2)－5点，(3)－8点)

(1) かささぎ公園の図

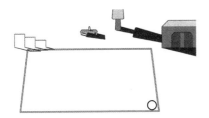

理由　ベンチや木のかげがすべて右下にのびているので，地面にひいた線の範囲の右下に立てば，かげが線の外側にできるから。

(2) ベンチの上で，太陽の光にあたためられた水とうの中の空気の体積が大きくなり，押し出されたお茶がストローから出てきたから。

(3) 図3から，地面にできるかげの長さは，実際の長さの1.5倍になります。図2の，トイレのかべにかかった木のかげの長さは，地面では，$1.2 \times 1.5 = 1.8$（m）になるので，トイレのかべがなかった場合の木のかげの長さは，$9 + 1.8 = 10.8$（m）
よって木の高さは，$10.8 \div 1.5 = 7.2$（m）となります。

木の高さは，（　7.2　）m

2 (13点 (1)－8点，(2)－5点)

(1) 4500 g ＝ 4.5 kgなので，$4.5 \times 10 = 45$ Lの水を使います。
【液体洗ざい】を使った場合，使用量は，
$45 \div 20 \times 16 = 36$（mL）
$36 \div 60 = 0.6$ より，0.6ぱいとなります。
【粉末洗ざい】を使った場合，使用量は，
$45 \div 30 \times 18 = 27$（g）
$27 \div 45 = 0.6$ より，0.6ぱいとなります。
0.6ぱいでよい洗ざい　どちらとも

(2) 調べること　風
加える手順　1台の物干し台には，せんぷうきで風をあてながらかわかし，もう1台の物干し台は風をあてずに，そのままの状態で

かわかす。
調べること　干し方
加える手順　1台の物干し台には，1枚のタオルにハンガーを2つ使ってかさならないようにして干し，もう1台の物干し台には，1枚のタオルにハンガーを使ってそのまま干す。

3 (18点 (1)－4点，(2)－6点，(3)－8点)

(1) 午前は東の方から太陽の光が入って来るので，東側のカーテンを閉めます。午後は，西の方から太陽の光が入って来るので，西側のカーテンを閉めます。

(2) ・（　10　）人で並べれば，東西方向に（　10　）列のイスを（　2　）分で並べることができる。
・（　2　）人で並べれば，東西方向に（　10　）列のイスを（　10　）分で並べることができる。
・（　10　）人で並べれば，東西方向に（　50　）列のイスを（　10　）分で並べることができる。

ヒント

　1人で1列並べるのにかかる時間は2分です。つまり，10人で10列並べる場合は，1人あたり1列並べることに，10列を10分で並べる場合は1人あたり5列並べることに，また，1人が10分で並べることができる列の数は5列となります。

(3) 東側と西側のかべから5 mずつはなすので，いすを $25 - 5 \times 2 = 15$ mの幅に24きゃく並べます。
　$24 \times 0.4 = 9.6$，$15 - 9.6 = 5.4$ より，通路に取ることができる長さは5.4 mです。1ブロックあたりのイスの数は24の約数となるので，1，2，3，4，6，8，12，24で，通路をつくるので24は省きます。1ブロックのイスの数と通路の数を表にすると次のようになります。

イス	1	2	3	4	6	8	12
通路	23	11	7	5	3	2	1

　この中で，通路のはばが1 mから2 mの間で，どこも等しくなるようにつくれるのは，1ブロックが4きゃくのとき，$5.4 \div 5 = 1.08$（m），1ブロックが6きゃくのとき，$5.4 \div 3 = 1.8$（m）の2通りです。

1ブロックあたりのイスの数　4きゃく，6きゃく

適性検査

1 (29点 問題1－6点, 問題2－6点, 問題3－8点, 問題4－9点)

問題1 音を表している

問題2 いらっしゃる (おみえになる, おいでになる)

ポイント

「尊敬語」は, 相手や話題になっている人を敬う気持ちを表すときに使います。「けんじょう語」は, 自分や身内の動作を低くすることで, 話す相手や話題になっている人への敬意を表すときに使います。

問題3 12 (秒)

解き方

153 ÷ 0.5 = 306 より, 1時間に306回かたむいたことになります。1時間は60分なので, 1分では, 306 ÷ 60 = 5.1回かたむいています。また, 1分は60秒だから, 60 ÷ 5.1 = 11.7… より, 12秒に1回かたむいたことになります。

問題4 日本付近の天気は西から東に変化し, いま西の空が晴れている

2 (29点 問題1－各6点, 問題2－8点, 問題3－9点)

問題1 ア 新聞紙は古紙回収に出しましょう
イ トイレットペーパーなどに作りかえることができます

解き方

リサイクルとは, ごみを資源に変え, ふたたび利用することです。他に, ペットボトルも資源ごみとして回収され, プラスチック製品などにつくりかえられています。

問題2 ウ 100 (回まき)
エ 1 (個)

ヒント

1つの条件について調べるときには, 調べる条件だけを変えて, それ以外の条件は変えないようにしましょう。

問題3 オ 2個のかん電池をへい列につないだ

ヒント

かん電池2個を直列つなぎにすると, 回路に流れる電流は大きくなりますが, かん電池2個をへい列につないでも電流の大きさはかん電池1個のときとほとんど変わりません。

3 (30点 問題1～問題3－各7点, 問題4－9点)

問題1 3.1 (km)

解き方

地図の縮尺に注意しましょう。
A駅から市役所までは,
5.8 × 250 = 1450 m = 1.45 km
市役所からおじいさんの家までは,
16.5 × 100 = 1650 = 1.65 km
よって合計は, 1.45 + 1.65 = 3.1 km

問題2 室内のあたたかさをにがさないようにする

ヒント

おじいさんが住む北海道の気候に着目しましょう。

問題3 折った部分が開いてしまうから。

問題4 図案

ヒント

切り紙2にある3つの四角の模様は, 折り目となる点線 (----------) の上にあります。

4 (42点 問題1－9点, 問題2－7点, 問題3－8点, 問題4－各9点)

問題1 介護職員の必要数と介護職員の数の差が広がっていく
(2023年度に介護職員の数が不足していて, 介護職員の必要数の方が介護職員の数よりも増加数が大きい)

問題2 6 (cm)

解き方

78 と 96 の最大公約数を求めます。

78 の約数は，1，2，3，6，13，26，39，78

96 の約数は，1，2，3，4，6，8，12，16，24，32，48，96　よって，正方形の1辺は6cmです。

問題3　109（個）

解き方

5×5×4＋3×3×1＝109個

問題4　ア　484（本）

　　　　イ　196（個）

解き方

面で考えてみましょう。

縦に5列，横に5列の面をつくると，下の図1のようになり，この面をつくるのに必要なひごは60本，ねんど玉は36個です。縦に5列，横に5列の立方体を4段重ねるのに，この面は5面必要で，また，それぞれの面をつなぐひごの数は 36×4＝144 本必要です。ここまでに必要な

ひごの本数は，60×5＋144＝444 本

ねんど玉の個数は，36×5＝180 個

となります。

この上に，図2のような縦に3列，横に3列組み合わせたものを1段のせるので，ひごは，下の面とつなぐ分もふくめて，24＋16＝40 本，ねんど玉は16個必要です。よって，必要なひご，ねんど玉の数は，

ひごが，444＋40＝484 本

ねんど玉が，180＋16＝196 個となります。

図1　　　　　図2

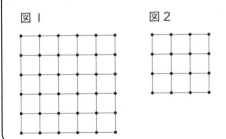

熊本県立中学校

適性検査Ⅰ

1 （40点　問題1，問題2－各2点，問題3－6点，問題4(1)－3点，(2)－5点，問題5－20点）

問題1　A　豊富　　　B　導入

問題2　エ

問題3　（昆虫や，47 都道府県名と県庁所在地の例のように，）知識を使用することもなく，対象にしている知識が人為的に限られている（こと。）

ヒント

第二段落に「孤立した知識を実際に使用することもなく，孤立したままに保持している」と「『知ってるつもり』になりやすい」とあります。また，第四段落に，47 都道府県名と県庁所在地の例について，「こういう関係が成立するのは，対象にしている知識が人為的に限られたものだからです」とあります。これらの内容をまとめましょう。

問題4　(1)　わからないとも思ったことのない

　　　　(2)　輸送用機械出荷額の上位五県のうち，なぜ群馬県だけが海に面していないのか

ヒント

(2)は，資料3から各県の位置をはあくし，資料1，資料2と結びつけて考えましょう。

問題5

　私は社会の勉強をしていた時に「知ってるつもり」になっていると感じたことがあります。ある事件について学び，知ったと思っていたのに，いざ別の事件とのつながりを聞かれると答えられず，何がわからないのかもわかりませんでした。これは本文の「多くの学生」の状態と同じだと思います。これからは，筆者の言うように「知ってる」知識を活用して「知らない」「わからない」状態になり，積極的に学び続けていきたいです。

2 （40点　問題1(1)，(2)－各6点，(3)－4点，問題2(1)－4点，(2)－8点，(3)あなたができる取り組み－9点，会社や工場ができる取り組み－3点）

問題1(1)　熊本県全体の人口は減っている。

　　　　　0～14 歳の人口は減っている。

　　　　　15～64 歳の人口は減っている。

　　　　　65 歳以上の人口は増えている。

(2)　(例)

　　・働く人が少なくなる。

　　・税収が減り，公的サービスにえいきょうが
　　　出る。

(3)　①　ウ　　②　ア　　③　エ　　④　イ

ポイント

　市町村長や市町村議会議員は，国会議員と同様に選
挙によって選ばれ，政治を任された市民の代表です。
市役所や町村役場でつくられた計画書や予算案が，そ
れでよいのかを話し合い，必要に応じて修正して，最
後に多数決で決定します。

問題2(1)　ウ

解き方

　ウ…1998年の石炭の割合は，9334.0 ÷ 56917.9
× 100 = 16.39…より，約16.4%であり，2018
年の石炭の割合は，12777.7 ÷ 50928.0 × 100 =
25.08…より，約25.1%，ア…原子力の国内供給量
は2008年と2018年に直前の調査年より増えてい
ます，イ…2018年の再生可能エネルギーの割合は，
2647.9 ÷ 50928.0 × 100 = 5.19…より，5.2%，
エ…19135.4 ÷ 28882.2 × 100 = 66.2…より，
50%を上回ります。

(2)　**エネルギーの国内供給量は，石油や石炭，天
　　然ガスが多くをしめるが，これらの資源は限り
　　があり，これらを利用すると地球温暖化につな
　　がる二酸化炭素が出ること。**

ヒント

　資料2から，石油・石炭・天然ガスが多くの割合を
しめていること，資料3から，石油・石炭・天然ガス
が採れる年数に限りがあること，資料4から，石油・
石炭・天然ガスを使用すると，温室効果ガスの大部分
をしめる二酸化炭素が排出され，地球温暖化につなが
ることを読み取りましょう。

(3)　**あなたができる取り組み（例）**

　　・　**使わない電気は小まめに消す。**

　　・　**暖房の設定温度を低くする。**

　　・　**お湯を出しっぱなしにしない。**

　　会社や工場ができる取り組み（例）

　・　環境に配りょした自動車の開発を進める。

適性検査Ⅱ

1　(40点　問題1(1)－4点，(2)－8点，問題2(1)－
　　2点，(2)答－2点，求め方－8点，(3)理由－4点，
　　問題3(1)－4点，(2)－8点)

問題1(1)　(　**2.2**　)倍

解き方

　330 ÷ 150 = 2.2

(2)　(　**9**　)kg

　　求め方

　　たいたご飯で1個あたりの重さ90gのお
　　にぎりを220個作るので，必要なたいた
　　ご飯の重さは　90 × 220 = 19800より
　　19800 g

　　19800 gは19.8kgである。

　　たいたご飯の重さは米の重さの2.2倍に
　　なっているから　19.8 ÷ 2.2 = 9

　　したがって，9kg

　　（別解）

　　米とたいたご飯の重さの比は

　　150：330 = 5：11

　　たいたご飯で1個あたりの重さ90gのお
　　にぎりを220個作るので，必要なたいた
　　ご飯の重さは　90 × 220 = 19800より
　　19800 g

　　19800 gは19.8 kgである。

　　必要な米の重さをx kgとすると

　　5：11 = x：19.8

　　19.8 ÷ 11 = 1.8なので5 × 1.8 = 9

　　したがって，9 kg

問題2(1)　(　**28**　)cm

解き方

　ＡＢと同じ長さが7本あるから，

　　2 × 2 × 7 = 28 cm

(2)　あ　(　**60**　)度　　い　(　**120**　)度

　　う　(　**120**　)度　　え　(　**60**　)度

図4

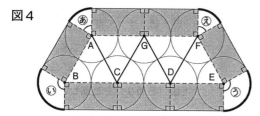

求め方

直線ＡＣ，直線ＣＧ，直線ＤＧ，直線ＤＦの
長さも円の半径2つ分だから長さはすべて4
cmになる。

これから，三角形ＡＢＣと三角形ＡＣＧ，三
角形ＤＦＧ，三角形ＤＥＦは1辺の長さが4
cmの正三角形となる。

正三角形の1つの角の大きさは60度であ
る。

だから㋑と㋺の角の大きさは

360 －（90 ＋ 90 ＋ 60 ＋ 60）＝ 60

したがって，60度

㋩と㋥の角の大きさは

360 －（90 ＋ 90 ＋ 60）＝ 120

したがって，120度

(3) 理由

㋑，㋩，㋥，㋺の角の大きさをあわせると
60 ＋ 120 ＋ 120 ＋ 60 ＝ 360 より 360
度となるので，1つの点に㋑，㋩，㋥，㋺の
角をすき間なく集めると半径2cmの円になる
から。

問題3(1) （ 18 ）きゃく

解き方

右図のように，縦1辺
には3人，横1辺には6
人並びます。

（3＋6）×2＝18 きゃく

(2) 縦6台，横（ 9 ）台の長方形

求め方

縦一辺に並べる長机の台数といすの数は次の
ような関係がある。

長机の数(台)	1	2	3	4	5	6
いすの数	2	3	5	6	8	9

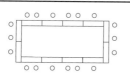

表から長机を縦一辺に6台並べるといすは9

きゃく並ぶ。

いすは46きゃく必要なので

46 － 9 × 2 ＝ 28

横に並べる長机にいすが28きゃく並べばよ
い。

長机の数(台)	1	2	3	4	…	9
いすの数	2	3	5	6	…	14

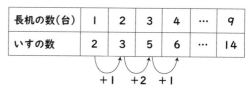

長机を横一辺に9台並べると，いすが14
きゃく並ぶ。

14 × 2 ＝ 28　となるので，長机を縦6台，
横9台の長方形になるように並べるとよい。

ヒント

縦に並べる長机12台に必要ないすの数がわかると
横に並べる長机に必要ないすの数がわかります。

2 （40点　問題1(1), (2)－各4点，(3)－6点，問題
　2(1)－3点，(2)－各6点，(3)－各3点，(4)－5点）

問題1(1) ① イ　　② ア

(2) 砂利

理由

砂利は，三つのうちで最も水がしみこみや
すいから。

(3) 校庭の土

理由

校庭の土は，水の出てくる量が少なかった
から。

解き方

表2を参考に，「水がたまらない」「水をたくわえや
すい」ものはどれかそれぞれ考えましょう。

問題2(1) 面Ａ（ Ｓ ）極　　面Ｂ（ Ｎ ）極

ヒント

面Ａのとなりの方位磁針はＮ極が，面Ｂのとなりの
方位磁針はＳ極がそれぞれひきつけられています。

(2) 記号（ ウ ）

説明

同じ極どうしはしりぞけ合い，違う極どう
しは引き合う性質を利用したもの。

記号 （ オ ）
説明
　　N極は北を指し，S極は南を指す性質を利用したもの。

(3) 式

$2.6 \div 10 = 0.26$

$38.3 \div 0.26 = 147.307\cdots$

答え （ 147 ） 個

(4) つなげた丸形磁石の数が多くなるほど，磁石の鉄を引きつける力が強くなる。

ヒント❷

　丸形磁石の個数が増えると引きつけられたクリップの個数も増えていることがわかります。

大分県立大分豊府中学校

適性検査Ⅰ

1

(1) イ エ

(2) ① A 作品　　B 作者
　　② C ウ
　　③ D パネル
　　④ E 美術に興味をもつ人を増やす（こと。）

(3) イ

2

(1) ① イ ウ　② エ　③ ア

ポイント🎼

① 「読み方がわからない」とあります。
② 漢字の成り立ちには，以下の5種類があります。
　・反対の意味の漢字を組み合わせたもの。例：勝敗
　・似た意味の漢字を組み合わせたもの。例：変化
　・上の字が下の字を説明するもの。例：急用
　・下の字が上の字の目的になるもの。例：乗車
　・打ち消しの漢字が付くもの。例：非常
③ 【メモ】に「シンボルマーク」と「ロゴタイプ」の説明があります。

(2) ① A　ロケットとその発しゃ台をモチーフにして
　　② B　【宇宙ノオンセン県オオイタ】
　　　　C　温せんにうちゅう人らしき人物が入っているデザインです。大分の温せんがうちゅう人にも愛されているような印象をうけます。
　　　　D　四角の字形を丸くしたり，カタカナを使ったりすることで，まるでうちゅう人が言葉を発しているようなコミカルな印象をうけます。

ヒント❷

　【2022 第45回全国育樹祭】を選ぶ時は，シンボルマークの中やロゴタイプの中に，葉などの植物が取り入れられていることに注目しましょう。

3

(1) ① 緑　　② 水色

解き方✏️

① 資料1から，大分県の森林面積は45万ha，県の面積は63万haなので，森林の割合は，$45 \div 63 \times 100 = 71.42\cdots$より，約71.4%
② 資料2の　　　県は佐賀県。佐賀県の森林面積は11万ha，県の面積は24万haなので，森林の割合は，$11 \div 24 \times 100 = 45.83\cdots$より，約45.8%

(2) 資料3から，主ばつに適した林れいは，50〜100年であることがわかる。一方，資料4から，主ばつに適した林れいのスギの人工林は，全体の半分以上残っていて，林れいがわかいほど面積が小さくなっていることがわかる。だから，この先も安定して木材を利用し続けていくためには，主ばつの時期をむかえた木はばっ採して木材とし，再びなえ木を植え，森林の適切なこう新を行っていくことが大切。

ポイント🎼

　資料4から，51〜60年とそれよりも古い林れいの面積の合計が全体の半分以上をしめていることを読み取りましょう。

(3) 資料5から，林れい11〜20年のスギの人工林が最も多く二酸化炭素をきゅうしゅうしていることがわかる。資料4から，林れい11〜20年のスギの人工

林の面積は小さいことがわかる。決して望ましい状きょうにあるとは言えないのは，現状では，最も多くの二酸化炭素をきゅうしゅうする林れい 11〜20 年のスギの人工林の面積が小さいから。

4

(1) あ 4

　い ひなんを開始すべきタイミングでありすみやかにひなんする

　う ひなん情報を正しく理解し

解き方
　あ 資料2から，避難勧告について正しく理解していた人は 26.8％，避難指示（緊急）について正しく理解していた人は 24.5％であり，全体の約 25％（4人に1人）です。
　い 資料2から，避難指示（緊急）の中で，25.4％が最も高い割合であり，避難勧告の意味としてとらえている人が最も多いということがわかります。

(2) A イ　B ウ　C ア
　　D キ　E カ　F オ
　　G ク　H エ　I ケ

ヒント
　自助とは，自分の命は自分で守ること。共助とは，近所の人がおたがいに協力して助け合い，地いきを守ること。公助とは，国や都道府県，市（区）町村やけいさつ，消防などの救助やえん助のことです。

適性検査Ⅱ
1

(1) 方位じしんを，アの極に近づける。
　　方位じしんのN極がアの方を指したら，アの極はS極だとわかる。
　　アと反対の方を指したら，アの極はN極だとわかる。

ヒント
　磁石には，ちがう極どうしを近づけると引き合い，同じ極どうしを近づけると反発するという性質があります。

(2) 10回まきのコイルでは，80cm動くのに3回とも1秒以上かかっている。20回まきのコイルでは80cm動くのに3回とも1秒かかっていない。
　　これらのことから，コイルのまき数が多いほどトレインは速く動く。

(3) A ア　B ウ
　　（[A ウ　B ア]［A イ　B エ]
　　[A エ　B イ] も可。）

ヒント
　銅線の太さ以外の条件が同じになる組み合わせを考えましょう。

2
(1)

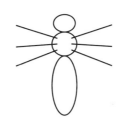

ヒント
　チョウなどのこん虫の仲間の体は，頭，胸，腹の3つの部分からできていて，胸にあしが6本ついています。

(2) モンシロチョウは，寒い時期以外は2か月ほどでたまごから成虫になり，成虫を見られる時期が1年間に6回ある。オオルリシジミは，1年かけてたまごから成虫になり，成虫を見られる時期は1年間に1回の1か月ほどしかないから。

(3) イ

ヒント
　オオルリシジミは，クララの花になる部分にたまごを産み，幼虫はクララのつぼみや花を食べて育つという部分をもとに考えると，オオルリシジミがたまごから幼虫として過ごす時期と重なっていることがわかります。

(4) 野焼きや放牧をすることで，日当たりのよい草原が広がりクララがよく育つ。
　　オオルリシジミの幼虫が食べるクララが増えれば，オオルリシジミの数も増えるから。

3

(1) A店は，10セットまでは 100 × 10 = 1000 で，1000円でこう入できる。残りの20セットは 3わり引きでこう入できるので 100 ×（1 − 0.3）× 20 = 1400 で，残りの20セットは1400円でこう入できる。よって，1000 + 1400 = 2400 で，A店は2400円

B店は，会員登録すれば30セット全て半額なので，110 × 0.5 × 30 = 1650 で，1650円でこう入できる。登録料と合わせて 1650 + 600 = 2250 で，B店は2250円

C店は，2セットこう入ごとに1セットプレゼント，つまり20セットこう入すれば10セットプレゼントされて，30セットになるので 115 × 20 = 2300 で，C店は2300円

したがって，一番安くこう入できるお店はB店である。

(2) ア **64**　イ **56**　ウ **105**

(3) ① ア $\dfrac{4}{45}$　イ $\dfrac{4}{5}$　ウ $\dfrac{7}{10}$

② エにあてはまる数字は（ **10** ）となる。

理由は，3人がいっしょに作業すると，$\dfrac{1}{9} + \dfrac{4}{45} + \dfrac{1}{10} = \dfrac{3}{10}$ より，1日で全体の $\dfrac{3}{10}$ をつくることができる。

残りが $\dfrac{7}{10}$ だから，$\dfrac{7}{10} \div \dfrac{3}{10} = \dfrac{7}{3}$ より，あと $\dfrac{7}{3}$ 日，つまりあと $2\dfrac{1}{3}$ 日だから，3日作業するとよい。

作業開始が8月5日，1人で作業した日が3日間，3人で作業する日が3日間となり，作業は8月10日に完成するから。

4

(1) ① A エ

② B **8** 個　C **0** 個　D **1** 個

③ ウ

(2) ア **120** 度　イ **540** 度　ウ **72** 度

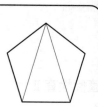

宮崎県立中学校・中等教育学校

適性検査Ⅰ

【第１部】

課題1

問い1　100

解き方

　　□には，区間Bの道のりが入ります。

グラフ1から，400 － 300 ＝ 100

問い2　（ア）　1.5　倍

解き方

　　区間Aの速さは，300 ÷ 2 ＝ 150 より，毎分 150 m
　　区間Cの速さは，200 ÷ 2 ＝ 100 より，毎分 100 m

150 ÷ 100 ＝ 1.5 より，1.5 倍となります。

問い3　（イ）　750　m　　（ウ）　3　分後

解き方

　（ウ）　グラフ3をもとに，グラフ1にゆきえさんの
　　　　グラフを重ねると，区間Bで追いついたことが
　　　　分かります。

　　　　区間Bの速さを比較すると，
　　　　よしこさん…100 ÷ 2 ＝ 50，毎分 50 m
　　　　ゆきえさん…400 ÷ 2 ＝ 200，毎分 200 m
　　　　200 － 50 ＝ 150 より，毎分 150 m 差がせ
　　　　ばまります。また，300 － 150 ＝ 150 より，
　　　　区間Bのはじめに，2人の差は 150 m あるこ
　　　　とがわかるので，150 ÷ 150 ＝ 1　区間Bの
　　　　開始から1分後，つまり，2 ＋ 1 ＝ 3 分後に追
　　　　いつくことがわかります。

課題2

問い1　（ア）　4　通り　　（イ）　6　通り

解き方

　（ア）　他に「駅→美術館→歴史資料館→駅」「駅→
　　　　歴史資料館→美術館→駅」の2通りあります。
　（イ）　「駅→工場→博物館→美術館→駅」
　　　　「駅→工場→博物館→歴史資料館→駅」
　　　　「駅→美術館→博物館→歴史資料館→駅」
　　　　の3通りと，見学する施設の1番目と3番目
　　　　を入れ替えた3通りの合計6通りがあります。

問い2　（ウ）　60　分

ヒント

　　自主研修の時間は3時間＝180分，30 × 4 ＝
120 より，4つの施設見学にかかる時間は120分な
ので，180 － 120 ＝ 60 より移動時間は 60 分以内
となります。

問い3　　駅→工場→美術館→博物館→歴史資料館→駅
　　　　（駅→歴史資料館→博物館→美術館→工場→駅）

ヒント

　　すべての施設を見学するコースで，最も移動時間
が短くなる場合を考えましょう。移動時間が10分の
コースを優先するとよさそうです。

課題3

問い1　①　イ　　②　ア　　③　ア

ヒント

　　かずおさんの予想が正しいものとして，二酸化炭素
の体積に着目して考えてみましょう。

問い2　①　イ

　　　②　ろうそくの火にあたためられて集気びんの
　　　　上の方にたまっていき

　　　③　集気びんの上の方から先になくなっていく

考え方

　　二酸化炭素は酸素よりも重いので下の方からたまり
そうですが，空気にはあたためられると上に動く性質
があるため，二酸化炭素は上の方からたまります。

課題4

問い1　7.5　cm

ヒント

　　おもりの重さが10g増えるごとにばねの長さは
0.5 cmのびています。

問い2　120　g

解き方

　　問い1の**ヒント**より，
10 × （6 ÷ 0.5）＝ 120 g

問い3　イ

考え方

おもりがゆかからはなれると，このばねは，実験1
で40gのおもりをつるしたときと同じ状態になりま
す。それ以上引きあげてもおもりの重さは変わらない
ので，ばねののびは変わりません。

課題5

問い1　ウ

ヒント

会話の流れから，第1希望の結果だけをもとに「都
井岬」に決めないほうがよい判断理由を考えましょう。

問い2　①　えびの高原　　②　75点

解き方

高千穂峡は，10×3＋16×2＋10×1＝72点
えびの高原は，12×3＋15×2＋9×1＝75点

問い3　イ，オ

課題6

問い1　ア

ヒント

資料1中の★の近くに□がたくさん見られます。

問い2　（ア）　年々海外からの石炭の輸入量が増えてい
　　　　　　　る
　　　　（イ）　輸入に便利な臨海部につくられた

ヒント

日本の工業は，「太平洋ベルト」とよばれる地域を
中心に発展してきました。

問い3　イ，ウ

ヒント

まことさんのまとめ②の前半部分，後半部分にそれ
ぞれ書かれていることに着目して資料を選びましょ
う。

適性検査I

【第2部】

課題1

問い1　10.2　型

解き方

表から，画面の大きさは対角線の長さを2.54で
わって求めることができます。25.9÷2.54＝
10.19…より，タブレットは10.2型となります。

問い2　（　○　）4：3のスライド

＜説明＞　・設定が4：3のスライドをうつす場合
　　　　　　縦の長さを同じに，横の長さを○とすると，
　　　　　　○：4.5＝4：3となる。○＝4.5×$\frac{4}{3}$
　　　　　　○＝6より，面積は，4.5×6＝27 m²
　　　　　・設定が16：9のスライドをうつす場合
　　　　　　横の長さを同じに，縦の長さを□とすると，
　　　　　　6.5：□＝16：9となる。□＝$\frac{9×6.5}{16}$
　　　　　　□＝$\frac{117}{32}$より，面積は，
　　　　　　6.5×$\frac{117}{32}$＝$\frac{1521}{64}$＝23.76…より，
　　　　　　約24 m²
　　　　　　4：3のスライドを使ったほうがよい。

ヒント

縦または横の長さを同じにして，比を使ってもう一
方の長さを求め，その面積を計算して比べましょう。

課題2

問い1　5

考え方

どの図形も，5つのマス目からできています。

問い2

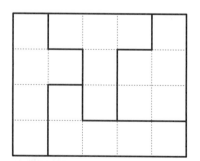

ヒント

長方形Aのたてやよこにはまるように，たして4や
5になる図形の組み合わせを考えましょう。

問い3　（ア）　7 個　（イ）　30 面

解き方

ア　右図のような立体です。

イ　全部で真正面とその反対，
　真上と真下，真横の2面の
　いずれの6方向から見ても
　同じように5面見えるので，
　色をぬることができる面は全部で，6 × 5 ＝ 30
　面です。

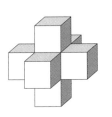

課題3

問い1　ウ

ヒント

　水がふっとうしてできる「あわ」や「見えない部分」
は水じょう気。湯気は水じょう気が冷やされて小さい
水の粒になったものです。

問い2　32 ℃

考え方

　地面から 4400 m のところで氷の粒ができたこと
から，このときの気温は 0℃であることがわかりま
す。地面から 2000 m までは，100 m で 1℃ずつ温
度が下がるので，2000 ÷ 100 ＝ 20℃温度が下が
り，2000 m から 4400 m までの 4400 － 2000 ＝
2400 m は，雲ができているため，100 m で 0.5℃ず
つ，200 m で 1℃ずつ温度が下がるので，2400 ÷
200 ＝ 12℃温度が下がります。よって，このときの
地面近くの気温は 20 ＋ 12 ＝ 32℃と考えられます。

問い3　雲の厚さがうすいと，水てきや氷のつぶが少な
　　　いので，結びついて雨にならないから。

ヒント

　図2の積乱雲のように雲の厚さが厚いと，水てきや
氷のつぶが多くなるので，雨になって降ってくること
が多くなります。

課題4

問い1　ウ

ヒント

　1つの条件について調べるときには，調べる条件だ
けを変えて，それ以外の条件は変えないようにしま
しょう。

問い2　種子にふくまれる養分を使い切ってしまう

問い3　①　イ　　②　ア

課題5

問い1　ウ

問い2　A　東京とサンパウロを直線で結んだときの距
　　　　　離と方位が正しい
　　　　B　東京からサンパウロまでの最短経路になる

ヒント

　資料3の地図中の東京からサンパウロまでを直線で
結ぶと，ヒューストンを通り，最短経路を通っている
ことがわかります。

問い3　イ，エ

ヒント

　オーサグラフの地図は，陸地の面積がほぼ正しく，
方位や形，距離のゆがみが少ないという特色がありま
す。

　　ア…会話3のあつこさんの資料2についての説明か
　　　　ら，資料1の方が地図のはしに近い陸地の形は
　　　　正確であることがわかります。
　　イ…資料3と同様，資料1でもデリーは東京のほぼ
　　　　西にえがかれています。
　　ウ…アと同様に会話3から，グリーンランドがオー
　　　　ストラリアの3分の1の大きさにえがかれてい
　　　　ます。
　　エ…どちらも1：3の比になっています。
　　よって，正しいのはイとエとなります。

課題6

問い1　ア　20歳より前に将軍になっている
　　　　イ　逆らおうとした疑いがある

問い2　ウ　分割した　　エ　生活が苦しかったの
　　　　オ　北条氏以外は減り，北条氏は増えていった
　　　　カ　権力を強めていったの

ヒント

　御家人は，領地の分割相続がくり返されることに
よって次第に土地が減り，生活が苦しくなっていきま
した。

作文

問い一　燃えている森の火を消すために，くちばしで水のしずくを一滴ずつ運んで，火の上に落とすこと。

ヒント
森が燃えているときの，ハチドリの行動に着目しましょう。

問い二　私が大きな問題だと考えているのは，地球温暖化です。先日，地球温暖化に関するニュースで，二十一世紀末の気温や台風，生活へのえいきょうなどの予測が取り上げられていました。何も対策をとらないと，最高気温三十度以上となる日が一年の約三割となることや，台風の勢力が大きくなってひ害を受けやすくなること，農作物の生産のおくれが予測されているようです。地球温暖化の原因の一つに，発電や自動車による二酸化炭素のはい出量の多さがあります。現代社会において，自動車や電気は必要なもので，すべてをなくすことはできませんが，少しでも使う機会を減らすことはできます。そこで資料Ａと資料Ｂのハチドリのように，自分ができることに少しずつ取り組むことが大切になると思います。私は，使っていない電気を消したり，近い場所に行く時は徒歩や自転車で移動したり地球にやさしい行動をして，地球温暖化の問題に関わっていきたいと思います。

鹿児島県立楠隼中学校

適性検査Ⅰ

問1　Ａ　自己受容

　　　Ｂ　自分の長所を一生懸命に見つけて「だから自分は素晴らしい」と認めようとすること。

ヒント
31〜32行目に，「自分の良いところを一生懸命に見つけて『だから自分は素晴らしい』と肯定しようとするのが自己肯定です。」とあります。

問2　Ｃ　自己受容を繰り返すことで築き上げられ，自信と違って，目先の失敗や他人の言葉・行動によって簡単には損なわれない自分が自分であるという確かな感覚。

ヒント
「自己肯定感」の内容は，39〜44行目に書かれています。

問3　自分を演出したり過大評価したりして優越感を味わい自尊心を保とうとするが，ほれぼれするような自分しか愛せず，結果を出せない自分や目立てない自分には価値を感じられないと考えられるから。

ヒント
――線部②の後に筆者がそのように考える理由が書かれています。

問4　私はこの文章を読んで，無理に自分の良いところを見つけるのではなく，どのような自分でもそのまま受け入れることが，自分を好きになるために大切なのだと感じました。

　　私は，何かをしてうまくできなかったり，失敗したりすると，自分を責めて，価値のない人間なのだと思うことがよくあります。そのような時，これまでは無理やり自分の長所を探して，自分を認めようとしていました。しかし，この文章を読んで，ありのままの自分を受け入れることのほうが大切だと気づきました。そうすることで，どんな自分も好きになることができます。大人になるにつれて，ちょう戦できることは増えていきます。それと同時に，失敗する機会も増えていくと思います。これからは，失敗して落ちこんだ時は自分の良いところ探しをす

るのではなく，これも自分なのだと受け入れていきます。その経験を積み重ねて，正しい自己肯定感を持って物事に取り組みたいです。

適性検査Ⅱ

1

問1　エ

解き方

地球の直径と地球から太陽までの距離の比は，13：150000 なので，地球の直径を 13 mm とするとき，地球から太陽までの距離はおよそ，

150000 mm ＝ 15000 cm ＝ 150 m となります。

問2

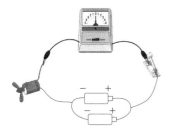

ヒント

針のふれ方から電流の向きが変わったことと，電流の強さはかわっていないことが読み取れます。

問3　北海道は，暑い日が多い7月から8月も平均気温が全国と比べて低いことや，春から夏にかけて旬の農産物や海産物が多いから。

ヒント

資料5から，7月と8月の北海道は，全国と比べて約5℃気温が低いので過ごしやすく，資料6から，農産物と海産物ともに，旬が7月と8月に集中していることを読み取りましょう。

問4(1)　肉を主として食べて生きる動物は，草などを主として食べて生きる動物に比べて，体長に対する腸の長さの割合が小さい。

　(2)　ライオン　見ているものまでの距離を正確にとらえる範囲が広いため，えものをつかまえやすい。

　　　シマウマ　目で見ることができる範囲が広いため，敵を見つけやすい。

ヒント

肉食と草食の動物のちがいに着目しましょう。

問5　40 cm × 75 cm × 15 cm ＝ 45000 cm³

45000 cm³ ＝ 45L

したがって1袋10Lであるから少なくとも5袋が必要である。　　　　　5　（袋）

問6　隼太さんの家は川に近く，川が増水して洪水が起こったときに自分や家族の命を守るため。

ヒント

「ライフジャケット（救命胴衣）」が必要な理由を資料10と結び付けて考えましょう。

2

問1(1)　408　（席）

解き方

横には「あ〜ち」の17列あるから，

17 × 24 ＝ 408 より，408席

　(2)①　3　（席）

　　②　「ち－11」

　　③　横の並びを基準に考えると，「あ・う・お・き・け・さ・す・そ・ち」の9列にそれぞれ12席ある。したがって，12 × 9 ＝ 108（席）
　　　　　　　　　　　　　108　（席）

【別解】

縦の並びを基準に考えると，縦に17席あり，奇数の列は，座れる席が「あ・お・け・す・ち」の5席ある。偶数の列は，座れる席が「う・き・さ・そ」の4席ある。

したがって，5 × 12 ＝ 60（席）

4 × 12 ＝ 48（席）　60 ＋ 48 ＝ 108（席）
　　　　　　　　　　　108　（席）

ヒント

①　縦の奇数の列で座ることができる座席は，「あ，お，け，す，ち」の5席。偶数の列で座ることができる座席は，「う，き，さ，そ」の4席です。

②　①から，自分の座席も含めて縦の列に5席並んでいるのは奇数の列で，隼太さんは最後方の「ち」の席に座っていることがわかります。また，

横の列の左側に5席あるので，隼太さんは左から6席目，つまり11の列の席に座っています。

問2(1)　日本のコメの消費量と生産量は，全体的に減少していることが分かる。

(2)　海外に展開する日本食レストランが増加していることから，日本のコメ・コメ加工品の輸出は今後も増えることが考えられる。このことから，日本は国内向けだけでなく輸出向けの生産量を増やしてコメ作りをすべきだと考える。

ヒント
資料2から，海外の日本食レストランの数が増加しており，資料3から，日本のコメ・コメ加工品の輸出量が年々増加しているので，海外向けのコメ作りを考えることが必要であることを読み取りましょう。

問3(1)　エ

(2)　線香のけむりをびんの開いている部分に近づける。

ヒント
空気の流れが目で見えるようにするために必要な操作を考えましょう。

鹿児島市立鹿児島玉龍中学校

適性検査Ⅰ

問一　イ，エ

問二　日本人は優しい人だと思っていたが，ベビーカーを抱えた女性を助けないから。

ヒント
──線部②直後のブラジル人が話した内容が，「戸惑った」理由になるので，この部分の言葉を使いましょう。

問三①　やさしい心

②　他人のつらさを自分のつらさのように感じる

問四　あなたは二回席をゆずったあと，三回目も同じようにしていいのだろうかと迷っていたのではないでしょうか。だれも席をゆずらない中で自分だけが席をゆずるのは勇気がいることです。勇気が出ないけれど，目の前には困っている人がいるから苦しくなり，うつむいていたのではないでしょうか。席をゆずるのはとても勇気のいることで，それを二回もできたあなたはすばらしいです。席をゆずらなかった自分をせめなくてもいいと思います。

適性検査Ⅱ

問1

資料3　ア　桜島の斜面を利用し，太陽光や海面からの反射光も得られる。

資料4　イ　火山灰を防ぐために，ハウスの上部だけをビニールでおおっている。

資料5　ア　年平均気温が16℃以上であり，日最低気温が0℃を下回っていない。

ヒント
資料3は，資料6の①の条件，資料5は，資料6の②，③の条件を参考にしましょう。

	自助	共助	公助
【資料7】			○
【資料8】	○		
【資料9】		○	
【資料10】			○

ヒント

ハザードマップは，市区町村によって作成されます。

問3　桜島の火山灰を利用した陶芸，シラスを利用した
　　洗顔せっけんも作られ，鹿児島市の温泉の源泉数が
　　多いのも火山の恵みです。

問4　移動してもらう人数　**4**　人

　　学習室Aの座席数　**80**　席

解き方

64 ÷ 0.8 = 80 より，座席数は 80 席です。

座席数の75％は，80 × 0.75 = 60 より，人数の
制限は 60 人なので，64 − 60 = 4 より，4人移動
してもらうことになります。

問5①　**62.5**　㎝

解き方

（支点からのきょり）×（おもさ）が等しくなるとき，
つりあいます。右のうでの支点からおもりをつりさげ
ている所までのきょりを□㎝とすると，

100 × 50 = 400 ×□，5000 = 400 ×□

□ = 5000 ÷ 400 = 12.5 より，12.5 ㎝

①の長さは，50 + 12.5 = 62.5 ㎝

問6②　**1350**　g

解き方

【表3】を用いて計算していきましょう。物体の重
さを○gとすると，支点より右側の様子から，

○× 20 + 2000 + 200 = 29200 が成り立ちます。

○× 20 = 27000，○ = 27000 ÷ 20，

○ = 1350

より，物体の重さは 1350 g となります。

支点より左側の様子				支点より右側の様子		
	重さ(g)	支点からの長さ(㎝)	かたむけるはたらき		重さ(g)	支点からの長さ(㎝)	かたむけるはたらき
皿	100	20	2000	おもり	400	65	26000
物体	○	20	○× 20				
棒	20	10	200	棒	80	40	3200
合　計			○×20+2200	合　計			29200

問7　（ア）①　　（イ）③　　（ウ）②　　（エ）**2**

ヒント

龍太さんのカードを黄1，白1，玉美さんのカード
を黄2，白2とすると，すべての組み合わせは，黄1
と黄2，黄1と白2，白1と黄2，白1と白2となり，
黄と白の組み合わせが1回多いことがわかります。

問8　（オ）②

解き方

問7より，4通りの組み合わせのうち，黄色をふく
む3通りは黄色い粒となるので，

黄色い粒は，$180 × \frac{3}{4} = 135$ 粒

白い粒は，$180 × \frac{1}{4} = 45$ 粒となります。

問9　①　**12**　個　　②　**12**　個　　③　**3**　個

ヒント

例えば，正三角形を2まい使ってできるひし形は，

　がそれぞれ4枚あります。

問10　必ず勝つ方　**先攻**

《理由》　先攻の人が最初に3まい取ると，後攻の人は何
　　まい取っても，6まい目までしか取れないので，
　　先攻の人は7まい目を取ることができます。後
　　攻の人は残りの8，9，10まい目から何まい取っ
　　ても，次の先攻の人は必ず11まい目を取ること
　　ができるから，先攻の人が必ず勝ちます。

名前

2024年受検用
全国公立中高一貫校

適性検査
問題集

6年　　　組

名　前

2024年受検用
全国公立中高一貫校

適性検査
問題集

解答用紙集

2024年受検用　全国公立中高一貫校

適性検査 問題集

解答用紙集

もくじ

〈注意〉　　　　　　　の欄に記入してはいけません。

	問題の番号			解 答 を 記 入 す る 欄
1	1	No. 1		
		No. 2		
	2			
2	1	(1)		
		(2)		
		(3)		
	2	(1)	ア	（　　　　　）℃
			イ	
		(2)		
		(3)	ア	測った温度が （ 　　　　　　　　　　　　　　　　　　　）
			イ	

問題の番号				解 答 を 記 入 す る 欄
3	1	(1)	ア	
			イ	
		(2)	ア	あ（　　　　　　　　）極
				い（　　　　　　　　）極
				う（　　　　　　　　）極
				え（　　　　　　　　）極
			イ	（　　　　　　　　）秒
	2	(1)		
		(2)		
	3	(1)		お（　　　　　　　　）m
				か（　　　　　　　　）m
				き（　　　　　　　　）秒
		(2)		（　　　　　　　　）通り
		(3)		（　　　　　　　　）人以上

※ 宮城県立中学校（古川黎明）

1, 2の解答用紙は2ページ（仙台二華中学校と同じ）にあります。

受 検 番 号

問題の番号			解 答 を 記 入 す る 欄
3	1	(1)	
		(2)	
		(3) ア	（　　　　　　　　　　　）倍
		イ	（　　　　　　　　　　　）個
		ウ	（　　　　　　　　　　　）cm²
		エ	求め方
	2	(1) ア	
		イ	
		(2) ア	
		イ	

－ 4 －

総合問題 Ⅰ　解答用紙

受検番号 [   ]

検査問題の番号			解答を記入する欄
1	1	場所	
		道順	
	2		
	3		

検査問題の番号			解答を記入する欄
2	1	政策	
		人物	
	2		
	3		時速　　　　　　　km
	4		

〈注意〉 | * | と | ▨ | の欄には記入してはいけません。　　　　　　| * |

検査問題の番号			解答を記入する欄
2	5	(1)	
		(2)	人
	6		

| * |

			解答を記入する欄
3	1		
	2		cm²
	3	(1)	
		(2)	度
		(3)	cm
	4		

| * |

〈注意〉 | * | と | ▨ | の欄には記入してはいけません。

総合問題 Ⅱ　解答用紙

受検番号　　　　　　　

検査問題の番号			解答を記入する欄
1			➡　　➡　　➡
2	(1)		分
2	(2)	位置	
2	(2)	方向	
3	(1)	あ	
3	(1)	い	
3	(1)	う	
3	(2)		

Ⅰ

*

			解答を記入する欄
2	1	(1)	
2	1	(2)	操作　　を加える。
2	1	(2)	結果1
2	1	(2)	結果2

*

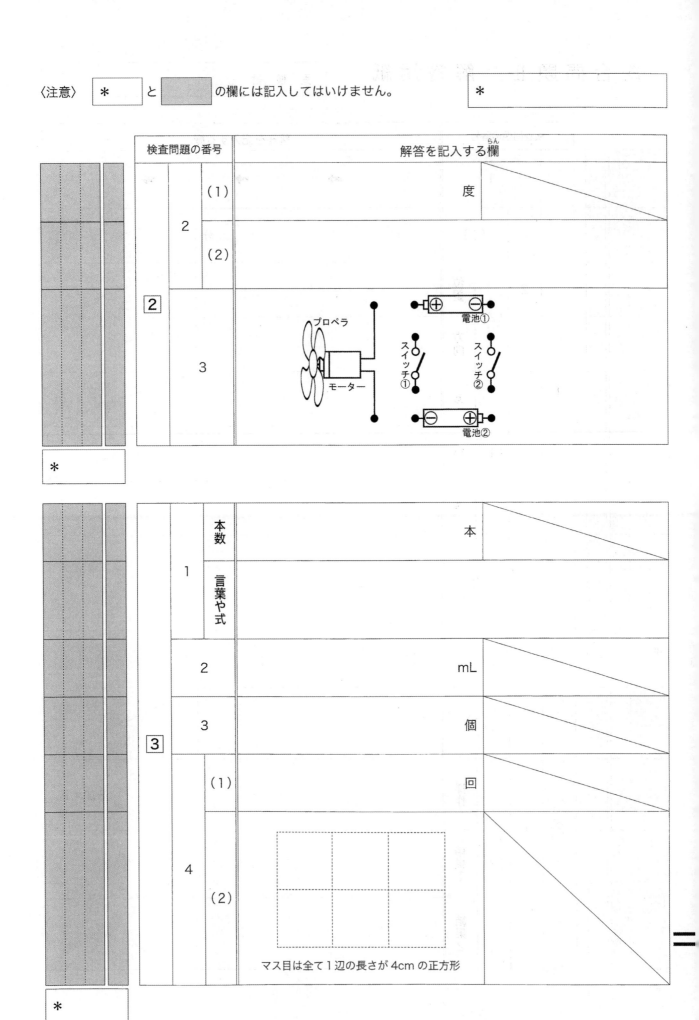

検査問題の番号		解答を記入する欄
2	2 (1)	度
	(2)	
	3	プロペラ／モーター／電池①／スイッチ①／スイッチ②／電池②
3	1 本数	本
	1 言葉や式	
	2	mL
	3	個
	4 (1)	回
	4 (2)	マス目は全て１辺の長さが4cmの正方形

受検番号	

令和５年度　適性検査Ⅰ　解答用紙

1

問題1	式	
	半径	cm
問題2	白い花かざり	個
	赤い花かざり	個

2

問題1	ア	通り		
	イ	通り		
問題2	①		②	
	③		④	
	⑤		⑥	
	⑦		⑧	
	バスや電車の運賃と入場料の合計			円

解答するときの注意

解答を直すときには、**消しゴムを使ってていねいに消して
から直しなさい。** 次のように、付け加えたり、けずったり
してはいけません。

❌ 指示を~~出しそ~~、行動する。
（聞いて／素早く）

3

問題1												
問題2 記号												
水の量			g									
問題3												
										20		
									30	からだよ。		

4

問題1			
問題2	mm		
問題3	ア	イ	ウ	エ

- 10 -

令和５年度　適性検査Ⅱ　解答用紙

解答するときの注意

　解答を直すときには、**消しゴムを使ってていねいに消して**から直しなさい。次のように、付け加えたり、けずったりしてはいけません。

	聞	い	て	素早く		

✕ | 指 | 示 | を | 出~~し~~そ | 、 | 行 | 動 | す | る | 。 |

1

問題1	

問題2	（20／30字詰め原稿用紙）

問題3	

問題4	まとめ①	まとめ②	まとめ③

2

問題1	

問題2	

問題3	A	B	C	D

問題4	

3

問題1	(1)	A		C	
	(2)				

ことにびっくりしたよ。

問題2	(1)				
	(2)				

ことが大切だと考えます。

4

問題1			

問題2	(1)	ア	イ	ウ	エ	オ	カ
	(2)	B	C	D	E		

適 性 検 査 解 答 用 紙 【1】

受 検 番 号	番

	【1】	【2】	計
得 点	※	※	※

※ [　　　　] らんには何も記入しないこと。

1

[問 1]

	※

[問 2]

分間	※

2

[問 1]

	※

[問 2]

①
②
③

※

3

[問 1]

	※

[問 2]

①
②
③
④

※

適 性 検 査 解 答 用 紙 【2】

受 検 番 号	番

		【2】
得 点		※

※ □□□□□ らんには何も記入しないこと。

4

[問 1]　　| | 本 |
※

[問 2]

	店
〔求め方〕	

※

5

[問 1]

※

[問 2]

前列	→	→	→	→
後列	→	→	→	→

※

※　群馬県立・伊勢崎・太田市立中等教育学校（中央・四ツ葉学園・太田）

適性検査Ⅰ　解答用紙（２枚中の１）

（令和５年度）

受検番号		氏名	

【問題１】

(1)

①ア

人

②イ

(2)

ア

%

イ

人

(3)

修正案【言葉】

下書きの［　　　］を［　　　］。

修正案【イラスト】

下書きの［　　　］を［　　　］。

(4)

①ア

②イ

（１字あけずに，「→」から横に書きましょう。また，段落（だんらく）での改行はしないで続けて書きましょう。句読点も１字に数えます。）

→

(100 字)

(120 字)

【問題2】

(1)

（1字あけずに，「→」から横に書きましょう。また，段落_{だんらく}での改行はしないで続けて書きましょう。句読点も1字に数えます。）

→																			

（40字）

（60字）

(2)　【あの長さ】

	m		cm

【理由】

(3)　【玉を投げる場所からかごまでのきょり】　　【かごの高さ】

	m		m

【理由】

(4)

(5)

石山　公太さんへ

（1字あけずに，「→」から横に書きましょう。また，段落_{だんらく}での改行はしないで続けて書きましょう。句読点も1字に数えます。）

→

（100字）

（120字）

6年　田中　正人

－ 16 －

適性検査Ⅱ 解答用紙 （令和五年度）	受検番号		氏名	

【問題Ⅰ】

問一

問二

【問題Ⅱ】

問一　（一字あけずに書きましょう。また、段落での改行はしないで、続けて書きましょう）

問二　（一字あけずに書きましょう。また、段落での改行はしないで、続けて書きましょう）

問三

※　東京都立中学校・中等教育学校共同作成問題

解答用紙　適性検査 I

受検番号

得点

※

※のらんには、記入しないこと。

1

〔問題1〕

（20）ことを思わせる隙間や傷のある家具などが、

（30）新しい命を感じさせるから。

※

〔問題2〕

※

〔問題3〕

20

100

200

300

400

440

※

※

※

※

解答用紙　適性検査Ⅱ

1

〔問題１〕

〔道順〕

スタート　　　　　　　　　　　　　　　　　　　　　　　倉庫

（　　　　）　→　　　　　　　　　　　　　　　　　→　ケ

〔式と文章〕

※

〔問題２〕

ヒント（え）：全ての電球の明かりが消えている状態で、

□　と　□　と　□　のスイッチをおしたあと、

明かりがついていたのは①と②の電球であった。

表５　太郎さんと花子さんがさらに書きこんだ表

	①の電球	②の電球	③の電球	④の電球
Aのスイッチ	×	○	○	×
Bのスイッチ				
Cのスイッチ				
Dのスイッチ	×			
Eのスイッチ	○			

※

－ 19 －

2

〔問題1〕

（選んだ一つを〇で囲みなさい。）

第2次産業　　　　　　　第3次産業

※

〔問題2〕

（図2と図3から一つずつ選んで〇で囲みなさい。）

図2：　①　　②　　③　　　　図3：　④　　⑤　　⑥

〔農家の人たちの立場〕

〔農家以外の人たちの立場〕

※

3

〔問題1〕

(1)
(2)

※

〔問題2〕

(1)
(2)

※

解答用紙　適性検査Ⅱ

2

〔問題1〕

（1）

年	1972	1982	1991	2002	2012	2020
書店の数		1.13		1.00		0.54
書店の面積の合計	0.22		0.66	1.00	1.17	

※

（2）

（倍）

1.50
1.40
1.30
1.20
1.10
1.00
0.90
0.80
0.70
0.60
0.50
0.40
0.30
0.20
0.10
0.00

1972　　　1982　　　1991　　　2002　　　2012　　　2020（年）

※

（3）

1972年から （ア　　　）年まで	
（ア　　　）年から （イ　　　）年まで	
（イ　　　）年から 2020年まで	

※

〔問題2〕
（1）

※

（2）

※

〔問題3〕（横書きで書きなさい）

150

※

180

- 23 -

解答用紙　適性検査Ⅲ

1

〔問題1〕

（※）

〔問題2〕

（1）

（2）

（3）

（※）

受　検　番　号	得　　　　　　　　点
	※

※のらんには、記入しないこと

〔問題3〕
（1）

（2）

（3）

※

〔問題4〕
（1）

※

2

〔問題1〕

〔問題2〕

※

※

- 26 -

〔問題3〕

※

解答用紙　適性検査Ⅲ

1

〔問題1〕

A	円	B	円	C	％

※

〔問題2〕

※

〔問題3〕

ア		イ		ウ	
エ		オ		カ	

※

〔問題4〕

トラ	トラ	キジ	バク	キジ
ゾウ	クマ	トラ	トラ	バク
トラ	ゾウ	クマ	ゾウ	クマ
トラ	ゾウ	キジ	ゾウ	バク

※

2

〔問題1〕

cm

※

〔問題2〕

クレープ生地の中心と中心の間隔	cm
機械Aと機械Bとの回転の軸の間隔	cm
理由	

※

〔問題3〕

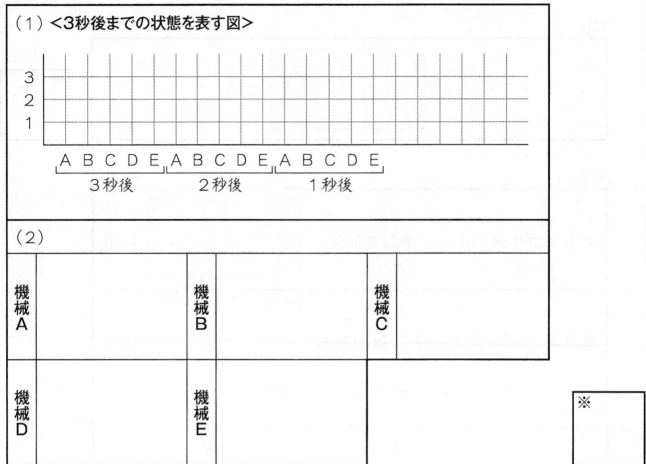

（1）＜3秒後までの状態を表す図＞

```
3
2
1
    A B C D E A B C D E A B C D E
     3秒後       2秒後       1秒後
```

（2）

機械A		機械B		機械C	
機械D		機械E			

※

解答用紙　適性検査Ⅱ

1

〔問題1〕

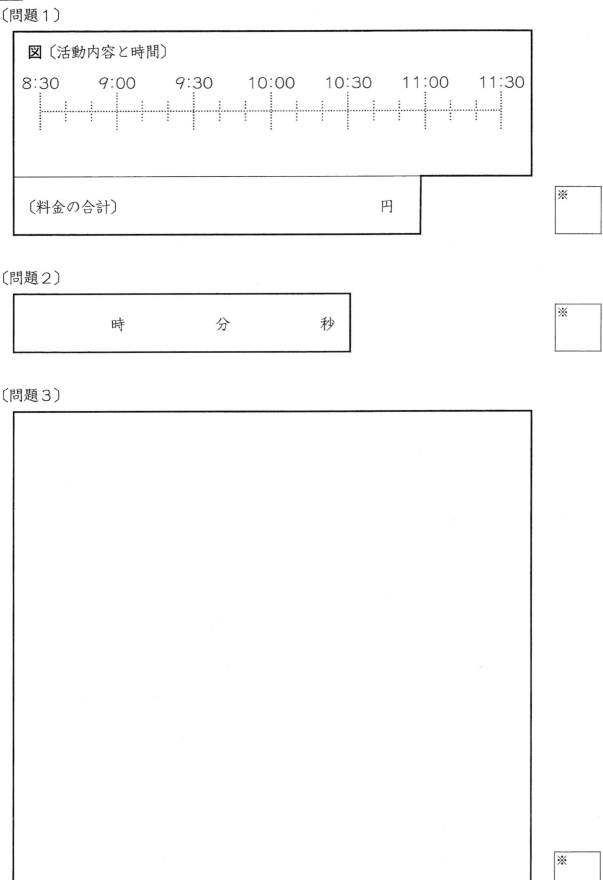

図〔活動内容と時間〕

| 8:30 | 9:00 | 9:30 | 10:00 | 10:30 | 11:00 | 11:30 |

〔料金の合計〕　　　　　　　　　　　　　　円

※

〔問題2〕

時　　　　分　　　　秒

※

〔問題3〕

※

解答用紙　適性検査Ⅱ

2

〔問題1〕

	※

〔問題2〕

時代区分	説　明	
		※
		※

〔問題3〕

	※

解答用紙　適性検査Ⅲ

1

〔問題1〕

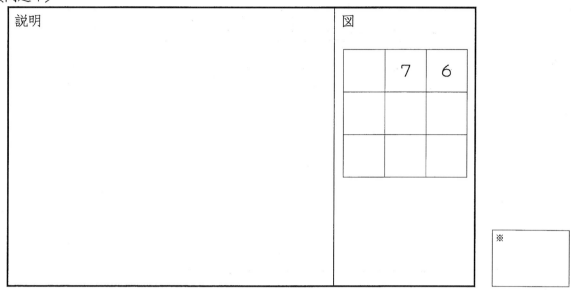

説明

図

	7	6

※

〔問題2〕

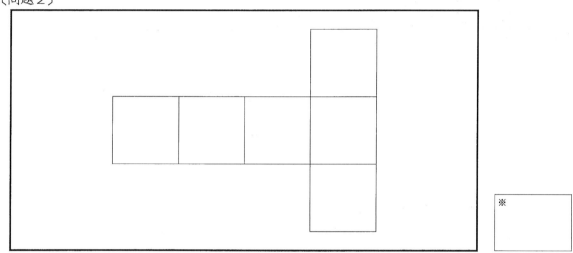

※

〔問題3〕

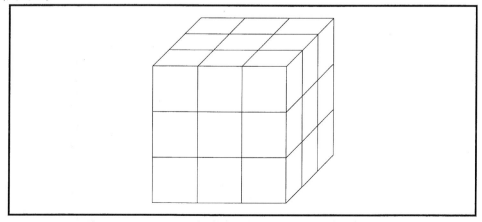

※

2

〔問題1〕

	A	B	C	D	E	F	G	H	I

理由:

※

〔問題2〕

最初の状態	1回目	2回目	3回目	4回目	5回目	6回目	7回目	8回目	9回目

理由:

※

〔問題3〕

※

— 34 —

解答用紙　適性検査Ⅲ

1

〔問題1〕

(器具)	を使って
(方法)	

※

〔問題2〕

式	
記号	

※

〔問題3〕

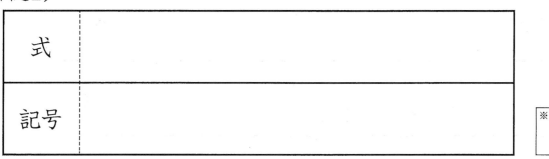

(ア)

| | | | | | | | | | 10 |

| | | | | 15 |

ミドリムシが最も増えたといえる試験管	

(理由)

※

2

〔問題1〕

まとめられる丸太の本数	本
丸太をまとめるために 必要なロープの長さ	m

※

〔問題2〕

結び方	結び
結んだロープの はしからはしまでの長さ	m
理由	

※

〔問題3〕

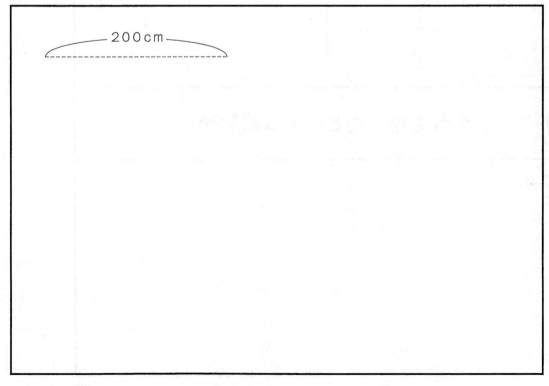

200cm

※

- 36 -

適性検査 I 　解答用紙 （令和5年度）

氏名	

受検番号

⓪	⓪	⓪	⓪	⓪
①	①	①	①	①
②	②	②	②	②
③	③	③	③	③
④	④	④	④	④
⑤	⑤	⑤	⑤	⑤
⑥	⑥	⑥	⑥	⑥
⑦	⑦	⑦	⑦	⑦
⑧	⑧	⑧	⑧	⑧
⑨	⑨	⑨	⑨	⑨

注意事項

1 HBまたはBのえんぴつ（シャープペンシルも可）を使用して、⟨ ⟩ の中をぬりつぶすこと。

2 答えを直すときは、きれいに消して、消しくずを残さないこと。

3 数字や文字などを記述して解答する場合は、解答欄からはみ出さないように、はっきり書き入れること。

4 解答用紙 をよごしたり、折り曲げたりしないこと。

良い例	悪い例					
●	◯線	線	⊙	小さい	🖋	はみ出し
	◯	丸囲み	☑	レ点	⬤	うすい

問1

（1）	※ 解答欄は裏面にあります。
（2）	※ 解答欄は裏面にあります。

問2

（1）	ア	① ② ③ ④ ⑤ ⑥ ⑦
	イ	① ② ③ ④ ⑤ ⑥ ⑦
（2）	ア	① ② ③ ④ ⑤
	イ	① ② ③ ④ ⑤ ⑥ ⑦ ⑧ ⑨

問3

（1）		① ② ③ ④ ⑤ ⑥ ⑦ ⑧
（2）	ア	① ② ③ ④ ⑤ ⑥ ⑦ ⑧
	イ	① ② ③ ④ ⑤ ⑥ ⑦ ⑧

問4

（1）	ア	① ② ③ ④ ⑤ ⑥
	イ	① ② ③ ④ ⑤ ⑥
（2）	ア	① ② ③ ④
	イ	① ② ③ ④ ⑤ ⑥ ⑦ ⑧

問1（1）

問1（2）

※表紙の──**注　意**──の5をよく読んで書きましょう。
　なお，この問題は，ひらがなやカタカナのみで書いてはいけません。

									60
									80

適性検査Ⅱ 　解答用紙　（令和5年度）

氏名	

注意事項

1 HBまたはBのえんぴつ（シャープペンシルも可）を使用して、◯ の中をぬりつぶすこと。

2 答えを直すときは、きれいに消して、消しくずを残さないこと。

3 数字や文字などを記述して解答する場合は、解答欄からはみ出さないように、はっきり書き入れること。

4 解答用紙 をよごしたり、折り曲げたりしないこと。

良い例	悪い例				
●	◌線	⊙小さい		はみ出し	
	◯丸囲み	◌レ点		うすい	

問 1

(1)	※ 解答欄は裏面にあります。
(2)	※ 解答欄は裏面にあります。

問 2

(1)	ア	① ② ③ ④ ⑤ ⑥
	イ	① ② ③ ④ ⑤ ⑥
(2)	ア	① ② ③ ④ ⑤
	イ	※ 解答欄は裏面にあります。

問 3

(1)	ア	① ② ③ ④ ⑤ ⑥
	イ	① ② ③ ④ ⑤ ⑥
(2)		① ② ③ ④ ⑤ ⑥

問 4

(1)	ア	① ② ③ ④ ⑤
	イ	① ② ③ ④ ⑤
(2)		※ 解答欄は裏面にあります。

問1（1）

問1（2）

※表紙の──**注　意**──の5をよく読んで書きましょう。
　なお，この問題は，ひらがなやカタカナのみで書いてはいけません。

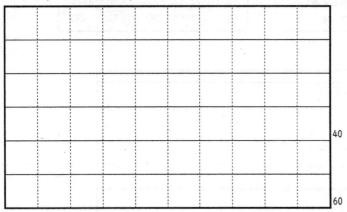

問2（2）イ

い

人

問4（2）

う

点

課題1

（1）

1人あたり1日あと	g

（2）

最も勢いよく燃える組み合わせ	と	
説明		

（3）

説明	
	空の500mLと2Lのペットボトルがあわせて　　本

課題2

（1）

ボールの位置

（2）

記号	
説明	

（3）

説明

課題3

（1）

元の数にあてはまる整数

（2）

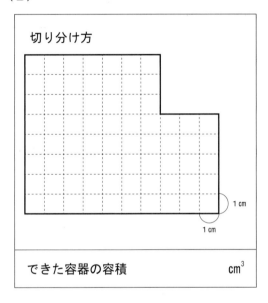

切り分け方

1 cm
1 cm

できた容器の容積	cm³

（3）

記号	
説明	

12月に図書館を利用した人数	人

課題1

（1）

（2）

快	適	で	慣	れ	た	環	境	で	は					

15字

（3）

A　二十字

20字

B　二十五字

25字

C　四十字

40字

課題2

100字

200字

課題3

（1）

（2）

（3）

※　広島県立広島中学校

受検番号	第　　　　　番

適性検査1　解答用紙

得点 □

1

(表)

	高志	光	美希	広子
チョコレート（個）				
あめ（個）				
クッキー（個）				
合計金額（円）				

2

3

（あなたが考えた箱）

縦（　　　）cm ， 横（　　　）cm ， 高さ（　　　）cm

箱1個を組み立てるのに使うテープの長さ（　　　）cm

（そのように決めた考え方）

4

（車の回路の図）

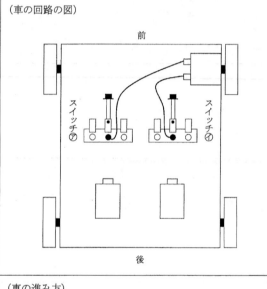

（車の進み方）

○スイッチ⑦を左，スイッチ⑦を左に切りかえた場合（　　　）

○スイッチ⑦を左，スイッチ⑦を右に切りかえた場合（　　　）

○スイッチ⑦を右，スイッチ⑦を左に切りかえた場合（　　　）

○スイッチ⑦を右，スイッチ⑦を右に切りかえた場合（　　　）

5

（理子さんのさいころの動かし方を表す図）

前
↑

左←　　　　5　　　　→右

↓
後

（そのように決めた考え方）

適性検査2　解答用紙

受検番号　第　　番

得点

1

100字　　200字　　250字

2

3

1

2

100字　　200字　　250字

※　広島市立広島中等教育学校

解答用紙　適性検査1

受	検	番	号

【問題1】

〔問1〕(1)	
〔問1〕(2)	
〔問2〕(1)	
〔問2〕(2)	ア　　　　イ　　　　ウ
〔問3〕	(100) (200) (240) (300)

解答用紙　適性検査1

- 48 -

【問題2】

〔問1〕																			20
																			40
〔問2〕																			20
																			40

年

〔問3〕																			20
																			40
																			60
〔問4〕																			20
																			40
																			60
																			80

解答用紙　適性検査２

【問題1】

〔問1〕	
	通り
〔問2〕	
〔問3〕	

【問題2】

〔問1〕	もらっている人	もらってない人
	人	人

〔問2〕

金額	仮の金額（円）	割合（％）	人数（人）
2000円以上	3000	16.5	
1000~2000円未満		17.5	
500~1000円未満		19.0	
1~500円未満	250	0.5	
なし	0	46.5	
計		100.0	200

お小遣いの平均

円

〔問3〕	
	円

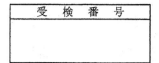

【問題3】

〔問1〕	cm	〔問2〕	と

〔問3〕　⑤　⑥　⑦　⑧　⑨　⑩　　3段目

〔問4〕

の距離にあるから，たしかに『てこのきまり』が成り立っているね。

【問題4】

〔問1〕	【ア】	【イ】
〔問2〕	【ウ】	【エ】

〔問3〕　【オ】

〔問4〕

〔でんぷんの量は，二酸化炭素の量の数値を用いて表してください〕

段階1

段階2

段階3

※　福山市立福山中学校

1–1

受検番号　第　　　　番

※

検査1　解答用紙

問題1

問題2

1※

2※

問題3

3※

問題4

4※

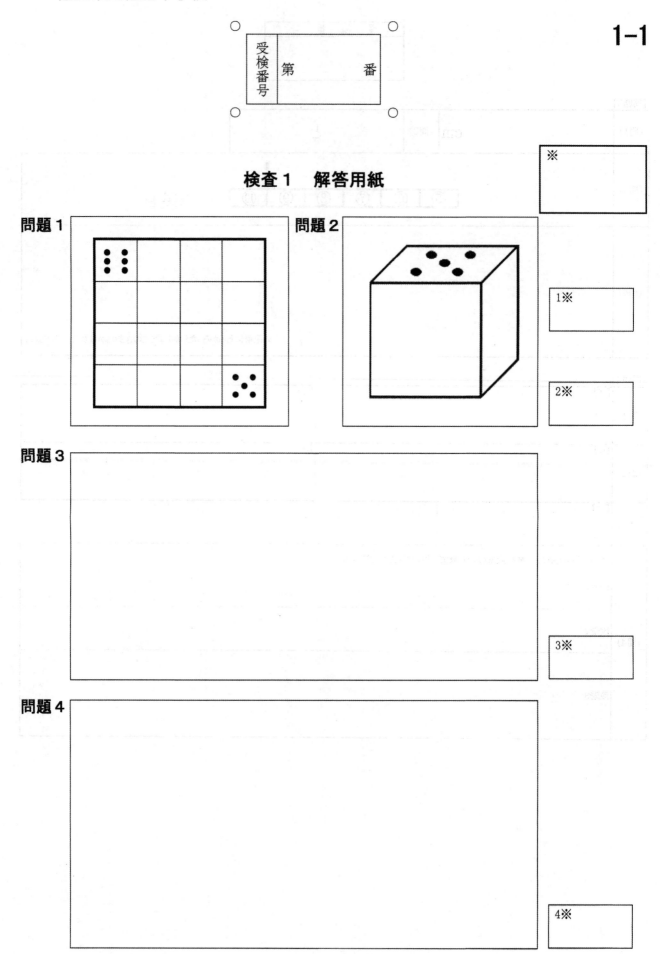

受検番号　第　　　　番

検査1　解答用紙

※

問題5

5※

問題6

6※

問題7

式と答え

〔説明〕

7※

受検番号 [   ]

県立中学校及び県立中等教育学校適性検査　検査Ⅰ　解答用紙（1）

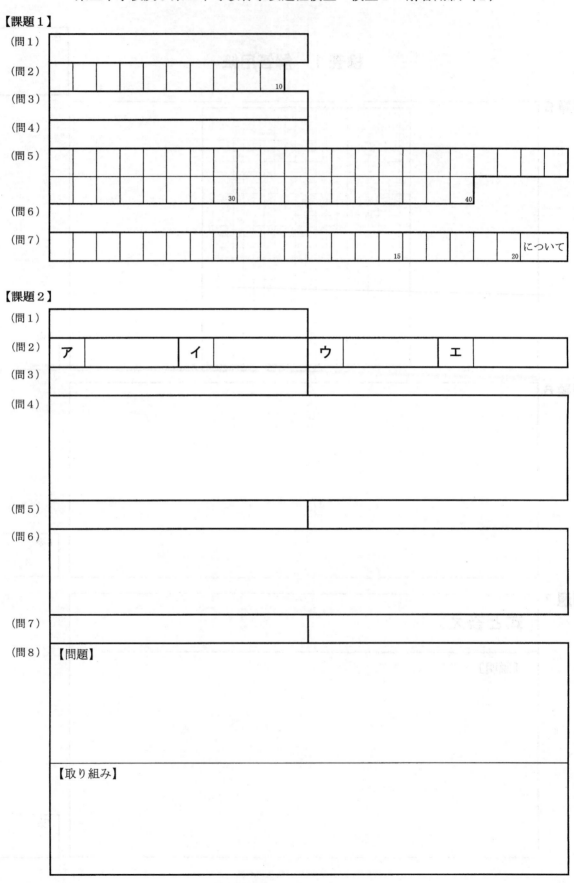

【課題1】

（問1）

（問2）　　　　　　　　　　　　　　　10

（問3）

（問4）

（問5）　　　　　　　　　　30　　　　　　　40

（問6）

（問7）　　　　　　　　　15　　　　　20　について

【課題2】

（問1）

（問2）　ア　　　　イ　　　　ウ　　　エ

（問3）

（問4）

（問5）

（問6）

（問7）

（問8）　【問題】

　　　　【取り組み】

受検番号

県立中学校及び県立中等教育学校適性検査　検査Ⅰ　解答用紙（２）

【課題３】

選んだ案 ☐

13行

15行

県立中学校及び県立中等教育学校適性検査　検査Ⅱ　解答用紙（1）

【課題1】

（問1）

（問2）　試合をするごとに，

ということがわかります。

（問3）
①

②

（問4）
①　㋐　　　　　　　　　　　　　　　　　㋑

②　㋒

【課題2】

（問1）

（問2）

（問3）

（問4）

（問5）

（問6）　空気と水を比べると，

ですね。

（問7）　液だめの部分を，

から，

（問8）

からです。

県立中学校及び県立中等教育学校適性検査　検査Ⅱ　解答用紙（2）

【課題3】

（問1）

（問2）
午前（　　　　　　）時（　　　　　　）分

（問3）
約　　　　　　　　　　　　　　　％

（問4）
①

【考え方】

② 3枚組　（　　　　　　）つ　，　　2枚組　（　　　　　　）つ

（問5）
[積み重ね方がわかる図]

（問6）
第2位（　　　　　　）点，　第3位（　　　　　　）点，　第5位（　　　　　　）点

（問7）
歩目

（問8）
㎡

受検番号		氏　名	

令和5年度県立中等教育学校入学者選考適性検査解答用紙（1枚目）

1	(1)												10			
	(2)															
	(3)	たいちさんが、やすりも、おどりや笑いと同じように 　　　　　　　　　　　　　　　　　　　　　　10 と考えたのだと、ひろとさんは思ったから。															

2	(1)	あ								
	(2)	い						う		
	(3)	ア	え					イ	（　　　　　　　）枚	

3	(1)		
	(2)	①	
		②	
		③	
	(3)		

1	2	3

令和５年度県立中等教育学校入学者選考適性検査解答用紙（２枚目）

4	(1)	極	理由	はかりが示す重さが１００ｇよりも（　　　　　　　　　　　）ことから、（　　　　　　　　　　）力が働いていることがわかるため。
	(2)			
	(3)			棒Ｑの真ん中付近で、棒Ｐが（　　　　　　　　　　　　　　　　）から。

5	(1)	（　　　　　　　　　）ｍ²
	(2)	
	(3)	（　　　　　　　　　）ｍ²

1 m

1 m

P

6	(1)	あ		い	う	え	
	(2)	お					
	(3)	保存修理には多くの費用がかかるので、〔　　　　　　　　　　　　　〕工夫をしている。					

1	2	3		4	5	6	合　計

※　福岡県立中学校・中等教育学校（育徳館・門司学園・輝翔館・宗像・嘉穂）

1

問1

問2

【選んだ笛】（　　　　　）と（　　　　　）

【理由】

2

問1

【求め方】

【枚数】　　　　枚　　　【重なりのはば】　　　cm

問2

3

問1
（1）

　　　［　　　　　　　　　　　　　　　　　　　　　　　　　　　］

（2）

　　　［　　　　　　　　　　　　　　　　　　　　　　　　　　　］

問2
〔原稿用紙〕

300

400

受検番号 [　　　　　　　]

適性検査Ⅰ　解答用紙

1 (1)

1	

(2)

2	（の情報）
3	（の情報）

(3)

ア	
イ	（といい）
ウ	
エ	（といい）

受検番号 [   ]

適性検査Ⅰ　解答用紙

2 (1)

（から）

(2)

ア	
イ	（ことができて役に立つけれど、）
ウ	（などよくないこともある）

受検番号	

適性検査Ⅰ　解答用紙

3 (1)

1	

(2)

記号	
理由	（から）

(3)

年れいそう	大人　　　　　　高れい者
提案	A町を住みやすいまちにするために、 70 100

※左からつめて、横書きで書くこと。

受検番号 [　　　　　　　]

適性検査Ⅱ　解答用紙

1 (1)

【かささぎ公園の図】	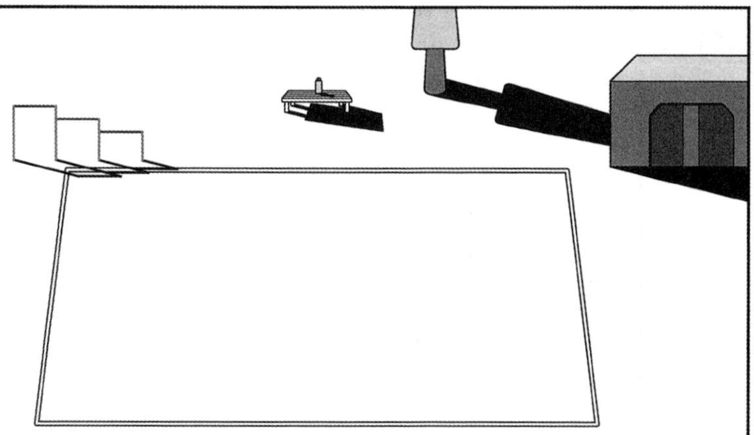
理由	

(2)

説明	

(3)

説明	

木の高さは、(　　　　　　　) m

受検番号

適性検査Ⅱ　解答用紙

2 (1)

説明	
0.6ぱいで よい洗ざい	【液体洗ざい】だけ　　　【粉末洗ざい】だけ　　　どちらとも

(2)

調べること	風　　　　　　干し方
加える手順	

受検番号	

適性検査Ⅱ　解答用紙

3 (1)

説明	

(2)

(　　　)人で並べれば、東西方向に(　　　)列のイスを(　　　)分で並べることができる。

(3)

説明	
1ブロックあたりのイスの数	

解答用紙 令和5年度県立中学校入学者選抜適性検査

1	問題1	
	問題2	
	問題3	秒
	問題4	

2	問題1	ア	
		イ	
	問題2	ウ	回まき
		エ	個
	問題3	オ	

3	問題1	
		km
	問題2	
	問題3	
	問題4	図案

4	問題1		
	問題2		
			cm
	問題3		
			個
	問題4	ア	
			本
		イ	
			個

※　熊本県立中学校（宇土・八代・玉名）

適性検査問題Ⅰ解答用紙（その１）

受検番号

1

問題1　A
　　　　B

問題2

問題3　◆

◆の印から書き始め、段落は変えないこと。

30　　40

問題4　(1)　　15
　　　　(2)

問題5　◆

◆の印から書き始め、段落は変えないこと。

180　200

－ 70 －

2

問題1	（1）	
	（2）	
	（3）	① ② ③ ④
問題2	（1）	記号
	（2）	
	（3）	あなたができる取り組み
		会社や工場ができる取り組み

受検番号	

適性検査問題Ⅱ解答用紙（その1）

1

問題1	(1)	(　　　　　) 倍
	(2)	(　　　　　) kg
		求め方
問題2	(1)	(　　　　　) cm
	(2)	㋐ (　　　) 度　㋑ (　　　) 度　㋒ (　　　) 度　㋓ (　　　) 度
		図4 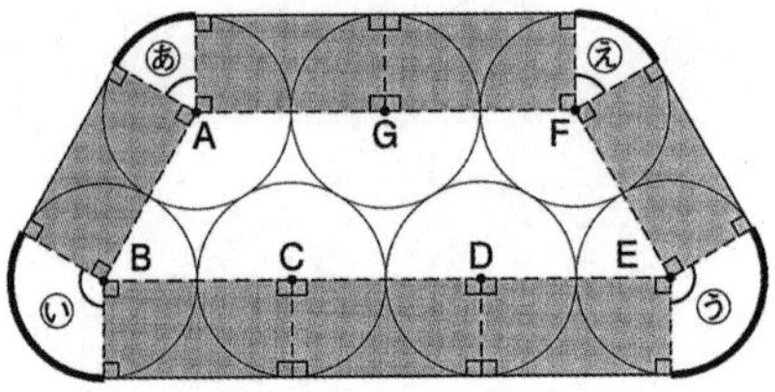
		求め方
	(3)	理由

1

問題3	（1）	(　　　　　) きゃく
	（2）	縦６台，横（　　　　　）台の長方形
		求め方

2

問題1	(1)	① ②			
	(2)	校庭の土　・　砂場の砂　・　砂利			
		理由			
	(3)	校庭の土　・　砂場の砂　・　砂利			
		理由			
問題2	(1)	面A　（　　　）極　　面B　（　　　）極			
	(2)	記号（　　　）			
		説明			
		記号（　　　）			
		説明			
	(3)	式			
		答え（　　　）個			
	(4)				

受検番号

令和5年度　大分県立大分豊府中学校入学者選抜
適性検査Ⅰ　解答用紙

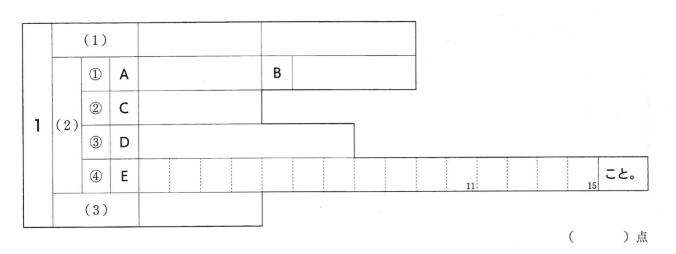

1

(1)

(2)
①	A		B	
②	C			
③	D			
④	E			こと。

(3)

（　　　）点

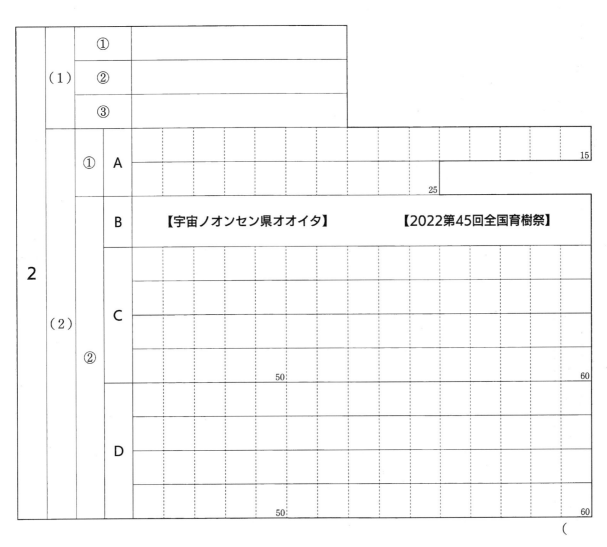

2

(1)
①
②
③

(2)
① A （15）（25）

B 【宇宙ノオンセン県オオイタ】　　　【2022第45回全国育樹祭】

② C （50）（60）

D （50）（60）

（　　　）点

小計	
	点

3	(1)	①		②	
	(2)				
	(3)				

（　　　　）点

4	(1)	あ			
		い			
		う			
	(2)	A		B		C	
		D		E		F	
		G		H		I	

（　　　　）点

受検番号

令和5年度　大分県立大分豊府中学校入学者選抜
適性検査Ⅱ　解答用紙

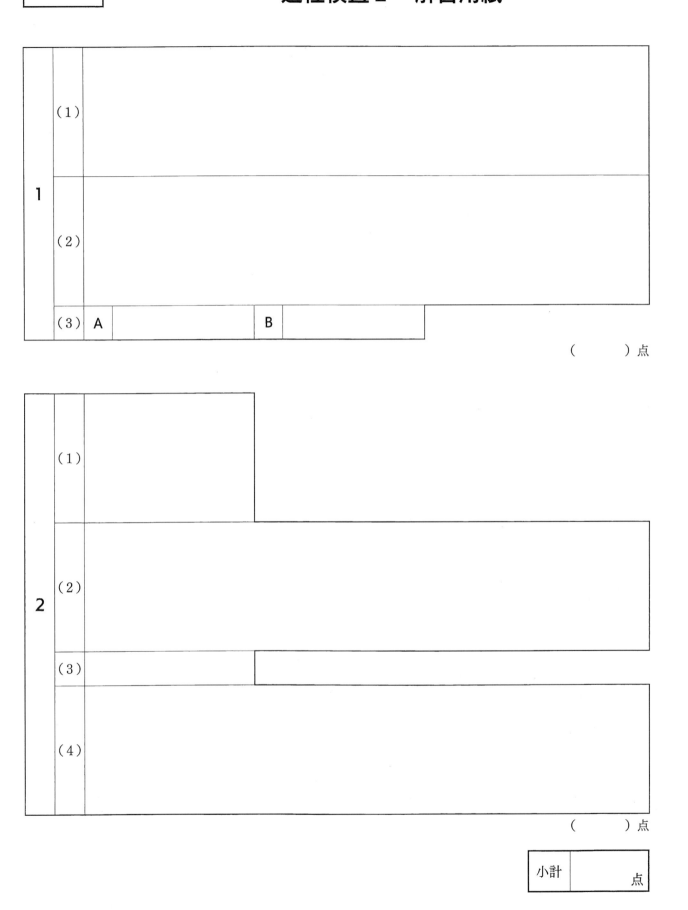

1
（1）
（2）
（3）　A　　B

（　　　）点

2
（1）
（2）
（3）
（4）

（　　　）点

小計	点

3

(1)

(2) ア　　　イ　　　ウ

(3)
① ア　　　イ　　　ウ

エに当てはまる数字は（　　　　）となる。

②

（　　　）点

4

(1)
① A
② B　　　個 C　　　個 D　　　個
③

(2) ア　　　度 イ　　　度 ウ　　　度

（　　　）点

小計　　点

受検番号		氏　　名		【1枚目】

○　　　　　　　　　　　○

令和5年度
宮崎県立五ヶ瀬中等教育学校
宮崎県立宮崎西高等学校附属中学校
宮崎県立都城泉ヶ丘高等学校附属中学校
適性検査Ⅰ　第1部　解答用紙

（注意）　※印のところは
　　　　　記入しないこと

※計	

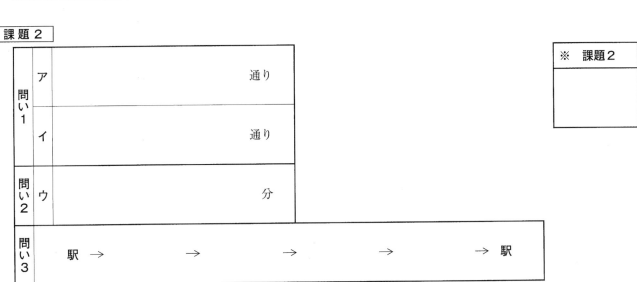

課題1

問い1		
問い2	ア	倍
問い3	イ	m	ウ	分後

※　課題1

課題2

問い1	ア	通り
	イ	通り
問い2	ウ	分
問い3	駅 →　　　→　　　→　　　→　　　→ 駅	

※　課題2

受 検 番 号		氏 名	

○　　　　　　　　　　　○

令和5年度
宮 崎 県 立 五 ヶ 瀬 中 等 教 育 学 校
宮 崎 県 立 宮 崎 西 高 等 学 校 附 属 中 学 校
宮 崎 県 立 都 城 泉 ヶ 丘 高 等 学 校 附 属 中 学 校
適性検査Ⅰ　第1部　解答用紙

(注意)　※印のところは
記入しないこと

※ 計	

課題3

問い1	①		②		③	
問い2	①					
	②					
	③					

※ 課題3

課題4

問い1	cm
問い2	g
問い3	

※ 課題4

受検番号		氏　名	

○　　　　　　　　　　　　　　　　○

令和5年度
宮 崎 県 立 五 ヶ 瀬 中 等 教 育 学 校
宮 崎 県 立 宮 崎 西 高 等 学 校 附 属 中 学 校
宮 崎 県 立 都 城 泉 ヶ 丘 高 等 学 校 附 属 中 学 校
適 性 検 査 Ⅰ 　 第 1 部 　 解 答 用 紙

(注意)　※印のところは
記入しないこと

※ 計	

課題5

問い1	
問い2	① ② 点
問い3	

※ 課題5

課題6

問い1	
問い2	ア イ
問い3	

※ 課題6

| 受検番号 | | 氏　名 | | 【1枚目】 |

○　　　　　　　　　　　　　　　○

令和5年度
宮 崎 県 立 五 ヶ 瀬 中 等 教 育 学 校
宮 崎 県 立 宮 崎 西 高 等 学 校 附 属 中 学 校
宮 崎 県 立 都 城 泉 ヶ 丘 高 等 学 校 附 属 中 学 校
適 性 検 査 Ⅰ 　 第 2 部 　 解 答 用 紙

(注意)　※印のところは記入しないこと

| ※計 | |

課題1

| 問い1 | 　　　　　　　　型 | 問い2 | （　　）　4：3のスライド
（　　）　16：9のスライド |

| | ※　課題1 |

| 問い2 | <説明> |

課題2

| 問い1 | |

| 問い2 | |

| 問い3 | ア | 　　　　　　　個 |
| | イ | 　　　　　　　面 |

| | ※　課題2 |

- 82 -

| 受検番号 | | 氏　名 | | 【2枚目】 |

〇　　　　　　　　　　　　〇

令和5年度
宮 崎 県 立 五 ヶ 瀬 中 等 教 育 学 校
宮 崎 県 立 宮 崎 西 高 等 学 校 附 属 中 学 校
宮 崎 県 立 都 城 泉 ヶ 丘 高 等 学 校 附 属 中 学 校
適性検査Ⅰ　第2部　解答用紙

(注意)　※印のところは
　　　　記入しないこと

| ※計 | |

課題3

問い1	
問い2	℃
問い3	

※　課題3

課題4

問い1		
問い2		
問い3	①	②

※　課題4

受検番号		氏　名	

〇　　　　　　　　　　　　〇

令和５年度
宮崎県立五ヶ瀬中等教育学校
宮崎県立宮崎西高等学校附属中学校
宮崎県立都城泉ヶ丘高等学校附属中学校
適性検査Ⅰ　第２部　解答用紙

（注意）　※印のところは
記入しないこと

※計	

課題５

問い1		
問い2	A	B
問い3		

※　課題5

課題６

問い1	ア	イ
問い2	ウ	エ
	オ	カ

※　課題6

作文用紙

受検番号

氏名

問い一

問い二

○題や氏名を入れずに一行目から書いてください。

※計

※一

※二

(注意)※印のところは記入しないこと

100

200

300

400

※　鹿児島県立楠隼中学校

令和五年度　鹿児島県立楠隼中学校入学者選抜　適性検査Ⅰ　解答用紙

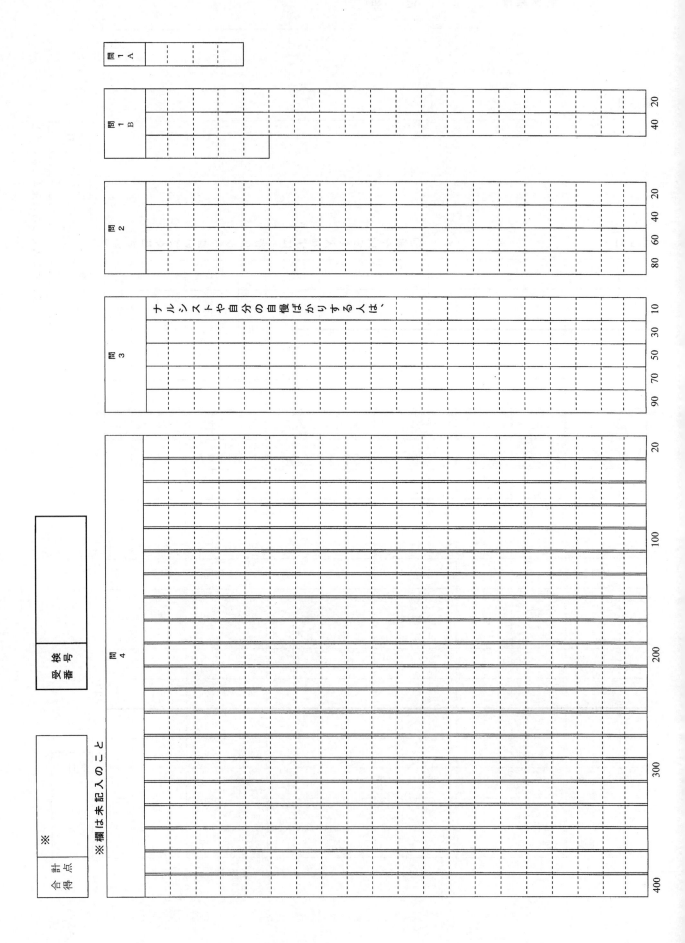

— 86 —

令和5年度　鹿児島県立楠隼中学校入学者選抜　適性検査Ⅱ　解答用紙

	問1		
1	問2		
	問3		
	問4	(1)	
		(2) ライオン	
		シマウマ	
	問5		_____ 袋
	問6		

2	問1	(1)			席		
		(2)	①		席	②	「　　　一　　　」
			③				席
	問2	(1)					
		(2)					
	問3	(1)					
		(2)					

受　検 番　号	

合　計 得　点	※

※欄は未記入のこと

※ 鹿児島市立鹿児島玉龍中学校

令和五年度　鹿児島市立鹿児島玉龍中学校　適性検査Ⅰ　解答用紙

問一

小計一

問二

30

40

小計二

問三

①

②

小計三

問四

小計四

合計

合計

受検番号

令和5年度　鹿児島市立鹿児島玉龍中学校　適性検査Ⅱ

解答用紙

受検番号	問1	【資料3】 ア ・ イ
		【資料4】 ア ・ イ
		【資料5】 ア ・ イ

問2		自助 (じじょ)	共助 (きょうじょ)	公助 (こうじょ)
	【資料7】			
	【資料8】			
	【資料9】			
	【資料10】			

問3

（40）
（60）

問4	移動してもらう人数	人
	学習室Aの座席数 (ざ)	席

問5	①	cm
問6	②	g

問7	（ア）	（イ）
	（ウ）	（エ）

問8	（オ）

問9	① 個	② 個	③ 個

問10

必ず勝つ方を〇で囲む　　（　　先攻（せんこう）　・　後攻（こうこう）　）

《理由》

題名　[　　　　　　　　　　　　]

題名　[　　　]

学校名 [　　　　　　　　　　]

100字

200字

300字

400字

名 前

2024年受検用
全国公立中高一貫校

適 性 検 査
問題集

6年　　　組

名　前